GW01367155

Nomos Universitätsschriften

Recht

Band 568

Dr. Alexander Steinbrecher, LL.M.

Systemdesign

Grundlagen, Konzeption und Implementierung
von Integrierten Konfliktmanagementsystemen
in Unternehmen

Nomos

Die Dissertation wurde von der Juristischen Fakultät der
Europa Universität Viadrina Frankfurt (Oder) angenommen am 18.12.2006.

Erstberichterstatter: Prof. Dr. Stephan Breidenbach
Zweitberichterstatter: Prof. Dr. Hartmut Schröder

Tag der mündlichen Prüfung: 20. Juni 2007

Die Deutsche Nationalbibliothek verzeichnet diese Publikation in
der Deutschen Nationalbibliografie; detaillierte bibliografische
Daten sind im Internet über http://www.d-nb.de abrufbar.

Zugl.: Frankfurt (Oder), Univ., Diss., 2007

ISBN 978-3-8329-3534-4

1. Auflage 2008
© Nomos Verlagsgesellschaft, Baden-Baden 2008. Printed in Germany. Alle Rechte,
auch die des Nachdrucks von Auszügen, der photomechanischen Wiedergabe und
der Übersetzung, vorbehalten. Gedruckt auf alterungsbeständigem Papier.

Vorwort

„Streitende sollten wissen, dass nie einer ganz recht hat und der andere ganz unrecht."

Dieses bekannte Zitat von Kurt Tucholsky dürfte auf große Zustimmung unter Unternehmensjuristen, Führungskräften von Unternehmen und die sie beratenden Rechtsanwälte stoßen. Ob sie danach auch im Umgang mit Konflikten und Rechtsstreitigkeiten handeln?

Dass es für Unternehmen weniger darauf ankommt, vor Gericht oder vor einem Schiedsgericht um jeden Preis zu obsiegen, als vielmehr Konflikte und Rechtsstreitigkeiten wirtschaftlich und zielorientiert zu bearbeiten, erscheint einleuchtend. Wie es Enscheidungsträgern und Juristen von Unternehmen in Deutschland indes gelingen kann, nach dieser Maxime die unterschiedlichen Konflikte und Rechtsstreitigkeiten zu gestalten, ist Gegenstand der vorliegenden Arbeit.

Unternehmen in Deutschland stehen heute eine Vielzahl an gerichtlichen, und außergerichtlichen Verfahren der Konflikt- und Streitbeilegung zur Verfügung: Zivilprozess, Schiedsverfahren, Mediation, Schiedsgutachten, Dispute Review und Adjucation Board. Diese Quantität an verfügbaren Verfahren und Instrumenten bringt jedoch für sich allein nur einen begrenzten Mehrwert. Entscheidend sind ihre unternehmens- und konfliktspezifische Gestaltung sowie ihr effektives und effizientes Zusammenspiel in einem System des unternehmerischen Konfliktmanagements. Die vorliegende Arbeit widmet sich diesem Systemdesign und begutachtet die Grundlagen, Konzeption und Implementierung von integrierten Konfliktmanagementsystemen für Unternehmen in Deutschland.

Die Idee zu dieser Dissertation entstand während meines Studienjahres an der Tulane University School of Law. Ich bin Professor Sherman, bei dem ich ein Seminar über die Praxis der alternativen Streitbeilegung besuchte, dankbar und verbunden dafür, dass er die Begeisterung für das Thema dieser Arbeit in mir weckte.

Der Europa-Universität Viadrina möchte ich für die großzügige Förderung meiner Dissertation als Stipendiat und Kollegiat eines interdisziplinären Graduiertenkollegs danken, ohne die die Erstellung dieser Arbeit kaum möglich gewesen wäre.

Mein herzlicher Dank für die Betreuung dieser Dissertation gilt jedoch in erster Linie Herrn Prof. Dr. Breidenbach, der mir bei der Bearbeitung größte Freiräume gewährte und mich über die Promotion hinaus auf vielfältige Weise gefördert hat.

Herrn Prof. Dr. Schröder danke ich nicht nur für die Erstellung des Zweitgutachtens, sondern auch für sein persönliches Engagement, mit dem er uns Kollegiaten und Kollegiatinnen den Blick über den wissenschaftlichen Tellerrand hinaus eröffnete.

Meiner Mutter Brigitte Steinbrecher, meinem Vater Hansjochen Steinbrecher und meiner Schwester Dr. med Nadja Papadopoulos verdanke ich weit mehr als ihren fortwährenden Zuspruch und ihre unendliche Unterstützung während meiner Dissertationszeit. Meine Eltern haben mich unermesslich gefördert und mir liebevoll vorgelebt, dass kein Weg zu weit ist, um die Vielfalt und Fülle des Lebens mit Gottvertrauen, Passion und Dankbarkeit zu erleben.

Ohne die Unterstützung von Frau Rechtsanwältin Judith Lammers, LL.M. wäre diese Arbeit nie entstanden. Und ohne Dich wäre ich nicht so ein glücklicher Mensch.

Alexander Steinbrecher

Abkürzungsverzeichnis

AAA	American Arbitration Association
AAA DB Hearing Rules	American Arbitration Association Dispute Board Hearing Rules
AAA Int'l Med. Rules	American Arbitration Association International Mediation Rules
AAA Rules	American Arbitration Association International Arbitration Rules
A.B.A. J.	American Bar Association Journal
Academy of Management J.	Academy of Management Journal
AcP	Archiv für civilistische Praxis
ADR	Alternative Dispute Resolution
AiB	Arbeitsrecht im Betrieb
Alb. L. Rev.	Albany Law Review
A.L.I.-A.B.A.	American Law Institute – A.B.A. Course of Study
Alternatives	Alternatives to the High Costs of Litigation
Am. Rev. of Int'l Arb.	American Review of International Arbitration
AnwBl	Anwaltsblatt
Arbitration	The Journal of the Chartered Institute of Arbitrators
ArbGG	Arbeitsgerichtsgesetz
Arb. J.	Arbitration Journal
Arb. Int'l	Arbitration International
BB	Betriebs-Berater
BetrVG	Betriebsverfassungsgesetz
BGB	Bürgerliches Gesetzbuch
BGH	Bundesgerichtshof
BGHZ	Amtliche Sammlung der Entscheidungen des Bundesgerichtshofs in Zivilsachen
BRAK-Mitt.	Bundesrechtsanwaltskammer-Mitteilungen
Bus. Law.	The Business Lawyer
Cal. Law.	California Lawyer
CEDR	Center for Effective Dispute Resolution
CIC Procedure	Construction Industry Council Model Adjudication Procedure
Colo. Law.	Colorado Lawyer
CPR	Center for Public Ressources
Creighton L. Rev.	Creighton Law Review
DB	Der Betrieb
Den. U. L. R.	Denver University Law Review
DIS	Deutsche Institution für Schiedsgerichtsbarkeit

Disp. Resol. J.	Dispute Resolution Journal
DRB	Dispute Review Board
DRiZ	Deutsche Richterzeitung
DZWiR	Deutsche Zeitschrift für Wirtschafts- und Insolvenzrecht
EGZPO	Gesetz, betreffend die Einführung der Zivilprozessordnung
Employee Rel. L. J.	Employee Relations Law Journal
EWS	Europäisches Wirtschafts- und Steuerrecht
Fordham Int'l L. J.	Fordham International Law Journal
F. R. D.	Federal Rules Decisions
GG	Grundgesetz
GVO	Gerichtsvollzieherordnung
Harv. B. Rev.	Harvard Business Review
Harv. L. R.	Harvard Law Review
Harv. Neg. L. R.	Harvard Negotiation Law Review
Hofstra Lab. & Emp. L. J.	Hofstra Labor & Employment Law Journal
IBA	International Bar Association
ICC	International Chamber of Commerce
ICC DB Rules	International Chamber of Commerce Dispute Board Rules
ICE Procedure	Institution of Civil Engineers Adjudication Procedure
ICSID Rev.	International Center for the Settlement of Investment Disputes Review: Foreign Investment Law Journal
IDR	Journal of International Dispute Resolution
ILSA J. Int'l & Comp. L.	ILSA J. International & Comparative Law
Ill. Bar J.	Illinois Bar Journal
Ind. & Lab. Rel. Rev.	Industrial and Labor Relations Review
Int'l Org.	International Organization
Int'l Rev. L. & Eco.	International Review of Law and Economics
J. Confl. Res.	Journal of Conflict Resolution
J. Disp. Res.	Journal of Dispute Resolution
J. Int'l Arb.	Journal of International Arbitration
J. Legal Educ.	Journal of Legal Education
J. Legal Stud.	Journal of Legal Studies
J. Occ. Beh.	Journal of Occupational Behavior
Judicature	American Judicature Society's Journal
JZ	Juristenzeitung
Lab. Law.	Labor Lawyer

Lab. L. J.	Labor Law Journal
Law & Soc'y Rev.	Law & Society Review
LCIA	London Court of International Arbitration
Leadership Q.	Leadership Quarterly
Loy. L.A. Int'l & Comp. L. J.	Loyola of Los Angeles International & Comparative Law Journal
Maryland L. Rev.	Maryland Law Review
MDR	Monatsschrift für Deutsches Recht
Mediation Q.	Mediation Quarterly
Mod. L. Rev.	Modern Law Review
Neg. J.	Negotiation Journal
NJW	Neue Juristische Wochenschrift
NJW-RR	NJW-Rechtsprechungs-Report Zivilrecht
NVwZ	Neue Zeitschrift für Verwaltungsrecht
Nw. U. L. Rev.	Northwestern University Law Review
N.Y. L. J.	New York Law Journal
NYÜ	New Yorker UN-Übereinkommen
NZBau	Neue Zeitschrift für Baurecht und Vergaberecht
O.	Ordnung
Ohio State J. on Disp. Resol.	Ohio State Journal on Dispute Resolution
Pers. J.	Personell J.
RIW	Recht der Internationalen Wirtschaft
RVG	Gesetz über die Vergütung der Rechtsanwältinnen und Rechtsanwälte (Rechtsanwaltsvergütungsgesetz)
SchiedsVZ	Zeitschrift für Schiedsverfahren
S. Cal. L. Rev.	Southern California Law Review
SPIDR	Society for Professionals in Dispute Resolution
Stan. L. Rev.	Stanford Law Review
St. John's J. Leg. Comment.	St. John's Journal of Legal Commentary
Stud. L. Pol. & Soc.	Studies in Law, Politics, and Society
Swiss Rules	Swiss Rules of International Arbitration
TeCSA Rules	Technology and Construction Solicitors Association Adjudication Rules
UCLA L. Rev.	University of California Los Angeles Law Review
U. Chi. L. Rev.	University of Chicago Law Review

UNCITRAL	United Nations Commission on International Trade Law
U.S.C.A.	United States Code Annotated
VJ	Vindobona Journal of International Commercial Law and Arbitration
Wis. L. Rev.	Wisconsin Law Review
WIPO	World Intellectual Property Organization
Yale L. J.	Yale Law Journal
ZfSchweizerisches Recht	Zeitschrift für Schweizerisches Recht
ZGS	Zeitschrift für das gesamte Schuldrecht
ZIP	Zeitschrift für Wirtschaftsrecht
ZKM	Zeitschrift für Konfliktmanagement
ZPO	Zivilprozessordnung
ZRP	Zeitschrift für Rechtspolitik
ZZP	Zeitschrift für Zivilprozeß

Inhaltsverzeichnis

Abkürzungsverzeichnis 7

Kapitel 1
Einführung 23

A. Problemstellung und Thesen 23
B. Ansatz der Untersuchung und thematische Abgrenzung 24
C. Gang der Untersuchung 26

Teil 1
Grundlagen des Systemdesigns

Kapitel 2
Status quo des Konfliktmanagements von Unternehmen 27

A. Einführung in das Konfliktmanagement 27
    I. Hintergrund 28
        1. Begriff 28
        2. Funktionen 29
        3. Ziele 30
            a) Optimierung der Konfliktfolgen für das Unternehmen 31
            b) Keine Regulierung des unternehmerischen Konfliktniveaus 31
    II. Die Qualität des Konfliktmanagements 32
        1. Effektivität 32
            a) Privatautonome Gestaltungsmöglichkeiten der Parteien im Konflikt 33
            b) Verfahrensoptionen 34
        2. Bedeutung der Verfahrenseffizienz 35
            a) Direkte und indirekte Kosten 36
            b) Verfahrensdauer 38
        3. Praktische Relevanz der Verfahrensfairness 39
    III. Zusammenfassung 40
B. Aktuelle Strategien des Konfliktmanagements in Unternehmen 41
    I. Das Konfliktspektrum in Unternehmen im Überblick 42
        1. Unternehmensinterne Konflikte 42
        2. Unternehmensexterne Konflikte 45
        3. Wechselwirkung zwischen unternehmensinternen und -externen Konflikten 46

	II.	Proz	essführungsmanagement	47
		1.	Status quo des Verfahrensspektrums	47
			a) Verhandeln	47
			b) Gerichtsverfahren	48
			c) Schiedsgerichtsverfahren	49
		2.	Das Verhältnis zwischen außergerichtlichen Verhandlungen und gerichtlicher Streitentscheidung	50
		3.	Instrumente des Prozessführungsmanagements	50
	III.	Die Experimentierung mit Alternativen zu der gerichtlichen Streitentscheidung	51
		1.	Mediation	51
		2.	Weitere ADR-Verfahren im Überblick	54
		3.	Adjudication	55
			a) Überblick	56
			b) Verfahrensabgrenzung	56
			c) Herleitung der Adjudication aus der Theorie der Konfliktbehandlung	58
			d) Ombudsmann-Verfahren als Ausprägung der Adjudication in Deutschland	59
	IV.	Zusammenfassung	60
C.	Defizite der praktizierten Strategien	60
	I.	Begrenzte Eignung der staatlichen Gerichtsbarkeit	61
		1.	Monopol als Forum der Streitbeilegung	61
		2.	Inadäquate, auf den rechtlichen Streitgegenstand reduzierte Streiterledigung	62
		3.	Arbeitsbelastung der staatlichen Gerichte	64
		4.	Probleme der internationalen Prozessführung	65
	II.	„Vergerichtlichung" des privaten Schiedsgerichtsverfahrens	67
		1.	Mangelnder Einsatz in Konflikten mit nationaler Anknüpfung	67
		2.	Ineffizienter Ablauf von Schiedsverfahren	68
	III.	Undifferenzierter Einsatz alternativer Konfliktbeilegungsverfahren	69
		1.	Mangelndes Verfahrensverständnis	70
		2.	Sporadische und ineffektive Verfahrensanwendung	71
	IV.	Unternehmensbezogene Defizite	72
		1.	Hierarchische Entscheidungsfindung und Problemlösung im Unternehmen	73
		2.	Kontradiktorisches Konfliktverständnis der Entscheidungsträger im Unternehmen	73
		3.	Komplexität der unternehmerischen Rahmenbedingungen	75
D.	Zwischenergebnis und Ausgangspunkt der Untersuchung: Bedarf nach einer konzertierten Gesamtstrategie des Konfliktmanagements von Unternehmen	76

Kapitel 3
Systemdesign in Unternehmen ... 79

A. Evolution des Systemdesigns ... 79
   I. Idee und Konzept des Systemdesigns ... 79
      1. Das Forschungsprojekt von Ury, Brett und Goldberg ... 80
      2. Praktische Umsetzung von Sanders Idee einer multi-optionalen Streitbeilegung ... 81
      3. Vom Verfahrensdesign zum Systemdesign ... 82
   II. Systemdesign als Arbeitsbegriff für das Design eines integrierten Konfliktmanagementsystems ... 82
      1. Integriertes Konfliktmanagementsystem ... 83
         a) Konfliktmanagementsystem: Vom systematischen zum systemischen Umgang mit Konflikten ... 83
         b) Integration in das übergeordnete Unternehmenssystem ... 84
      2. Design ... 85
      3. Zusammenfassender Arbeitsbegriff ... 86
   III. Die bisherige Entwicklung des Systemdesigns ... 87
      1. Konzentration auf die Systemkonzeption ... 87
      2. Betonung der Systemimplementierung ... 88
      3. Kongruenz zwischen Konfliktmanagementsystems und Designprozesses ... 88
      4. Empirische Untersuchungen bestehender Konfliktmanagementsysteme ... 89
   IV. Anwendungsbereich des Systemdesigns ... 89
      1. Unterscheidung zwischen unternehmensinternem und -externem Systemdesign ... 90
      2. Plädoyer für ein unternehmensweites Systemdesign ... 91
   V. Zusammenfassung ... 92

B. Verortung des Systemdesigns ... 93
   I. Konfliktbehandlung als System ... 93
      1. Die Dynamik von Konflikten ... 94
         a) Wertneutralität von Konflikten ... 95
         b) Der Prozess der Konfliktentwicklung ... 95
         c) Bedeutung für das Systemdesign ... 97
      2. Die Bedeutung der Dimensionen der Konfliktbehandlung für das Systemdesign ... 98
      3. Praktische Umsetzung der integrierten Konfliktbehandlungslehre durch Systemdesign ... 99
         a) Wechselwirkung zwischen Interessen, Recht und Macht als Beurteilungsmaßstäbe im Konflikt ... 99
         b) Integration alternativer Verfahren in das praktizierte System der gerichtlichen Konfliktbeilegung ... 101

	II.	Abgrenzung zu anderen Formen der Institutionalisierung von ADR	103
		1. Multi-Door Courthouse als gerichtsangebundene multi-optionale Streitbeilegungsstelle	104
		2. ADR-Programme	105
		3. Streitbeilegungssysteme	106
	III.	Interdisziplinarität des Systemdesigns	108
		1. Verfahrensrechtliches Risikomanagement	108
		2. Methoden und Instrumente der Organisationsentwicklung	109
	IV.	Anknüpfungspunkte in der Unternehmenspraxis	110
		1. Managementsystem der Konfliktbehandlung	110
		2. Systemdesign als innerbetriebliches Projekt	111
	V.	Zusammenfassung	112
C.	Chancen und Risiken des Systemdesigns für Unternehmen		113
	I.	Chancen	114
		1. Privatautonomes und interessenorientiertes Konfliktmanagement	114
		2. Konzentration der gerichtlichen Verfahren auf drittentscheidungsbedürftige Konflikte	115
		3. Reduzierte Konfliktmanagementkosten	116
		4. Steigerung der Unternehmensprofitabilität	118
		5. Weitere Chancen für das Unternehmen als Organisation	119
	II.	Risiken und Barrieren	120
		1. Privatisierung der Konfliktbehandlung	120
		2. Instrumentalisierung der außergerichtlichen Konfliktbearbeitungsverfahren	121
		3. Barrieren im Unternehmen	122
		a) Widerstand gegen Veränderungen des bestehenden Konfliktmanagements	123
		b) Inkongruenz zwischen intendiertem und praktiziertem Konfliktmanagement	124
		c) Zielkonflikte zwischen dem Unternehmen und seinen Konfliktgegnern	124
		4. Mangelnder Nachweis der Effizienz des Systemdesigns	125
D.	Erfolgsfaktoren des Systemdesigns aus Theorie und Praxis		127
	I.	Anwendungsakzeptanz als Erfolgsmaßstab des Systemdesigns	128
	II.	Erfolgskritische Gestaltung des Designprozesses	128
		1. Kommunikation und Information über Systemdesign	129
		2. Schulung und Training	129
		3. Interessenorientierter und partizipativer Designprozess	130
		4. Evaluierung des neuen Konfliktmanagementsystems	131
	III.	Erfolgsrelevante Charakteristika eines integrierten Konfliktmanagementsystems	132
		1. Handhabbarkeit	132

	2.	Flexibilität		133
		a) Multiple Verfahrensoptionen		133
		b) Auswahl- und Gestaltungsfreiheit der Parteien		133
	3.	Anwendungsbereich		134
	4.	Verfahrensfairness		135
		a) Freiwilligkeit		135
		b) Vertraulichkeit		136
		c) Allparteilichkeit des Dritten		136
		d) Verteilung der Verfahrenskosten		137
IV.	Unterstützende Unternehmensfaktoren			138
	1.	Engagement und Verantwortung der Unternehmensführung		138
	2.	Anwendungsanreize für das neue Konfliktmanagementsystem		139
	3.	Anpassung der Unternehmenspraxis an das neue Konfliktmanagementsystem		139
V.	Zusammenfassung			140

Teil 2
Modell für das Design eines integrierten Konfliktmanagementsystems 142

Kapitel 4
Der Prozess des Systemdesigns 144

A.	Planungsphase			144
	I.	Initiierung des Systemdesigns im Unternehmen		145
		1. Veränderungsbereitschaft im Unternehmen		145
		2. Information über Veränderungsoptionen und Entscheidung über Initiierung des Systemdesigns		146
	II.	Schulungen und Training im Konfliktmanagement		147
		1. Bedeutung für das Systemdesign		147
		2. Information und Training		148
	III.	Designteam		150
		1. Aufgaben		150
		2. Zusammensetzung		150
		a) Interne und externe Stakeholder		151
		b) Fokus-Gruppen		151
		c) Einbeziehung von internen und externen Opponenten		152
		3. Designberater		153
		a) Aufgaben		154
		b) Qualifikation		154
		4. Road Map für den Designprozess		155
	IV.	Projektplan		155
		1. Funktion und Ausgestaltung		155

15

	2.	Definition der unternehmerischen Ziele des Systemdesigns	156
	3.	Prognostizierte Dauer des Systemdesignprozesses	157
	4.	Budget für das Systemdesign	158
		a) Kostenfaktoren	158
		b) Prognostizierte Kosteneinsparungen durch das neue Konfliktmanagementsystem	159

- B. Analysephase 160
  - I. Bedeutung und Methodik 160
    1. Bedeutung 161
    2. Methodik der Analyse 162
  - II. Analyse der Entscheidungsfindungsprozesse im Unternehmen 162
    1. Entscheidungsfindungs- und Problemlösungsprozesse des Unternehmens 163
    2. Struktur der Entscheidungsprozesse 163
  - III. Analyse der unternehmensinternen und -externen Konflikte 164
    1. Parteien und andere Beteiligte 164
    2. Konfliktbehandlungsgegenstände und Konfliktthemen 165
  - IV. Analyse der Verfahren und Instrumente des aktuellen Konfliktmanagements 166
    1. Spektrum der Verfahren und Instrumente des Konfliktmanagements 166
    2. Qualität der Konfliktbehandlungsverfahren und -instrumente 168
  - V. Entscheidung des Unternehmens über Art und Umfang des Systemdesigns 168
    1. Präsentation der Analyseergebnisse 169
    2. Feedback zu skizziertem Systemdesign 169
    3. Entscheidung der Unternehmensführung 170
    4. Ausarbeitung eines detaillierten Modellsystems 170
- C. Implementierungsphase 171
  - I. Einführung des neuen Konfliktmanagementsystems im Unternehmen 171
    1. Marketing des neuen Konfliktmanagementsystems 172
    2. Gezielte Schulungen, Trainings und Anwendungsanreize 172
  - II. Erprobung des neuen Konfliktmanagementsystems in Pilotprojekten 172
    1. Bedeutung von Pilotprojekten 173
    2. Auswahl von Test-Konflikten 174
    3. Dauer der Erprobungsphase 174
    4. Evaluierung der Pilotprojekte und Rejustierung des neuen Systems 174
  - III. Unternehmensweite Umsetzung des neuen Konfliktmanagementsystems 175
- C. Evaluierungsphase 176
  - I. Bedeutung 176
    1. Integraler Bestandteil des Designprozesses 176

		2.	Gesamtevaluierung des neuen Konfliktmanagementsystems	177
		3.	Gründe für eine mangelnde Auswertung in der Praxis	177
	II.	Methoden zur Evaluierung des Systemdesigns		178

Kapitel 5
Die Module und Komponenten eines integrierten Konfliktmanagemensystems   180

A.	Unternehmensspezifische Konfliktmanagementordnung			181
	I.	Funktion		181
	II.	Ordnung der Instrumente und Verfahren des Konfliktmanagements		182
		1.	Konflikttatbestände statt individueller Konflikte	183
			a) Unternehmen als Repeat Player in Konflikten	184
			b) Merkmale der unternehmensinternen und -externen Konflikttatbestände	186
			aa) Differenzierung nach sozialen und justiziablen Konfliktbehandlungsgegenständen	186
			bb) Differenzierung nach den Eskalationsstufen Konflikt und Rechtsstreit	187
		2.	Fokus auf konfliktdeeskalierende und streitpräventive Instrumente	188
		3.	Betonung informeller Verfahren ohne Drittbeteiligung	188
		4.	Vorrang von interessen- gegenüber rechtsbasierten Konfliktbearbeitungsverfahren mit Drittbeteiligung	189
			a) Ökonomische Verfahrensanalyse	189
			aa) Vergleichende Modellberechnungen der Kosten gerichtlicher und alternativer Konfliktbearbeitungsverfahren	190
			bb) Eingeschränkte Bedeutung der Modellberechnungen für die Praxis	190
			b) Verfahrensanordnung nach dem Grad des Gestaltungsspielraums der Parteien	194
			aa) Realisierung der prozessualen und materiellen Interessen der Parteien	194
			bb) Interessenorientierter Gestaltungsspielraum	196
		5.	Zusammenfassung	198
B.	Konfliktmanagementabteilung im Unternehmen			199
	I.	Von der Rechtsabteilung zur Konfliktmanagementabteilung		199
		1.	Interdisziplinäre Zusammenarbeit	200
		2.	„Collaborative Lawyering" als Ansatz der Konfliktmanagementabteilung	201
	II.	Funktion und Aufgaben		202
		1.	Ausbildung und Training	203
		2.	Administration und Koordinierung	203
		3.	Konfliktanalyse und Verfahrensberatung	204

	4.	Verfahrensdesign	205
		a) Bedeutung	206
		b) Funktion	206
		c) Kreative Gestaltung der Verfahrenskosten	207
		aa) Dritte und Sachverständige	207
		bb) Kosten der Verfahrensadministration	208
C.	Systemunterstützende Strukturen und Instrumente in der Unternehmensorganisation		209
	I. Konfliktmanagement-Modus des Unternehmens		209
	II. Einbeziehung der Konfliktmanagementordnung in die Unternehmenspraxis		213
	1.	Konfliktmanagementvereinbarungen mit externen Parteien	213
		a) Selbstbindungsmechanismen	214
		b) Rahmenvertrag über das Konfliktmanagement	214
		c) Individualvertragliche Vereinbarung	215
	2.	Innerbetriebliche Konfliktmanagementvereinbarung	216
		a) Betriebsvereinbarung	216
		b) Individualvereinbarung zwischen Arbeitgeber und Arbeitnehmer	217
	III. Maßnahmen zur Förderung der Systemanwendung		217
	1.	Kreative Kostentragungsvereinbarungen	217
		a) Kostenanreize für interne Konfliktgegenparteien	218
		b) Kostenanreize für externe Konfliktgegenparteien	221
	2.	Einbeziehung der Konfliktgegenparteien des Unternehmens in das Verfahrensdesign	222
	3.	Motivation der Unternehmensjuristen	223
	4.	Neuausrichtung der Rolle von externen Rechtsanwälten	223
		a) Reduzierte Inanspruchnahme externer Rechtsdienstleistungen	223
		b) Kreative Vergütungsmodelle	224
		c) Verfahrensspezifische Mandatierung	224
	VI. Instrumente der Konfliktdeeskalation und Streitprävention		225
	1.	Funktion	225
	2.	Unternehmensinterne Konflikte	226
		a) Open Door Policy	226
		b) Multimedialer Zugang zum Konfliktmanagementsystem	227
		c) Ombudsmann	228
	3.	Unternehmensexterne Konflikte	229
		a) Partnering	229
		b) Konfliktmanagementbeauftragter	230

Kapitel 6
Design einer unternehmensspezifischen Konfliktmanagementordnung 231

A. Verhandeln 231
   I. Strukturierung des Verhandlungsprozesses durch Verhandlungsmanagement 232
   II. Einbeziehung von Experten in den Verhandlungsprozess 233
B. Verfahrenskonferenz 235
   I. Funktion und Ablauf 236
   II. Instrumente 238
      1. Prozessrisikoanalyse 238
      2. Case-Screens 240
C. Außergerichtliche Konfliktbearbeitungsverfahren 240
   I. Allgemeine Verfahrensregeln 241
      1. Option oder Pflicht zur Teilnahme an den ADR-Verfahren der Konfliktmanagementordnung 241
      2. Formvorschriften und Fristen 243
      3. Prozessbevollmächtigte der Parteien 244
      4. Dritte in den Verfahren 245
      5. Vertraulichkeit 247
      6. Weitere Verfahrensregeln 249
   II. Regelungen über das Verhältnis zwischen den ADR-Verfahren der Konfliktmanagementordnung und den gerichtlichen Verfahren 250
      1. Abschirmung der ADR-Verfahren vor parallelen gerichtlichen Verfahren 250
      2. Hemmung der Verjährung von Rechtsansprüchen und weitere Abreden 251
      3. Rechtsweg zu den staatlichen Gerichten 252
      4. Durchsetzung und Vollstreckung von ADR-Vergleichen 253
   III. Mediation 254
      1. Initiierung 255
         a) Einleitungsanzeige 255
         b) Einleitungsantwort 256
      2. Profil, Kompetenzen und Auswahl des Mediators 257
         a) Profil des Mediators 257
           aa) Unabhängigkeit und Unparteilichkeit 257
           bb) Qualifikation 258
         b) Rolle, Kompetenzen und Pflichten 260
         c) Auswahl des Mediators 263
           aa) Gemeinsame Auswahl durch die Parteien 263
           bb) Unterstützung und Auswahl durch eine Verfahrensadministration 264
           cc) Ablehnung des Mediators durch eine Partei 264

	4.	Verfahrensablauf	265
		a) Vorverfahren und Verfahrensagenda	265
		b) Mediationssitzungen	266
	5.	Abschluss des Verfahrens	267
		a) Einigung der Parteien	267
		b) Beendigung des Verfahrens auf andere Weise und Überleitung in ein nachfolgendes Konfliktbearbeitungsverfahren	268
IV.	Adjudication	269
	1.	Funktion in der Konfliktmanagementordnung	270
	2.	Initiierung	271
		a) Einleitungsanzeige	271
		b) Einleitungsantwort	272
	3.	Besetzung, Konstituierung und Kompetenzen des Adjudication-Boards	272
		a) Besetzung des Adjudication-Boards	272
		aa) Ein-Personen- und Drei-Personen-Adjudication-Boards	273
		bb) Profil der Adjudicatoren	273
		cc) Innerbetriebliches und externes Adjudication-Board	274
		b) Konstituierung	274
		aa) Zeitpunkt	275
		bb) Modus	275
		cc) Ersetzung eines Adjudicators	276
		c) Kompetenzen des Adjudication-Boards	276
		aa) Leitung des Verfahrens	277
		bb) Förderung einer interessenbasierten Konfliktbearbeitung	277
		cc) Adjudicator als Schiedsrichter in einem nachfolgenden schiedsrichterlichen Verfahren	278
	4.	Anspruchsbegründung und -erwiderung	279
		a) Inhalt	279
		b) Frist	280
	5.	Hauptverfahren	280
		a) Ort und Sprache des Verfahrens	280
		b) Verfahrensagenda	281
		c) Sachverhaltsermittlung und Beweisführung	281
		d) Schriftliches Verfahren	282
		e) Mündliche Verhandlung	283
	6.	Abschluss des Verfahrens	283
		a) Entscheidung des Adjudication-Boards	284
		b) Einbeziehung von interessenorientierten Elementen in den Entscheidungsfindungsprozess des Adjudication-Boards	286
		c) Beendigung des Verfahrens auf andere Weise und Überleitung in die gerichtliche Streitentscheidung	287

D.	Gerichtliche Konfliktbearbeitungsverfahren	287
	I. Funktion in der Konfliktmanagementordnung	287
	1. Endgültige und rechtlich bindende Konfliktentscheidung	288
	2. Einstweiliger Rechtsschutz durch (Schieds-)Gerichte	289
	II. Design der schiedsrichterlichen Verfahren	289
	1. Vorgeschaltetes Schiedsgutachterverfahren	290
	2. Beschleunigtes Verfahren als Regel	291
	3. Integration der interessenbasierten Konfliktbearbeitung in das Schiedsgerichtsverfahren	292
	III. Design des Gerichtsverfahrens	294
	1. Prozessvertrag als zivilprozessuales Gestaltungsinstrument	295
	a) Parteivereinbarung über die Kostentragung	296
	b) Einbeziehung von gerichtsnahen ADR-Programmen in Gerichtsstandsvereinbarungen	297
	2. Prozessführungsbudgets	298

Kapitel 7
Ausblick: Von der Theorie zur Praxis des Systemdesigns in Deutschland?   299

Literaturverzeichnis   303

Kapitel 1
Einführung

„Vorstellungen und Erwartungen, die Unternehmen mit Konfliktbearbeitungsverfahren verbinden, entsprechen nicht in vollem Umfang dem tatsächlichen Vorgehen im Konfliktfall."[1] Dieses zentrale Ergebnis einer aktuellen Studie von PricewaterhouseCoopers in Zusammenarbeit mit der Europa-Universität Viadrina über die Anwendung von Konfliktbearbeitungsverfahren bringt die Diskrepanz zwischen dem intendierten und praktizierten Umgang von deutschen Unternehmen mit Konflikten auf den Punkt. In einem Wort: Unternehmen bearbeiten, managen, ihre Konflikte und Rechtsstreitigkeiten in der Praxis nicht so, wie sie es in der Theorie präferieren.

A. Problemstellung und Thesen

Das Problem, besser gesagt: die Herausforderung für Unternehmen ist damit präzise definiert: Warum besteht diese Inkongruenz und, sofern Bedarf und Bereitschaft bestehen, wie lassen sich intendiertes und praktiziertes Konfliktmanagement synchronisieren und deckungsgleich in der Unternehmenspraxis gestalten?

Die vorliegende Arbeit stellt sich dieser Herausforderung und entwickelt Handlungsoptionen, wie Unternehmen ihren Vorstellungen und Erwartungen entsprechend Konfliktmanagement betreiben können. Das nachfolgend hergeleitete Konzept des Designs eines integrierten Konfliktmanagementsystems – das Systemdesign – fungiert als konzeptioneller Ansatz, mit dem Unternehmen ihren Umgang mit Konflikten und Rechtsstreitigkeiten optimieren können.

Die Thesen dieser Arbeit lassen sich anhand eines bildhaften Vergleichs zwischen dem Konfliktmanagement eines Unternehmens und einem Orchester veranschaulichen. Wenn ich Sie danach frage, was ein hervorragendes Orchester ausmacht, können Sie mir verschiedene Antworten geben. Sie können auf die Qualität der Musiker, die Virtuosität des Dirigenten, die Vielfalt des Repertoires, die Klangfülle des Konzertsaales oder auf die Beurteilungen der Kritiker abstellen. Meine Antwort lautet: Das Zusammenspiel aller genannten Faktoren kennzeichnet die Qualität eines ausgezeichneten Orchesters!

Übertragen auf das Konfliktmanagement von Unternehmen lassen sich von diesem Vergleich zwei Thesen ableiten, welche die vorliegende Arbeit untersucht. Erstens: Für die Qualität des Konfliktmanagements von Unternehmen sind das Zusammenspiel der unterschiedlichen Methoden und Instrumente der Konfliktbearbeitung

---

1 PricewaterhouseCoopers, S. 4.

und ihre Synchronisation auf die internen und externen Rahmenbedingungen, unter denen ein Unternehmen agiert, entscheidend. Zweitens: Bevor das Zusammenspiel der einzelnen Methoden und Instrumente des Konfliktmanagements perfektioniert werden kann, muss das Unternehmen zunächst eine Auswahl aus dem verfügbaren Methodenspektrum treffen und sodann auf seine spezifischen Erwartungen und Bedürfnisse anpassen und optimieren.

B. Ansatz der Untersuchung und thematische Abgrenzung

Diesem Ansatz steht in der bisherigen Diskussion über das Konfliktmanagement von Unternehmen und dem praktischen Einsatz von Konfliktbearbeitungsverfahren bislang meist eine isolierte Betrachtung gegenüber. Der Stand der Auseinandersetzung mit Verfahren der alternativen Streitbeilegung (ADR) in Deutschland unterstreicht dies anschaulich: Die Abhandlungen und Überlegungen konzentrieren sich auf die Untersuchung von Alternativen zu den Verfahren vor privaten Schiedsgerichten und ordentlichen Gerichten. Es gibt kaum ein Rechtsgebiet, in dem die Eignung von ADR-Verfahren als Alternative zur gerichtlichen Streiterledigung nicht bereits ausführlich diskutiert worden ist. Hinzu kommen Darstellungen von zahlreichen (neuen) Verfahrenskombinationen und -variationen. Alles in allem steht Unternehmen damit, zumindest was die wissenschaftliche Diskussion anbelangt, ein Arsenal an Verfahrensalternativen zur Verfügung.

In dieser mikroskopischen Perspektive gerät indes eine offenkundige und praxisrelevante Frage buchstäblich aus dem Blickfeld: Ist die Quantität an Verfahren und Instrumenten des Konfliktmanagements entscheidend – oder aber ihre Qualität? Anstatt die zahlreichen Verfahrensmöglichkeiten wiederholend darzustellen, analysiert diese Arbeit die Art und Weise, wie die Parteien die verfügbaren Verfahren und Instrumente des Konfliktmanagements in einem System des Konfliktmanagements integrieren und konfliktspezifisch gestalten können.

In den USA haben bereits zahlreiche, auch international operierende Unternehmen diesen integrierten Ansatz des Konfliktmanagements übernommen und Systemdesign betrieben. Auch in Deutschland kunden erste Unternehmensinitiativen vom Interesse an Systemdesign.[2] Wenngleich die Diskussion über einen systematischen Umgang mit Konflikten jüngst auch in der deutschen Wissenschaft und Praxis initiiert worden ist und aktuell in einzelnen Publikationen über Konfliktmanagementsysteme ihren Niederschlag findet[3], geht die vorliegende Arbeit in wesentlichen Punkten vom gegenwärtigen Status quo des Designs von Konfliktmanagementsystemen in Deutschland hinaus.

---

2   *Dendorfer*, ZKM 2001, 161 ff. erläutert das Konfliktmanagementsystem der Maritim Hotelgesellschaft mbH; *Duve/Eidenmüller/Hacke*, S. 326 f. skizzieren das System der Siemens AG.

3   Vgl. die Monographie von *Schoen*; ferner *Ponschab/Dendorfer*, in: Haft/Schliefen (Hrsg.), § 39; *Duve/Eidenmüller/Hacke*, S. 309 ff.

Während bislang überwiegend untersucht wird, in welchen gerichtlichen und außergerichtlichen Verfahren Rechtsstreitigkeiten beigelegt werden können, erstreckt sich der Gegenstand des hier vorgestellten Konzepts des Systemdesigns auf Konflikte *und* Rechtsstreitigkeiten, mithin auf soziale und justiziable (rechtliche) Konflikte. Denn kein Rechtsstreit entsteht aus dem Nichts. Auseinandersetzungen können sich zu Rechtsstreitigkeiten entwickeln, müssen es aber nicht zwingend.

Zudem verengen die gegenwärtigen Publikationen den Anwendungsbereich von Konfliktmanagementsystemen regelmäßig auf Auseinandersetzungen zwischen Unternehmen oder innerhalb eines Unternehmens. Demgegenüber erstreckt sich der Anwendungsbereich des Designs eines integrierten Konfliktmanagementsystems nach dem in dieser Arbeit konzipierten Modell gleichermaßen auf externe und interne Konflikte von Unternehmen. Dieser Ansatz basiert auf der Überlegung, dass die verschiedenen Verfahren und Instrumente des Konfliktmanagements in beiden Bereichen in Betracht kommen, aber bereichsspezifisch gestaltet werden müssen. Die damit verbundene Komplexität eines Konfliktmanagementsystems ist offensichtlich; gleiches gilt aber auch für die realisierbaren Synergieeffekte.

Anstatt ein Konfliktmanagementsystem begrifflich und inhaltlich auf eine unternehmensspezifische Verfahrensordnung zu beschränken, in der gerichtliche und außergerichtliche Konfliktbearbeitungsverfahren – ähnlich wie in vertraglichen Eskalationsklauseln – in einer bestimmten Abfolge angeordnet sind und durch streitpräventive Instrumente ergänzt werden, wird hier ein dreiteiliges System entwickelt. Dieses besteht zum einen aus einer vorbeschriebenen Verfahrens- bzw. Konfliktmanagementordnung. Da diese Verfahrensordnung allerdings auf das Unternehmen als Organisation maßzuschneidern ist, um eine Kongruenz zwischen Unternehmens- und Konfliktmanagementstrategie herzustellen, bedarf es – als zweites Teilsystem – systemunterstützender Strukturen und Maßnahmen im Unternehmen. Darüber hinaus ist die Unterstützung des Unternehmens und der anderen internen und externen Konfliktparteien in der Systemanwendung notwendig, eine Aufgabe die – als drittes Teilsystem – der unternehmensinternen Konfliktmanagementabteilung zukommt.

Elementar ist schließlich ein Aspekt, in dem sich der Ansatz dieser von anderen Darstellungen und Untersuchungen über Konfliktmanagementsysteme für deutsche Unternehmen unterscheidet: das mit dem Systemdesign im Unternehmen verfolgte Ziel. Anstatt das Ziel eines Konfliktmanagementsystems auf die Kostenreduzierung und damit die Steigerung des Gewinns von Unternehmen zu reduzieren, zielt diese Arbeit darauf ab, konkrete Handlungsoptionen darzustellen, wie Unternehmen mit Hilfe des Designs und der Anwendung integrierter Konfliktmanagementsysteme die Qualität des unternehmerischen Konfliktmanagements verbessern können. Es gilt, nicht das kosteneffizienteste Konfliktbearbeitungsverfahren durchzuführen, eine Eigenschaft die der Mediation und anderen außergerichtlichen Verfahren teilweise pauschal zugeordnet wird. Vielmehr gilt es, das Unternehmen und die anderen Konfliktparteien darin zu unterstützen, zunächst das konfliktadäquateste Verfahren und Instrument auszuwählen, sodann interessengerecht zu gestalten und schließlich effizient durchzuführen.

C. Gang der Untersuchung

Vor diesem Hintergrund gliedert sich der Gang dieser Untersuchung in zwei Teile. Der erste Teil der Arbeit widmet sich der Ausgangsfrage nach dem Gegenstand und der Bedeutung des Systemdesigns als integrierter Ansatz des Konfliktmanagements für Unternehmen. Im ersten Kapitel beginnt die Arbeit mit einer Herleitung der Problemstellung, für die das Systemdesign Lösungsoptionen zu entwickeln sucht. Bevor die Frage beantwortet wird, *was* Systemdesign ist, geht es also zunächst darum zu veranschaulichen, *warum* Unternehmen Systemdesign betreiben. Das zweite Kapitel behandelt sodann die Idee und das Konzept des Systemdesigns. Es beantwortet die Kernfrage, *was* Systemdesign ist. Die Darstellung basiert auf der Evolution des Systemdesigns als Strategie des Konfliktmanagements in US-amerikanischen Unternehmen, welche bereits vor mehr als fünfzehn Jahren erste Konfliktmanagementsysteme designt und in die Unternehmenspraxis integriert haben. Ferner gilt es, das Konzept des Systemdesigns zu verorten, seine Chancen und Risiken zu analysieren und Erfolgsfaktoren für das Systemdesign in deutschen Unternehmen herzuleiten.

Der zweite Teil der Arbeit beinhaltet einen Leitfaden für die Entwicklung eines Modellsystems des Konfliktmanagements. Das Modell gliedert sich in drei Teile. Der erste Teil, das dritte Kapitel, stellt den Prozess des Systemdesigns dar, beantwortet also die Frage, wie ein Systemdesign-Projekt konkret zu strukturieren und auszuführen ist. Der zweite Teil, das vierte Kapitel, behandelt die Module und Komponenten eines integrierten Konfliktmanagementsystems, die im Unternehmen zu institutionalisieren und aufeinander abzustimmen sind – namentlich eine unternehmensspezifische Konfliktmanagementordnung, eine Konfliktmanagementabteilung im Unternehmen und systemunterstützende Strukturen und Instrumente in der Unternehmensorganisation. Der dritte Teil, das fünfte Kapitel, widmet sich schließlich der Konzeption einer unternehmensspezifischen Konfliktmanagementordnung – dem Systemdesign im eigentlichen Sinne – als Herzstück eines integrierten Konfliktmanagementsystems.

Teil 1
Grundlagen des Systemdesigns

Kapitel 2
Status quo des Konfliktmanagements von Unternehmen

Jede Organisation, jedes Wirtschaftsunternehmen setzt unterschiedliche Verfahren und Instrumente im Umgang mit Konflikten ein. Jedes Unternehmen managt seine Konflikte. Die Frage ist daher nicht, ob Konflikte gemanagt werden, sondern wie.

Das Wie des Konfliktmanagements fragt nach zweierlei: einerseits nach seiner Art und Weise – dem Modus –, andererseits nach seiner Effektivität und Effizienz – der Qualität. Der Modus und die Qualität des unternehmerischen Konfliktmanagements werden nachfolgend anhand einer Bestandsaufnahme untersucht. Das Ziel ist es, herauszuarbeiten, ob die aktuell in Unternehmen praktizierten Strategien des Konfliktmanagements funktional sind.

Im Anschluss an eine Einführung in das Konfliktmanagement von Unternehmen (A.) werden die Komplexität der vielfältigen Konflikte in Unternehmen aufgezeigt und die praktizierten Konfliktmanagementstrategien von Unternehmen als Reaktion dargestellt (B.). Anschließend wird die Funktionalität der Strategien analysiert und ihre Defizite herausgearbeitet (C.). Auf der Grundlage dieses Status quo wird der Bedarf für einen konzertierten Systemansatz des Konfliktmanagements von Unternehmen hergeleitet, welcher den Ausgangspunkt dieser Untersuchung bildet (D.).

A. *Einführung in das Konfliktmanagement*

In den vergangenen Jahren ist das Konfliktmanagement in zahlreichen Publikationen thematisiert worden. Anstatt den Stand der Wissenschaft und Praxis auf dem Gebiet des Konfliktmanagements zusammenfassend darzustellen[4], ist es für den Zweck dieser Arbeit förderlicher, einleitend den Kern des Konfliktmanagements zu extrahieren und seine wesentlichen Aspekte als Ausgangslage darzustellen. Unter dieser Prämisse skizzieren die nun folgenden Ausführungen einleitend die Inhalte, Funktionen und Ziele, die hinter dem Schlagwort des Konfliktmanagements stehen (I.). Anschließend werden die Charakteristika von qualitativ hochwertigem Konfliktmanagement dargestellt (II.).

---

4   Eingehend *Glasl*; *Schwarz*.

I. Hintergrund

Ausgehend von einem Arbeitsbegriff lassen sich die Funktionen und Ziele des Konfliktmanagements für Wirtschaftsunternehmen konkretisieren und praktisch abbilden.

1. Begriff

Vor dem Hintergrund, dass ebenso vielzählige wie uneinheitliche Definitionen der Begriffe „Konflikt" und „Management" in der Wissenschaft und Praxis gebräuchlich sind, überrascht es wenig, dass auch der Begriff des Konfliktmanagements uneinheitlich verwendet wird.[5] Abgeleitet vom englischen Verb *to manage* bedeutet „managen" dirigieren, steuern, regeln und gestalten.[6] Danach meint das Konfliktmanagement den Umgang mit Konflikten[7], verstanden als die Art und Weise, Konflikte zu gestalten. Das Konfliktmanagement beschreibt folglich eine Tätigkeit, keinen Zustand. Der Begriff des Managements signalisiert zudem die Verortung des Konfliktmanagements: Das Konfliktmanagement ist originäre Aufgabe des gesamten Managements eines Unternehmens[8] und nicht alleinige Aufgabe der Mitarbeiter der Rechts- und Claim-Management-Abteilung. Konfliktmanagement ist vielmehr integraler Bestandteil des unternehmerischen Managements insgesamt.[9]

Gegenstand der Gestaltung und des Umgangs sind Konflikte. Der Begriff des Konflikts wird ebenso ausführlich wie uneinheitlich diskutiert.[10] Für den weiteren Verlauf dieser Untersuchung wird ein Konflikt verstanden als ein aus konkurrierenden Interessen resultierender, wahrgenommener Spannungsprozess zwischen interdependenten Akteuren.[11] Die Interessen meinen die Gesamtheit der Einstellungen und Erwartungen zu den Möglichkeiten und Zielen eines Akteurs, die sich im Denken, Fühlen oder Wollen äußern und auf Werten, Normen oder Ansprüchen basieren.[12] Ein Konflikt hat somit zwei Tatbestandsmerkmale: zum einen konkurrierende

---

5 *Budde*, S. 17 f.
6 Nach *Wermke/Klosa/Kunkel-Razum/Scholze-Stubenrecht (Hrsg.)*, S. 628 umgangsprachlich für leiten, unternehmen; zustande bringen.
7 *Bosshard*, S. 104; *Schoen*, S. 22: „Das Konfliktmanagement richtet sich auf den Umgang mit den Konflikten eines Unternehmens [...]."
8 Ähnlich *Schoen*, S. 192 f.: „Ein effektives Konfliktmanagement definiert die Konfliktbehandlung als Managementfunktion. [...] Als Bestandteil des regulären Geschäftsablaufs unterliegt die Konfliktbehandlung [das Konfliktmanagement] somit den gleichen Anforderungen an ein unternehmerisches Management wie es auch für andere Unternehmensbereiche gilt."
9 *Cronin-Harris*, 59 Alb. L. Rev. 847, 875 (1996).
10 Vgl. *Glasl*, S. 12 ff.; *Dahrendorf*, S. 31 ff, *Thomas*, S. 265 ff.; *Schoen*, S. 17.
11 *Krüger*, S. 17.
12 Ähnlich *Breidenbach*, S. 70, der mit Interesse allgemein die Vorstellungen, Bedürfnisse, Wünsche, Sorgen, Ängste und Ziele einer Partei definiert.

Interessen der Parteien, zum anderen eine Interdependenz ihres Handelns.[13] Besteht zwischen den Parteien keine Beziehung, dann hat das Handeln der einen Partei keinen Einfluss auf das Handeln der anderen Partei; haben sie keine konkurrierenden, sondern deckungsgleiche Interessen, dann ist ihr Handeln ausschließlich durch gemeinsame Interessen geprägt, so dass das Handeln der einen Partei auch den Interessen der anderen Partei entspricht.[14]

Mit diesem Arbeitsbegriff des Konflikts kommt zum Ausdruck, dass nicht allein (Rechts-) Streitigkeiten Gegenstände des Konfliktmanagements sind, sondern dass ein operationalisierter Arbeitsbegriff des Konflikts zu Grunde gelegt wird, unter den sämtliche Lebenssachverhalte fallen, in denen die beteiligten Akteure eine Entscheidung über ihre inkongruenten Interessen finden wollen. Überträgt man dieses weite Verständnis eines Konflikts auf ein Unternehmen, so hat das Konfliktmanagement nicht nur die Konflikt- und Streitbeilegung zum Gegenstand, sondern – allgemeiner – die Gestaltung von Entscheidungsfindungsprozessen: von der Vertragsgestaltung über die Entwicklung von Waren und Dienstleistungen bis hin zur Begleitung von Kooperationen und Umstrukturierungen. Vor diesem Hintergrund meint das Konfliktmanagement die bewusste, systematische und kontextspezifische[15] Gestaltung der Verfahren und Instrumente im Umgang mit Konflikten und anderen Entscheidungsfindungsprozessen.[16] Dieser Begriff des Konfliktmanagements wird im Folgenden zu Grunde gelegt.

2. Funktionen

Das Konfliktmanagement gewinnt inhaltlich an Konturen, wenn man über seine Begriffsbestimmung hinaus die Frage beantwortet, welche Funktionen das Managen von Konflikten verfolgt. Sie erschließen sich im Verhältnis zur Konfliktbehandlung und Konfliktlösung.

Das Konfliktmanagement ist Teil der Konfliktbehandlung.[17] Unter diesem Oberbegriff sind allgemein sämtliche Interventionen im Konflikt zusammengefasst. Folgt man der Dreiteilung der Konfliktinterventionen – bezogen auf das Konflikt*potential*, den Konflikt*prozess* und die Konflikt*folgen*[18] – so konzentriert sich das Konfliktmanagement auf diejenigen Interventionen, welche an den Konfliktprozess anknüpfen. Die Funktion des Konfliktmanagements liegt demnach nicht primär darin, den

---

13 Nach *Regnet*, S. 10 ff. manifestiert sich der Konflikt, wenn sich die konkurrierenden Interessen in beobachtbarem Handlungen aller Akteure äußern.
14 *Jost*, S. 12 f.
15 *Rahim*, S. 42: „[...] for conflicts to be managed functionally, one [conflict] style may be more appropriate than another depending on the situation. Functional or effective management of conflicts involves matching [conflict] styles with situation."
16 Vgl. *Gilbert*, S. 35; *Eckhart*, S. 37 f.; *Krüger*, S. 14.
17 So auch *Schoen*, S. 20 f.
18 Nach *Glasl*, S. 18.

Inhalt eines Konfliktes zu gestalten, sondern seinen Verlauf.[19] Konfliktmanagement meint demnach die verfahrensbezogene – prozessuale – Konfliktbehandlung, nicht aber die inhaltliche Konfliktbehandlung.[20]

Dies lässt sich auch an den verschiedenen Grundformen der Konfliktbehandlung verdeutlichen: die Selbsthilfe im Konflikt durch den Einsatz von Gewalt und Macht, die Vermeidung und Tolerierung von Konflikten und schließlich die Durchführung von formalen Konfliktbehandlungs*verfahren*.[21] Die Untersuchung konzentriert sich auf die letztgenannte Form der Konfliktbehandlung. Das Konfliktmanagement fasst sämtliche Verfahren und Instrumente zusammen, die den Entwicklungsprozess eines Konfliktes gestalten.[22] Das Konfliktmanagement basiert folglich auf der Trennung zwischen der Prozess- und Inhaltsebene eines Konflikts: Indem es Verfahren und Instrumente zur Gestaltung des Konfliktprozesses bereit hält, können sich die Parteien vollumfänglich auf den Inhalt ihres Konflikts konzentrieren.

Der Fokus des Konfliktmanagements liegt demnach auf dem Prozess, den ein Konflikt durchläuft, nicht auf seinem Ergebnis am Ende der Konfliktintervention. Insoweit ist das Konfliktmanagement von der Konfliktlösung zu unterscheiden[23]: Nicht die Beseitigung der Konfliktursachen und inhaltliche Lösung des Konflikts sind Funktion des Konfliktmanagements, sondern – ergebnisoffen – die Gestaltung des Prozesses der Konfliktentwicklung.[24] Denn entscheidend ist nicht die bloße Lösung eines Konfliktes. Entscheidend ist vielmehr, wie sich Konflikte auf die Parteien auswirken.

3. Ziele

Aus dem Unterschied zwischen dem Managen und Lösen von Konflikten lässt sich ferner das Ziel des Konfliktmanagements herleiten. Das unternehmerische Konfliktmanagement zielt nicht auf das (Weg-)Lösen der Konflikte des Unternehmens ab, sondern auf die nachhaltige Gestaltung der Konflikt*folgen* für das Unternehmen.

---

19 *Glasl*, S. 20.
20 *Schoen*, S. 22: „Die *Streitbehandlung* beschränkt sich demgegenüber auf den Umgang mit den aus Konflikten hervorgegangenen [Rechts-] Streitigkeiten." Die Streitbehandlung ist also Teil der Konfliktbehandlung. Gleiches gilt für die Streitbeilegung im Verhältnis zur Konfliktbeilegung. Im Folgenden werden die Oberbegriffe der Konfliktbehandlung und Konfliktbeilegung verwendet.
21 *Kolb/Putnam*, in: Kolb/Bartunek (Eds.), S. 1, 11.
22 Nach *Schoen*, S. 21 „wird auf die Konfliktentwicklung eingewirkt".
23 *Lynch*, 17 Neg. J. 203, 208: „Management" of conflict includes resolution plus such other initiatives such as prevention and containment. Thus, the term "conflict management" includes dispute resolution and goes well beyond it."
24 *Boulding*, 4 J. Confl. Res. 409, 410: „Conflicts are sometimes resolved in ways which are highly undesirable for one party if not for both. Sometimes there is a need for protracting conflict and for keeping it unresolved, perhaps by diminishing its intensity and increasing its duration. Thus the more neutral word "management" may better describe our objectives [of handling conflicts constructively]."

a) Optimierung der Konfliktfolgen für das Unternehmen

Konflikte sind zunächst einmal so zu bearbeiten, dass sie das originäre Ziel unternehmerischen Handelns, die Gewinnmaximierung, fördern.[25] Das bedeutet allerdings nicht, dass der Maßstab kurzsichtig allein ein kosteneffizientes Konfliktmanagement ist. Weitsichtiger zielt es darauf ab, die *Folgen* eines Konflikts für ein Unternehmen zu optimieren, in dem es die positiven Auswirkungen[26] von Konflikten zu maximieren und die negativen zu minimieren sucht.[27] Die entscheidende Frage ist aus Sicht eines Unternehmens: Welche Verfahren und Instrumente des Konfliktmanagement sollte ein bestimmter Konflikt durchlaufen, damit sich die konfliktspezifischen und übergeordneten Unternehmensziele bestmöglich realisieren?[28] Vor dieser zentralen Fragestellung wird deutlich, dass es nicht das Ziel des unternehmerischen Konfliktmanagements ist, in Rechtsstreitigkeiten vor Gericht zu obsiegen, sondern die Gewinnmaximierung des Unternehmens zu fördern.[29]

Ein wesentlicher Schritt zum Erreichen dieses Zieles ist es, einen Konflikt dadurch zu gestalten, dass er adäquaten Verfahren und Instrumenten der Konfliktbearbeitung zugeführt wird.[30] Denn die Folgen eines individuellen Konflikts lassen sich nur dann optimieren, wenn der Konflikt ebenso individuellen (und konfliktfolgenorientierten) Verfahren und Instrumenten des Konfliktmanagements zugeführt wird.

b) Keine Regulierung des unternehmerischen Konfliktniveaus

Die konfliktfolgenorientierte Gestaltung des Konfliktprozesses im Wege des Konfliktmanagements zielt nicht auf eine Regulierung des Konfliktniveaus, also der Anzahl der Konflikte des Unternehmens ab.[31] Wird das Konfliktniveau auf die offenen Konflikte reduziert, kann dies dazu führen, dass faktisch nur die Zahl derjenigen Konflikte, die nach außen kommuniziert werden, verringert wird, während die Zahl der unterdrückten und „schwelenden" Konflikte zunimmt.[32]

Abgesehen von einer möglichen Unterdrückung schwelender Konflikte, würde eine Regulierung der Anzahl von Konflikten das Ziel vereiteln, die positiven Kon-

---

25 *McEwen*, 14 Ohio St. J. on Disp. Resol. 1, 5.
26 Vgl. dazu *Rahim*, S. 38 m.w.N.
27 *Sander/Goldberg*, Neg. J. 1994, 49, 53. *Rahim*, S. 138: „[Conflict must be] managed to reduce its dysfunctional outcomes and enhance its functional outcomes.". Nach *Schoen*, S. 21, zielt das Konfliktmanagement sogar darauf ab, die negativen Folgen des Konflikts vollständig auszuschalten.
28 Vgl. *Rahim*, S. 42.
29 *Dauer*, in: CPR (Ed.), S. xviii: „Winning a lawsuit is not the goal; maximizing profits and minimizing losses is."
30 Beschränkt auf Rechtsstreitigkeiten *Schoen*, S. 5.: „[...] das für den jeweiligen Streitfall am besten geeignete Verfahren [der Streitbeilegung kommt] zur Anwendung [...]."
31 Ausführlicher dazu *Rahim*, S. 38 ff.
32 *Kolb/Silbey*, 6 Neg. J. 297, 299 f.

fliktfolgen zu realisieren, weil sie bereits quantitativ die Möglichkeit abschneidet, Konflikte zu managen. Je weniger Konflikte es gibt, desto weniger Gelegenheiten gibt es auch, die Folgen der Konflikte zum Nutzen des Unternehmens zu optimieren. Der Einwand, weniger Konflikte würden auch weniger destruktive Folgen für das Unternehmen mit sich bringen, verkennt, dass es eben nicht auf die Quantität der Konflikte, sondern auf die Qualität des Konfliktmanagements ankommt, wie die nachfolgenden Ausführungen veranschaulichen werden.

II. Die Qualität des Konfliktmanagements

Die skizzierten Ziele des Konfliktmanagements lassen sich nur durch ein qualitativ hochwertiges Konfliktmanagement realisieren. Nachfolgend geht es darum, Faktoren und Eigenschaften zu identifizieren und zu analysieren, die abstrakt die Qualität des Konfliktmanagements charakterisieren und als Vergleichsmaßstab für die Funktionalität der bestehenden Strategien des Konfliktmanagements in Unternehmen herangezogen werden können. Die Qualität des Konfliktmanagements bemisst sich nach seiner Effektivität (1.) und Effizienz (2.).[33] Weder die eine noch die andere Eigenschaft lässt sich allerdings realisieren, wenn nicht zugleich die Fairness des Konfliktmanagements gewährleistet ist (3.).

1. Effektivität

Ausschlaggebend für die Effektivität des Konfliktmanagements ist in erster Linie die Qualität der eingesetzten Konfliktbearbeitungsverfahren.[34] Im Folgenden wird daher von der Verfahrensqualität gesprochen.[35] Dies bedeutet allerdings nicht, dass die Qualität der in den Konfliktbearbeitungsverfahren erzielten Ergebnisse für das Konfliktmanagement irrelevant ist. Da sie jedoch der subjektiven Bewertung der Konfliktparteien unterliegt, lassen sich allgemeingültige Charakteristika nur schwer aufstellen.[36] Ein qualitativ hochwertiges Verfahren bildet jedenfalls eine positive Grundlage für die Parteien, ein aus ihrer Sicht qualitativ hochwertiges – gutes – Ergebnis am Ende der Konfliktbearbeitung zu erzielen.[37]

---

[33] *Boulding*, 4 J. Confl. Res. 409, 410: „We are interested, furthermore, in minimizing the cost of conflict and increasing the benefits."
[34] *Glasl*, S. 20.
[35] Maßgeblich ist nach *Lubet*, 4 J. Disp. Res. 235, 253 die Beurteilung aus Sicht der Konfliktparteien: „[...] when considering dispute resolution the focus should always be on the parties [...]."
[36] Als Qualitätsmerkmale für das Ergebnis werden seine materielle Richtigkeit und Gerechtigkeit genannt, die anhand der Zufriedenheit der Parteien zu messen sei. Siehe dazu *Bush*, 66 Den. U. L. Rev. 335, 338.
[37] Ähnlich *Birner*, S. 198: „[...] die Qualität des Ergebnisses [beruht] auf der Qualität des zugrundeliegenden Verfahrens."

Versucht man die Verfahrensqualität allgemein zu bestimmen, stößt man rasch auf methodische Probleme, die in den unterschiedlichen Funktionen der gerichtlichen und außergerichtlichen Verfahren des Konfliktmanagements begründet sind. Der staatliche Zivilprozess und die private Schiedsgerichtsbarkeit, das Verhandeln und die Mediation erfüllen aus Sicht der Konfliktparteien verschiedene Funktionen im System der Konfliktbeilegung, so dass schon die Frage, wie der Begriff der Qualität zu definieren ist[38], nicht allgemein, sondern nur verfahrens- und konfliktspezifisch beantwortet werden kann.[39] Wird schon die Qualität verfahrensabhängig definiert[40], ist es methodisch schwierig, wenn nicht gar unmöglich, die Qualität der unterschiedlichen Verfahren miteinander zu vergleichen.[41] Anstatt den untauglichen Versuch zu unternehmen, die Verfahrensqualität abschließend für sämtliche Konfliktbeilegungsverfahren zu definieren, erscheint es sinnvoller, einzelne Charakteristika herauszuarbeiten, welche die Verfahrensqualität des Konfliktmanagements kennzeichnen.

a) Privatautonome Gestaltungsmöglichkeiten der Parteien im Konflikt

Ein wesentlicher Aspekt der Verfahrensqualität ist der Grad der Gestaltungsmöglichkeit der Parteien im Konflikt. Sie erstreckt sich auf zwei Ebenen: die Verfahrensebene und die Ergebnisebene. Qualitativ hochwertig sind Verfahren, in denen die Parteien beide Ebenen gleichzeitig gestalten können.[42] Bewusst ist hier von der *Möglichkeit* der Gestaltung die Rede. Denn in einem individuellen Konflikt mag es den Parteiinteressen dienen, von dieser Möglichkeit gerade keinen Gebrauch zu machen und die Gestaltung im Konflikt an einen Dritten zu delegieren. So betreiben zahlreiche Unternehmen das Konfliktmanagement nicht selbst, sondern verlagern es in unternehmensextern durchgeführte Konfliktbeilegungsverfahren bzw. delegieren die Konfliktgestaltung an externe Verfahrensbevollmächtigte.[43] Dies ermöglicht es dem Unternehmen zwar, sich den eigentlichen unternehmerischen Aufgaben zu widmen[44], bedeutet aber zugleich eine Distanzierung von dem zu Grunde liegenden Konflikt, die einhergeht mit einem gravierenden Verlust an Gestaltungsmöglichkeiten. Die Delegation des Konfliktmanagements an Dritte ist daher auf solche Konflik-

---

38 *Bush*, 66 Den. U. L. Rev. 335, 338.
39 So auch *Birner*, S. 198: „[...] die verfahrensbezogene Qualität [muss] für jeden Prozeß einzeln definiert werden [...]."
40 *Fuller*, 92 Harv. L. Rev. 353, 365, 382; *Fuller*, 44 S. Cal. L. Rev. 305, 325.
41 Eingehend *Galanter*, 66 Den. U. L. Rev. xi ff.
42 Vgl. *Schoen*, S. 118: „Alternative Streitbeilegungsverfahren weisen den Parteien [...] eine größere Autonomie hinsichtlich der Gestaltung des Verfahrens und dessen Ergebnis zu", mit Verweis auf *Bühring-Uhle*, in: Gottwald/Strempel (Hrsg.), S. 59, 61 und *McLaughlin*, 59 Alb. L. Rev. 971, 972.
43 *Costantino/Merchant*, S. 9.
44 Treffend der Kommentar eines Managers: „We are not in the business of disputing".

te zu beschränken, in denen der Dritte das Verfahren und Ergebnis besser als das Unternehmen gestalten kann.[45]

Die autonome, duale Gestaltung der prozessualen und materiellen Konfliktebene verlangt vom Unternehmen und den übrigen Konfliktparteien allerdings einen hohen Grad an Eigenverantwortung und eine aktive Teilnahme am Konfliktmanagement. Die Akteure müssen bereit und willens sein, das Verfahren und das Ergebnis des Konflikts aktiv zu gestalten.[46] Dies setzt voraus, dass sie in der Lage sind, den Gestaltungsspielraum zu erkennen und zu nutzen.[47] Wie sich zeigen wird, steht den Konfliktparteien ein weitreichender Gestaltungsspielraum im Konflikt zur Verfügung, der bislang von den Parteien nicht erkannt, geschweige denn ausgeschöpft wird.

Die Intensität und Wechselwirkung der prozessualen und materiellen Gestaltungsmöglichkeiten der Parteien im Konflikt bestimmen sich nach dem jeweils eingesetzten Konfliktbeilegungsverfahren. Entscheidend ist somit das verfügbare Verfahrensspektrum, welches nun als Aspekt der Verfahrensqualität näher erläutert wird.

b) Verfahrensoptionen

Ein einzelnes Verfahren ist aufgrund der Dynamik und Komplexität von Konflikten nicht in der Lage, jeden Konflikt optimal zu gestalten.[48] Die Qualität des Konfliktmanagements zeichnet sich durch das Angebot eines multi-optionalen Konfliktbehandlungsspektrums samt streitpräventiven Instrumenten aus.[49] Es wird ergänzt durch die autonome Entscheidung der Parteien, nicht nur ein aus ihrer Sicht konfliktadäquates (Eingangs-)Verfahren auszuwählen, zu gestalten und sodann durchzuführen, sondern auch gegebenenfalls abzubrechen und ein anderes Verfahren einzuleiten. Ein multi-optionales Verfahrensspektrum und die Autonomie der Parteien bei der Auswahl und Anwendung der Verfahrensalternativen sind zusammenfassend

---

45 Vgl. dazu *Schoen*, S. 119 f.
46 Diesen Punkt übersieht *Schoen*, S. 118 f., der lediglich betont, dass alternative Streitbeilegungsverfahren gegenüber gerichtlichen Verfahren den Vorteil haben, die unternehmerischen Entscheidungsträger frühzeitig [und aktiv] in das Verfahren einzubeziehen. M. E. besteht allenfalls die Möglichkeit dazu.
47 Zuzustimmen ist *Birner*, S. 144: „Allerdings gehört die konstruktive Austragung von Konflikten zu den am wenigsten gelernten Fähigkeiten unserer Kultur. Die Konfliktfähigkeit der Parteien wird daher bei der Bestimmung des Streitbeilegungsverfahrens oftmals vernachlässigt, sie ist jedoch eine wichtige Voraussetzung, um den Erfolg des gewählten Verfahrens gewährleisten zu können."
48 *Hoffmann-Riem*, ZRP 1997, S. 190, 191: „Möglicherweise dient ein ausdifferenziertes System unterschiedlicher Wege der Konfliktbewältigung der materiellen Gerechtigkeit mehr als eine 'Monokultur' staatlicher Streitentscheidung."
49 *Stürner*, in: Gilles (Hrsg.), S. 1, 13: „Die richtige Ausgewogenheit zwischen streitiger [gerichtlicher] und gütlicher [außergerichtlicher] Verfahrenserledigung ist [...] wesentliches Element der Verfahrenseffizienz."

konstitutiv für die Verfahrensqualität und zugleich Grundvoraussetzung für die Qualität eines von den Parteien erarbeiteten Verfahrensergebnisses.[50]

2. Bedeutung der Verfahrenseffizienz

Ebenso bedeutsam ist eine effiziente Durchführung der Verfahren und Instrumente. Was für die Verfahrensqualität gilt, gilt auch für die Verfahrenseffizienz: Die Kriterien eines effizienten Konfliktbearbeitungsverfahrens werden unterschiedlich beurteilt.[51] Dabei rückt vorschnell allein die Senkung der Kosten des Konfliktmanagements in den Blickpunkt.[52] Die vielzähligen Publikationen über den Vergleich der Kosten der unterschiedlichen Konfliktbeilegungsverfahren greifen hinsichtlich der Verfahrenseffizienz zu kurz, weil sie regelmäßig unberücksichtigt lassen, ob in einem spezifischen Konflikt gerichtliche und alternative Konfliktbehandlungsverfahren aus verfahrensqualitativer Sicht überhaupt vergleichbar geeignet sind. Die bloße Information, dass ein alternatives Verfahren ex ante ab einem bestimmten Streitwert kosteneffizienter ist als ein (schieds-)gerichtliches Verfahren[53], sagt nämlich nichts darüber aus, ob das außergerichtliche Verfahren im Einzelfall überhaupt geeignet ist, den zu Grunde liegenden Konflikt zu bearbeiten. Verfahrenseffizienz bedeutet demnach nicht, dass die Parteien ihren Konflikt dem kosteneffizientesten Verfahren aus dem Spektrum der Verfahrensoptionen zuführen. Verfahrenseffizienz meint vielmehr, dass die konfliktspezifisch adäquatesten Verfahren und Instrumente des Konfliktmanagements effizient gestaltet und durchgeführt werden.

---

50 *Birner*, S. 192 bewertet die Wahlmöglichkeit sogar als *Garant* für die Dauerhaftigkeit des gefundenen Ergebnisses. [Hervorhebung durch den Verfasser]
51 Siehe *Birner*, S. 191, Fn. 211 mit unterschiedlichen Definitionen. Vgl. nur *Stürner*, in: Gilles (Hrsg.), S. 1, 1: „Effizient ist ein Verfahren, wenn die materiell richtige Entscheidung (des staatlichen oder privaten Gerichts) oder die ausgewogene gütliche Einigung (direkte und unterstützte Verhandlung) innerhalb kurzer Zeit unter geringem Ressourceneinsatz erzielt wird." Nach *Sander*, 70 F.R.D. 79, 111, 113, meint Effizienz „[...] cost, speed, accuracy, credibility, and workability".
52 So aber *Schoen*, S. 10: „Ziel ist letztlich die Reduzierung der bei der Konfliktbehandlung auflaufenden Kosten."
53 *Duve/Eidenmüller/Hacke*, S. 280, addieren zu den reinen Kosten einer Mediation ein Drittel der Kosten eines Gerichts- oder Schiedsverfahrens und kommen zu dem Schluss, dass die Mediation schon ab einem Streitwert von 5.000 Euro günstiger als ein Gerichts- oder Schiedsverfahren sei. Der Grund für diese Addition liege in der einzurechnenden Quote von erfolglosen Mediationen begründet, in deren Anschluss ein gerichtliches Verfahren zur endgültigen Streitbeilegung durchgeführt werden müsse. Siehe ferner die Beispielsberechnungen bei *Eidenmüller*, Vertrags- und Verfahrensrecht, S. 67; *Jung/Steding*, BB 2001, Beilage 2, 9,14; *Gräfin von Hardenberg*, IDR 2004, 25, 28.

a) Direkte und indirekte Kosten

Unabhängig davon, ob aus Konflikten positive oder negative Folgen resultieren, verursacht das Konfliktmanagement für das Unternehmen Kosten, die nicht fix, sondern variabel und somit gestaltbar sind.[54] Unter zunehmendem Wettbewerbsdruck suchen Unternehmen daher nach Möglichkeiten der Kostenreduzierung.[55] Erst in jüngerer Vergangenheit wurde das Konfliktmanagement neben dem Personal, Marketing, Vertrieb, der Produktion und anderen Unternehmensbereichen als Kostenfaktor im Unternehmen identifiziert.[56] Die Steigerung der Kosteneffizienz der Konfliktbehandlungsverfahren und ihres Zusammenspiels ist – wenig verwunderlich – die Hauptmotivation von Unternehmen, überhaupt Konfliktmanagement zu betreiben und damit Maßnahmen zur Reduzierung der mit der Konflikt- und Streitbehandlung verbundenen Kosten zu ergreifen.[57] Aus Unternehmenssicht liegt der Nutzen des Konfliktmanagements primär darin, den Umgang mit den unternehmerischen Konflikten insgesamt kosteneffizienter als bisher zu gestalten und dadurch das übergeordnete Ziel des Unternehmens zu fördern, seinen Gewinn zu maximieren.[58] Da die Konfliktmanagementkosten mit Fortschreiten des Konfliktprozesses exponentiell steigen[59], ist das Konfliktmanagement effizient, wenn es den Parteien ermöglicht, ihre Konflikte frühestmöglich zu bearbeiten. Dies lässt sich anhand der mit dem Konfliktmanagement verbundenen Kosten für Unternehmen veranschaulichen.

Die Konfliktmanagementkosten lassen sich ausdifferenzieren in direkte und indirekte Kosten. Zu ersteren zählen die unmittelbar mit dem Umgang der Konflikte verbundenen Kosten. Sie beinhalten zum einen die Kosten für die Administration eines Konfliktbeilegungsverfahrens (Gerichtskosten, Gebühren der Schiedsorganisationen bis hin zur Anmietung von Räumlichkeiten für die Durchführung von Verhandlungen und Mediationen), zum anderen die Kosten der Verfahrensdritten (Mediator, Schiedsrichter usw.)[60] sowie des Weiteren die Kosten für die Betreuung des

---

54 *Duve/Eidenmüller/Hacke*, S. 310: „Zudem sind Konfliktbewältigungskosten nicht fix, sondern variabel und damit minimierbar."
55 *Lipsky/Seeber/Fincher*, S. 127 ff.
56 *Slaikeu/Hasson*, S. xii: „We believe that conflict management represents your organization's greatest opportunity for cost control [...]."
57 *Schoen*, S. 9 f.:„[...] Unternehmen [haben] ein eigenständiges Interesse an der Reduzierung ihrer für die Streitbeilegung und Konfliktbehandlung aufzuwendenden Kosten. [...] Ziel ist letztlich die Reduzierung der bei der Konfliktbehandlung auflaufenden Kosten."; *McEwen*, 14 Ohio St. J. on Disp. Resol. 1, 7; *Slaikeu/Hasson*, S. 14 ff.
58 Nach *Lipsky/Seeber*, S. 102 liegt die Motivation US-amerikanischer Unternehmen für den Einsatz von außergerichtlichen Konfliktbeilegungsverfahren insbesondere in der Reduzierung der Kosten für die Konfliktbearbeitung. Zur Frage der Kosten-Nutzen-Analyse der staatlichen Gerichtsbarkeit ausführlicher *Birner*, S. 197; *Rapp* in: Hoffmann-Riem (Hrsg.), S. 141, 145.
59 *Duve/Eidenmüller/Hacke*, S. 310, mit Verweis auf *Weise*, 5 Neg. J. 381 ff.
60 Wird auf den Einsatz professioneller externer Dritter verzichtet – durch den Einsatz von Laien-Dritten in den Verfahren der Peer-Mediation und -Arbitration oder dem Review Panel –, lassen sich die Verfahrenskosten entsprechend reduzieren; siehe *Duve/Eidenmüller/Hacke*, S. 280.

Verfahrens durch Unternehmensjuristen, externe Rechtsanwälte und gegebenenfalls durch eine Verfahrensinstitution.[61] Diese einzelnen Kostenfaktoren lassen sich vergleichsweise leicht identifizieren und berechnen.

Die indirekten Kosten beinhalten demgegenüber diejenigen Kosten, die dadurch entstehen, dass aufgrund des Konfliktmanagements Ressourcen für die Erfüllung der eigentlichen Aufgaben des Unternehmens entgehen.[62] Sie beinhalten exemplarisch den Verlust von Arbeitszeit des Managements und anderer am Konfliktmanagement beteiligter Mitarbeiter des Unternehmens[63], Störungen der Arbeitsabläufe im Unternehmen sowie infolge der Konfliktbeilegung beeinträchtigte Geschäftsbeziehungen mit Kunden, Partnern und Mitarbeitern[64] sowie Imageschäden[65].

Die indirekten Kosten entziehen sich regelmäßig einer unmittelbaren Quantifizierung in Geld. Es ist daher wenig überraschend, dass Unternehmen ihre Bemühungen auf die Reduzierung der direkten Kosten des Konfliktmanagements fokussieren.[66] Tatsächlich übersteigen jedoch die indirekten die direkten Kosten des Konfliktmanagements im Unternehmen regelmäßig um ein Vielfaches. Sofern ein Unternehmen keine Bemessungskriterien für die indirekten Kosten entwickelt hat, sind sie im buchstäblichen Sinne unberechenbar. Für ein Unternehmen ist es in diesen Fällen praktisch unmöglich, diese Kosten zu prognostizieren und zu berechnen, weil es an Methoden mangelt, diese indirekten Kosten nachvollziehbar zu erfassen. Das liegt nicht etwa daran, dass derartige Methoden nicht existieren; die Rechnung wird schlichtweg nicht aufgestellt, weil sie mit den herkömmlichen Methoden der Kostenerfassung nicht berechnet werden können.

---

61 *Schoen*, S. 27. Zu den Transaktionskosten zählen die verlorene Arbeitszeit der am Konflikt Beteiligten und des Managements, der Produktionsausfall, die gesunkene Arbeitsmoral, der Verlust an Reputation im Markt, das Wiederaufleben von Konflikten und Streitigkeiten, die Beschädigung von Geschäftsbeziehungen zu Kunden, Zulieferern, Wettbewerbern und Kooperationspartnern und die entgangenen Geschäftsabschlüsse. De facto sind es diese immateriellen Resultate und Konsequenzen, die den negativsten Effekt auf die Organisation in Bezug auf langfristiges Wachstum, Produktivität und Wahrnehmung in der Öffentlichkeit ausüben: Sie sind schwer aufzuspüren und liegen somit nur selten gleichsam Schwarz auf Weiß vor.

62 Siehe *Posner*, S. 434 ff. zu „lost opportunities"; ferner *Bühring-Uhle*, in: Gottwald/Strempel (Hrsg.), S. 62. *Slaikeu/Hasson*, S. 34 ergänzen das Spektrum der Opportunitätskosten durch *creativity costs*: „[...] if we give the matter over to another person, or if we avoid one another, we will not give our best resources to creating new ways to do business and solve problems [...]."

63 Ein anschauliches Beispiel zeigen *Slaikeu/Hasson*, S. 35 f. Siehe zu den Opportunitätskosten von Arbeitsplatzkonflikten auch *Thomas*.

64 *Birner*, S. 194 nennt dies „soziale Kosten". Die Kosten eines Wechsels am Arbeitsplatz liegen nach zwei US-amerikanischen Studien bei 75 bis 150 % des Bruttolohns des zu ersetzenden Mitarbeiters, siehe dazu *Philipps*, 65 Pers. J. 58.

65 *Kaskell*, in: Böckstiegel (Hrsg.), S. 105.

66 Nach der bei *Schwartz*, 51 Disp. Resol. J. 34, 36 dokumentierten Unternehmensbefragung wurden dagegen wiederholt der Opportunitätsfaktor der Geschäftsbeziehungen, insbesondere auch mit früheren Konfliktgegnern, als Grund für die Einführung eines Konfliktmanagementsystems genannt.

Am Beispiel der investierten Arbeitszeit der Unternehmensmitarbeiter lassen sich die indirekten Kosten für das Konfliktmanagement beispielhaft kalkulieren. Erkennt man das Managen von Konflikten als Bestandteil des Aufgabenbereichs der Mitarbeiter und Manager im Unternehmen an[67], so wird ein Teil der Arbeitszeit (und somit auch der Arbeitskosten) mit Konfliktmanagement verbracht. Wenngleich Studien über den Anteil des Umgangs mit Konflikten an der gesamten Arbeitszeit der Mitarbeiter eines Unternehmens variieren, wird in den USA teilweise davon ausgegangen, dass Manager und Führungskräfte mindestens 20% ihrer Arbeitszeit mit Konfliktmanagement verbringen.[68] Geht man von einer fünftägigen Arbeitswoche aus, so entfällt demzufolge statistisch pro Woche ein gesamter Arbeitstag auf den Umgang mit Konflikten. Allein die Folgen von Konflikten am Arbeitsplatz verursachen in der deutschen Wirtschaft geschätzte Betriebskosten von 50 Mrd. Euro pro Jahr.[69]

Vergegenwärtigt man sich die Kosten für den Umgang mit Konflikten, so ist das Einsparpotential in Unternehmen durch qualitativ hochwertiges Konfliktmanagement erheblich. Das Argument von Kritikern außergerichtlicher Streitbeilegungsverfahren, die direkten Kosten der gerichtlichen Streitbeilegung seien in Deutschland wesentlich geringer als in den USA, so dass ein Bedarf für Verfahrensalternativen in Deutschland nicht bestehe, greift also zu kurz. Denn für die Höhe des Einsparpotentials im Unternehmen ist es weniger relevant, dass die Möglichkeiten der Reduzierung der direkten Kosten des Konfliktmanagements in deutschen Unternehmen eventuell geringer bewertet werden als in US-amerikanischen Unternehmen.[70] Das größte Einsparpotential – die Senkung der indirekten Kosten – ist darin nämlich gar nicht berücksichtigt.

b) Verfahrensdauer

Die Dauer der Konfliktbearbeitungsverfahren steht in engem Zusammenhang mit den Kosten des Konfliktmanagements. Je länger ein Verfahren bis zu seiner endgültigen Beendigung andauert, umso länger muss der Konflikt auch betreut und „im Verfahren gehalten" werden. Die Verfahrensdauer beeinflusst somit unmittelbar die Kosten und damit die Verfahrenseffizienz insgesamt. Sie bemisst sich nach zwei Faktoren: zum einen nach der Dauer eines individuellen Verfahrens, zum anderen nach der Dauerhaftigkeit des am Verfahrensende erzielten Ergebnisses[71]. Letztere ist davon abhängig, ob das Verfahrensergebnis endgültig und bindend ist. Führt bei-

---

67 Zur Konfliktbehandlung als Managementfunktion siehe *Schoen*, S. 192 ff.
68 *Rahim*, S. 147; *McEwen*, 14 Ohio St. J. on Disp. Res. 1, 7 und 8: "The greatest costs of disputing are management time. The effort that goes into it is almost immeasurable. Whenever management is involved in disputing, we are eating our profits"; vgl. auch *Kenagy*, 59 Alb. L. Rev. 895, 898.
69 *Panse/Stegmann*, S. 176.
70 *Schoen*, S. 84.
71 *Schoen*, S. 28 f.

spielsweise eine Mediation zu keiner Einigung, müssen die Parteien ein neues (zusätzliches) Verfahren durchführen, um zu einer Konfliktbeilegung zu gelangen. Führen die außergerichtlichen Konsensverfahren nicht zu einer endgültigen Konfliktbeilegung oder sind die kontradiktorischen Drittentscheidungen für eine oder alle Parteien nicht endgültig und nicht rechtlich bindend, können für die Konfliktparteien zusätzliche Kosten aus der anschließenden Konfliktbeilegungsinstanz entstehen.[72]

Konsensverfahren werden, was die Dauerhaftigkeit der erzielten Ergebnisse anbelangt, im Vergleich zu den kontradiktorischen (gerichtlichen) Verfahren als effizienter angesehen. Nehmen die Parteien nämlich ihre prozedurale und materielle Gestaltungsmöglichkeiten in konsensualen Verfahren des Konfliktmanagements wahr, so bestimmen sie autonom und gemeinsam die Ausgestaltung des Verfahrensergebnisses. Es ist somit Ausdruck ihrer gemeinsam erarbeiteten Entscheidungsfindung, so dass die Parteien weniger geneigt sind, „ihr" Ergebnis anschließend gerichtlich zu überprüfen.[73] Dies fördert insgesamt die Dauerhaftigkeit der erzielten Konfliktbeilegung und folglich auch ihre Effizienz.

3. Praktische Relevanz der Verfahrensfairness

Untersucht man die Ausgestaltung des Konfliktmanagements in der Unternehmenspraxis, spielt die Verfahrensfairness kaum eine Rolle.[74] Während sich die Verfahrenseffizienz nach objektiven Kriterien wie der Dauer und der Kosten der Konfliktbearbeitungsverfahren bemessen lässt, beurteilt sich die Fairness der Verfahren und Instrumente des Konfliktmanagements in erster Linie nach der subjektiven Wahrnehmung der Parteien. Die Verfahren müssen nicht nur nach objektiven Kriterien fair sein, sondern in erster Linie von den Parteien subjektiv als fair empfunden werden.[75] Vor dem Hintergrund, dass außergerichtliche Verfahren kosteneffizienter sein können als gerichtliche, sind Unternehmen bestrebt, das Konfliktmanagement zu privatisieren, indem sie die Konfliktbearbeitung in außergerichtliche Foren verlagern und der staatsgerichtlichen Kontrolle entziehen.[76] Für das Konfliktmanagement im Unternehmen entsteht so ein Spannungsverhältnis zwischen der Effizienz und

---

72 *Simon/Sochynsky*, 21 Employee Rel. L. J. 29, 31 weisen auf die potentiellen zusätzlichen Kosten im Anschluss an lediglich empfehlende schiedsrichterliche Entscheidungen hin.
73 Dazu aus der Perspektive eines Mediationsverfahrens *Eidenmüller*, RIW 2002, 1, 2: „Eine erfolgreiche Mediation [...] gibt [den Parteien] das Gefühl, daß sie – und nicht ein Dritter – das Problem gelöst haben. Nach meiner persönlichen Erfahrung ist dies ein Aspekt, der [...] aus der Warte [...] der beteiligten Unternehmensleiter eine erhebliche Bedeutung besitzt."
74 Dies gilt nach *Lipsky/Seeber/Fincher*, S. 303 zumindest für US-amerikanische Unternehmen.
75 *Slaikeu/Hasson*, S. 49.
76 Aus diesem Grunde müssen sich die Parteien nach den Konfliktmanagementsystemen US-amerikanischer Unternehmen verpflichten, nicht nur vorübergehend, sondern dauerhaft auf gerichtliche Verfahren zu verzichten. Alternativ erschweren die Unternehmen den Konfliktgegnern den Rechtsweg durch die Sanktionierung des Abbruchs eines außergerichtlichen Verfahrens und der sequenziellen Klageerhebung. Siehe dazu ausführlicher *Lipsky/Seeber/Fincher*, S. 188 ff., 198 ff.

Fairness der Konfliktbeilegungsverfahren.[77] Die Unternehmen verkennen allerdings, dass die Verfahrensfairness erstens keine höheren Verfahrenskosten verursacht und zweitens die Verfahrensakzeptanz signifikant erhöht. Der Verfahrensfairness kommt insofern fundamentale Bedeutung im Konfliktmanagement eines Unternehmens zu, weil über sie die Anwendungsnachfrage der Partei nach den Verfahren gesteuert wird: Die Parteien werden nur dann ein Verfahren oder ein Instrument aus dem Spektrum des unternehmerischen Konfliktmanagements auswählen und durchführen, wenn sie es als fair empfinden. Denn nur als fair empfundene Verfahren werden von den Parteien nachgefragt. Und nur durch eine hohe Nachfrage nach und einer damit zum Ausdruck kommenden Zufriedenheit der Parteien mit den alternativen Verfahren und Instrumenten des unternehmerischen Konfliktmanagements lassen sich ihre Effizienzpotentiale realisieren.[78]

III. Zusammenfassung

Das Konfliktmanagement meint die verfahrensbezogene Konfliktbehandlung mit dem Ziel, einen Konflikt nicht lediglich zu lösen, sondern seinen Entwicklungsprozess derart zu gestalten, dass die potentiellen Konfliktfolgen bestmöglich die Ziele der Parteien realisieren. Zur Erreichung dieses Zieles muss das Konfliktmanagement bestimmte qualitative Eigenschaften erfüllen. Das Konfliktmanagement ist qualitativ hochwertig, wenn es den Parteien vielfältige und anwendungsfreundliche Verfahren und Instrumente für die Behandlung ihres Konflikts zur Verfügung stellt, die ihnen konfliktspezifisch eine autonome und aktive Gestaltung des Prozesses *und* des Ergebnisses des Konflikts ermöglichen.[79] Daneben ist die Verfahrenseffizienz ein von den Parteien gestaltbares Qualitätsmerkmal: nicht das kosteneffizienteste Verfahren ist auszuwählen und durchzuführen, sondern das konfliktadäquateste Verfahren ist kosteneffizient zu gestalten. Dabei fallen die indirekten Kosten schwerer ins Gewicht als die direkten. Nicht zuletzt muss das Konfliktmanagement objektiv und subjektiv fair sein. Anderenfalls werden die Parteien die verfügbaren Verfahren und Instrumente nicht anwenden. Die Anwendungsquote der verschiedenen Verfahrensoptionen wird unmittelbar durch ihre Akzeptanz unter den Parteien bestimmt. Vor diesem Hintergrund sind insbesondere außergerichtliche Konfliktbehandlungsverfahren so zu gestalten, dass sie die Mindestanforderungen an ein faires Verfahren erfüllen.

---

77 *Slaikeu/Hasson*, S. 11: „The challenge is to ensure that such options are fair, and that they are integrated appropriately into an entire range of options."
78 *Birner*, S. 199 verortet die Zufriedenheit dagegen als ein Qualitätsmerkmal des Verfahrensergebnisses. *Breidenbach*, S. 190 ff., bewertet sie als ungeeigneten Bewertungsmaßstab für die Qualität des Ergebnisses.
79 *Breidenbach*, S. 212: „Auch im Konflikt kommt privatautonomer Gestaltung [...] eine eigene Qualität zu [...]."; *Bush*, 66 Den. U. L. Rev. 335, 338 betont ergänzend die Fairness und Effizienz als Qualitätsmerkmale.

Nachdem einleitend die Frage beantwortet wurde, was Konfliktmanagement im Allgemeinen bedeutet, welche Funktionen es erfüllt und welche Ziele es verfolgt, geht es nun um die Frage, wie Unternehmen aktuell Konfliktmanagement betreiben. Beantwortet wird diese Frage im Wege einer Bestandsaufnahme (A.), die angelehnt an den Begriff des Konfliktmanagements zweigeteilt ist: Zum Ersten gilt es, einen Überblick über die ebenso vielzähligen wie verschiedenen Konflikte zu erhalten, an denen ein Wirtschaftsunternehmen beteiligt ist, zum Zweiten werden die Modi des Managements der skizzierten Konflikte dargestellt. Die anschließende Analyse der Funktionalität des bestehenden Konfliktmanagements in Unternehmen bildet schließlich den Ausgangspunkt der weiteren Überlegungen in dieser Arbeit (B.).

B. Aktuelle Strategien des Konfliktmanagements in Unternehmen

Unternehmen bedienen sich vielfältiger Verfahren und Instrumente, um auftretende Konflikte und Rechtsstreitigkeiten zu bearbeiten.[80] Die Evolution der Strategien des Konfliktmanagements ist gekennzeichnet durch eine kontinuierliche Erschließung von Optionen für den Umgang mit Konflikten.

Regelmäßig werden die Strategien US-amerikanischer Unternehmen denen deutscher Unternehmen gegenübergestellt.[81] Hier wird bewusst eine andere Darstellung gewählt. Denn das Management von Konflikten ist eine Aufgabe, die unternehmensindividuell erfüllt wird. Es gibt daher nicht *die* US-amerikanischen Strategien und *die* deutschen Strategien. Welchen Ansatz des Konfliktmanagements ein Unternehmen verfolgt, ist nicht von seinem Geschäftssitz abhängig.

Selbstredend spiegeln die nachfolgenden Ausführungen nicht sämtliche unternehmensindividuellen Strategien des Konfliktmanagements wieder. Vielmehr wird – zur Veranschaulichung – die Komplexität der praktizierten Strategien reduziert und in zwei allgemeine Strategien des Konfliktmanagements in Unternehmen kategorisiert. Die erste Kategorie ist auf das Management der gerichtlichen Streitbeilegungsverfahren beschränkt (II.) In der zweiten Kategorie ist das Verfahrensspektrum um den experimentellen Einsatz von außergerichtlichen Verfahren der Konflikt- und Streitbeilegung ergänzt (III.).

Zur verständnisfördernden Einordnung wird zunächst das vielfältige und komplexe Spektrum der Konflikte innerhalb eines Unternehmens und von Unternehmen mit externen Parteien untersucht, zu deren Bearbeitung die anschließenden Konfliktmanagementstrategien dienen (I.).

---

80 Dazu *Costantino/Merchant*, S. 7.
81 *Schoen*, S. 48 ff. für die USA, S. 55 ff. für Deutschland.

I. Das Konfliktspektrum in Unternehmen im Überblick

Unternehmen sind, unabhängig von ihrem Geschäftssitz und dem Markt, an dem sie als Anbieter und Nachfrager von Waren und Dienstleistungen agieren, alltäglich an vielzähligen Konflikten mit unterschiedlichen Parteien beteiligt. Die nachfolgende Darstellung unternimmt daher nicht den Versuch, sämtliche denkbaren Konflikte eines Unternehmens darzustellen, sondern die Vielfalt, Komplexität und Interdependenz der mannigfaltigen Konflikte in einem Wirtschaftsunternehmen zu verdeutlichen. Das Ziel ist es, die Wechselwirkung zwischen den Konflikten und ihrem Management herauszustellen: Je vielfältiger, komplexer und interdependenter die Konflikte sind, an denen ein Unternehmen beteiligt ist, umso vielfältiger, komplexer und interdependenter muss auch das unternehmerische Management dieser Konflikte sein.

Die Konflikte eines Unternehmens[82] lassen sich auf verschiedene Art und Weise unterscheiden.[83] Wenngleich eine theoretische Typologisierung[84] von Konflikten für die praktische Konfliktbehandlung nützlich sein kann[85], ist es anschaulicher, die in der Unternehmenspraxis auftretenden Konflikte ordnend zu skizzieren. Naheliegend ist eine Unterscheidung in unternehmens*interne* (1.) und unternehmens*externe* Konflikte (2.).

1. Unternehmensinterne Konflikte

Konflikte innerhalb eines Unternehmens werden gemeinhin als betriebsinterne[86] oder betriebliche[87] Konflikte bezeichnet. Das Spektrum der unternehmensinternen Konflikte wird zunächst begrifflich näher bestimmt und anschließend anhand einer beispielhaften Darstellung der Konflikte am Arbeitsplatz sowie der unternehmensorganisatorischen Konflikte veranschaulicht.

---

82 Ein Unternehmen wir hier verstanden als eine organisatorische Einheit, die sich aus persönlichen und sachlichen Mitteln, Rechten und sonstigen zugehörigen Werten und Gütern zusammensetzt, wobei der Träger der unternehmerischen Rechte und Pflichten nicht das Unternehmen, sondern der Kaufmann oder die Handelsgesellschaft – Personen- oder Kapitalgesellschaft nach dem Bürgerlichen Gesetzbuch und dem Handelsgesetzbuch – als Inhaber des Unternehmens ist. Ausführlicher zum Unternehmensbegriff, neben vielen, *Eidenmüller*, ZGS 2002, 290; *Triebel/Hölzle*, BB 2002, 521.
83 *Green*, 1 Ohio St. J. on Disp. Resol. 203, 217.
84 Vgl. zur Typologie von Konflikten *Glasl*, S. 47 ff.; *Schwarz*, S. 82 ff, 128 ff., 167 ff.
85 Ebenso ausführlich wie kritisch dazu Glasl, S. 54 ff.
86 *Schoen*, S. 5.
87 *Ponschab/Dendorfer*, in: Haft/Schliefen (Hrsg.), § 39 Rdnr. 1 sprechen von unterscheiden „interne oder innerbetriebliche Konflikte" von unternehmensexternen Konflikten; *Budde*, S. 17 ff. spricht von „betrieblichem Konfliktmanagement".

Konflikte innerhalb eines Unternehmens erstrecken sich auf eine Bandbreite unterschiedlicher Konstellationen.[88] Ihnen ist gemein, dass die Konfliktparteien allesamt funktional innerhalb der Organisation des Unternehmens angesiedelt sind, sei es als Arbeitnehmer, Manager in der Unternehmensführung, Gesellschafter, Betriebsrat, Abteilung oder konzernverbundene Gesellschaft. Die Parteien von unternehmensinternen Konflikten verbindet eine soziale, rechtliche, wirtschaftliche oder organisatorische Beziehung zum Unternehmen. Das Unternehmen ist zwar nicht notwendigerweise Konfliktpartei, aber zumindest mittelbar an den unternehmensinternen Konflikten beteiligt, weil sie sich auf die Arbeitsabläufe und die Funktionsfähigkeit des Unternehmens als Organisation auswirken.

Konflikte am Arbeitsplatz sind durch die sozialen Beziehungen der Beteiligten geprägt, die Sachprobleme begleiten oder überlagern. Charakteristisch für die Beziehung der Konfliktparteien ist, dass sie sich nicht einfach trennen können, sondern auf gewisse Dauer miteinander umgehen müssen.[89] Konflikte am Arbeitsplatz äußern sich insbesondere in Machtkämpfen, Sabotage, Ineffizienz, niedriger Arbeitsmoral, dem Geheimhalten von Informationen und einem gestörten Arbeitsklima.[90] Die Ursachen können vielfältig sein: unterschiedliche Erwartungen, widerstreitende Zielvorstellungen, unklare Kommunikation oder unzufriedenstellende zwischenmenschliche Beziehungen.[91] Abgesehen von den möglichen negativen Folgen für die Parteien[92], sind bei Konflikten am Arbeitsplatz die potentiellen negativen Gravitationswirkungen für das gesamte Unternehmen besonders stark[93].

Bewusst ist von Konflikten am Arbeitsplatz die Rede. Die Konfliktthemen erschöpfen sich nicht in (arbeits-)rechtlichen Streitigkeiten, sondern beinhalten darüber hinaus sämtliche sozialen Konflikte, die sich aus der gemeinsamen Arbeit im Unternehmen entwickeln, insbesondere persönliche Differenzen und Unverträglichkeiten unter Mitarbeitern[94]. Wenngleich Beziehungen am Arbeitsplatz sehr differenziert durch das Individual- und Kollektivarbeitsrecht geregelt sind, sind Konflikte am Arbeitsplatz dem Grunde nach regelmäßig soziale Konflikte, die alsbald zu ar-

---

88 Ausführlicher *Altmann/Fiebinger/Müller*, S. 170 ff.; *Budde*, in: Henssler/Koch (Hrsg.), § 15, S. 502 ff. Anschaulich *Galbraith/Kazanjian*, S. 21: „The modern corporation is socially a theatre of all the conflicts that might be expected when hundreds and thousands of highly charged, exceptionally self-motivated, and more than normally, self-serving people work closely together."
89 *Ponschab/Dendorfer*, in: Haft/Schliefen (Hrsg.), § 39 Rdnr. 24.
90 *Costantino/Merchant*, S. 5 ff.
91 *Costantino/Merchant*, S. 4.
92 U.a. Ängste, Krankheit, innere Kündigung und Beendigung des Arbeitsverhältnisses. Ausführlicher dazu *Panse/Stegmann*, S. 111 ff.; *Gleason*, S. 3 m.w.N.
93 Ausführlicher *Gleason*, S. 3.
94 Mehr als die Hälfte der Kläger in Kündigungsschutzstreitigkeiten vor dem Arbeitsgericht geben an, dass andere Gründe als die offiziell angegebenen bei ihrer Kündigung eine Rolle gespielt hätten. Fast jeder zweite dieser Kläger nannte „persönliche Differenzen mit dem Vorgesetzten oder Unverträglichkeiten mit anderen Personen" als tatsächliche Kündigungsgründe. Zitiert nach *Budde*, S. 26 Fn. 73.

beitsrechtlichen Streitigkeiten eskalieren können, sofern die Konfliktentwicklung nicht deeskalierend und streitpräventiv gestaltet wird.

Auf individueller Ebene sind Konflikte unter Mitarbeitern sowie zwischen Arbeitnehmer und dem Unternehmen als Arbeitgeber[95] zu unterscheiden. Sofern im Unternehmen ein Betriebsrat als Arbeitnehmervertretung besteht, können auf kollektiver Ebene Auseinandersetzungen zwischen dem Betriebsrat und dem Unternehmen bzw. dem einzelnen Arbeitnehmer bis hin zu Konflikten innerhalb eines Betriebsrates auftreten. Ist das Unternehmen Mitglied eines Arbeitgeberverbandes, erweitert sich das Spektrum potentieller Konflikte auf das Verhältnis zwischen Unternehmen, Arbeitgeberverband und Gewerkschaften.

Neben Konflikten am Arbeitsplatz sind Organisationskonflikte Teil der unternehmensinternen Konflikte. Während Konflikte am Arbeitsplatz sich in der Regel zwischen natürlichen Personen bilden, die Mitglieder des Unternehmens sind, existieren daneben Konflikte, die in der Organisationsstruktur des Unternehmens verortet sind. Ihre Besonderheit liegt darin, dass die Parteien zwar mitunter wirtschaftlich unabhängig voneinander sind, aber demselben (Mutter-) Unternehmen angehören. Die Konfliktparteien sind in diesen Fällen Funktionsträger und Organisationseinheiten innerhalb des Unternehmens. Zu denken ist an Konflikte zwischen Abteilungen[96] oder verschiedenen Betrieben, Niederlassungen oder Filialen des Unternehmens oder zwischen Unternehmen eines Konzernverbundes.[97] Die unternehmensinternen Organisationskonflikte beinhalten zudem unternehmenspolitische[98] und Strategiekonflikte, die sich in den unternehmerischen Entscheidungsfindungsprozessen zwischen Mitgliedern der Geschäftsführung oder Unternehmensleitung sowie der nachgeordneten Führungsebenen des Managements entfalten.[99] Sie betreffen die operative Unternehmensführung und beinhalten Entscheidungen über die Entwicklung von Waren und Dienstleistungen, die Markterschließung, Investitionen bis hin zur grundsätzlichen Unternehmensstrategie. All diese Organisationskonflikte sind durch eine höhere Komplexität gekennzeichnet, weil die Konfliktparteien regelmäßig nicht einzelne natürliche Personen, sondern der jeweiligen Organisationseinheit zugehörige Gruppen sind. Sie treten insbesondere auf, wenn die Organisationsstruktur des Unternehmens modifiziert oder verändert wird.[100]

Je nach Rechtsform des Unternehmens sind weitere Konfliktkonstellation zu unterscheiden. Zu den verbreitetsten Personengesellschaften zählen die offene Han-

---

95 *Risse*, § 3 Rdnr. 75.
96 *Kolb/Putnam*, in: Kolb/Bartunek (Eds.), S. 1, 21 f.: "Interdepartmental relations".
97 Dazu *Duve/Eidenmüller/Hacke*, S. 327 f.
98 *Ponschab/Dendorfer*, in: Haft/Schliefen (Hrsg.), § 39 Rdnr. 15.
99 *Schwarz*, S. 146 ff. spricht von Führungskonflikten und Organisationskonflikten.
100 Während die Instrumente der Organisationsentwicklung primär als Methoden zur Unterstützung, Begleitung und Durchführung von Veränderungsprozessen im Unternehmen etabliert sind, werden Organisationsentwickler vermehrt auch zur Bewältigung von Konflikten eingesetzt, die infolge solcher Veränderungen eintreten. Siehe dazu *Ponschab/Dendorfer*, in: Haft/Schliefen (Hrsg.), § 39 Rdnr. 30. Vgl. zum Einsatz der Mediation bei Unternehmenssanierungen *Eidenmüller*, BB 1998, Beilage 10, 19 ff.

delsgesellschaft (OHG), die Kommanditgesellschaft (KG), die Partnerschaft sowie die Gesellschaft bürgerlichen Rechts (GbR).[101] Aufgrund der personalistischen Organisation dieser Gesellschaften beziehen sich die möglichen Konflikte in diesem Kontext auf die vertraglichen und gesetzlichen Beziehungen der Gesellschafter untereinander und zwischen den Gesellschaftern und der Gesellschaft. Das Konfliktspektrum beinhaltet Auseinandersetzungen hinsichtlich des Gesellschaftsvermögens und der Gesellschaftsverwaltung, insbesondere die Mitwirkung der Gesellschafter an der Geschäftsführung. In der Rechtsform der Kapitalgesellschaft sind die Gesellschaft mit beschränkter Haftung (GmbH) und die Aktiengesellschaft (AG) organisiert. Aufgrund der körperschaftlichen Organisation der GmbH und AG beinhaltet das Konfliktspektrum Auseinandersetzungen zwischen den Organen und den Gesellschaftern, zwischen den unterschiedlichen Organen der Gesellschaft sowie zwischen den Gesellschaftern.

2. Unternehmensexterne Konflikte

Den zweiten Bereich der unternehmerischen Konflikte bilden die unternehmensexternen Auseinadersetzungen eines Unternehmens. Darunter fallen sämtliche Konflikte, in denen das Unternehmen und mindestens eine Person außerhalb des Unternehmens als Parteien beteiligt sind.[102] Die externen Konfliktgegner sind rechtlich und wirtschaftlich von dem Unternehmen unabhängig und auf natürliche und juristische Personen des Privatrechts beschränkt, die auf nationaler und internationaler Ebene agieren.[103] Ausgenommen sind juristische Personen des öffentlichen Rechts. Öffentlich-rechtliche Streitigkeiten des Unternehmens unterfallen daher nicht dem im Weiteren verwendeten Arbeitsbegriff des unternehmensexternen Konflikts.

Die Konfliktgegenparteien des Unternehmens sind in erster Linie seine Kunden sowie sämtliche Unternehmen, mit denen es eine Geschäftsbeziehung unterhält. Im Verlauf einer Geschäftsbeziehung sind Konflikte ebenso wahrscheinlich wie zahlreich. Das Spektrum der Konflikte reicht von vertraglichen über verbraucherschutzrechtliche Auseinandersetzungen bis hin zu Konflikten im Zusammenhang mit der Produkt- und Produzentenhaftung.

Ebenso vielzählig sind die möglichen Konflikte mit Wettbewerbern. Auseinandersetzung über das Verhalten im Wettbewerb und gewerbliche Schutzrechte sind an der Tagesordnung. Regelmäßig sind Konflikte zwischen dem Unternehmen und sei-

---

101 Weiterhin die stille Gesellschaft, die Europäische Wirtschaftliche Interessenvereinigung und die Reederei.
102 Allgemein zu externen Konflikten eines Unternehmens siehe *Budde*, in: Strempel (Hrsg.), S. 99, 103.
103 Ein externer internationaler Konflikt liegt in Anlehnung an Art. 1 (4) UNCITRAL Model Conciliation Law vor, wenn das Unternehmen und seine externe Gegenpartei in verschiedenen Staaten ihren Sitz haben oder wenn der gemeinsame Sitzstaat ein anderer ist als derjenige, in dem die geschäftlichen Verpflichtungen erfüllt werden oder mit dem der Konfliktgegenstand am engsten verbunden ist.

nen Wettbewerbern bereits verrechtlicht, wenn sie einem Konfliktbeilegungsverfahren zugeführt werden.[104]

Zu den Kooperationsformen zählen insbesondere klassische Gemeinschaftsunternehmen, Joint Ventures und Konsortien sowie gemeinsame Forschungs- und Entwicklungsprojekte, Franchising und Vertragshändlersysteme, die nachfolgend bewusst untechnisch als Kooperationen zusammengefasst werden. Wenngleich auch Kooperationspartner als rechtlich selbständige Personen unternehmensexterne Akteure sind, nehmen Konflikte mit Kooperationspartnern eine Art Zwitterstellung ein. Ihre Besonderheit liegt in der auf eine gewisse Dauer angelegten Beziehung der Kooperationspartner auf der Basis gemeinsamer wirtschaftlicher Risikotragung. Kooperationen, insbesondere grenzüberschreitende, haben sich in der Praxis als besonders konfliktträchtig erwiesen, sodass ein gesteigerter Bedarf nach Mechanismen und Verfahren des Konfliktmanagements besteht.[105]

3. Wechselwirkung zwischen unternehmensinternen und -externen Konflikten

Von Bedeutung für den Umgang und die Gestaltung der soeben summarisch skizzierten unternehmensinternen und -externen Konflikte sind weniger ihre Anzahl und Frequenz, als vielmehr ihre Komplexität und ihre gegenseitigen Wechselwirkungen. Die Unterscheidung zwischen unternehmensinternen und -externen Konflikten sollte nämlich nicht darüber hinwegtäuschen, dass zahlreiche Konflikte, die innerhalb oder außerhalb des Unternehmens verortet sind, Gravitationswirkungen im jeweils anderen Bereich entfalten.[106]

Das unternehmerische Konfliktspektrum ist insoweit einem mehrdimensionalen Netz vergleichbar: Veränderungen an einer Stelle lösen Veränderungen an anderer aus. Vor diesem Hintergrund drängt sich die Frage auf, ob auch das unternehmerische Management dieses Konfliktspektrums multidimensional und kontextspezifisch ist. Im nun folgenden Teil der Arbeit wird die Art und Weise des gegenwärtigen Konfliktmanagements in deutschen Unternehmen untersucht.

---

104 *Schoen*, S. 23: „[...] Auseinandersetzungen mit anderen Unternehmen [tendieren] grundsätzlich dazu, sich zu Streitigkeiten fortzuentwickeln, die dann durch geeignete Verfahren beigelegt werden müssen."
105 Immer häufiger werden im Rahmen von Kooperationsunternehmungen ausdifferenzierte Konfliktmanagementvereinbarungen vereinbart. Vgl. das Conflict Resolution Agreement zwischen Bombardier Transportation und Alstom Transport SA, abgedruckt bei *Duve/Eidenmüller/Hacke*, S. 319.
106 Auch *Schoen*, S. 23 f. betont, dass unternehmensinterne Konflikte Auswirkungen auf Rechtsstreitigkeiten mit externen Dritten haben können.

II. Prozessführungsmanagement

Analysiert man das praktizierte Spektrum der Konfliktbearbeitungsverfahren von deutschen Unternehmen, so erscheint die Bezeichnung „Spektrum" irreführend. Tatsächlich ist die Konfliktbehandlungspraxis überwiegend auf zwei Verfahren beschränkt: das Verhandeln und die (schieds-)gerichtliche Streitentscheidung. Demgegenüber sind außergerichtliche Konfliktbeilegungsverfahren bislang in aller Regel nicht Teil der Konfliktmanagementstrategie. ADR-Verfahren werden nicht oder – diese Regel bestätigend – nur ausnahmsweise eingesetzt.[107] Gleichwohl betreiben Unternehmen ein differenziertes „Prozessführungsmanagement"[108].

1. Status quo des Verfahrensspektrums

In der Unternehmenspraxis dürfte kaum ein Konflikt existieren, den die Konfliktparteien nicht zunächst im Wege direkter Verhandlungen beizulegen suchen. Der (Schieds-)Klageerhebung gehen regelmäßig außergerichtliche Vergleichsverhandlungen voraus, sei es direkt zwischen den Parteien oder vertreten durch ihre Anwälte. Das Verhandeln, verstanden als Kommunikationsprozess zwischen zwei oder mehr Parteien mit dem Ziel einer zukünftigen Einigung[109], ist damit *das* Verfahren der Konfliktbehandlung schlechthin.[110]

a) Verhandeln

Das direkte Verhandeln ist nicht nur das intuitive (Eingangs-)Verfahren der Konfliktbeilegung, sondern in sämtlichen Konfliktbehandlungsprozessen mitenthalten[111]: Die Parteien kommunizieren immer miteinander, sei es in Schriftwechseln und in der mündlichen Verhandlung des Zivilprozesses oder des Schiedsgerichtsverfahrens.[112] Das Verhandeln dient allerdings nicht nur der Beilegung eines Konflikts, sondern auch, wie das Konfliktmanagement allgemein, dem Aus(ver)handeln und

---

107 *PricewaterhouseCoopers (Hrsg.)*, S. 7. *Lipsky/Seeber/Fincher*, S. 118: „In the *contend* category are organizations that clearly prefer litigation to ADR; they never or rarely use any ADR technique to resolve a dispute." [Hervorhebung im Original].
108 *Siedel*, J. Disp. Resol. 1988, 107, 123 spricht von „dispute management".
109 *Eidenmüller*, in: Breidenbach/Henssler (Hrsg.), S. 31; *Goldberg/Sander/Rogers*, S. 17.
110 *Goldberg/Sander/Rogers*, S. 3: „The most common form of dispute resolution is negotiation."
111 So auch *Birner*, S. 125: „Die Verhandlung zwischen den streitenden Parteien ist notwendigerweise in allen anderen Mechanismen der Streitbeilegung enthalten – bis zu dem Grad, zu dem sich die Parteien vollständig einer Entscheidung durch einen Dritten unterwerfen."
112 Auch in der Mediation und anderen ADR-Verfahren ist das Verhandeln integriert. Dazu auch *Henry/Liebermann*, S. 76: „It should be clear from all that has been said about [...] mediation, and arbitration in all their forms that one skill underlies dispute generally – negotiation."

Gestalten von Geschäftsbeziehungen.[113] Solange die Konfliktparteien direkt miteinander kommunizieren - verhandeln -, behalten sie die Gestaltungshoheit über das (Verhandlungs-)Verfahren und über das (Verhandlungs-)Ergebnis.[114] Die Anzahl geführter Verhandlungen besagt allerdings nichts über ihre Qualität. Ohne die weiteren Ausführungen vorwegzunehmen, veranschaulicht die hohe Anzahl an (Schieds-) Gerichtsverfahren unter anderem eines: Die Parteien beenden vorschnell die direkte Verhandlungen, weil es ihnen an Fähigkeiten und Instrumenten mangelt, die Verhandlungen erfolgreich zu führen und eine Konfliktbearbeitung auszu(ver)handeln.

b) Gerichtsverfahren

In den meisten deutschen Unternehmen ist die Konfliktbearbeitung mit Drittbeteiligung fast ausschließlich auf gerichtliche Verfahren der Streitentscheidung beschränkt.[115] Die Aufgaben des Zivilprozesses als Erkenntnisverfahren, in dem festgestellt wird, ob das mit der Klage oder dem Antrag behauptete Recht oder Rechtsverhältnis besteht oder nicht, sind dreierlei. Zum Ersten dient der Zivilprozess der Verwirklichung des subjektiven Rechts der Parteien im Sinne materieller Gerechtigkeit.[116] Darauf aufbauend dient er zum Zweiten der Herbeiführung des Rechtsfriedens[117] zwischen den Streitparteien, indem das Gericht eine angemessene Lösung des Streitgegenstandes ausurteilt. Der gerichtliche Maßstab für die Angemessenheit ist die materielle Gerechtigkeit nach Recht und Gesetz. Zum Dritten führt der Zivilprozess Rechtssicherheit herbei[118], weil eine in Rechtskraft erwachsene gerichtliche Entscheidung endgültig und rechtlich bindend ist.

Beleuchtet man den Zivilprozess als Verfahren des unternehmerischen Konfliktmanagements näher, so ist ein Aspekt bedeutsam, den Unternehmen in der Regel übersehen: Das Unternehmen kann – jedenfalls als potentieller Kläger – selbst entscheiden, ob es seine Konflikte dem Zivilprozess zuführt oder aber außerhalb des Zivilprozesses eine Konfliktbeilegung erarbeitet, die angemessener ist als die Verwirklichung der materiellen Gerechtigkeit. Die Parteien sollten also zunächst einmal die Frage beantworten, inwieweit die Funktionen des Zivilprozesses geeignet sind, die in einem bestimmten Konflikt definierten Ziele im Hinblick auf optimale Kon-

---

113 *Schoen*, S. 88 mit Verweis auf *Leonhard*, BB 1999, Beilage 9, 13, 13, spricht von prospektiver Verhandlung.
114 *Sander*, in: Gottwald/Strempel/Beckedorff/Linke (Hrsg.), 4.5, S. 19, 32; *Sander/Goldberg*, Neg. J. 49, 50.
115 *PricewaterhouseCoopers (Hrsg.)*, S. 7. Nach einer Umfrage aus dem Jahr 1997 verfolgen demgegenüber nach *Lipsky/Seeber/Fincher*, S. 126 nur 9 % der US-amerikanischen Unternehmen diese Konfliktmanagementstrategie.
116 Vgl. nur *Rosenberg/Schwab/Gottwald*, § 1 III 1 m.w.N.
117 *Gaul*, AcP 168, 27, 57 ff.; *Pawlowski*, ZZP 80, 345, 361 ff.; *Gaul*, in: Yildirim (Hrsg.), S. 67 ff.
118 *Gaul*, AcP 168, 27, 64.

fliktfolgen zu realisieren. Nur wenn die materiell gerechte Entscheidung des rechtlichen Streitgegenstandes mit der anvisierten konfliktfolgenoptimierten Behandlung des zugrundeliegenden Konflikts übereinstimmt, ist der Zivilprozess ein adäquates Verfahren des Konfliktmanagements. Die Konfliktparteien sollten demnach nur in den Fällen den Zivilprozess auswählen, in denen die angemessene Konfliktlösung einzig und allein durch die Herbeiführung von materieller Gerechtigkeit – eine Drittentscheidung über das Bestehen und Nichtbestehen der subjektiven Rechte und Rechtsverhältnisse – erreicht werden kann.

c) Schiedsgerichtsverfahren

Wenngleich das Verfahrensspektrum auf die Streitbeilegung vor staatlichen Gerichten fokussiert ist, verlagern Unternehmen die Streitbeilegung in bestimmten Konfliktkonstellationen in das private Forum der Schiedsgerichtsbarkeit. Die privaten Schiedsgerichte substituieren die staatlichen Gerichte. Mit Abschluss einer Schiedsvereinbarung[119] verzichten die Parteien auf ihren Justizgewährungsanspruch durch den verfahrensgrundrechtlich garantierten gesetzlichen Richter. Aufgrund eines privaten Rechtsgeschäfts zwischen den Parteien befasst sich ein Schiedsgericht mit der Entscheidung vertraglicher (vermögensrechtlicher) Rechtsstreitigkeiten, wobei es eine umfassende Entscheidungsbefugnis mit Rechtskraftfolge[120] und staatlichem Vollstreckungszwang[121] hat. Das Schiedsgericht ist in diesem Sinne „bezahlter (Rechtsprechungs-) Dienstleister"[122] der Parteien.[123] Das Schiedsgerichtsverfahren ist gekennzeichnet durch die Freiwilligkeit der Parteien, einem privaten Gericht die Spruchgewalt zu übertragen, die prozessuale und materielle Gestaltungsfreiheit der Parteien, insbesondere durch die freie Wahl der Schiedsrichter, des anwendbaren Rechts, des Ortes und der Sprache des Schiedsverfahrens, die Nichtöffentlichkeit des Verfahrens sowie die Sperrwirkung für parallele oder nachfolgende staatliche Gerichtverfahren[124]. Aus Sicht der Parteien liegen die Vorteile der schiedsrichterlichen Verfahren einerseits in dem gegenüber dem Zivilprozess flexibleren prozessualen und materiellen Gestaltungsspielraum und andererseits in ihrer Einbettung in die staatliche Rechtspflege.[125]

---

119 (Selbständige) Schiedsabrede oder (ergänzend beigefügte) Schiedsklausel.
120 Siehe § 1055 ZPO.
121 Siehe §§ 1060, 1061 mit § 794 Absatz 1 Nr. 4a ZPO.
122 Zitat bei *Münch* in MüKo ZPO, Vor § 1025 Rdnr. 1.
123 Vgl. nur BGHZ 98, 32, 36; 98, 70, 72; *Schmid*, DZWiR 1996, 52, 55. Nach BT-Drucks. 13/5274, S. 34 bietet die Schiedsgerichtsbarkeit „grundsätzlich gleichwertigen Rechtsschutz" wie die staatlichen Gerichte.
124 Vgl. die Schiedseinrede des § 1032 Absatz 1 ZPO.
125 Ausführlich dazu aus der Perspektive der internationalen Schiedsgerichtsbarkeit *Bühring-Uhle/Kirchhoff/Scherer*, S. 65 ff. Anschaulich auch *Münch* in MüKo ZPO, Vor § 1025 Rdnr. 4: „Man kann etwas überspitzt sagen, daß die Schiedsgerichtsbarkeit auf dem Rücken der staatlichen Rechtspflege reitet [...]."

2. Das Verhältnis zwischen außergerichtlichen Verhandlungen und gerichtlicher Streitentscheidung

Zwischen der (schieds-)gerichtlichen Entscheidung des Konflikts und dem direkten Verhandeln der Parteien besteht ein Zusammenhang, den es näher zu untersuchen gilt. Die (schieds-)gerichtlichen Verfahren sind auf die Beilegung von Rechtsstreitigkeiten beschränkt. Zusammen mit außergerichtlich geführten Vergleichsverhandlungen bilden sie das Verfahrensspektrum in der Unternehmenspraxis.[126] Ihr Zusammenspiel ist dadurch gekennzeichnet, dass außergerichtliche Verhandlungen weniger eine Bedeutung als eigenständiges Verfahren *neben* den (schieds-) gerichtlichen haben, als vielmehr nur *im Schatten* der gerichtlichen Streitbeilegung stattfinden.[127] Die außergerichtlichen Verhandlungen sind von der Option der Parteien geprägt, sie jederzeit abzubrechen und eine gerichtliche Streitentscheidung herbeizuführen.[128] Häufig finden intensive außergerichtliche Verhandlungen auch erst nach Klageerhebung im (schieds-)gerichtlichen Verfahren statt, um in Ansehung einer endgültigen und rechtlich bindenden Drittentscheidung die Bereitschaft - um nicht zu sagen: den Druck - für einen Verhandlungsvergleich[129] zu erhöhen.[130] Auch in einer Vielzahl von (internationalen) Schiedsverfahren tritt Erledigung nicht durch einen Schiedsspruch, sondern durch einen Vergleich ein.[131] In der Rechtspraxis sind die direkten Verhandlungen, der Zivilprozess und das Schiedsverfahren somit eng miteinander verknüpft. Der in außergerichtlichen Verhandlungen erzielte Vergleich und die mögliche Erledigung des Rechtsstreits im Zivilprozess bzw. Schiedsgerichtsverfahren beeinflussen sich wechselseitig.[132]

3. Instrumente des Prozessführungsmanagements

Die Instrumente des Prozessführungsmanagements zielen darauf ab, den Zivilprozess, das Schiedsgerichtsverfahren und das Verhandeln sowie ihr Zusammenspiel zu optimieren. In Anbetracht der hohen Kosten, die mit der Beilegung von Rechtsstreitigkeiten für Unternehmen verbunden sind, konzentrieren sich die Instrumente auf kostenreduzierende Maßnahmen. Die Unternehmen sind bestrebt, die Kosten der

---

126 *Breidenbach,* S. 45 spricht vom „Kontinuum der Konfliktbehandlung".
127 *Mnookin/Kornhauser,* 88 Yale L.J. 950 ff.
128 Zu den Auswirkungen der Möglichkeit einer gerichtlichen Streitentscheidung auf die Verhandlungsphase siehe *Breidenbach,* S. 45 f.
129 *Dauer,* § 3.01, Fn. 2: „The impending trial date is one very obvious type of pressure."
130 In den USA fördert vor allem die schwer einschätzbare Entscheidung der Jury die hohe außergerichtliche Vergleichsquote von 90 % noch vor dem ersten Gerichtstermin. Dazu *Galanter,* 31 UCLA L. Rev. 4, 27; *Galanter/Cahill,* 46 Stan. L.Rev. 1339, 1346 ff.
131 Nach der von *Bühring-Uhle/Kirchhoff/Scherer,* S. 111 durchgeführten Umfrage liegt die Vergleichsquote in internationalen Schiedsverfahren bei 43%.
132 *Galanter,* 34 J. Legal Educ. 268 bezeichnet dieses Zusammenspiel als „Litigotiation", zusammengesetzt aus „litigation" und „negotiation".

eigenen Rechtsabteilung, für externe Rechtsanwälte und sonstige Transaktionskosten der Streitbeilegung zu reduzieren. Die rein juristische Streitbeilegung wird damit ergänzt durch eine an ökonomischen Prinzipien und Instrumenten orientierte Streitbeilegung.[133] Infolgedessen haben sich die Funktionen und Aufgaben der Rechtsabteilung im Unternehmen von der rein juristischen Prozessführung hin zum betriebswirtschaftlich orientierten Management der unternehmerischen Konflikte und Rechtsstreitigkeiten gewandelt. So haben Unternehmen begonnen, die Prozessführung bzw. die gesamte Rechtsabteilung zu budgetieren, neue Vergütungsformen einzuführen und Rechtsstreitigkeiten einer eingehenden Analyse des Prozessrisikos zu unterziehen. Auf diese Instrumente wird im weiteren Verlauf der Arbeit ausführlicher eingegangen.

III. Die Experimentierung mit Alternativen zu der gerichtlichen Streitentscheidung

Mehr und mehr Unternehmen in Deutschland beschränken sich im Umgang mit Rechtsstreitigkeiten nicht auf gerichtliche Streitbeilegungsverfahren, sondern greifen vereinzelt auch auf außergerichtliche Verfahrensalternativen zurück.[134] In den vergangenen Jahren haben Initiativen der Europäischen Union[135] und die Justizmodernisierung in Deutschland[136] die außergerichtliche Streitbeilegung gefördert. Die größte Beachtung findet dabei die Mediation (1.). Daneben existieren weitere Alternativverfahren, die eine gewisse Anwendungsreife haben (2.). Vor allem das in der anglo-amerikanischen Konfliktbearbeitungspraxis etablierte Verfahren der Adjudication lässt sich nutzbar machen für das unternehmensinterne und -externe Konfliktmanagement deutscher Unternehmen (3.).

1. Mediation

Die Ursachen, warum ein Lebenssachverhalt eingetreten ist, der einen bestimmten Rechtsanspruch auslöst, können in rechtsbasierten Verfahren nicht allumfassend berücksichtigt werden. Gerade diese Ursachen sind jedoch oftmals relevant für die Entfaltung eines Konflikts. Die konfliktauslösenden Ursachen sind insgesamt zu behandeln, nicht aber lediglich die sich daraus entwickelnden rechtlichen Aspekte zu

---

133 Vgl. *Cullen*, in: Fine/Plapinger (Eds.), S. 189, 189: „Since the 1970s, a gradual application of business principles to legal matters has evolved."
134 *Breidenbach*, S. 13 ff.; *Schoen*, S. 115 ff. *Lipsky/Fincher/Seeber*, S. 118: „In the *settle* category are a majority of the major corporations in the United States." [Hervorhebung im Original]. Nach einer Umfrage aus dem Jahr 1997 verfolgen 74 % der US-amerikanischen Unternehmen diese Konfliktmanagementstrategie, siehe *Lipsky/Fincher/Seeber*, S. 126.
135 Vgl. den Vorschlag für eine Richtlinie des Europäischen Parlaments und des Rates über bestimmte Aspekte der Mediation in Zivil- und Handelssachen KOM(2004) 718 endgültig, 2004/0251 (COD).
136 Vgl. § 15 a EGZPO.

entscheiden. Solange die Konfliktursachen nicht in die Konfliktbeilegung einbezogen werden, kann kein (schieds-)gerichtlich ausgeurteilter Rechtsanspruch den zugrundeliegenden Konflikt in seinem gesamten Spektrum abschließend und dauerhaft beilegen. Der ursprüngliche Konflikt schwelt vielmehr auf unbestimmte Zeit weiter oder entfaltet sich zukünftig erneut.

Dieser Befund bildet die Grundlage für das interessenbasierte Konfliktbearbeitungsverfahren der Mediation.[137] Sie meint das Verfahren, in dem ein allparteilicher Dritter ohne Entscheidungsmacht die Konfliktparteien darin unterstützt, eine einvernehmliche Lösung für den Konflikt zu entwickeln. Die Mediation ist damit im Kern drittunterstütztes Verhandeln.[138] Die Mediation stellt das persönliche Aushandeln der Konfliktlösung durch die Parteien selbst aus der Perspektive ihrer Interessen in den Mittelpunkt. Dabei lassen sich nicht nur diejenigen Interessen einbeziehen, die die Parteien im Konflikt benennen und in rechtlich durchsetzbare Positionen übersetzen[139], sondern die gesamte Interessenlage der Parteien, die für ihre Entscheidungsfindung von Bedeutung ist, findet Berücksichtigung.

Zentral für das unternehmerische Konfliktmanagement ist die daraus folgende Konsequenz für potentielle Konfliktlösungen: Wenn die Parteien gemeinsam Lösungsoptionen unter Zugrunde- und Offenlegung[140] ihres jeweiligen Interessensspektrums entwickeln, eröffnen sich Optionen, die inhaltlich nicht auf die Rechtsfolgen der gesetzlichen und vertraglichen Anspruchsgrundlagen beschränkt sind, sondern darüber hinausgehen können.[141] So wie der interessensorientierte Ansatz den Parteien helfen kann, die Ursachen des Konflikts und ihre jeweiligen Interessen im Konflikt aufzudecken, so kann er ebenso dazu beitragen herauszufinden, welche Interessen für die eine oder andere Partei im Einzelfall bedeutsam sind. Das Priorisieren von Einzelinteressen ermöglicht den Parteien durch gegenseitige Zugeständnisse, unwichtigere Einzelinteressen mit wichtigeren gegen zu rechnen („trading"

---

137 *Goldberg/Sander/Rogers/Cole*, S. 251. Vgl. *Duve*, S. 225 ff. zu den unterschiedlichen Mediationsstilen.
138 *Goldberg/Sander/Rogers/Cole*, S. 103: „Mediation is negotiation carried out with the assistance of a third party."
139 *Breidenbach*, Mediation, S. 69.
140 Auch *Breidenbach*, Mediation, S. 74 betont, „daß in der Verhandlung – oder mit Unterstützung eines Mediators – die unterschiedlichen Interessenpositionen aufgedeckt werden" müssen.
141 *Schoen*, S. 95: „Da die Bedürfnisse der Parteien weit vielfältiger als die sich daraus ergebenden (Rechts-)Positionen, können die Parteien kreative Lösungen für ihre jeweilige Interessenlage entwerfen, die so von der Rechtsordnung nicht zur Verfügung gestellt werden." *Breidenbach/Falk*, in: Falk/Heintel/Krainz (Hrsg.), S. 259, 259 relativieren die zum Teil hohe Erwartungen an die Mediation: „[...] es ist eine Illusion zu meinen, dass in Mediationen programmierte Wunder geschehen können, wenngleich man dieselben – in ihrer Doppelbedeutung – doch immer wider erleben kann, ja fast auch an sie glauben muss, um Lösungsenergien zu erwecken."

oder „trade-offs").[142] Der gemeinsame Mehrwert der Parteien kann dadurch im Einzelfall ungleich größer sein als beim Feststellen, welche Partei im Recht ist.[143]

Die Mediation kann den Parteien damit eine aktive Konflikt*gestaltung* eröffnen, während die rechtsbasierten (schieds-)gerichtlichen Verfahren regelmäßig nur eine Konflikt*reaktion* beinhalten. Die Perspektive auf einen Konflikt in zeitlicher Hinsicht veranschaulicht dies. Während reaktives Konfliktmanagement vergangenheitsorientiert alle Umstände bewertet, die zur Entfaltung des Konflikts in seinem aktuellen Eskalationsstadiums geführt haben, ist die Perspektive des aktiven Konfliktmanagements zukunftsgewandt. Auf der Basis des gegenwärtigen Konflikts geht es um die Gestaltung des dem Konflikt zu Grunde liegenden Lebenssachverhalts in der Zukunft durch die Parteien selbst. Die Ratio für ein zukunftsgerichtetes Konfliktmanagement liegt in Folgendem: Ein vergangener Sachverhalt ist unveränderbar; er lässt sich lediglich bewerten; gestalten kann man hingegen allein die Folgen des Konflikts in der Zukunft.[144]

In einer Mediation können die Parteien gemeinsam das Verfahren und das Ergebnis gestalten.[145] Sie delegieren lediglich freiwillig und einvernehmlich die Verfahrensleitung an den Mediator, um sich auf den Inhalt und Gegenstand des Konfliktes konzentrieren zu können.[146] Gerade weil die Parteien in der Mediation ihre Verfahrenskontrolle nicht aufgeben, sondern lediglich dem Mediator übertragen, obliegt es ihnen, die Verfahrensregeln einvernehmlich untereinander und mit dem Mediator im Hinblick auf ihre prozessualen Ziele zu vereinbaren. Die Variabilität des Mediationsverfahrens kommt insbesondere in der Funktion und den Aufgaben des Mediators als Verfahrensgestalter zum Ausdruck: Je nach den Zielen der Parteien in der Mediation, werden sie den Mediator ermächtigen, zielentsprechende Rollen im Verfahren auszuüben[147] und unterschiedliche Techniken und Instrumente der Verhandlungsführung einzusetzen. Das Mediationsverfahren passt sich auf diese Weise dem Konflikt und den ihn beeinflussenden Rahmenbedingungen sowie den Parteien an.[148] Vergleicht man das Verfahren mit den Eigenschaften, die an ein qualitativ hochwertiges Konfliktmanagement gestellt werden, so bietet die Mediation ebenso großen und variablen prozessualen und materiellen Gestaltungsspielraum wie das Verhandeln.

---

142 *Fisher/Ury/Patton*, S. 73 ff.
143 *Ury/Brett/Goldberg*, S. 14.
144 *Ponschab/Dendorfer*, in: Haft/Schliefen (Hrsg.), § 39 Rdnr. 40 bezeichnen diese zukunftsgerichteten Methoden der Konfliktgestaltung als kooperative Konfliktbewältigungsmethoden.
145 *Schoen*, S. 122: „[...] die Parteien behalten die weitgehende Kontrolle über das Verfahren und dessen Ausgang."
146 Ähnlich *Birner*, S. 127: „Das Verfahren verläuft nach zuvor von den Parteien festgelegten Regeln und ermöglicht es ihnen so, den *Problemlösungsprozess* kreativ und frei [...] zu *gestalten*." [Hervorhebung durch den Verfasser]
147 Nach *Schoen*, S. 124 „steht es den Parteien frei, über unterschiedlich ausgestaltete Befugnisse des Mediators dem Verfahren eine andere Prägung zu geben."
148 *Kolb*, J. Disp. Resol. 1989, 59.

Darüber hinaus lässt sich die Mediation auch als Gestaltungsinstrument in Vertragsverhandlungen nutzbar machen. In der so genannten Transaktionsmediation (engl.: *deal mediation*) unterstützt der Mediator die Parteien in der konkreten Ausgestaltung einer vertraglichen Geschäftsbeziehung.[149] Empfehlenswert ist die Transaktionsmediation insbesondere in komplexen und grenzüberschreitenden Verträgen[150] sowie in sämtlichen Formen von Wirtschaftskooperationen. Die Funktion des Mediators geht dabei je nach Auftrag der Parteien über die reine Prozessbegleitung hinaus und beinhaltet eine gemeinsam mit den Vertragsparteien durchzuführende Risikoanalyse und ein "reality testing". Auf diese Weise werden die vertraglichen Regelungen auf ihre Realisierbarkeit, Praktikabilität und Vollständigkeit hin überprüft. Ferner können die Vertragsparteien vereinbaren, dass der Mediator sie im zukünftigen Konfliktfall unterstützt, ein adäquates (Eingangs-)Verfahren auszuwählen und zu durchlaufen[151] und gegebenenfalls den Konflikt zu mediieren[152]. Das Mediationsverfahren ist damit gleichermaßen für die Beilegung von Konflikten und die Gestaltung von Geschäftsbeziehungen einsetzbar.[153]

2. Weitere ADR-Verfahren im Überblick

Neben der Mediation bilden weitere Verfahren der Alternativen Streitbeilegung ein breites Spektrum der Konfliktbearbeitung, das an anderer Stelle bereits ausführlich dargestellt worden ist[154] und hier nicht wiederholt zu werden braucht. Die nachfolgende Darstellung von Alternativ- und Hybridverfahren verfolgt allein das Ziel, den autonomen und kreativen Gestaltungsspielraum der Konfliktparteien im Wege des Verfahrensdesigns zu unterstreichen: Die Verfahren des Konfliktmanagements sind nicht abschließend, es existiert kein Verfahrens-Typenzwang. Vielmehr können die Parteien ihre eigenen Konfliktbearbeitungsverfahren designen und auf ihre Konflikte anpassen. So sind denn auch die ADR-Verfahren, wie der Mini- und Summary-Jury-Trial, wie die Early Neutral Evaluation und das Private Judging, keine Verfahren sui generis, sondern lediglich Ausdifferenzierungen – Weiterentwicklungen, Kombinationen[155] und Variationen[156] – der Grundverfahren des Verhandelns, der Mediation

---

149 Dazu *Gans*, ZKM 2001, 66, 69 f.; *Nelle*, in: Breidenbach/Henssler (Hrsg.), S. 195, 196 ff. thematisiert die Mediation als „Verfahren bei Neuverhandlungen" bei langfristigen und komplexen Verträgen.
150 *Ponschab/Dendorfer*, in: Haft/Schliefen (Hrsg.), § 39, Rdnr. 81.
151 Sog. *convening clause*; ausführlich zum *convening concept* siehe *Slaikeu/Hasson*, S. 60 ff. und *Slaikeu*, 8 Neg. J. 331 ff.
152 *Ponschab/Dendorfer*, in: Haft/Schliefen (Hrsg.), § 39 Rdnr. 81 m.w.N.
153 *Bush*, 27 Colo. Law. 63, 64.
154 Ausführlich *Risse*, § 15 m.w.N.
155 Eingehend zu sog. Hybrid-Verfahren wie etwa Med-Arb und Arb-Med *Schoen*, S. 152 ff.
156 Vgl. Compulsory Arbitration, Final-Offer Arbitration und Rent-a-Judge als Variationen des Schiedsgerichtsverfahrens; dazu *Rau/Sherman/Peppet*, S. 876 ff. und 900 ff.

und der gerichtlichen Streitentscheidung.[157] Der Mini-Trial ist eine strukturierte Vergleichsverhandlung auf der Ebene hochrangiger Unternehmensrepräsentanten; der Summary Jury Trial ist ein simulierter Zivilprozess mit einer stark eingeschränkten Beweisaufnahme und einer privaten (Schein-)Jury und die Early Neutral Evaluation ist einem Schiedsgutachten vergleichbar.[158] Beim Private Judging schließlich handelt es sich um ein privates Verfahren der Streitentscheidung durch einen Richter – anschaulich auch als „Rent a Judge" bezeichnet.[159]

Nicht die Anzahl der Verfahrensvariationen begründet die Bedeutung der Alternativverfahren für das Konfliktmanagement, sondern ihre praktische Variabilität und Anpassungsfähigkeit an den zu behandelnden Konflikt sowie die prozessualen und materiellen Ziele der Parteien im Konflikt. Dass all diese ADR-Verfahren in der deutschen Unternehmenspraxis weit überwiegend noch keine oder kaum Anwendung finden – sieht man einmal vom Schiedsgutachten ab –, sagt viel über den Status quo des praktizierten Konfliktmanagements aus: Deutsche Unternehmen machen von ihrem Gestaltungsspielraum im Konflikt bislang schlichtweg keinen Gebrauch.

3. Adjudication

Der Begriff *Adjudication* lässt seiner sprachlichen Bedeutung nach zunächst nicht auf ein Verfahren der Konfliktbeilegung schließen. Abgeleitet vom englischen Verb *to adjudicate* meint es die Entscheidung eines Problems durch einen Dritten, den *Adjudivator*. Beinhaltet das entscheidungsbedürftige Problem einen Konflikt bzw. Rechtsstreit, so steht die Adjudication für die Konflikt- bzw. Streitentscheidung durch einen Dritten[160], unter die sich all diejenigen Konfliktbearbeitungsverfahren subsumieren lassen, in denen nicht die Konfliktparteien, sondern ein Dritter eine Entscheidung im Konflikt fällt. Der Zivilprozess vor staatlichen Gerichten und das private Schiedsgerichtsverfahren sind danach beide Adjudication-Verfahren. Gleichwohl hat der Begriff der Adjudication in jüngster Zeit als terminus technicus Einzug in das Spektrum der Konfliktbearbeitungsverfahren gefunden. In Teil zwei des *Housing Grants, Construction and Regeneration Act 1996*, im Vereinigten Königreich in Kraft seit dem 1. Mai 1998, ist das Verfahren der Adjudication[161] kodifiziert. In den USA findet die Adjudication ihre Ausprägung in den Verfahren vor sogenannten *Dispute Review Boards*.

---

157 *Sander/Goldberg*, 10 Neg. J. 49, 51.
158 *Schoen*, S. 132, 138 und 140 f.
159 *Schoen*, S. 147 f.
160 *Stevenson/Chapman*, S. 1: „To adjudicate, in its widest sense, means to hear and settle a case by judicial procedure."
161 *The Housing Grants, Construction and Regeneration Act 1996* enthält keine Legaldefinition der *Adjudication*. Vgl. *Redmond*, S. 4 sowie *Stevenson/Chapman*, S. 1 f. zur Bedeutung der Adjudication im Vereinigten Königreich vor 1998.

a) Überblick

Die Adjudication ist ein privates und freiwilliges[162] Streitbeilegungsverfahren, in dem ein unabhängiger und unparteilicher Dritter oder ein Tribunal vertragliche Rechtsstreitigkeiten entscheidet. Die Adjudicatoren werden von den Parteien regelmäßig zu Beginn einer auf gewisse Dauer angelegten vertraglichen Geschäftsbeziehung nominiert und fungieren damit als projektbezogene Stand-by-Institution zur Entscheidung sämtlicher aus dem Vertragsverhältnis resultierender Streitigkeiten. Die Entscheidung bindet die Parteien nur solange, bis ein von mindestens einer Partei angerufenes (Schieds-)Gericht den Konflikt rechtlich bindend und endgültig entscheidet oder aber die Parteien auf der Grundlage der Entscheidung der Adjudication einen außergerichtlichen Vergleich abschließen.[163]

b) Verfahrensabgrenzung

Ob die Adjudication ein neues Konfliktbearbeitungsverfahren sui generis oder aber ein Hybrid aus bestehenden Verfahren ist, lässt sich anhand eines Vergleichs zu etablierten gerichtlichen und außergerichtlichen Konfliktbearbeitungsverfahren untersuchen.

Ebenso wie das schiedsrichterliche Verfahren bedarf die Durchführung der Adjudication einer vertraglichen Vereinbarung zwischen den Parteien, ihren Rechtsstreit einer Entscheidung in der Adjudication zuzuführen. Der Adjudicator ist kein Richter mit staatlich legitimierter Rechtsprechungsgewalt, sondern – ebenso wie ein Schiedsrichter – ein privater (Verfahrensrechts-) Dienstleister, der von den Parteien nominiert und vertraglich verpflichtet ist, den Rechtsstreit gegen ein Entgelt zu entscheiden. Die Adjudication ist ein rechtsbasiertes Verfahren, weil vertragliche Rechtsstreitigkeiten über den Maßstab des Rechts entschieden werden. Insoweit ist die Adjudication funktional einem (schieds-)gerichtlichen Verfahren vergleichbar. Hier wie dort wird der Konflikt durch einen Dritten für die Parteien entschieden.

Im Unterschied zu einem Schiedsspruch ist die Entscheidung des Adjudicators allerdings kein vollstreckbarer Titel, der unmittelbar mit staatlichen Zwangsmaßnahmen durchsetzbar ist. Die Konfliktentscheidung in der Adjudication bindet die Parteien nicht per se; vielmehr obliegt es ihnen, gemeinsam eine Vereinbarung über die Art und Weise der Bindungswirkung zu treffen.[164] Die Parteien können, müssen sich jedoch nicht der Entscheidung des Adjudication-Boards rechtlich bindend unterwer-

---

162 Nach *Section 108 of The Housing Grants, Construction and Regeneration Act 1996* ist die Adjudication in vertraglichen *construction disputes* allerdings gesetzlich angeordnet und obligatorisch. Kritisch dazu *Stevenson/Chapman*, S. 26 ff. Eine gute Einführung in das Verfahren der Adjudication gibt *Harbst*, SchiedsVZ 2003, 68 ff.
163 *Stevenson/Chapman*, S. 1.
164 Vgl. Art. 1 ICC DRB Rules. Ausführlich zu den DRB-Regeln der ICC *Harbst/Mahnken*, SchiedsVZ 2005, 34.

fen.[165] Unabhängig von der Entscheidung des Adjudicators kann jede Partei den Streitgegenstand in einem (schieds-)gerichtlichen Verfahren einer Entscheidung zuführen. Die Entscheidung des Adjudicators wird also nicht (schieds-)gerichtlich überprüft, sondern es ergeht eine neue Entscheidung.[166]

Obwohl das Schiedsgerichtsverfahren und die Adjudication privater Natur sind und eine Entscheidung über das Recht durch einen von den Parteien auszuwählenden Dritten beinhalten, bestehen auch wesentliche Unterschiede zwischen beiden Verfahren, die für eine Verortung der Adjudication im Spektrum der Konfliktbearbeitungsverfahren aufschlussreich sind. Das Verfahren der Adjudication ist wesentlich informeller, flexibler und mit weitaus weniger zeitlichem, finanziellem und personellem Aufwand für die Beteiligten verbunden.[167] Daneben gibt es bedeutende verfahrensrechtliche Unterschiede. Kraft Schiedsvereinbarung ersetzen die Parteien die staatsgerichtliche durch eine privatgerichtliche Entscheidung, die als endgültiger und bindender Schiedsspruch – eingebettet in ein internationales und nationales Schiedsverfahrensrecht – nur einer sehr eingeschränkten staatsgerichtlichen Überprüfung unterliegt und zudem mit staatlichen Zwangsmitteln durchsetzbar ist. Demgegenüber ergänzt die Adjudication die (schieds-) gerichtlichen Verfahren, indem sie den Parteien auf freiwilliger Basis ein weiteres Forum der privaten Streitentscheidung bereitet.

Prozessual weist die Adjudication damit eine große Schnittmenge mit dem Verfahren des Schiedsgutachtens[168] auf. Hier wie dort trifft ein Dritter für die Parteien eine Entscheidung. Während der Gutachter von den Parteien beauftragt ist, seine Expertise zur Entscheidung einer speziellen Tatsachenfrage einzusetzen, ist der Adjudicator ermächtigt, die entscheidungsrelevanten Tatsachen heraus zu finden und auf ihrer Grundlage eine Entscheidung der Streitigkeit insgesamt herbeizuführen. Der Adjudicator greift bei seiner Entscheidung erforderlichenfalls selbst auf das Gutachten eines Experten zurück. Vergleichbar ist die Adjudication danach eher einem „Rechtsgutachterverfahren", das im internationalen Sprachgebrauch als *Expert Determination*[169] bezeichnet wird. Der Adjudicator beurteilt als neutraler Experte eine vertragsrechtliche Streitigkeit und fertigt ein empfehlendes (Rechts-)Gutachten für die Parteien an.[170]

Schließlich sind für das Verständnis der Adjudication die Unterschiede und Gemeinsamkeiten zur Mediation aufschlussreich. Die Adjudication ist ein rechtsbasiertes Drittentscheidungsverfahren, während die Mediation ein interessenbasiertes Konsensverfahren ist. Das Adjudication-Verfahren unterscheidet sich damit grund-

---

165 Nach den DB Rules der ICC beinhalten die Entscheidungen des Dispute Review Boards lediglich nicht bindende Empfehlungen, während die Entscheidungen eines Dispute Adjudication-Boards die Parteien rechtlich binden; siehe Artt. 4 und 5 ICC DRB Rules.
166 *Redmond*, S. 11.
167 Vgl. *Stevenson/Chapman*, S. 4.
168 Vgl. auch *Lembcke*, NZBau 2007, 273, 276.
169 Vgl. exemplarisch *Redfern/Hunter*, 1-66 mit einer Abgrenzung zur internationalen Schiedsgerichtsbarkeit.
170 *Stevenson/Chapman*, S. 9 f.

legend von der Mediation: Während die Medianden gemeinsam eine Lösung des Konflikts vereinbaren und somit den Inhalt der Konfliktbearbeitung konsensual gestalten, delegieren sie in der Adjudication die Konfliktbehandlung an einen Dritten, den sie ermächtigen, den Konflikt dadurch zu entscheiden, dass er eine Option der Konfliktbehandlung als „Lösung" auswählt. Beide Verfahren weisen hingegen prozessuale Ähnlichkeiten auf, etwa die Freiwilligkeit des Verfahrens, seine Flexibilität und die mangelnde unmittelbare rechtliche Bindung.

Zusammenfassend lässt sich die Adjudication als ein hybrides Streitbeilegungsverfahren qualifizieren, dass mehr Gemeinsamkeiten mit den rechtsbasierten kontradiktorischen Verfahren als mit den interessenbasierten Konsensverfahren aufweist.[171] In Anbetracht seiner freiwilligen Durchführung und mangelnden unmittelbaren rechtlichen Bindungswirkung, ist es gleichsam ein „Mezzanine-Verfahren" zwischen den klassischen rechts- und interessenbasierten Konfliktbearbeitungsverfahren.

c) Herleitung der Adjudication aus der Theorie der Konfliktbehandlung

Vergegenwärtigt man sich die beiden Ebenen der Konfliktbearbeitung – die Prozess- und Inhaltsebene –, so sind die Unterschiede zwischen der Mediation und den (Schieds-) Gerichtsverfahren[172] bei genauer Betrachtung sehr groß. Dies lässt sich verdeutlichen, wenn man aus der Perspektive der Parteiautonomie zwischen der Prozess- und Inhaltsebene differenziert.

In der Mediation (und dem Verhandeln) steuern die Parteien den Prozess und das Ergebnis der Entscheidungsfindung selbstbestimmt. Anders dagegen im kontradiktorischen Verfahren vor (Schieds-)Gerichten: Hier delegieren sie den Prozess der Entscheidungsfindung (den Modus, wie und nach welchen Kriterien sich der Entscheidungsfindungsprozess gestaltet) an einen Dritten; zugleich delegieren sie die Entscheidung, ob und inwieweit das Ergebnis des Entscheidungsfindungsprozesses sie bindet, ebenfalls an den Dritten.[173] Der Autonomieverlust vollzieht sich damit auf beiden Ebenen, der Prozess- und Inhaltsebene.

An diese Unterscheidung knüpft nun das Verfahren der Adjudication an, indem es den Prozess der Konfliktbearbeitung derart konfiguriert, dass die Parteien ihre Entscheidungsmacht nur auf der Ebene des Entscheidungsfindungsprozesses aufgeben, auf der Ergebnisebene hingegen bewahren. Die Parteien delegieren den Prozess der Entscheidungsfindung an einen Dritten – das Adjudication-Board –, ohne aber

---

171 Ähnlich *Stevenson/Chapman*, S. 10; a. A. *Redmond*, S. 10: „Having established that adjudication is not litigation, arbitration, expert determination or mediation, it becomes clear that in adjudication we have an entirely new dispute resolution system."
172 Eingehend *Bühring-Uhle/Kirchhoff/Scherer*, S. 240 ff.; *Schoen*, S. 152 ff.
173 Soweit hier vom schiedsrichterlichen Verfahren die Rede ist, sind nur endgültige und rechtlich bindende Entscheidungen des Schiedsgerichts erfasst; so auch *Bühring-Uhle /Kirchhoff / Scherer*, S. 34.

zugleich die Entscheidungsmacht über das Ergebnis der Entscheidung und seine Bindungswirkung aus der Hand zu geben. Das Kontinuum der Konfliktbehandlung verläuft damit entlang einer sukzessiven Delegation der inhaltlichen Entscheidungsmacht der Parteien an Dritte: vom direkten Verhandeln über die Mediation hin zur Adjudication bis schließlich zum (Schieds-)Gerichtsverfahren.

d) Ombudsmann-Verfahren als Ausprägung der Adjudication in Deutschland

Wenngleich das Verfahren der Adjudication seinen Ursprung im anglo-amerikanischen Rechtsraum hat, gibt es auch in der deutschen Streitentscheidungspraxis ein sehr ähnliches Verfahren – wenn auch unter anderem Namen. De facto ist das Ombudsmann[174]-Verfahren verschiedener deutscher Wirtschaftsverbände eine Form der Adjudication.[175] Nach eigenem Verfahrensverständnis schlichtet[176] der Ombudsmann außergerichtlich vertragliche Streitigkeiten zwischen Verbrauchern und den Verbandsunternehmen.[177]

Anders als die Zivilgerichte ermittelt der Ombudsmann von sich aus den entscheidungserheblichen Sachverhalt.[178] Diese Amtsermittlung ist indes nur rudimentär ausgeprägt, weil der Ombudsmann beispielsweise keine Zeugen vernehmen kann.[179] Er beurteilt und entscheidet den Rechtsstreit allein nach Gesetz und Recht, nicht aber nach Kulanz. Gleichwohl kann er den Parteien Lösungen als Grundlage eines außergerichtlichen Vergleichs vorschlagen. Das Verfahren beinhaltet somit eine Streit*entscheidung* über das Recht und keine Streit*behandlung* über die Interessen. Die Entscheidung des Ombudsmanns bindet die beschwerdeführende Partei rechtlich nicht; sie kann den Rechtsstreit anschließend einer gerichtlichen Entscheidung zuführen. Demgegenüber ist das Unternehmen als Beschwerdegegner schuldrechtlich an stattgebende Entscheidungen[180] des Schlichters gebunden, wenn der Be-

---

174 Umfassend zum Begriff des Ombudsmannes *Gude*, S. 3 und *v. Hippel*, S. 2 ff. Sehr vereinfachend *Römer*, NJW 2005, 1251, 1252: „Unter einem Ombudsmann wird heute generell jemand verstanden, der Streitigkeiten außergerichtlich beilegt, gleichgültig, ob sie verwaltungsrechtlicher oder zivilrechtlicher Natur sind."
175 *v. Hippel*, S. 111 qualifiziert das Ombudsmannverfahren als „ein „Mischverfahren" zwischen einem Schiedsverfahren und Schlichtungsverfahren".
176 Zu der uneinheitlichen Verwendung des Begriffs der Schlichtung siehe *v. Hippel*, S. 1.
177 *Römer*, NJW 2005, 1251, 1251 und 1253.
178 Dieser Aspekt der unabhängigen Tatsachenermittlung und Sachverhaltsaufklärung entspricht dem klassischen Verständnis eines Ombudsmannes als Bürgerbeauftragten. Ausführlich dazu *v. Hippel*, S. 2 ff., der diese Ausprägung als „öffentlich-rechtlichen Ombudsmann" bezeichnet.
179 *Römer*, NJW 2005, 1251, 1254.
180 Nach der Statistik des Bankenverbandes über das Ombudsmannverfahren der privaten Banken aus 2007 sind seit 1992 fast 49% aller zulässigen Beschwerden zugunsten der Kunden ausgegangen. Nach *Römer*, NJW 2005, 1251, 1254 haben durchschnittlich 36% der zulässigen Beschwerden der Verbraucher Erfolg.

schwerdewert unter 5.000 Euro liegt.[181] Anderenfalls ist die Entscheidung für die Parteien nur empfehlend.

Das Ombudsmann-Verfahren ist für die Verbraucher kostenfrei, sie tragen lediglich ihre eigenen Rechtsanwaltskosten. Die gesamten Kosten der Verbands-Schlichtungsstelle tragen die Mitgliedsunternehmen. Im Jahre 2004 betrugen die Kosten pro bearbeiteter Beschwerde im Durchschnitt etwa 239 Euro[182], ein Betrag, der in Anbetracht eines überwiegenden Beschwerdewertes von unter 5.000 Euro teilweise signifikant unter den entsprechenden Gerichtskosten liegt, ganz abgesehen von den im Fall des Unterliegens zu erstattenden außergerichtlichen (Anwalts-) Kosten der obsiegenden Partei. Die Einrichtung einer privaten Streitentscheidungsinstitution im Unternehmen oder unter dem Dach eines Wirtschaftsverbandes ist vor diesem Hintergrund eine ökonomisch sinnvolle Investition. Es verwundert daher wenig, dass in jüngster Zeit Ombudsmann- und Schlichtungsstellen in der deutschen Wirtschaft Konjunktur haben.

IV. Zusammenfassung

Beleuchtet man die praktizierten Strategien des Konfliktmanagements von Unternehmen in Deutschland, so ergibt sich folgendes Bild: die Verfahren des Konfliktmanagements sind sehr einseitig auf die (schieds-)gerichtliche Entscheidung von Rechtsstreitigkeiten konzentriert. Verhandlungen werden zwar regelmäßig vor Erhebung der (Schieds-)Klage geführt, allerdings meist intuitiv. Alternativverfahren zum Zivilprozess und Schiedsgerichtsbarkeit nutzen die Konfliktparteien fast überhaupt nicht. Von den ADR-Verfahren ist die Mediation das bekannteste und entsprechend etabliert. Ingesamt ist auffällig, dass die Parteien kaum auf Instrumente zurückgreifen, die sie verfahrensvorbereitend oder –begleitend einsetzen, um die Verfahren der Streitbeilegung zu optimieren. Ein koordiniertes Zusammenspiel der gerichtlichen und außergerichtlichen Verfahren und Instrumente des Konfliktmanagements fehlt vollständig. Vor diesem Befund stellt sich die Frage, ob die bislang praktizierten Strategien des Konfliktmanagements funktional sind oder aber einen Bedarf nach einer neuen Strategie aufdecken.

C. Defizite der praktizierten Strategien

Im Folgenden werden die bisherigen Ausführungen miteinander verknüpft, um die Frage zu beantworten, ob ein Bedarf für eine Modifizierung oder gar Neuausrichtung der praktizierten Strategien und Ansätze im Umgang mit den vielfältigen internen und externen Konflikten eines Unternehmens besteht. Mit anderen Worten: Er-

---

181 Nach *Römer*, NJW 2005, 1251, 1254 liegen ca. 80% der Beschwerden unter 5.000 Euro.
182 Vgl. *Versicherungsombudsmann (Hrsg.)*, S. 40 ff.

füllt das praktizierte Konfliktmanagement in Unternehmen die Qualitätsmerkmale, die zu Beginn der Untersuchung im Hinblick auf den Umgang mit Konflikten herausgearbeitet wurden? Die praxisbezogene Analyse konzentriert sich auf die Verfahrensebene und untersucht, ob und inwiefern die Art und Weise der Durchführung der gerichtlichen und außergerichtlichen Konfliktbehandlungsverfahren funk-tional oder dysfunktional ist. Auf der Grundlage einer solchen Bestandsaufnahme können die funktionalen Elemente des bestehenden Konfliktmanagements erhalten und ausgebaut sowie die dysfunktionalen modifiziert werden.

Die Analyse beginnt mit den gerichtlichen (I.) und schiedsgerichtlichen (II.) Streitentscheidungsverfahren. Anschließend werden die alternativen Konfliktbearbeitungsverfahren auf ihre Defizite hin untersucht (III.). Die Analyse schließt mit einer Begutachtung der für das Konfliktmanagement relevanten Rahmenbedingungen innerhalb und außerhalb eines Unternehmens (IV.).

I. Begrenzte Eignung der staatlichen Gerichtsbarkeit

So notwendig die staatliche Gerichtsbarkeit als Institution der Konfliktbehandlung ist[183], so begrenzt ist ihre Eignung, die unternehmerischen Konflikte effektiv und effizient beizulegen. Verschiedene Faktoren verdeutlichen dies.

1. Monopol als Forum der Streitbeilegung

Angesichts des (noch) begrenzten Bekanntheits- und Anwendungsgrades von ADR in Unternehmen, hat das staatliche Gericht weiterhin eine Monopolstellung als Streitbeilegungsinstitution. Es verwundert daher nicht, dass in Deutschland der Gang zum Gericht im Streitfall eine Selbstverständlichkeit ist. Der Zivilprozess ist nicht die *ultima ratio*, sondern die *prima ratio* von Unternehmen.

Ständige Neufassungen und Änderungen des materiellen Rechts[184] führen nicht nur zu einer Normenflut und einer damit verbundenen umfassenden Regulierung der individuellen Lebensbereiche, sondern wirken sich auch unmittelbar auf Unternehmen aus, deren Gestaltungsfreiheit aufgrund eines kaum noch überschaubaren Normierungsgrades in sämtlichen Gebieten des bürgerlichen und öffentlichen (Wirtschafts-)Rechts paralysiert ist. Diese Regelungsflut fördert nicht nur eine Anspruchsexplosion, sondern geht einher mit einer Verrechtlichung des Anspruchsdenkens und der Durchsetzung von Ansprüchen vor den staatlichen Gerichten.[185]

---

183 Zusammenfassung bei *Birner*, S. 20 ff.
184 Aus deutscher Perspektive *Hoffmann-Riem*, ZRP 1997, 190, 191 f.; aus US-amerikanischer Sicht *Galanter*, 31 UCLA L. Rev. 4, 8; *Hay*, in: Röhl/Scheer (Hrsg.), S. 17, 18 ff.
185 *Birner*, S. 206: „Eine derartige Regelungsflut hat in einem gerichtsorientierten Staat konsequenterweise eine hohe Prozessflut und somit auch eine hohe Richterdichte zur Folge. Das

Ein interessensorientierter Ansatz der Konfliktbeilegung wird in der Praxis schlichtweg ausgespart oder übergangen. Die weitgehende Beschränkung der Kostendeckung auf gerichtliche Verfahren durch Rechtsschutzversicherungen fördert dies.[186]

Die von Anwälten beklagte mangelnde Kompromissbereitschaft ihrer Mandanten ist nicht Ursache für diese gerichtsbezogene Streitkultur[187], sondern vielmehr Symptom für mangelnde Angebote an Verfahrensalternativen, die den Parteien eine außergerichtliche Konfliktbehandlung ermöglichen, bevor der Konflikt zu einer Rechtsstreitigkeit eskaliert.[188] Werden Alternativverfahren von Rechtsanwälten nicht angeboten und die mit ADR-Verfahren verbundenen Kosten von Rechtsschutzversicherungen nicht getragen, können und werden die Parteien sie auch nicht nachfragen.

Diese von Unternehmen empfundene Abhängigkeit vom staatlichen Streitbeilegungssystem[189] führt in der Praxis dazu, dass gerichtliche Verfahren vorschnell in Konflikten eingesetzt werden, bevor alternative Verfahren in Erwägung gezogen, durchgeführt und ausgeschöpft worden sind.[190] Solange das staatliche Gericht das primäre Forum der Konfliktbeilegung bleibt, müssen die Konfliktparteien entweder einstweilen nicht auf den sich entwickelnden Konflikt reagieren bis er zum Rechtsstreit eskaliert oder aber den Konflikt künstlich verrechtlichen, um ihn überhaupt einem Konfliktbeilegungsverfahren, nämlich der gerichtlichen Streitbeilegung, zuführen zu können.

2. Inadäquate, auf den rechtlichen Streitgegenstand reduzierte Streiterledigung

Die begrenzte Eignung der gerichtlichen Streitbeilegung liegt ferner in ihrer Funktion begründet. Dies zeigt sich an der Transformation, die der ursprünglich zwischen den Parteien bestehende Konflikt bis zur Beendigung des gerichtlichen Streitbeile-

---

extreme Leistungsangebot der bundesdeutschen Justiz wird betriebswirtschaftlichen Prinzipien gerecht: Je besser das Angebot, desto größer die Nachfrage."

186 Einzelne Versicherungen übernehmen mittlerweile in begrenzten Fällen auch die Kosten eines außergerichtlichen Verfahrens, so zum Beispiel die Allianz Rechtsschutzversicherung. Zur Bedeutung der Rechtsschutzversicherungen für die Prozesswilligkeit siehe allgemein *Adams*, ZfSchweizerisches Recht 1983, 187 ff.; ferner *Riehl*, in: Gottwald/Strempel/Beckedorff/Linke (Hrsg.), 1 ff.; zusammenfassend *Röhl*, in: Gilles (Hrsg.), S. 33, 41 f.

187 *Birner*, S. 209: „Eine Umfrage unter Anwälten hat ergeben, dass als Ursache für die Prozessfreude der Deutschen [...] an zweiter Stelle die mangelnde Kompromissbereitschaft der Mandanten gesehen wird." mit Verweis auf *Wasilewski*, S. 94.

188 So auch *Dendorfer*, FA Spezial 9/2000, S. 12 ff.

189 *Green*, 1 Ohio St. J. on Disp. Resol. 203, 207 ff.

190 *Slaikeu/Hasson*, S. xiv: „The heart of the problem is the premature use of higher-authority methods (such as litigation) or power plays (strikes, wars) before collaborative options [such as interest-based negotiation and mediation] have been exhausted."

gungsverfahrens erfährt.[191] Der Zivilprozess und auch das Schiedsgerichtsverfahren sind als rechtsbasierte Konfliktbeilegungsprozesse darauf beschränkt, einen Rechtsstreit zu entscheiden. Der dem Konflikt zu Grunde liegende Lebenssachverhalt wird auf einen rechtlich erfassbaren Streitgegenstand konzentriert und auf diejenigen Aspekte des Konflikts reduziert, für die das Recht eine Lösung bereithält.[192] Gegenstand des Zivilprozesses ist damit ein zum Rechtsstreit eskalierter bzw. verrechtlichter Konflikt. Dieser Streitgegenstand ist nicht deckungsgleich mit dem Gegenstand des Konflikts vor seiner Verrechtlichung. Der Beurteilungsmaßstab für die gerichtliche Streitentscheidung ist nach gesetzlich vorgegebenen Lösungsstrukturen auf die Anwendung und Auslegung des geltenden Rechts beschränkt.[193] Beurteilt wird ein abgeschlossener Sachverhalt in der Vergangenheit, eine kreative Gestaltung der Zukunft ist perspektivisch nicht möglich.[194]

Das Verfahren, nach dem das Gericht zu seiner Entscheidung kommt, ist stark formalisiert und umfassend in Prozessordnungen normiert. Der Zivilprozess lässt den Parteien wenig prozessualen Gestaltungsspielraum. Inhaltlich ist der Richter in seiner Entscheidung an die Anträge der Parteien gebunden.[195] Die Interessen von Kläger und Beklagten können nur eingeschränkt berücksichtigt werden, nämlich nur soweit die klageweise geltend gemachten Rechtsansprüche – Rechtspositionen – zugleich Interessenpositionen der Streitparteien sind.[196] Darüber hinausgehende Interessen der Parteien sind für die gerichtliche Streitentscheidung schlichtweg unerheblich.

Die rechtsbasierten Verfahren sind untauglich für die Beilegung eines Konflikts oder Streits, also Eskalationsstufen, die vor der des Rechtsstreits liegen. Dies führt in der Praxis dazu, dass die Konfliktparteien ihre Konflikte und Streitigkeiten verrechtlichen müssen, um überhaupt ein (Schieds-)Gerichtsverfahren durchführen zu können. Dass dabei die tatsächlichen Themen des Konflikts häufig unberücksichtigt auf der Strecke bleiben ist Ausdruck der unausgeschöpften Verfahrensoptionen.[197] Die Parteien verrechtlichen den Konflikt oder Streitfall somit nicht ihrer selbst willen, sondern passen ihn bewusst oder unbewusst den aus ihrer Sicht einzig zur Verfügung stehenden rechtsbasierten Konfliktentscheidungsverfahren an. In der Sprache von Goldberg und Saunders kommt es zum „mis-fitting the fuss to the forum"[198]:

---

191 *Breidenbach*, S. 50 f.
192 *Hegenbarth*, in: Blankenburg/Klausa/Rottleuthner, S. 48, 48 spricht gar von einer Verstümmelung des sozialen Streits im Justizsystem, zitiert nach *Breidenbach*, S. 49.
193 Zum eingeschränkten Entscheidungsspielraum des Richters siehe ausführlich *Birner*, S. 18 f.
194 So auch *Birner*, S. 12: „Schöpferisch auf die Gestaltung der Zukunft der Parteien können die Gerichte nur selten einwirken."
195 § 308 ZPO.
196 *Breidenbach*, S. 69.
197 Anders *Stitt*, S.57, der davon ausgeht, dass die Parteien einen Konflikt verrechtlichen, um die eigenen Erfolgsaussichten zu maximieren.
198 In Anlehnung an den Aufsatztitel von *Sander/Goldberg*, Neg. J. 1994, 49 ff., sowie in überarbeiteter Fassung in *Gottwald/Strempel/Beckedorff/Linke (Hrsg.)*, Kapitel 4.5.

Anstatt das Verfahren dem Konflikt anzupassen, wird der Konflikt dem Verfahren angepasst.

Gerade bei sozialen Konflikten am Arbeitsplatz ist das Problem der Verrechtlichung des Konflikts evident. Das zweifellos ausdifferenzierte Spektrum des Individual- und Kollektivarbeitsrechts an Instrumenten und Verfahren des Konfliktmanagements erweist sich in vielen Fällen wegen seiner rechtlichen Ausrichtung als ungeeignet.[199] Ähnliches gilt für unternehmensinterne Organisationskonflikte. Gerichtliche Konfliktbeilegungsverfahren vermögen die in solchen Konflikten typischen Mehrparteienkonstellationen regelmäßig nicht adäquat zu bewältigen.[200] Zudem sind öffentliche, kontradiktorische Foren der Konfliktbehandlung ungeeignet.[201] Vorzugswürdig ist aus Unternehmenssicht vielmehr eine interne, nicht-öffentliche und konsensuale Konfliktbeilegung.[202] Häufig erfolgt die Konfliktbewältigung jedoch weder über Recht noch Interessen, sondern über Macht – durch eine verbindliche interne Entscheidung eines übergeordneten Organs im Unternehmen.[203]

3. Arbeitsbelastung der staatlichen Gerichte

Doch selbst in Fällen, in denen die gerichtliche Streitentscheidung aus Parteiensicht ein adäquates Verfahren der Konfliktbeilegung darstellt, zeigen sich Mängel, die eine effiziente Konfliktbeilegung beeinträchtigen.

Immer wieder wird die starke Belastung der Gerichte in den USA als Ursache für die Verlagerung der Streitbeilegung außerhalb des Gerichts diskutiert.[204] Dabei ist eine zunehmende Belastung[205] der staatlichen Gerichte nicht lokal auf die USA be-

---

199 Zusammenfassend zu den einzelnen Instrumenten und Verfahren siehe *Ponschab/Dendorfer*, in: Haft/Schliefen (Hrsg.), § 39 Rdnr. 32-37.
200 *Ponschab/Dendorfer*, in: Haft/Schlieffen (Hrsg.), § 39 Rdnr. 18: „So werden Gruppenkonflikte häufig als Einzelkonflikte mit den jeweiligen Gruppenbeteiligten ausgetragen, auf die dann mit herkömmlichen Konfliktlösungsmethoden wie Abmahnung, Kündigung und Kündigungsschutzklage reagiert wird. Als Konsequenz daraus kommt der Ursprungskonflikt nach seiner Umwandlung in einen -arbeitsrechtlichen Individualkonflikt meist überhaupt nicht mehr zur Sprache." mit Verweis auf *Budde*, in: Henssler/Koch (Hrsg.), § 15, S. 506.
201 *Ponschab/Dendorfer*, in: Haft/Schlieffen (Hrsg.), § 39 Rdnr. 16.
202 Vgl. dazu das konzerninterne Konfliktmanagementsystem der Siemens AG, skizziert bei *Duve/Eidenmüller/Hacke*, S. 328.
203 *Ponschab/Dendorfer*, in: Haft/Schlieffen (Hrsg.), § 39 Rdnr. 16: „Abhängig vom Organisationsgrad [...] und der Gesellschaftsform [...] werden solche Konflikte entweder durch Anweisungen der übergeordneten Gesellschaft oder des zur Letztentscheidung aufgerufenen Organs der Holding- oder Muttergesellschaft bearbeitet [...].". Nach *Schwarz*, S. 159 ff. sieht sich die Zentrale häufig auch als Zentrum der Macht, wo alle Konzernentscheidungen getroffen werden.
204 In den USA sprach man gar von einer – angeblichen – „litigation explosion". Vgl. etwa den Titel des Aufsatzes von *Galanter*, 46 Md. L. Rev. 1 ff: „The Day After The Litigation Explosion".
205 *Röhl*, in: Gilles (Hrsg.), S. 33, 33: „Wer von Überlastung redet, muß einen Normalzustand im Auge haben. Ein Normalzustand wird aber nirgends definiert. Verfolgt man die Äußerungen

schränkt, sondern auch in Deutschland Diskussionsthema.[206] Die zunehmende Arbeitsbelastung der Gerichte – ausgedrückt in der Zahl der jährlichen Verfahrenseingänge – gründet sich auf verschiedene Faktoren[207]: das Leistungsangebot und die Ausstattung der Gerichte, die Kostenstruktur von Gerichtsverfahren, die Anzahl der (neu) zugelassenen Rechtsanwälte, der Normierungsgrad des materiellen Rechts, der Anlass zur Inanspruchnahme der Gerichte gibt, sowie das unzureichende Angebot und die (noch) geringe Nachfrage nach außergerichtlichen Konfliktbehandlungsverfahren[208]. Es verwundert daher wenig, dass die staatliche Gerichtsbarkeit als Monopolinstitution der Konfliktbeilegung einer hohen Arbeits- und Kostenbelastung ausgesetzt ist, unter der die Qualität der Konfliktbehandlung aus Unternehmenssicht insgesamt leidet.[209]

4. Probleme der internationalen Prozessführung

Der Aktionsradius deutscher Unternehmen ist nicht auf Deutschland beschränkt, sondern grenzüberschreitend. Die Konflikte und Rechtsstreitigkeiten, die aus diesen grenzüberschreitenden Transaktionen resultieren, stellen die Parteien vor ein Problem: Es gibt kein internationales Gericht, das zur Beilegung von internationalen Wirtschaftsstreitigkeiten angerufen werden kann.[210] Prozesse müssen vor nationalen Gerichten geführt werden. Abgesehen von einzelnen Verordnungen der Europäischen Gemeinschaften[211] sowie dem Luganer Übereinkommen (LugÜ)[212] fehlen international vereinheitlichte Regelungen des Zivilprozessrechts.[213] Das nationale Gericht wendet grundsätzlich das in seinem Staatsgebiet geltende nationale Verfah-

---

über die Belastung der Justiz in der Vergangenheit zurück [...], so scheint Überlastung, oder vielmehr die Klage über Überlastung, geradezu der Normalzustand der Justiz zu sein."

206 *Breidenbach*, S. 30: „Die Attraktion des (Grund-)Gedankens einer gütlichen Verständigung und die *(unterstellte) Überlastung der Gerichte* sowie die dadurch verursachte zunehmende Dauer und Kostenbelastung gerichtlicher Verfahren sind *universale* Gründe für eine Alternativen-Diskussion." [Hervorhebung durch den Verfasser].
207 Ausführlicher *Röhl*, in: Gilles (Hrsg.), S. 33, 39 f.
208 *Röhl*, in: Gilles (Hrsg.), S. 33, 45: „Das Angebot alternativer Konfliktregelungsmöglichkeiten ist eher ausgeweitet worden. Sie werden jedoch praktisch kaum in Anspruch genommen."
209 Nach einer nicht-repräsentativen Unternehmensumfrage gaben mehr als die Hälfte der Unternehmen an, nur bedingt mit der Streitbeilegung vor deutschen Gerichten zufrieden zu sein; siehe dazu *Schoen*, S. 79 ff.
210 *Bühring-Uhle/Kirchhoff/Scherer*, S. 17.
211 Verordnung (EG) Nr. 44/2001 vom 22.12.2000 über die gerichtliche Zuständigkeit und die Anerkennung und Vollstreckung von Entscheidungen in Zivil- und Handelssachen („Brüssel-I"), EG-Abl. 2001 L 174, S. 1 (in Kraft seit dem 1.3.2002, Art 76). Siehe ferner den Überblick bei *Geimer*, Rdnr. 245c.
212 (Parallel-) Übereinkommen über die gerichtliche Zuständigkeit und Vollstreckung gerichtlicher Entscheidungen in Zivil- und Handelssachen, EG-Abl. 1988 L 319, S. 9.
213 Das *American Law Institute* hat einen Entwurf von *Transnational Rules of Civil Procedure* vorgelegt, der eine Harmonisierung des Prozessrechts zwischen den civil law- und common law-Staaten bezweckt.

rensrecht an.[214] Mangels einer internationalen Zuständigkeitsordnung können die Parteien unter konkurrierenden internationalen Zuständigkeiten nach den nationalen Prozessordnungen das aus ihrer Sicht erfolgsversprechende Gericht auswählen.[215] Dies hat zur Folge, dass nicht selten verschiedene Gerichte in unterschiedlichen nationalen Jurisdiktionen gleichzeitig mit demselben Streitgegenstand befasst werden.[216] Denn die Anhängigkeit der Klage bei einem nationalen Gericht begründet nicht gleichzeitig die Aussetzung des Verfahrens bzw. die Unzulässigkeit der Klage bei einem anderen nationalen Gericht.[217] Zudem sind die Möglichkeiten der prozessvertraglichen Gestaltung grenzüberschreitender Transaktionen begrenzt.[218]

Offensichtlich ist diese parallele Prozessführung zeit- und kostenintensiv, ganz zu schweigen von ihrer Komplexität.[219] So vergleichbar die Regelungen der nationalen Prozessordnungen sein mögen, so gewichtig sind ihre Unterschiede in dogmatischer wie praktischer Hinsicht. Die Parteien sind folglich mit unterschiedlichen Verfahrensabläufen und Funktionen der Gerichte sowie mit divergierenden Regelungen über die Beweiserhebung und -führung konfrontiert.[220] Zudem bestimmt grundsätzlich das Kollisionsrecht der jeweiligen *lex fori* das anwendbare materielle Recht.[221] Hinzu kommt, dass die Entscheidungen ausländischer Gerichte über die territorialen Grenzen des Urteilsstaates hinaus keine Wirkungen entfalten, solange das inländische Gericht sie nicht anerkennt.[222] Ob und unter welchen Voraussetzungen inländische Gerichte ausländische Gerichtsentscheidungen anerkennen, ist eine souveräne Entscheidung des Anerkennungsstaates.

Vor diesem Hintergrund sind die Defizite der Beilegung grenzüberschreitender Konflikte vor staatlichen Gerichten evident. Es ist gerade die Ungeeignetheit der nationalen Gerichte als Forum der internationalen Streitbeilegung, die aus Unternehmenssicht der privaten Schiedsgerichtsbarkeit in grenzüberschreitenden Wirtschaftskonflikten den Weg geebnet hat.[223]

---

214 *Forum regit processum*; siehe dazu *Geimer*, Rdnr. 319-362; *Schack*, Rdnr. 39-45.
215 Eingehend *Geimer*, Rdnr. 1095-1124.
216 *Bühring-Uhle/Kirchhoff/Scherer*, S. 18.
217 *Perlman/Nelson*, 17 Bus. Law. 215, 220; anders dagegen im Anwendungsbereich der GVO und des LugÜ.
218 Ausführlicher *Bühring-Uhle/Kirchhoff/Scherer*, S. 16 f.
219 Zustellungszeiten, Postlauf, Übersetzungen, Beauftragung ausländischer Rechtsanwälte sind beispielhafte Zeit- und Kostenfaktoren; siehe zum erhöhten Aufwand der Prozessführung im Ausland *Schermers*, in: Sumampouw (Ed.), S. 279 ff.; *Rau/Sherman/Peppet*, S. 938.
220 Einen guten Überblick über die prozessualen Unterschiede geben *Bühring-Uhle/Kirchhoff/Scherer*, S. 24 ff.
221 *Schack*, Rdnr. 215: „Deshalb stellt [...] die Bejahung der Zuständigkeit nicht selten die entscheidende Weiche für den Prozessgewinn oder -verlust."
222 Dazu ausführlich *Geimer*, Rdnr. 2751-3074; *Schack*, Rdnr. 775-928.
223 *Bühring-Uhle*, S. 143: „In sum, what international arbitration offers and what the participants expect is not an "alternative" to litigation but *a system of litigation that works in an international context* and avoids the pitfalls of transnational litigation in national courts." [Hervorhebung im Original]

II. „Vergerichtlichung" des privaten Schiedsgerichtsverfahrens

In Anbetracht der begrenzten Eignung der staatlichen Gerichtsbarkeit haben Unternehmen das Forum der Streitbeilegung mehr und mehr von den staatlichen zu den privaten Gerichten verlagert, insbesondere in Konflikten mit internationaler Anknüpfung.[224]

Als privates Verfahren bietet das Schiedsverfahren gegenüber dem Verfahren vor den Staatsgerichten Vor- und Nachteile, die bereits an anderer Stelle umfassend und wiederholt thematisiert worden sind[225] und daher vorliegend nur skizziert werden. Wertet man empirische Studien[226] über das Schiedsverfahren aus, so bewerten die Parteien die Flexibilität und Gestaltungsfreiheit[227] sowie die Nichtöffentlichkeit des Schiedsverfahrens als besonders positive Charakteristika. In grenzüberschreitenden Konflikten kommen die Vermeidung des „Heimspiel"-Privilegs[228] und die im Vergleich zu staatsgerichtlichen Entscheidungen praktikablere Vollstreckbarkeit von nationalen Schiedssprüchen im Ausland und ausländischen Schiedssprüchen im Inland als positive Verfahrenseigenschaften hinzu.[229] Doch auch das Schiedsgerichtsverfahren ist nicht frei von Mängeln.

1. Mangelnder Einsatz in Konflikten mit nationaler Anknüpfung

In Wirtschaftskonflikten mit internationaler Anknüpfung hat sich das private Schiedsgerichtsverfahren zum favorisierten Verfahren von Unternehmen entwickelt. Zuzuschreiben ist dies insbesondere der bereits angesprochenen Vollstreckbarkeit von ausländischen Schiedssprüchen nach dem New Yorker Übereinkommen[230]. In Konflikten mit rein nationaler Anknüpfung besteht das Problem der Vollstreckbarkeit dagegen nicht, weil etwa nach der deutschen Zivilprozessordnung ein in Deutschland erlassener Schiedsspruch gemäß § 794 Absatz 1 Nr. 4a ZPO einen vollstreckbaren Titel darstellt. Im Verhältnis zum Zivilprozess büßt das schiedsrichterliche Verfahren somit seinen gewichtigsten Verfahrensvorteil ein. Es verwundert da-

---

224 *Wagner*, in: Weigand (Ed.), S. 685, 688 geht davon aus, dass 80-90% aller internationaler Verträge eine Schiedsklausel beinhalten.
225 Vgl. *Münch*, in: MüKo ZPO, Vor § 1025 Rdnr. 29 ff.; *Stumpf*, in: Böckstiegel/Gessner (Hrsg.), S. 217 ff.; *Lachmann*, Rdnr. 31 ff.; *Lachmann*, AnwBl. 1999, 241; kritisch *von Westphalen*, ZIP 1987, 1159.
226 *Schmidt-Diemitz*, DB 1999, 369, 371 ff.; *Bühring-Uhle/Kirchhoff/Scherer*, S. 107 ff.
227 *Münch*, in: MüKo ZPO, Vor § 1025 Rdnr. 33: „Ein großer Vorzug ist die chamäleonartige Anpassungsfähigkeit des Schiedsverfahrens, das sich an den individuellen Bedürfnissen maßschneidern läßt."
228 Das Interesse der Parteien, die staatlichen Gerichte auszuschließen, liegt weniger am Vertrauen in das Schiedsverfahren, als am Misstrauen gegenüber dem ausländischen Gericht; siehe dazu *Böckstiegel*, DRiZ 1996, 267, 270 f.
229 Vgl. *Bühring-Uhle/Kirchhoff/Scherer*, S. 68; *Schoen*, S. 151.
230 New Yorker UN-Übereinkommen über die Anerkennung und Vollstreckung ausländischer Schiedssprüche v. 10.6.1958, BGBl. 1961 II, S. 121

her nicht, dass es in rein nationalen Konflikten weitaus weniger zum Einsatz kommt. Wenngleich es keine präzisen Daten über die Zahl von Schiedsverfahren in rein nationalen Konflikten gibt und die Einschätzungen sehr uneinheitlich sind[231], dürfte die Schiedsgerichtsbarkeit gegenüber der staatlichen Gerichtsbarkeit bislang nur eine geringe Rolle spielen.

2. Ineffizienter Ablauf von Schiedsverfahren

Schwerer wiegt die lauter werdende Kritik der Parteien an dem Ablauf von (internationalen) Schiedsgerichtsverfahren. Dies betrifft in erster Linie die Dauer, die Kosten und die Durchführung der Schiedsverfahren. Nach teilweise vertretener Ansicht hat das Schiedsgerichtsverfahren in den vergangenen Jahren national wie international seine ursprüngliche Verfahrenseffizienz eingebüßt, weil sich sein Verfahrensablauf mehr und mehr dem eines staatlichen Gerichtsverfahrens annähert.[232] So wird mittlerweile die Verfahrensdauer von privaten und staatlichen Gerichtsverfahren als gleich lang bewertet.[233] Hinsichtlich der Verfahrensführung mutieren Schiedsgerichtsverfahren mitunter zu privat-gerichtlichen Vergleichsverhandlungen, in denen die Schiedsrichter die Parteien zum Abschluss eines Vergleichs „um jeden Preis" drängen.[234]

Sehr uneinheitlich werden zudem die Verfahrenskosten beurteilt. In der Literatur werden die im Vergleich zum Verfahren vor deutschen Gerichten geringeren Kosten privater Schiedsverfahren betont.[235] In der Praxis hingegen bemängeln Unternehmen wiederholt die aus ihrer Sicht hohen Kosten eines Schiedsverfahrens, zu denen in erster Linie lange und formalisierte Verfahren beitragen.[236] Allgemeine Aussagen über die Kosten lassen sich schwer nachweisen, weil multiple Faktoren die Kosten des Schiedsverfahrens beeinflussen. Zweifellos können die Kosten eines privaten Schiedsgerichtsverfahrens die eines Zivilprozesses (um ein Vielfaches) übersteigen,

---

231 *Münch*, in: MüKo ZPO, Vor § 1025 Rdnr. 9: „[...] wahrscheinlich weniger als 1 % [...]."; a.A. *Schilken*, ZPO, Rdnr. 842: „Das schiedsrichterliche Verfahren spielt in der Praxis eine erhebliche Rolle [...]."

232 *Cronin-Harris*, 59 Alb. L. Rev. 847, 856; *Gottwald*, in: Henssler/Koch (Hrsg.), S. 218 f. führt dies darauf zurück, dass das Schiedsverfahren mehr und mehr die Gestalt eines US-amerikanischen Zivilprozesses annimmt.

233 *Bühring-Uhle*, S. 147 zitiert nach *Bühring-Uhle/Kirchhoff/Scherer*, S. 110; *Carver/Vondra*, Harv. B. Rev. 1994, S. 120, 122 berichten von einem Schiedsverfahren in den USA, das anstatt 6 bis 12 Wochen insgesamt ca. 260 Wochen – also ca. 5 Jahre – dauerte.

234 *Schoen*, S. 151: „Des weiteren wurden Schiedsverfahren auch wegen des Drucks auf die Parteien, zum Teil fragwürdige Vergleiche einzugehen, abgelehnt."

235 *BGH*, NJW-RR 1991, 423, 424; *Böckstiegel*, in: Böckstiegel (Hrsg.), S. 17, 18; *Ponschab/Dendorfer*, in: Haft/Schlieffen (Hrsg.), § 39, Rdnr. 55.

236 Vgl. die diesbezügliche Auswertung einer Unternehmensumfrage bei *Schoen*, S. 151 f. *Blessing*, SchiedsVZ 2003, 198, 200 bewertet die Kosten eines internationalen Schiedsverfahrens sogar höher als die Kosten eines Gerichtsverfahrens.

was nicht zuletzt darin begründet ist, dass der Zivilprozess ein staatlich subventioniertes Konfliktbeilegungsverfahren ist.

Diese Konzentration allein auf die Kosten verzerrt aus zwei Gründen die Bedeutung eines privaten Schiedsgerichtsverfahrens. Zum einen führt sie zu einer Überbewertung des Kostenfaktors, weil andere (positive) Verfahrenseigenschaften völlig ausgeblendet werden. Zum anderen verkennt sie die Möglichkeit der Parteien, das Schiedsgerichtsverfahren im Wege des Verfahrensdesigns konfliktspezifisch zu gestalten. Denn auch in Konflikten mit rein nationaler Anknüpfung vermag es aus Sicht der Konfliktparteien angebracht sein, den Spruchkörper nach ihrer Wahl zu besetzen, anstatt die Streitentscheidung dem gesetzlichen Richter zu überlassen. Ferner besteht die Möglichkeit, den langwierigen Gang durch die staatsgerichtlichen Instanzen durch ein endgültiges und rechtlich bindendes Schiedsgerichtsverfahren abzukürzen. Über die Anzahl der Schiedsrichter, die Auswahl der Schiedsgerichtsinstitution und des Orts der mündlichen Verhandlungen sowie die Beschränkung der Beweismittel und die Gestaltung des Verfahrensablaufs können die Parteien das Verfahren konfliktspezifisch und kosteneffizient gestalten.[237] Allerdings bedarf es im Einzelfall einer sorgfältigen Abwägung, inwieweit eine kostenreduzierende Verfahrensgestaltung die Qualität des Verfahrens tangiert. Der mangelnde Einsatz des Schiedsgerichtsverfahrens in nationalen Konflikten ist folglich nicht auf seine hohen Verfahrenskosten zurückzuführen, sondern auf die unterlassene Ausübung des Verfahrensdesigns durch die Konfliktparteien. Mit anderen Worten: Unternehmen schöpfen den ihnen eröffneten Gestaltungsspielraum im schiedsrichterlichen Verfahren nicht aus, obwohl er im Vergleich zum Zivilprozess weitaus größer ist.

III. Undifferenzierter Einsatz alternativer Konfliktbeilegungsverfahren

In Anbetracht der hohen Kosten und langen Dauer (schieds-)gerichtlicher Verfahren rücken außergerichtliche Alternativverfahren in den Fokus der Betrachtung von Unternehmen. Entgegen weit verbreiteter Annahmen reduzieren jedoch ADR-Verfahren allein weder die Dauer noch die Kosten der Konfliktbeilegung.[238] Entscheidend ist nicht, dass außergerichtliche Verfahren eingesetzt werden, sondern wie die Parteien sie gestalten und durchführen.[239]

---

237 Siehe zur sogenannten *Fast-Track Arbitration* ausführlich *Muller*, 15 J. Int'l Arb. 5 ff.
238 *Bodine*, in: Brand (Ed.), S. 877, 900: „Alternative dispute resolution processes are not "silver bullets" – they will not by themselves change a workplace culture or make a company or public agency more productive or more profitable."
239 *McEwen*, 14 Ohio St. J. on Disp. Res. 1, 3: „Mediation in and of itself is not going to reduce costs or time. [...] It's everything that happens around mediation that makes it more or less expensive. [...] Its effects depend on its uses and on the skills, goals, and orientations of its users."

1. Mangelndes Verfahrensverständnis

Die Unternehmen sind selten mit den Funktionen, Charakteristika und Abläufen der Mediation und anderer ADR-Verfahren vertraut.[240] So groß das Interesse und der Bedarf in Unternehmen an neuen Ansätzen für den Umgang mit Konflikten und Rechtsstreitigkeiten sein mag[241], so groß ist zugleich das diesbezügliche Informationsdefizit.[242] Missverständnisse und Vorbehalte gegenüber alternativen Konfliktbeilegungsverfahren in der Wirtschaft sorgen für ein Kuriosum: Interesse und Bedarf werden bejaht und Information stehen zur Verfügung, werden aber nicht genutzt. Zu konstatieren ist weniger ein Defizit an Informationen als ein Defizit am Rückgriff auf die Informationen. Alternative Konfliktbearbeitungsverfahren werden folglich häufig unreflektiert in das Portfolio des unternehmerischen Konfliktmanagements aufgenommen, ohne ihre Funktionen von den (schieds-)gerichtlichen Verfahren präzise abzugrenzen und ohne sich die Bedeutung der Streitprävention und der interessenbasierten Konfliktbehandlung für das Konfliktmanagement zu vergegenwärtigen.[243] Dieses mangelnde Verfahrens*verständnis* wirkt sich unmittelbar auf die praktische Verfahrens*anwendung* aus mit der Folge, dass ADR-Verfahren, ähnlich wie Schiedsverfahren, zu formalisierten und kostenintensiven „privaten Zivilprozessen" mutieren.[244] Vergleichbar der „Verrechtlichung" von Konflikten ist – zumindest in den USA – eine „Vergerichtlichung" von ADR-Verfahren zu beobachten.[245]

---

240 Auch *Schoen*, S. 53 betont die mangelnde Vertrautheit deutscher Unternehmensjuristen mit ADR; siehe aus US-amerikanischer Perspektive auch *Slaikeu/Hasson*, S. 12 f.; *Simon/Sochynsky*, 21 Employee Rel. L. J. 29, 32 f.
241 *PricewaterhouseCoopers (Hrsg.)*, S. 17 f., 21 ff.
242 *Schoen*, S. 10: „Die Unkenntnis deutscher Unternehmen über alternative Streitbeilegungsverfahren und des darüber hinausgehenden Konfliktmanagements verhindert die tatsächliche Einführung eines umfassenden Konfliktmanagementsystems."
243 *Carver/Vondra*, Harv. B. Rev. 1994, S. 120, 123 f.: „Most lawyers – and hence the companies they serve – still view ADR as the alternative rather than the prime or preferred method of settling disputes. [...] they have not decided to make dispute avoidance and early resolution the prime mission of the legal department."
244 *Carver/Vondra*, Harv. B. Rev. 1994, S. 120, 120: „ADR as currently practiced too often mutates into a private judicial system that looks and costs like the litigation it's supposed to prevent."
245 *Carver/Vondra*, Harv. B. Rev. 1994, S. 120, 120: „At many companies, ADR procedures now typically include a lot of excess baggage in the form of motions, briefs, discovery, depositions, judges, lawyers, court reporters, expert witnesses, publicity [...]." und S. 123: "[...] because there are very few rules governing it [ADR], the procedure is often allowed to become a litigation look-alike."

2. Sporadische und ineffektive Verfahrensanwendung

In Anbetracht mangelnden Verfahrensverständnisses überrascht es wenig, dass ADR-Verfahren zur Beilegung von Konflikten von Wirtschaftsunternehmen bisher nur sporadisch zum Einsatz kommen.[246] Obwohl die Anzahl der Organisationen, welche die Durchführung von Mediationen anbieten[247], und die der ausgebildeten Mediatoren in Deutschland kontinuierlich steigt, setzen Unternehmen in Deutschland das Verfahren der Mediation selten bis nie ein.[248] Die geringe Anzahl durchgeführter ADR-Verfahren verdeutlicht, dass in deutschen Unternehmen (noch) eine große Diskrepanz zwischen der Anwendungs*nachfrage* und dem Verfahrens*angebot* besteht. Die Gründe für die Durchführung alternativer Konfliktbeilegungsverfahren sind vielfältig. Sie reichen von einer eher zufälligen Teilnahme an ADR-Verfahren als Partei aufgrund einer außergerichtlichen Streitbeilegungsklausel in Allgemeinen Geschäftsbedingungen des Geschäftspartners[249] bis hin zu einem notgedrungenen Rückgriff auf ADR-Verfahren in grenzüberschreitenden Transaktionen aufgrund der praktischen und rechtlichen Unwägbarkeit der internationalen Prozessführung[250]. Auslöser für das ADR-Verfahren sind demnach weniger bewusste Planungen der Parteien, als vielmehr zufällige Konstellationen.[251] Selbst die Unternehmen in Deutschland, die mit außergerichtlichen Verfahren vertraut sind, wenden sie teilweise ineffektiv an. Mangels unternehmensspezifischer Kriterien zur Verfahrensauswahl führen die Unternehmen den außergerichtlichen Verfahren ungeeignete Konflikte zu.[252] Es ist daher nicht verwunderlich, dass die Erfahrungen von Unternehmen mit Alternativverfahren hinter den Erwartungen zurückbleiben, die durch eine pauschale Auflistung der *Vorteile von ADR* in der Literatur geweckt werden.[253]

In der US-amerikanischen Unternehmenspraxis ist eine große Anwendungsdiskrepanz von ADR-Verfahren zwischen Kläger und Beklagtem zu beobachten. Die überwiegende Anzahl der Unternehmen drängen zwar auf eine Verlagerung der Streitbeilegung außerhalb des staatlichen Zivilprozesses, wenn sie Beklagte eines

---

246 So auch *Schoen*, S. 122 für Unternehmen in Deutschland. Dies gilt allerdings nach *Slaikeu/Hasson*, S. 12 auch für Unternehmen in den USA: „In a study by Chorda Conflict Management of dispute resolution for one medical malpractice insurer, out of close to four hundred claims, over half involved lawsuits and only three were resolved through mediation."
247 Vgl. nur Europäisches Institut für Conflict Management e.V. (eucon), vormals Gesellschaft für Wirtschaftsmediation und Konfliktmanagement (gwmk), und den Bundesverband Mediation in Wirtschaft und Arbeitswelt (BMWA).
248 *PricewaterhouseCoopers*, S. 7.
249 Zu der Frage der Einbeziehung von ADR-Klauseln in AGB siehe *Eidenmüller*, S. 16 ff., *Hacke*, S. 112 und 123 ff. sowie *Friedrich*, SchiedsVZ 2007, 31.
250 Zusammenfassend *Bühring-Uhle/Kirchhoff/Scherer*, S. 31 f.
251 *Cronin-Harris*, 59 Alb. L. Rev. 847, 859: „Entry into an ADR process during this period was typically a result of idiosyncratic triggers, rather than any strategic pre-planning."
252 *Schoen*, S. 53.
253 *Cronin-Harris*, 59 Alb. L. Rev. 847, 863; *Talbot*, 67 Arbitration 221, 221 spricht gar von einem „missionary zeal with which the [mediation] process is promoted".

Rechtsstreits sind und regelmäßig erst nachdem bereits Klage erhoben worden ist[254]. Überspitzt kann man von einer „Flucht in die außergerichtliche Konfliktbeilegung" sprechen. Sind sie dagegen Kläger – und entsprechend von ihrer Rechtsposition überzeugt –, rücken ADR-Verfahren ins Abseits. Vergleicht man dagegen die Erfahrungen US-amerikanischer Unternehmen mit außergerichtlichen Streitbeilegungsverfahren, so liegt der Unterschied zwischen einem effektiven und ineffektivem Einsatz von ADR-Verfahren gerade darin, ob das Unternehmen sie *auch* in Fällen nutzt, in denen es seine Rechtsposition als *gerichtsfest* beurteilt.[255]

IV. Unternehmensbezogene Defizite

Die herausgearbeiteten Defizite der praktizierten Strategien des Konfliktmanagements in Unternehmen lassen erkennen, dass nicht allein die unterschiedlichen Verfahren der Konfliktbearbeitung dysfunktional sind, sondern auch die Art und Weise, wie Unternehmen das bestehende Spektrum der Konfliktbearbeitungsverfahren nutzen. Die Rahmenbedingungen, welche die unternehmerische Strategie des Konfliktmanagements beeinflussen, bedürfen damit einer näheren Untersuchung. Sie lassen sich in unternehmensexterne und unternehmensinterne unterteilen. Zwischen beiden Ebenen der Einflussfaktoren besteht insoweit ein Zusammenhang, als die unternehmensexternen Rahmenbedingungen durch unternehmensinterne Faktoren gefiltert werden. Vergleicht man die Konfliktmanagementstrategien von Unternehmen, so zeigt sich, dass das Vorliegen bestimmter Rahmenbedingungen in manchen Unternehmen neue und innovative Strategien des Konfliktmanagements initiiert hat, in anderen Unternehmen dagegen nicht.[256] Die konfliktmanagementspezifischen Unternehmensfaktoren spielen somit eine entscheidende Rolle für die Art und Weise des Umgangs mit Konflikten.[257]

---

254 *Slaikeu/Hasson*, S. 12, Fn. 10 und S. 13: „If the disputants use ADR it is usually so late [...] that little money is saved and any hope of preserving the business relationship is long gone."
255 *Carver/Vondra*, Harv. B. Rev. 1994, S. 120, 121: „The difference between success and failure lies chiefly in the level of commitment. Companies that give ADR top priority – even in cases where they're *sure* they're right – are realizing immense savings of time, money, and relationships."
256 *Lipsky/Seeber/Fincher*, S. 124 f.: „Exogenous environmental factors may be necessary conditions for an organization to adopt a pro-ADR policy, but they are not sufficient conditions. [...] Similar organizations faced with a common set of environmental challenges might choose very different conflict management strategies, and, in fact, this is the situation we observed in our research."
257 *Lipsky/Seeber/Fincher*, S. 125: „Clearly, organizational culture [...] plays a critical role. [...] In sum, the decision to adopt a particular conflict management strategy is strongly influenced by [...] environmental factors, but the organization's actual choice of strategy is ultimately determined by organizational motivations."

1. Hierarchische Entscheidungsfindung und Problemlösung im Unternehmen

Besondere Bedeutung für den Umgang mit Konflikten haben die Modi und Strukturen der Entscheidungsfindung im Unternehmen. Faktisch trifft nicht das Unternehmen als eigene Rechtspersönlichkeit Entscheidungen, sondern die Entscheidungsträger im Unternehmen agieren stellvertretend für das Unternehmen. Abgeleitet verfügen auch die verschiedenen Funktionsbereiche im Unternehmen, etwa Abteilungen und Unterabteilungen, über – wenn auch begrenzte – Entscheidungskompetenz. In Unternehmen existiert somit ein differenziertes, an der Organisationsstruktur des jeweiligen Unternehmens orientiertes Entscheidungsgeflecht. Die unternehmensinternen Strukturen und Abläufe der Entscheidungsfindung determinieren demnach die Ausgestaltung des Konfliktmanagements.[258]

Unternehmerische Entscheidungen und der Umgang mit Konflikten werden meist hierarchisch delegiert.[259] Dies führt regelmäßig zu einer zeitlichen Verzögerung und unternehmensinternen Verlagerung der Entscheidungsfindung und geht einher mit Reibungsverlusten,[260] die durch ihre fehlende Verknüpfung mit den übergeordneten Unternehmenszielen noch verstärkt werden[261].

2. Kontradiktorisches Konfliktverständnis der Entscheidungsträger im Unternehmen

Den Ansatz und Modus, wie Unternehmen ihre Konflikte und Streitigkeiten gestalten, bestimmen regelmäßig die verantwortlichen Entscheidungsträger im Unternehmen. Sie wählen die geeigneten Verfahren und Instrumente des Konfliktmanagements aus und delegieren die Konfliktbeilegung an Experten innerhalb und außerhalb des Unternehmens. Maßgeblich ist somit, wie die Entscheidungsträger im Unternehmen stellvertretend für das Unternehmen mit Konflikten umgehen. Nach einer Untersuchung in US-amerikanischen Unternehmen spiegelt die gewählte Konfliktmanagementstrategie eines Unternehmens das Konfliktverständnis der Ent-

---

258 So auch *Schoen*, S. 8: „Ein Konfliktmanagementsystem [...] hat daher auch die betriebsinternen Abläufe hinreichend zu berücksichtigen."
259 *Slaikeu/Hasson*, S. 11: „decisions through the chain of command or line of authority within the company".
260 *Schneider*, in: Breidenbach/Henssler (Hrsg.), S. 171, 174 ff.; *Slaikeu/Hasson*, S. 11 betonen die damit verbundenen hohen Kosten: „Higher authority, which entails numerous people far removed from the problem getting involved in understanding the problem and finding a solution, is far more expensive than early resolution by the parties themselves."
261 *Slaikeu/Hasson*, S. 11 f.: „A glaring ommission in many companies, however is a link between the mission and stated procedures for resolving conflict [...]."; siehe dazu die Erfahrungen von Motorola bei *Weise*, 5 Neg. J. 381 ff.

scheidungsträger im Unternehmen wider.[262] Drei Kategorien lassen sich unterscheiden:

Die Entscheidungsträger sind von der Überzeugung geprägt, die Beilegung eines Konflikts sei im Kern ein Wettbewerb der Parteien, den es zu gewinnen gelte. Der Gewinn der einen Partei bedeute zugleich den Verlust der anderen Partei. Im Unternehmen äußert sich dieses Konfliktverständnis in einer Beschränkung des Konfliktmanagements auf kontradiktorische Streitbeilegungsverfahren vor staatlichen Gerichten oder privaten Schiedsgerichten. Konsensuale Verfahren, wie interessenbasierte Verhandlungen und Mediation, sind ausdrücklich nicht Bestandteil des unternehmerischen Streitbeilegungsportfolios.

Demgegenüber sehen andere Entscheidungsträger ein Streitbeilegungsverfahren nicht als ein Nullsummenspiel. Vielmehr könnten, so die Überzeugung, alle Streitparteien gleichermaßen Vorteile aus dem Konflikt und seiner Beilegung ziehen.[263] Im Konfliktmanagement des Unternehmens spiegelt sich dieses Konfliktverständnis der verantwortlichen Manager in einem (experimentellen) Zusammenspiel von gerichtlichen und alternativen Streitbeilegungsverfahren wider.

Schließlich beurteilen Entscheidungsträger Konflikte weder als ein Nullsummenspiel noch als eine Win-Win-Situation. Ihre persönliche Einstellung zu Konflikten und ihrer Beilegung basiert vielmehr auf persönlichen Erfahrungen mit Konflikten in der Praxis: Konflikte sind selten Nullsummenspiele, sondern enthalten – je nach Kontext – kooperative und kompetitive Elemente.[264] Anstatt sich auf *ein* Konfliktverständnis festzulegen, verfolgen sie einen pragmatischen Ansatz, der sich kontextspezifisch daran orientiert, welche Strategie im individuellen Konflikt am besten zum Unternehmen und seinen Zielen passt. Unternehmen, deren Entscheidungsträger ein derart rationales Konfliktverständnis haben, experimentieren vereinzelt mit einem Systemansatz des Konfliktmanagements, in dem gerichtliche und außergerichtliche Konfliktbearbeitungsverfahren sich gleichberechtigt und konfliktspezifisch ergänzen.[265]

Ohne diese drei Kategorien des Konfliktverständnisses für allgemeingültig zu erklären, lässt sich daraus eine Quintessenz für das Konfliktmanagement eines Unternehmens ableiten: Je nach persönlicher Überzeugung der Entscheidungsträger praktiziert ein Unternehmen eine bestimmte Strategie des Konfliktmanagements. Subjek-

---

262 *Lipsky/Seeber/Fincher*, S. 119: „The choice of an organization's conflict management strategy, we discovered, often reflects the decision maker's dominant disposition regarding the nature of conflict."
263 *Lipsky/Seeber/Fincher*, S. 121: „ [...] they believe that in most conflicts, there is a possibility of both parties' winning. The sum of the rewards – the size of the pie – available to the parties is not fixed but can be expanded, and both (or all) parties can end up in a more advantageous position than they were before the conflict arose."
264 *Lipsky/Seeber/Fincher*, S. 122: „Many of the managers we interviewed did not view conflict as always being either a zero-sum game or a variable-sum game. [...] They [conflicts] usually combine elements of both zero-sum and variable-sum games. That is, conflicts typically have both competitive and cooperative elements."
265 *Lipsky/Seeber/Fincher*, S. 123.

tives Konfliktverständnis der Entscheidungsträger und gewählte Strategie des Konfliktmanagements im Unternehmen korrespondieren.[266] Allerdings verfügen die Entscheidungsträger und anderen Unternehmensmitglieder selten über die erforderlichen Fähigkeiten und Kompetenzen, mit Konflikten konstruktiv umzugehen. Sie alle managen Konflikte vielmehr intuitiv, weil es ihnen an Fähigkeiten und Handwerkszeug mangelt, Konfliktprozesse planmäßig und kontextspezifisch zu gestalten.[267]

Im Hinblick auf die Modifizierung oder gar Neuausrichtung des Konfliktmanagements bedarf es somit in erster Linie der Information und Aufklärung der Entscheidungsträger über das einsetzbare Spektrum an Verfahren und Instrumenten des Konfliktmanagements und ihres Zusammenspiels. Erfolgreiches Konfliktmanagement im Unternehmen hängt wesentlich von der Bereitschaft der Unternehmensverantwortlichen ab, ihr persönliches Konfliktverständnis zu hinterfragen und zu ändern. Veränderungen des bestehenden Konfliktmanagements in Unternehmen beinhaltet damit inhärent die Veränderung der Modi und Strukturen der Entscheidungsfindung im Unternehmen.

3. Komplexität der unternehmerischen Rahmenbedingungen

In den vergangenen Jahrzehnten ist in Geschäftsbeziehungen eine zunehmende Transaktionskomplexität zu beobachten[268]: statt Waren und Güter werden vermehrt Dienstleistungen ausgetauscht, statt einmaliger oder kurzfristiger Geschäftsbeziehungen sind heute mittel- und langfristige Austauschbeziehungen die Regel. An den Transaktionen sind zudem häufig mehr als zwei Parteien beteiligt.[269] Ferner spielen nationale Grenzen immer weniger eine Rolle, was nicht nur ein gesteigerter Anteil grenzüberschreitender Transaktionen, sondern auch eine internationalisierte Arbeitswelt veranschaulichen. Diese Komplexität ist Bestandteil der Unternehmenswirklichkeit und wirkt sich entsprechend auch auf das Konfliktmanagement von Unternehmen aus.

Gerichts- und Schiedsgerichtsverfahren sind aus mehreren Gründen ungeeignet, dieser Komplexität der Lebenssachverhalte gerecht zu werden.[270] Richter und Schiedsrichter sind häufig auf Gutachten von Sachverständigen angewiesen, um die (Rechts-)Ansprüche der Parteien und die für die Streitentscheidung relevanten Tat-

---

266 *Lipsky/Seeber/Fincher*, S. 123: „In most companies we studied, we found a close alignment between the decision makers' convictions [of conflict] and the [conflict management] strategy adopted by their organizations."
267 *Slaikeu/Hasson*, S. 10 f., benennen „diversity training about respectful recognition of differences" und „skills in communication, complaint handling, and negotiation".
268 Zu den daraus resultierenden Anforderungen an die Justiz siehe *Ritter*, NJW 2001, 3440, 3443.
269 Nach *Bühring-Uhle/Kirchhoff/Scherer*, S. 11 tragen gerade Mehrparteienverhältnisse ein erhöhtes Konfliktpotenzial in sich.
270 *Schoen*, S. 51 stellt fest, dass sich die komplexen Wirtschaftstransaktionen „häufig einer eindeutigen juristischen Beurteilung entziehen".

sachen überhaupt erfassen und bewerten zu können.[271] Diese tatsächliche und rechtliche Komplexität führt zu längeren, kostenintensiveren und damit die Geschäftsbeziehungen mitunter paralysierenden (schieds-) gerichtlichen Konfliktbeilegungsverfahren. Die begrenzte Tauglichkeit der gerichtlichen Streitentscheidung spiegelt sich nicht selten in Urteilen und Schiedssprüchen wieder, die inkompatibel mit den im Verfahren verfolgten Zielen des Unternehmens sind. Gerichtliche Streitentscheidungen führen in zahlreichen Fällen zu einem aus Unternehmenssicht unvollständigen und folglich unbefriedigenden Ergebnis der Streitbeilegung.[272]

D. Zwischenergebnis und Ausgangspunkt der Untersuchung: Bedarf nach einer konzertierten Gesamtstrategie des Konfliktmanagements von Unternehmen

Bewertet man die skizzierten Strategien des Konfliktmanagements in Unternehmen so fällt auf, dass sie Konflikten mit überwiegend ungeeigneten Einzelstrategien begegnen.[273] Das Konfliktmanagement ist auf das Managen von Rechtsstreitigkeiten, das Verfahrensspektrum auf intuitiv geführte Verhandlungen und die (schieds-) gerichtliche Streitentscheidung beschränkt. Alternativverfahren werden, wenn überhaupt, sporadisch und unreflektiert durchgeführt und streitpräventive Mechanismen sind obsolet.[274] Dem Umstand, dass Konflikte unausweichlich sind, versuchen Unternehmen Herr zu werden, indem sie das Konfliktniveau im Unternehmen so gering wie möglich halten oder Konflikte ganz zu eliminieren versuchen. Die direkten Kosten des Konfliktmanagements werden durch Instrumente des Prozessführungsmanagements zu reduzieren versucht[275], anstatt zu überlegen, mit welchen Methoden sich die vielfach höheren indirekten Kosten des Konfliktmanagements erfassen und reduzieren lassen. Provokativ formuliert: die Konflikte sind zur falschen Zeit im falschen Verfahren.

Das Problem sind allerdings nicht die Konflikte als solche. Das Problem ist das unzureichende Management der Konflikte.[276] Was fehlt ist eine konzertierte Gesamtstrategie, welche auf der Logik des Konfliktmanagements aufbaut und auf die

---

271 *Breidenbach*, S. 92.
272 Nach der von *Schoen*, S. 82, durchgeführten nicht-repräsentativen Umfrage in deutschen Unternehmen gaben mehr als 40 % der Unternehmen an, nur bedingt mit Gerichtsurteilen zufrieden zu sein.
273 *De Bono*, S. vii: „We do have to accept that our methods of solving major disputes and conflicts have been crude and primitive, inadequate and expensive, dangerous and destructive. [...] Even if we were to operate our traditional methods with the best will in the world and with the highest available intelligence, these methods would not suffice. There is a need for a fundamental shift in our thinking approach to the resolution of conflicts."
274 *Slaikeu/Hasson*, S. 3: „The failure lies in a *systemic* reliance on higher authority, power play, and avoidance, and weak or only partial use of collaborative options."
275 *Lipsky/Seeber/Fincher*, S. 301.
276 *Slaikeu/Hasson*, S. 5 bringen diesen Befund plakativ auf die Formel: „[...] predictable conflicts plus weak systems [of conflict management] equals high costs [for organizations]."

Prävention von Rechtsstreitigkeiten abzielt.[277] Das Systemdesign ist ein Ansatz, die vorhandenen einzelnen Bausteine des Konfliktmanagements so miteinander zu verknüpfen, dass sie ein abgestimmtes System des Konfliktmanagements im Unternehmen bilden. Die skizzierten Einzelstrategien formen zusammen mit ihren herausgearbeiteten Defiziten ein Gesamtbild, das als Ausgangslage für das Systemdesign dient.

Erstens: Kein Konfliktbeilegungsverfahren ist ein Allheilmittel.[278] Die Komplexität von Konflikten vermögen weder der Zivilprozess vor staatlichen Gerichten noch das private Schiedsgerichtsverfahren, die Mediation oder andere ADR-Verfahren allein effektiv und effizient zu bewältigen. Jedes Verfahren der Konfliktbeilegung – ob gerichtliches oder außergerichtliches – hat aus Sicht der Parteien positive und negative Eigenschaften.[279] Erkennt man die verschiedenen Verfahren als gleichberechtigte Alternativen an, so lassen sich die Stärken und Schwächen der einzelnen Verfahren insoweit nutzbar machen, als die Stärken des einen Verfahrens die Schwächen des anderen ausgleichen kann.[280] In diesem Verfahrenspluralismus ergänzen sich die jeweiligen Verfahrenseigenschaften gegenseitig.

Zweitens: Allein durch vielfältige Optionen an gerichtlichen und außergerichtlichen Konfliktbehandlungsverfahren vermögen Unternehmen ihr Konfliktmanagement nicht effizienter zu gestalten. Sie erschweren nämlich die Auswahl und Koordinierung der Verfahren im Konfliktfall. Notwendig sind daher unternehmensindividuell und konfliktspezifisch definierte Kriterien, anhand derer ein Konflikt einem einzelnen oder kombinierten Verfahren zugeführt wird. Anderenfalls führt ein inadäquates Verfahren zu einem ebenso inadäquaten Umgang mit dem zu Grunde liegenden Konflikt.[281]

Drittens: Entscheidend sind die Kohärenz der eingesetzten Verfahren und Instrumente sowie eine an den übergeordneten Zielen des Unternehmens ausgerichtete Strategie eines integrierten Konfliktmanagements. Maßgeblich ist, das Zusammenspiel der gerichtlichen und außergerichtlichen Verfahrensoptionen aus der Unternehmensperspektive zu orchestrieren. Dies erfordert die Auswahl und Zusammenstellung der „Musiker" – der Verfahren – in Hinblick auf den „Spielplan des Orchesters" – die typischen Konflikte eines Unternehmens. Daran mangelt es in den meisten Unternehmen.[282] In einer Gesamtstrategie des Konfliktmanagements geht es

---

277 *Schoen*, S. 178 f.: „[...] eine systematische Umsetzung von streitpräventiven Maßnahmen [findet] ähnlich wie in US-amerikanischen Unternehmen in Deutschland [...] bislang nicht statt."
278 *Birner*, S. 41: „Eine Form der Konfliktbehandlung, die in der Lage ist, das gesamte Konfliktspektrum abzudecken, wird es nicht geben."
279 *Simon/Sochynsky*, 21 Employee Rel. L. J. 29, 30.
280 Interessant ist die Idee von *Talbot*, 67 Arbitration 221, 225 f., einzelne Streitfragen eines Rechtsstreits unterschiedlichen gerichtlichen und alternativen Verfahren zuzuführen.
281 *Slaikeu/Hasson*, S. 34: „[...] cost increases insofar as a mismatch occurs between the conflict and the method."
282 *McEwen*, 14 Ohio St. J. on Disp. Res. 1, 15: „What was generally missing [...] was a clear sense of either organizational goals or of an overall strategy for achieving goals by managing disputes. Most, however, had adopted piecemeal one or more methods for dealing with the

darum, das jeweilige Einzelverfahren nur in solchen Fällen einzusetzen, in denen es seine Stärken ausspielen kann bzw. es mit einem anderen Verfahren zu kombinieren, um ihre gemeinsamen positiven Eigenschaften zu maximieren und die negativen zu minimieren. Notwendig ist es daher, die Verfahrensoptionen in einem mehrstufigen Verfahrenssystem anzuordnen. Es beinhaltet den ideal-typischen Verlauf eines Konflikts durch sämtliche Verfahrensoptionen im System. Das System ist nicht starr, sondern flexibel. Es obliegt den Parteien, einzelne Verfahrensstufen zu überspringen. Das System steckt somit den prozessualen Rahmen ab, in dem sich die Konfliktbeilegung des Unternehmens bewegt.

Viertens: Selbst wenn sichergestellt ist, dass das ausgewählte Verfahren konfliktadäquat ist, verdeutlichen die skizzierten Verfahrensdefizite die Notwendigkeit des Verfahrensdesigns[283]. Jedes Konfliktbeilegungsverfahren im System ist so flexibel zu gestalten, dass es die verfahrensbezogenen Interessen der Parteien erfüllt.[284] Die Parteien müssen autonom den jeweiligen Verfahrensablauf samt Verfahrensregeln konfliktspezifisch gestalten.

In der deutschen Wissenschaft und Praxis der Konfliktbeilegung ist ein solcher konzertierter Ansatz bislang nur vereinzelt thematisiert worden.[285] Es überwiegen Abhandlungen über die außergerichtlichen Konfliktbeilegungsverfahren und Hybridverfahren. Dabei zeigt sich gerade anhand dieser Mischverfahren, dass die Grundidee, einzelne Verfahren und Verfahrenselemente miteinander zu kombinieren oder in einem neuen Verfahrenstyp zu integrieren nicht neu ist. Das Systemdesign ist demnach keine Revolution, sondern Ausdruck einer Evolution.

Fraglich ist, wie sich „bessere Wege"[286] als bisher erschließen lassen, dieses Ziel zu erreichen. Das Systemdesign ist ein Konzept, wie Wirtschaftsunternehmen und andere Organisationen nicht nur neue Wege entdecken, sondern auch tatsächlich beschreiten können, um die Qualität und Effizienz des Konfliktmanagements von Unternehmen nachhaltig zu verbessern.

---

costs or timing of disputes, but these innovations had little coherence and, apparently, limited effect." Siehe dazu auch *Schoen*, S. 53.

283 Das Design eines Mediationsverfahrens veranschaulicht *Breidenbach*, S. 259 ff.
284 Zu den Möglichkeiten, das Schiedsverfahren effizient zu gestalten, siehe *Carver/Vondra*, Harv. B. Rev. 1994, S. 120, 127 ff. („streamline the procedings").
285 *Breidenbach*, in: Gottwald (Hrsg.), S. 117, 124 ff.; *Bühring-Uhle/Kirchhoff/Scherer*; S. 258 f.; *Duve/Eidenmüller/Hacke*, S. 309 ff.; *Ponschab/Dendorfer*, in: Haft/Schlieffen (Hrsg.), § 39. *Risse*, § 15 Rdnr. 61, formuliert diese Idee noch im Konjunktiv: „Unternehmen *könnten* ein „Aktives Konfliktmanagement" entwickeln, wonach sie auftretende Konflikte nach bestimmten Kriterien dem optimalen Streitbeilegungsverfahren zuführen. So entstehen intelligente Konfliktmanagementsysteme." [Hervorhebung durch den Verfasser]
286 „Isn't there a better way?" fragte Chief Justice Warren Burger schon im Jahre 1982 mit Blick auf die dysfunktionale Streitbeilegungslandschaft in den USA; siehe *Burger*, 60 A.B.A. J. 274.

Kapitel 3
Systemdesign in Unternehmen

Das Systemdesign ist eine Reaktion auf die begrenzte Tauglichkeit der praktizierten Einzelansätze des Konfliktmanagements in Unternehmen. Es ist Ausdruck einer kontinuierlichen Weiterentwicklung des Konfliktmanagements in Unternehmen, die einführend nachgezeichnet wird (A.). Wie sich zeigen wird, greift das Systemdesign dabei auf bestehende Ansätze und Instrumente verschiedener Disziplinen zurück. Es beinhaltet insoweit kein neues, sondern ein integriertes Konzept des Konfliktmanagements (B.). Die anschließende Analyse untersucht die Chancen und Risiken des Systemdesigns in Unternehmen (C.). In einem letzten Schritt gilt es, das Material über Systemdesign zusammenzustellen und zu ordnen, das aus wissenschaftlichen Publikationen, Erfahrungsberichten aus der Praxis bis hin zu Systemvergleichen besteht. Diese Materialsammlung dient nicht als Vorlage, sondern als Orientierung, um davon Erfolgsfaktoren für die unternehmensspezifische Prozessgestaltung des Systemdesigns in deutschen Unternehmen abzuleiten (D.).

A. Evolution des Systemdesigns

Die Idee des Systemdesigns ist nicht in der Theorie, sondern in der Praxis geboren. Unternehmen in den USA haben bereits vor mehr als 15 Jahren konstatiert, dass der bis dahin praktizierte Umgang mit Konflikten nicht zufriedenstellend funktionierte. Auf der Basis dieser Bestandsaufnahme begann die Suche nach alternativen Konzepten des unternehmerischen Konfliktmanagements, aus der sich die Idee des Systemdesigns entwickelte (I.). Die Idee und das Konzept lassen sich in einer Definition des Systemdesigns auf einen Nenner bringen (II.) und anhand seiner bisherigen Entwicklung (III.) sowie seinen vielfältigen Anwendungsbereichen veranschaulichen (IV.).

I. Idee und Konzept des Systemdesigns

Hinter dem Systemdesign stand in den 1980er Jahren in US-amerikanischen Unternehmen anfänglich die Idee, das Spektrum der Verfahren zur Beilegung von arbeitsrechtlichen Streitigkeiten zu erweitern und zu systematisieren. Auf der Suche nach einem praxisgerechten Systematisierungsschlüssel wurde auf eine bereits zehn Jahre vorher theoretisch fundierte Idee der multi-optionalen Streitbeilegung zurückgegriffen. Die ursprüngliche Idee entwickelte sich schrittweise vom Verfahrensdesign zum Systemdesign.

1. Das Forschungsprojekt von Ury, Brett und Goldberg

Der englische Begriff *Systems Design*[287] ist geprägt durch Ury, Brett und Goldberg, die in den 1980er Jahren an einem Forschungsprojekt in der US-amerikanischen Kohleindustrie arbeiteten. Die Unternehmen sahen sich damals einer Streikwelle ausgesetzt, die ihre wirtschaftliche Substanz nachhaltig gefährdete. Aufgrund ihrer langjährigen und bedeutenden Forschung auf dem Gebiet der Alternativen Streitbeilegung[288] wurden Ury, Brett und Goldberg beauftragt, die Unternehmen zu beraten und darin zu unterstützen, Verfahrensalternativen für die Beilegung von Streitigkeiten des Individual- und kollektiven Arbeitsrechts zu entwickeln.

Das Forschungsdesign von Ury, Brett und Goldberg zielte darauf ab, die bestehenden Verfahren der Streitbeilegung im US-amerikanischen Arbeitsrecht – das Schlichtungsverfahren in Beschwerdesachen (grievance arbitration) und den Arbeitsstreik (wildcat strike) – durch ein Mediationsverfahren zu ergänzen. Im Rahmen des Forschungsprojektes wurden in den kollektiv-arbeitsrechtlichen Streitigkeiten zwischen Arbeitgeber und Arbeitnehmern Mediationsverfahren (sog. grievance mediation) durchgeführt und zwar alsbald nachdem der Streit auftrat und bevor ein Schlichtungsverfahren eingeleitet wurde.[289] Das Mediationsverfahren wurde mithin als interessenbasiertes Verfahren in das praktizierte Spektrum der (arbeits-)rechts- und machtbasierten Streitbeilegungsverfahren integriert.

Die Auswertung dieses Experiments lieferte ebenso überraschende wie positive Ergebnisse: Die Parteien äußerten eine sehr hohe Zufriedenheit mit dem Mediationsverfahren; daneben konnten sie eine beträchtliche Einigungsquote in der Mediation erzielen, so dass ein anschließendes Schlichtungsverfahren oder gar ein Arbeitsstreik entbehrlich wurden. Die Zahl der Arbeitskämpfe in amerikanischen Kohleindustrieunternehmen ging infolgedessen deutlich zurück.[290]

Auf der Basis dieser Forschungsergebnisse entwickelten Ury, Brett und Goldberg die These, dass nicht nur Unternehmen, sondern Organisationen allgemein ihr Konfliktmanagement optimieren könnten, indem sie nicht nur einzelne Verfahren der alternativen Streitbeilegung einsetzen, sondern ihr gesamtes (unbewusst) praktiziertes *System* der Konfliktbehandlung von einem machtbasierten (Arbeitsstreik) und rechtsbasierten (Schlichtung, Schiedsgericht und staatliches Gericht) auf einen interessenbasierten Ansatz (Mediation) ausrichten.[291] Sie prognostizierten, dass interessenbasierte Streitbeilegungsverfahren zu effizienteren, zufriedenstellenderen und nachhaltigeren Ergebnissen in bestehenden und wiederkehrenden Konflikten führen

---

287 Kurz für *Dispute Systems Design*, vgl. *Ury/Brett/Goldberg*, S. xvii und 1. Siehe die begriffliche Nähe zum *Alternative Dispute Resolution Systems and Financing Act*, der im Jahre 1983 im US-Bundesstaat Texas verabschiedet wurde und die Einrichtung von Dispute Resolution Centers in den texanischen Counties ermöglichte.
288 *Ury*, *Brett* und *Goldberg* sind seit Ende der 1970er Jahre maßgeblich an der Entwicklung der ADR Bewegung in den USA beteiligt.
289 *Goldberg*, 77 Nw. U. L. Rev. 270.
290 *Goldberg/Brett*, 37 Ind. & Lab. Rel. Rev. 49.
291 *Ury/Brett/Goldberg*, S. 18 f., 42 ff.

würden. Dies sei insbesondere in Situationen der Fall, so ihre Ratio, in denen die Parteien durch eine längerfristige (Geschäfts- oder Arbeits-)Beziehung miteinander verbunden seien, wie unter Mitarbeitern eines Unternehmens oder – allgemeiner – Mitgliedern einer Organisation.[292] Voraussetzung sei allerdings nicht nur eine bloße Veränderung der Streitbehandlungsverfahren, sondern eine Veränderung des praktizierten unternehmerischen Streitbehandlungssystems insgesamt.[293]

2. Praktische Umsetzung von Sanders Idee einer multi-optionalen Streitbeilegung[294]

Der theoretische Ansatz der *Systematisierung der Streitbeilegung*[295] in Organisationen und Unternehmen von Ury, Brett und Goldberg war kein Novum. Er griff eine bereits im Jahre 1976 formulierte Idee von Sander auf, entwickelte sie weiter und setzte sie in die Organisationspraxis um. Im Rahmen der Pound Conference[296], die als öffentliche Geburtsstunde des *Alternative Dispute Resolution Movements*[297] gilt[298], formulierte Sander die These, dass es kein Monopolverfahren gebe, welches sämtliche Konflikte effektiv und effizient beizulegen vermag, sondern dass für jeden Konflikttyp ein adäquates Konfliktbeilegungsverfahren aus dem breiten Verfahrensspektrum ausgewählt werden müsse[299], weil jedem Konflikt multiple Verfahrensoptionen gegenüber stünden.

Im Jahre 1991 postulierte er gemeinsam mit Goldberg darauf aufbauend eine konfliktbezogene Verfahrensauswahl: Anstatt einen Konflikt aktiv oder passiv zu einem Rechtsstreit zu mutieren – zu verrechtlichen –, um ihn überhaupt einer Bearbeitung im Monopolverfahren des Zivilprozesses zuführen zu können, sei es im Hinblick auf die Qualität und Effizienz der Konfliktbeilegung sinnvoller, ein auf den jeweils zu Grunde liegenden Konflikt maßgeschneidertes Verfahren aus dem Spektrum der Verfahrensoptionen auszuwählen und zu durchlaufen. Der Konflikt erfährt auf diese Weise nicht nur eine auf seine Spezifika, sondern auch auf die materiellen und prozessualen Interessen der Konfliktparteien maßgeschneiderte Behandlung.[300]

---

292 *Bingham/Nabatchi*, in: Palmer/Killian (Eds.), S. 105 ff.
293 *Goldberg/Brett/Ury*, S. xiii.
294 *Birner*, S. 46 ff.
295 Vgl. den Titel „Mainstreaming: Systematizing Corporate Use of ADR" des Aufsatzes von *Cronin-Harris*, 59 Alb. L. Rev. 847, 873.
296 Die Konferenz fand im April 1976 unter dem Titel „National Conference on the Cuases of Popular Dissatisfaction with the Administration of Justice" in St. Paul, Minnesota (USA) statt. Unter diesem Titel hatte 1906 Roscoe Pound eine provokante Rede gehalten; siehe dazu eingehend *Levin/Wheeler*.
297 Vgl. *Goldberg/Sander/Rogers/Cole*, S. 6; zusammenfassend *Birner*, S. 27 ff.
298 *Birner*, S. 45.
299 *Sander*, 70 F.R.D. 79, 111 ff.
300 Diesen Ansatz bezeichnen *Sander/Goldberg*, 10 Neg. J. 109 pointiert als „fitting the forum to the fuss".

3. Vom Verfahrensdesign zum Systemdesign

Das Forschungsprojekt von Ury, Brett und Goldberg läutete in Verbindung mit dem multi-optionalen Streitbeilegungsansatz von Sander eine neue Ära der Konfliktbearbeitung in den USA ein. Während bis dato die Streitbeilegung prozessorientiert betrachtet wurde, indem die einzelnen ADR-Verfahren auf ihre Vor- und Nachteile, insbesondere ihre Kosten, hin analysiert und weiterentwickelt – *designt* – wurden, stand nun die gesamte Struktur und Komposition – das *System* – der (schieds-) gerichtlichen und alternativen Streitbeilegungsverfahren im Fokus der wissenschaftlichen und praktischen Überlegungen.

Jedes Konfliktbeilegungsverfahren hat, wie bereits eingangs betont, spezifische prozessuale Eigenschaften und kann einzeln oder in Kombination mit anderen Verfahren im Konflikt angewendet werden.[301] Vielfach ist jedoch eine einzelne Konfliktbearbeitungsmethode nicht ausreichend, um den ursprünglichen Konflikt abschließend beizulegen. Scheitert ein (Eingangs-) Verfahren, muss anschließend ein weiteres durchgeführt werden, um eine endgültige und dauerhafte Konfliktbeilegung zu realisieren. Im Sinne einer umfassenden Konfliktbearbeitung ist folglich eine Abfolge an Verfahren – ein Verfahrenssystem – notwendig, welches aus einer strukturierten Komposition komplementärer Verfahren der gerichtlichen und alternativen Konfliktbeilegung besteht und auf die jeweilige Organisation maßgeschneidert ist.[302]

Der Blickwinkel der Konfliktbearbeitung erweitert sich damit von der Mikroebene eines einzelnen Verfahrens zur Makroebene ihres konkreten Zusammenspiels in der Praxis. Die Konflikt*bearbeitung* wandelt sich zum Konflikt*management* im anfänglich definierten Sinne. Das Konfliktmanagement konzentriert sich nunmehr auf die Koordinierung und Integration der unterschiedlich ausdifferenzierten gerichtlichen und alternativen Streitbeilegungsverfahren in einem Verfahrens*system*.[303] Das Verfahrens*design* evolviert zum Verfahrens*systemdesign*.

II. Systemdesign als Arbeitsbegriff für das Design eines integrierten Konfliktmanagementsystems

In der amerikanischen Theorie und Praxis wird der Begriff des *systems design* uneinheitlich verwendet. Die Begriffe reichen von „ADR systems design" über „dispute resolution system design" bis hin zu „integrated conflict management system design". Ein allgemein gültiger Begriff hat sich bis heute nicht herausgebildet.[304] Die Unterschiede sind mehr als semantischer Natur. Übereinstimmend steht der Begriff des Systemdesigns als Kurzform für das Design eines unternehmensspezifischen

---

301 Vgl. *Reilly/MacKenzie*, S. 8.
302 *Costantino/Merchant*, S. ix; *Goldberg/Brett/Ury*, 4 Neg. J. 413, 414.
303 Vgl. den Ansatz des Multi-Door-Courthouse bei *Birner*, S. 41 ff.
304 *SPIDR (Ed.)*, S. 8; *Schoen*, S. 211; *Müller/Altmann/Fiebiger*, in: Alish/Arentzen/Eggert, Bd. 4, S. 2156.

Konfliktmanagementsystems.[305] Die Definition des Systemdesigns knüpft zunächst einmal an den Begriffen eines *Konfliktmanagementsystems* und des *Designs* an und leitet daraus einen Arbeitsbegriff des Systemdesigns her, der nachfolgend der weiteren Untersuchung zu Grunde gelegt wird.

1. Integriertes Konfliktmanagementsystem

Während in den USA bereits Ende der 1980er Jahre wissenschaftliche Publikationen das Thema Konfliktmanagementsystem aufgegriffen haben, setzen sich deutsche Publikationen erst seit kurzem mit diesem Thema auseinander.[306] Praktische Erfahrungen deutscher Unternehmens sind die Ausnahme.[307] Einzelne Publikationen und Veranstaltungen aus der jüngsten Vergangenheit unterstreichen hingegen das bestehende Interesse deutscher Unternehmen.[308]

a) Konfliktmanagementsystem: Vom systematischen zum systemischen Umgang mit Konflikten

Ein Konfliktmanagementsystem ist semantisch ein *System* des Konfliktmanagements. Ein System meint begrifflich zweierlei: ein aus mehreren Teilen zusammengesetztes, gegliedertes Ganzes, dessen Teile strukturell oder funktional miteinander in Beziehung stehen[309] und ein Prinzip oder eine Ordnung, nach der etwas aufgebaut oder organisiert wird.[310] Die unterschiedlichen Bedeutungen des Systembegriffs kommen in den beiden Adjektiven „systematisch" und „systemisch" zum Ausdruck: Systemisch meint, dass etwas ganzheitlich eingegliedert ist und zu einem überge-

---

305 *Mazadoorian*, in: Wilkinson (Ed.), S. 205, 206.
306 *Budde*, in: Henssler/Koch (Hrsg.), § 15, S. 502, 519 f.; *Budde*, in: Strempel (Hrsg.), S. 99, 110 ff.; *Dendorfer*, FA Spezial 9/2000, S. 12 ff.; *Ponschab/Dendorfer*, in: Haft/Schlieffen (Hrsg.), § 39; *Duve/Eidenmüller/Hacke*, S. *309 ff.* und eingehend *Schoen*.
307 Zu den Erfahrungen der Maritim Hotelkette siehe *Dendorfer*, ZKM 2001, 167 ff. Nach einer nicht repräsentativen Unternehmensumfrage gaben 23,8 % der befragten Unternehmen an, bereits ein Konfliktmanagementsystem einzusetzen; 2/3 dieser Unternehmen ist international tätig; siehe dazu *Schoen*, S. 62.
308 Vgl. insbesondere die Monographie von *Schoen* und die Beiträge von *Duve /Eidenmüller / Hacke*, S. 309 ff.; *Ponschab /Dendorfer*, in: Haft/Schlieffen (Hrsg.), § 39; *Altmann /Fiebinger /Müller*, in: Alisch /Arentzen /Winter, S. 229. Die IHK Hamburg veranstaltete im Herbst 2005 erstmals einen Workshop unter dem Titel „Dispute Systems Design-Mediation". Im November 2005 fand an der Bucerius Law School in Hamburg eine Tagung über Konfliktmanagement statt, auf der ein Thema die Etablierung eines Konfliktmanagementsystems im Unternehmen war.
309 *Rosnay*, S. 80, zitiert nach *Häfele*, S. 75 Fn. 50.
310 Von dem griechischen Wort „systema"; siehe *Brockhaus*, Bd. 21, S. 473. Nach *French/Bell*, S. 100 f. versteht man „unter einem System die Interdependenz oder Interaktion von Elementen oder Teilen und eine identifizierbare Einheit".

ordneten System gehört.[311] Systematisch bedeutet demgegenüber planvoll und methodisch.[312]

Überwiegend wird der Begriff des Konfliktmanagementsystems im zweiten Sinne gebraucht: als ein planvoller und methodischer Umgang eines Unternehmens mit seinen Konflikten.[313] Ein Konfliktmanagementsystem erschöpft sich allerdings nicht allein im systematischen Management von Konflikten. Denn schon der Begriff des Konfliktmanagements meint den planvollen – systematischen – Umgang mit Konflikten. Ein Konfliktmanagementsystem begreift das Konfliktmanagement eines Unternehmens vielmehr selbst als ein System. Es steht damit für *systemisches* Konfliktmanagement: die ganzheitliche Eingliederung verschiedener, sich gegenseitig ergänzender Teilsysteme und Komponenten zur Gestaltung des Umgangs mit Konflikten in einem übergeordnetes Gesamtsystem des Konfliktmanagements.[314] Mit anderen Worten: Ein Konfliktmanagement*system* meint die Gesamtheit der aufeinander abgestimmten und komplementären Verfahren und Instrumenten des Konfliktmanagements samt unterstützender Unternehmensstrukturen.

Die Idee, verschiedene Einzelverfahren der Konfliktbeilegung in einem System zu integrieren, ist, wie bereits angedeutet, keinesfalls neu. Paradebeispiel ist die Kombination eines Mediations- mit einem Schiedsgerichtsverfahren.[315] Auch in anderen Hybridverfahren sind einzelne Elemente von gerichtlichen und außergerichtlichen Verfahren der Konfliktbeilegung in einem kombinierten Verfahren integriert, so etwa beim Mini-Trial, bei der Early Neutral Evaluation und dem Private Judging.

b) Integration in das übergeordnete Unternehmenssystem

Für die soeben dargestellte begriffliche Auslegung spricht auch, dass ein Konfliktmanagementsystem nicht autark ist, sondern in das Unternehmen eingegliedert ist, für das es entwickelt und in dem es angewendet wird.[316] Das Konfliktmanagement-

---

311 Vgl. *Kyrer*, S. 557: „Systemisch bedeutet zu einem System gehörend, ganzheitlich eingegliedert".
312 *Brockhaus*, Bd. 21, S. 473.
313 *Duve/Eidenmüller/Hacke*, S. 312 ff., 321 ff.; *Ponschab/Dendorfer*, in: Haft/Schliefen (Hrsg.), § 39 Rdnr. 92; *Schoen*, S. 1, 2 f., 167 und S. 211: „Ein Konfliktmanagementsystem umfaßt die Gesamtheit aller unternehmensinternen Vorgaben und Herangehensweisen an die Konfliktbehandlung."
314 Anschaulich sind die Schaubilder über unternehmerische Konfliktmanagementsysteme bei *Lipsky/Seeber/Fincher*, S. 150 f. und *Slaikeu/Hasson*, S. 56, 65, 69, 72. Vergleichbar sind sog. Eskalationsklauseln in Verträgen, die nach *Berger*, in: Bachmann/Breidenbach/Coester-Waltjen/Heß/Nelle/Wolf (Hrsg.), S. 19, 20 „streitige Gerichtsverhandlungen mit Verfahren aus dem großen Arsenal der alternativen Streitbeilegung [...] zu einem für den jeweiligen Vertrag speziell entwickelten, mehrstufigen Streitentscheidungssystem" verbinden.
315 *Bühring-Uhle/Kirchhoff/Scherer*, S. 240 ff.; *Schoen*, S. 152 ff.
316 *Schoen*, S. 2.

system zu integrieren[317], bedeutet somit, es nicht als außenstehendes System neben dem Gesamtsystem des Unternehmens zu entwickeln, umzusetzen und anzuwenden, sondern es als (Teil-)System strukturell und funktional im sozialen System[318] des Unternehmens zu institutionalisieren, so dass es mit der ganzen Unternehmensorganisation eine Einheit bildet.[319] Integrierte Konfliktmanagementsysteme[320] ermöglichen einem Unternehmen somit, das Konfliktmanagement als Funktion des Managements in die bestehende Aufgaben- und Organisationsstruktur einzugliedern. Das Management von Konflikten ist demnach nicht alleinige Aufgabe der Unternehmensführung[321], der Rechtsabteilung oder der externen Rechtsanwälte, sondern originäre Aufgabe aller Mitglieder des Unternehmens und der (potentiellen) externen Konfliktparteien des Unternehmens.[322] Als Managementinstrument orientiert es sich an den Zielen des Unternehmens, so dass die Ziele des Konfliktmanagements mit den übergeordneten Unternehmenszielen synchronisiert werden.

2. Design

Mit dem Begriff des Designs kommen die beiden Aspekte des Gestaltens zum Ausdruck: das Konzipieren und Maßschneidern.[323] Das Designen ist ein bewusster und planvoller, zweckorientierter und kreativer Prozess der Gestaltung und Entwicklung eines Produktes.[324] Abgeleitet von dieser Definition bedeutet das Design eines integrierten Konfliktmanagementsystems, ein praktikables, faires, effektives, effizientes und an den Zielen des Unternehmens ausgerichtetes System aus komplementären

---

317 Das Verb „integrieren" meint nach *Brockhaus*, Bd. 21, S. 476 etwas zu einem übergeordneten Ganzen zusammenzustellen bzw. in ein übergeordnetes Ganzes aufzunehmen, einzugliedern und einzubeziehen. Integrieren unterscheidet sich von Koordinieren und Kombinieren insoweit, als nur beim Integrieren etwas Neues entsteht, das vorher noch nicht existierte. Denn Koordinieren meint die Abstimmung von zwei oder mehr Objekten aufeinander, während die Objekte beim Kombinieren bloß zusammengestellt werden, ohne dass sie jeweils zusammengefügt werden müssen. Siehe dazu *Felix/Pichon/Riemenschneider/Schwerdtle*, S. 33.
318 *Ponschab/Dendorfer*, in: Haft/Schliefen (Hrsg.), § 39 Rdnr. 64. Ein Unternehmen ist in Anlehnung an *Alisch/Arentzen/Eggert*, S. 2875 ein vom Menschen gestaltetes dynamisches System, kombiniert aus sozialen und sachlichen Elementen (sog. sozio-mechanisches System), d. h. es dient mittels zwischenmenschlicher Kooperation und Koordination von Menschen und Sachen der Leistungserstellung.
319 Vgl. *Stitt*, S.9. *French/Bell*, S. 105 f. qualifizieren das Konfliktmanagement zum Subsystem des Gesamtsystems einer Organisation. Ähnlich *Schoen*, S. 212: „Bei einem modernen Konfliktmanagement wird [...] die Konfliktbehandlung als ein [...] Untersystem der unternehmerischen Gesamtorganisation aufgefaßt."
320 *Rowe*, 9 Neg. J. 203, 208.
321 *Schoen*, S. 4 und 192 ff.
322 *Lipsky/Seeber/Fincher*, S. 9, 19.
323 Design wird in Anlehnung an *Brockhaus*, Bd. 6, S. 477 definiert als das Gestalten von Gütern und Dienstleistungen nach technisch-funktionalen, marktwirtschaftlichen und ästhetischen Gesichtspunkten.
324 *Shariff*, 8 Harv. Neg. L. Rev. 133, 139.

Konfliktbeilegungsverfahren und streitpräventiven Instrumenten zu konzipieren und auf die Organisationsstruktur und andere internen und externen Rahmenbedingungen des Unternehmens maßzuschneidern.[325] Während das Konfliktmanagementsystem den Veränderungs*gegenstand* kennzeichnet, beinhaltet das Systemdesign den Veränderungs*prozess*. Mit dem (System-) *Design* ist somit die unternehmensspezifische Konzeption und Implementierung eines integrierten Konfliktmanagementsystems gemeint.[326]

3. Zusammenfassender Arbeitsbegriff

Das Systemdesign meint die planvolle, kreative und unternehmensspezifische *Gestaltung* eines integrierten Konfliktmanagementsystems samt seiner unterstützenden Strukturen im Unternehmen. Während allgemein ein hoher Anwendungsgrad konsensualer Streitbeilegungsverfahren als effizienzfördernder Faktor des Konfliktmanagements bewertet wird[327], ist es vielmehr die Art und Weise des Zusammenspiels der gerichtlichen und alternativen Konfliktbeilegungsverfahren mit den Instrumenten der Konfliktdeeskalation und Streitprävention, welches die Effektivität und Effizienz des Konfliktmanagements insgesamt und nachhaltig steigert.[328] Das Systemdesign basiert ferner auf der Annahme, dass das Konfliktmanagement eines Unternehmens nur dann qualitativ hochwertig ist, wenn es in die übergeordnete Unternehmensstrategie integriert und mit den Unternehmenszielen synchronisiert ist.

Das Systemdesign verknüpft also nicht nur die Einzelstrategien des unternehmerischen Konfliktmanagements miteinander, sondern ordnet sie in Ausrichtung auf die Unternehmensziele planmäßig in einem System an und stimmt sie aufeinander ab.[329] Es bietet den Konfliktparteien damit Handlungs- und Gestaltungsoptionen, gerichtliche und alternative Verfahren und Instrumente anzuwenden, um ihre Konflikte autonom, interessenorientiert, nachhaltig und effizient zu managen.[330] Ein integriertes Konfliktmanagementsystem ermöglicht Unternehmen, eine konfliktadä-

---

325 *Costantino/Merchant*, S. 50 f.; *Lipsky/Seeber/Fincher*, S. 13, 17; *Slaikeu/Hasson*, S. 73: "[...] create a system that fits its culture, structure, size, and nature of operations."
326 *Lynch*, im Internet abrufbar unter http://mediate.com/articles/systemsedit3.cfm: "When organizations go beyond ad hoc, case-by-case dispute resolution and turn their focus to systematically integrating all of these approaches into their day-to-day business, plus add processes that shift their conflict culture towards prevention, the new phenomenon is called an "Integrated Conflict Management System."
327 *McEwen*, 14 Ohio St. J. on Disp. Res. 1, 5 mit Verweis auf *CPR (Ed.)*, 15 Alternatives 85, 85.
328 Ähnlich auch *McEwen*, 14 Ohio St. J. on Disp. Res. 1, 6: "Deployment of mediation is only one part of the enterprise of managing disputes, and the effect of its use [...] depend largely on the degree to which other aspects of disputing management are or are not in place."; allein bezogen auf die gerichtliche Streiterledigung *Stürner*, in: Gilles (Hrsg.), S. 1, 13: „Die richtige Ausgewogenheit zwischen streitiger und gütlicher Verfahrenserledigung ist [...] wesentliches Element der Verfahrenseffizienz."
329 *Cronin-Harris*, 59 Alb. L. Rev. 847, 873; *Lipsky/Seeber/Fincher*, S. 309, 323.
330 *Goldberg/Brett/Ury*, 4 Neg. J. 413, 414.

quate Verfahrensabfolge zu entwickeln, die auf eine Vielzahl von wiederkehrenden Konflikten anwendbar ist, sowie unter mehreren geeigneten das konfliktadäquateste Verfahren auszuwählen – im Hinblick auf den zu Grunde liegenden Konflikt, ihre Interessen und Ziele sowie die sonstigen Rahmenbedingungen.[331] Ein integriertes Konfliktmanagementsystem ist folglich keine vorübergehende Lösung für einen akuten Konflikt eines Unternehmens, sondern ein dauerhaftes Instrument für einen aktiven Umgang mit den vielfältigen unternehmensinternen und -externen Konflikten.[332] Es unterstützt ein Unternehmen zusammenfassend darin, unternehmensspezifische Verfahren, Instrumente und Strukturen der Konfliktbehandlung und Entscheidungsfindung zu entwickeln und in die Unternehmenspraxis zu implementieren, die es den unternehmensinternen und -externen Parteien ermöglichen, ihre klärungsbedürftigen Konflikte frühestmöglich, autonom und konfliktspezifisch zu bearbeiten.[333]

III. Die bisherige Entwicklung des Systemdesigns

Seit Ende der 1980er Jahre hat das Systemdesign eine kontinuierliche Weiterentwicklung durchlaufen, die nachfolgend skizziert wird. Betrachtet man die Auseinandersetzung mit dem Systemdesign in den vergangenen 15 Jahren, so lassen sich chronologisch vier Entwicklungsschritte in den USA nachzeichnen: die Ausdifferenzierung eines effektiven Streitbeilegungssystems, das Bemühen um eine erfolgreiche Umsetzung des Systems in die Unternehmenspraxis, die methodische Kongruenz zwischen Konzeption und Implementierung sowie schließlich die empirische Untersuchung der Effektivität und Effizienz des Systemdesigns in Unternehmen.

1. Konzentration auf die Systemkonzeption

Am Anfang stand die Konzeption eines effizienten Systems im Mittelpunkt der wissenschaftlichen Auseinandersetzung. Die von Ury, Brett und Goldberg herausgearbeiteten Prinzipien, nach denen ein System konzipiert wird, haben sich bis heute bewährt und spiegeln sich in Systemen von US-amerikanischen Unternehmen wieder.[334] Die Frage nach der Implementierung eines so entwickelten Systems in die Unternehmenspraxis spielte hingegen anfänglich nur eine untergeordnete Rolle.

---

331 *Hoffmann-Riem*, S. 58.
332 *Lipsky/Seeber/Fincher*, S. 261: "We believe that [...] systems are not a temporary fix to a presenting problem but rather a sustainable vehicle to proactive conflict management."
333 *Lipsky/Seeber/Fincher*, S. 12 f.
334 *Ury/Brett/Goldberg*, S. 42 ff.; vgl. auch die Darstellung bei *Schoen*, S. 242 ff., 245 f.

2. Betonung der Systemimplementierung

Erfahrungen von Unternehmen mit der Implementierung der Systeme zeigten hingegen, dass ein sorgfältig konzipiertes System keinerlei Gewähr für seine Anwendung im Unternehmen gab. Häufig entsprachen die Streitbeilegungssysteme zwar konzeptionell den etablierten Entwurfsprinzipien, wurden jedoch von den Unternehmen und ihren Konfliktgegenparteien kaum oder nicht wie geplant eingesetzt. Mangels Anwendung realisierten die Systeme folglich nicht die prognostizierten Ziele. Infolgedessen rückten die Aspekte der Gestaltung des *Implementierungs*prozesses in den Fokus der Auseinandersetzung mit dem Systemdesign. Die Entwicklung eines Verfahrenssystems wurde ergänzt um Methoden und Maßnahmen zur erfolgreichen Systemimplementierung[335], beispielsweise Absichtserklärungen der Unternehmensleitung, Vertragsklauseln mit Verweis auf die Anwendung des Systems, Schulungen und Informationshilfen für die Mitarbeiter über die Nutzung des Systems sowie Anreize für den Einsatz des Systems.[336] Sie zielten allesamt darauf ab, Widerstände im Unternehmen gegen das neu entwickelte Systeme auszuräumen und Anreize für seine Anwendung zu schaffen.

3. Kongruenz zwischen Konfliktmanagementsystem und Designprozesses

Bis heute liegt die größte praktische Herausforderung des Systemdesigns darin, den Designprozess so zu gestalten, dass am Ende nicht nur ein effizientes Konfliktmanagementsystem entwickelt, sondern auch dergestalt im Unternehmen implementiert ist, dass es integraler Bestandteil des operativen Managements ist und von den Unternehmensmitgliedern sowie anderen Konfliktparteien eingesetzt wird und damit die Effizienz des unternehmerischen Konfliktmanagements nachweisbar steigert.

Ein Ansatz, diese Herausforderung erfolgreich zu bewältigen, liegt darin, das System und den Designprozess nicht voneinander getrennt, sondern einheitlich zu betrachten und zu gestalten. Wenngleich die Aufgaben und Anforderungen sowie das erforderliche Handwerkszeug für die Konzeption des Konfliktmanagementsystems und den Designprozess nicht identisch sind[337], besteht gleichwohl zwischen beiden ein methodischer Zusammenhang, den es zu beachten gilt. Der Stil des Designprozesses und der Stil des Konfliktmanagementsystems müssen aufeinander abgestimmt sein: Interessenorientierte Verfahren müssen auch durch einen interessenorientierten, partizipatorischen Designprozess entwickelt und umgesetzt werden.[338] Danach sind alle Konfliktparteien aktiv in die Entwicklung und Implementierung des Verfahrenssystems einzubeziehen. Auf diese Weise wird das System stabiler,

---

335 *Bingham/Nabatchi*, in: Palmer/Killian (Eds.), S. 105, 107.
336 Ausführlich *Slaikeu/Hasson*, S. 122 ff., 135 ff.; *Lipsky/Seeber/Fincher*, S. 225 ff.
337 *Goldberg/Sander/Rogers/Cole*, S. 306 betonen die Unterscheidung zwischen dem System und seinem Designprozess.
338 *Costantino/Merchant*, S. 52 f.; *Carter*, 17 Med. Q. 61, 62 f.

beständiger und somit insgesamt anwendungsfreundlicher für die potentiellen Konfliktparteien.[339]

4. Empirische Untersuchungen bestehender Konfliktmanagementsysteme

Alsbald nach der Vorstellung des Konzepts des Systemdesigns begannen US-amerikanische Unternehmen darauf aufbauend, Systeme zu konzipieren und zu implementieren. Mangels begleitender empirischer Untersuchungen fehlte es jedoch an Nachweisen über die positiven wie negativen Auswirkungen derartiger Designinitiativen. Erst in den vergangenen Jahren hat sich die wissenschaftliche Auseinandersetzung mit dem Systemdesign schwerpunktmäßig weg von der Theorie hin zur Empirie verlagert.[340] Die Frage, ob und inwieweit das Systemdesign tatsächlich dazu beiträgt, die Qualität des unternehmerischen Konfliktmanagements zu verbessern, ist in den Vordergrund gerückt. Während einzelne Studien punktuell die Qualität ausgewählter Konfliktbeilegungsverfahren untersuchten[341], fehlt bislang eine umfassende empirische Untersuchung über die Funktionsweise und die Qualität des Systemdesigns in Unternehmen. Zurückzuführen ist dies nicht zuletzt darauf, dass das Konzept des Systemdesigns selbst in den USA so neu ist, dass es bislang schwierig, wenn nicht gar unmöglich ist, den Erfolg oder Misserfolg des Systemdesigns empirisch nachzuweisen.[342] Vereinzelte Studien konzentrierten sich entsprechend der Entwicklung des Systemdesigns bislang lediglich auf innerbetriebliche Systeme.[343]

IV. Anwendungsbereich des Systemdesigns

Nicht nur Wirtschaftunternehmen praktizieren Systemdesign. Organisationen gleich welcher Art haben in der Vergangenheit erfolgreich Systeme entwickelt und in die Praxis umgesetzt: Kommunen[344], öffentliche Einrichtungen[345], Verwaltungsbehör-

---

339 *Costantino/Merchant*, S. 53 f.
340 *Lipsky/Seeber/Fincher*, S. 153 ff.; *AAA (Ed.)*, Dispute Wise Management, beinhalten Analysen und Evaluierungen des Konfliktmanagements in ausgewählten US-amerikanischen Unternehmen.
341 Insbesondere die Durchführung der Mediation als eine Verfahrenskomponente eines integrierten Konfliktmanagementsystems in Auseinandersetzungen des kollektiven Arbeitsrechts wurde ausführlich empirisch untersucht. Siehe dazu *Brett/Goldberg*, 37 Ind. & Lab. Rel. Rev. 49 ff.
342 *Cronin-Harris*, 59 Alb. L. Rev. 847, 873; *Lipsky/Seeber/Fincher*, S. 152.
343 Vgl. die Studien über das REDRESS Programm der US-amerikanischen Post (USPS) von *Anderson/Bingham*, Lab. L. J. 601 ff. und *Nabatchi/Bingham*, 18 Hofstra Lab. & Emp. L. J. 399 ff.
344 Vgl. die mehrstufige ADR-Klausel, welche die Stadt New York in alle Verträge mit Unternehmen aufgenommen hat, bei *CPR*, 9 Alternatives 50 ff.

den[346] und Wirtschaftsunternehmen[347]. Das Systemdesign ist in sämtlichen Organisationen einsetzbar.[348] Wenngleich die meisten Systeme nur in nationalen Konflikten eingesetzt werden, gibt es vereinzelt Organisationen, deren Systeme auch in grenzüberschreitenden Konflikten Anwendung finden.[349] In der US-amerikanischen Praxis ist das unternehmensinterne Systemdesign am verbreitesten, obwohl es gleichermaßen in unternehmensexternen Konflikten einsetzbar ist. Anhand der nun folgenden Analyse der Anwendungsbereiche des Systemdesigns wird für ein unternehmensweites Systemdesign plädiert.

1. Unterscheidung zwischen unternehmensinternem und -externem Systemdesign

Das Konzept des Systemdesigns hat seit seiner Entwicklung Ende der 1980er Jahre in US-amerikanischen Unternehmen ganz überwiegend unternehmensintern bei Konflikten am Arbeitsplatz Anwendung gefunden.[350] Vor dem Hintergrund, dass in den USA die Anzahl arbeitsrechtlicher Klagen in den vergangenen zwanzig Jahren um 2.200 Prozent „explodiert" ist[351], haben US-amerikanische Unternehmen nach Auswegen aus dieser Prozessflut gesucht. Anfang der 1990er Jahre wurden daraufhin die ersten internen Konfliktmanagementsysteme in Unternehmen designt. Diese Systeme nehmen nicht zuletzt wegen ihres Erfolgs noch heute eine Vorreiterrolle als Leitbild für das Systemdesign in anderen Unternehmen ein. Prominent sind die sogenannten *workplace conflict management systems* der US-amerikanischen Unternehmen Halliburton (vormals Brown & Root), Motorolla und Shell Oil. Auch in Deutschland haben Unternehmen ansatzweise internes Systemdesign betrieben und entsprechende Konfliktmanagementsysteme entwickelt und implementiert.[352] Daneben findet das Systemdesign auch in einzelnen Transaktionen und Projekten zwi-

---

345 Siehe *Murray*, 5 Neg. J. 365 ff. zu Systemdesign in einer amerikanischen Schule; *Brown*, 86 Ill. B.J. 432 ff. sowie *Lehrburger/Van Cleave*, 26 Colo. Law. 43 ff. zu Systemdesign in US-amerikanischen Krankenhäusern.
346 Aus den USA sind zu nennen Air Force, Army, Navy und Marine Corps, Coast Guard, U.S. Secret Service und Federal Deposit Insurance Corporation; alle zitiert nach *Rowe*, in: Gleason (Ed.), S. 79, 84; siehe auch *Manring*, 9 Neg. J. 13, 13 mit weiteren Beispielen aus der US-amerikanischen Bundesverwaltung.
347 Folgende Unternehmen haben in unterschiedlicher Form Systemdesign betrieben: Citibank, Federal Express, McDonell-Douglas, Motorola, Polaroid, United Technologies, Xerox, American Express, Halliburton; alle zitiert nach *Rowe*, in: Gleason (Ed.), S. 79, 83 f.; ferner Shell, General Electric, Coca-Cola, Siemens, Maritim Hotelkette, Bombardier Transportation.
348 *Slaikeu/Hasson*, S. 63 sprechen von „universal application".
349 Zu nennen ist das Konfliktmanagementsystem der World Bank Group und der Siemens USA Corporation.
350 *Lipsky/Seeber/Fincher*, S. 313; *SPIDR (Ed.)*, S. 9 ff.
351 Vgl. *Shaw*, AD 70 ALI-ABA 447 m.w.N.
352 Zu nennen ist hier die Maritim Hotelgesellschaft. Vgl. dazu *Dendorfer*, ZKM 2001, 167 ff.

schen wirtschaftlich und rechtlich selbständigen Unternehmen[353] sowie zwischen Unternehmen[354] und ihren Kunden[355] statt.[356]

2. Plädoyer für ein unternehmensweites Systemdesign

Da die Strategien des Konfliktmanagements sich entweder auf betriebsinterne oder betriebsexterne Konflikte beziehen, haben Unternehmen im Wege des Systemdesigns entweder ein unternehmensinternes System des Konfliktmanagements oder aber ein externes entwickelt.[357] Zum Teil setzen sie auch gleichzeitig separate Systeme ein.[358]

Ein überzeugender Grund für diese Differenzierung ist hingegen nicht ersichtlich. Im Gegenteil: ein unternehmensweites System ermöglicht Synergien. Denn das Konfliktmanagement ist weniger von der Verortung des Konfliktes, als vielmehr von einem konfliktadäquaten Umgang geprägt. Maßgeblich sind folglich die Möglichkeiten und Grenzen des konfliktspezifischen Designs der im System integrierten Einzelverfahren im System. Wie sich zeigen wird, eignet sich ein einheitliches, aber gleichwohl flexibles System des Konfliktmanagements zur Gestaltung der internen und externen Konflikte eines Wirtschaftsunternehmens.[359] Die vorliegende Untersuchung verfolgt daher einen ganzheitlichen – unternehmensweiten – Ansatz, der ein internes und ein externes (Teil-)System in einem einheitlichen System integriert. Dieses *integrierte Konfliktmanagementsystem* erfasst sowohl Konflikte mit rein nationaler als auch mit grenzüberschreitender Anknüpfung.[360] Diese Tendenz zu einem

---

353 Vgl. das Streitbeilegungssystem des *Central Valley/Harbor Tunnel* Bauprojekts in Boston, USA, an dem mehr als 75 Unternehmen und hunderte von Subunternehmen beteiligt sind, bei *Stedman*, 15 Neg. J. 5 ff.
354 *Duve/Eidenmüller/Hacke*, S. 319.
355 Vgl. die Streitbeilegungssysteme der *Bank of America* und *Wells Fargo Bank* in Auseinandersetzungen mit ihren Verbraucherkunden bei *Reuben*, Cal. Law. 17 f.
356 Bei diesen Systemen handelt es sich allerdings nicht um Konfliktmanagement-, sondern um Streitbeilegungssysteme, weil die Systeme auf vertragsrechtliche Streitigkeiten Anwendung finden.
357 Die Untersuchung von *Lipsky/Seeber/Fincher*, S. xi ist auf betriebsinterne Konflikte („workplace conflict management systems") beschränkt; *Schoen*, S. 5, behandelt in seiner Untersuchung allein externe Konflikte „zwischen Unternehmen, die in direkten Geschäftsbeziehungen stehen oder die auf dem Markt als Wettbewerber auftreten" und „die Darstellung der Konfliktbehandlung auf nationaler Ebene".
358 Kritisch dazu *Slaikeu/Hasson*, S. 13: „The result is a hodgepodge of procedures that overlap, conflict, and confuse managers."
359 *Slaikeu/Hasson*, S. 13: „In the very best systems, the same values of early resolution are encouraged in all areas [of internal and external conflict] [...]."
360 Bedarf und Interesse an Konfliktmanagementsystemen besteht gerade in international agierenden deutschen Unternehmen. Nach einer nicht repräsentativen Unternehmensumfrage, sind 2/3 der deutschen Unternehmen, die nach eigenen Angaben über ein Konfliktmanagementsystem verfügen, international tätig. Siehe *Schoen*, S. 62; öffentlich-rechtliche Streitigkeiten eines Unternehmens werden allerdings nicht behandelt.

ganzheitlichen Systemdesign setzt sich zögerlich auch in der Wissenschaft und Praxis durch.[361]

Zweifellos erhöht ein unternehmensweites Systemdesign die Komplexität in erheblicher Weise. Es ist daher erforderlich, den Prozess des Systemdesigns sorgfältig zu strukturieren. Als Modell bietet sich gedanklich ein mehrstufiger Designprozess an[362]: Die erste Stufe bilden die unternehmensexternen Konflikte des Unternehmens mit ausländischen Konfliktgegenparteien; die zweite Stufe bilden die unternehmensexternen Konflikte mit Konfliktgegenparteien aus dem Inland und die dritte Stufe bilden die unternehmensinternen Konflikte. Für diesen abgestuften Aufbau spricht folgende Überlegung: Grenzüberschreitende Konflikte eines Unternehmens sind erfahrungsgemäß zahlenmäßig geringer als nationale. Sie resultieren regelmäßig aus grenzüberschreitenden Transaktionen. Die Konfliktthemen sind folglich primär vertragliche (Rechts-)Ansprüche. Ferner sind in grenzüberschreitenden Transaktionen schiedsgerichtliche und alternative Verfahren der Streitbeilegung etablierter als in rein nationalen Transaktionen.[363] Daran anknüpfend lässt sich das Systemdesign auf nationale externe Konflikte des Unternehmens ausdehnen, die ebenfalls schwerpunktmäßig vertragsrechtlicher Natur sind. Als letztes findet das Systemdesign in unternehmensinternen Konflikten Anwendung, in denen das Spektrum der Auseinandersetzungen von sozialen Konflikten bis hin zu Rechtsstreitigkeiten reicht.

V. Zusammenfassung

Das Systemdesign, als Kurzform für das Design eines integrierten Konfliktmanagementsystems, meint die unternehmensspezifische Konzeption und Implementierung eines integrierten Konfliktmanagementsystems im Unternehmen.[364] Es ist ein Gestaltungsprozess, mit dem die gerichtlichen und alternativen Konfliktbeilegungsverfahren zusammen mit Instrumenten der Streitprävention in einem privatem System des Konfliktmanagements integriert und im Unternehmen umgesetzt werden.[365] Systemdesign ist kein reaktives, sondern aktives Konfliktmanagement: Auftretende

---

361 Vgl. das Systemdesign der Siemens USA Corporation bei *Gans*, ZKM 2001, 66, 67 ff. Siehe ferner *Slaikeu/Hasson*, S. 63 ("universal application"); ähnlich – allerdings auf Streitbeilegungssysteme beschränkt – *Sander*, in: Gottwald/Strempel/Beckedorff/Linke (Hrsg.), 4.5, S. 41: "Jede große Organisation könnte die Idee der systematischen Streitbeilegungssysteme umsetzen, um einen systematischen Rahmen für die Behandlung von *innerhalb der Organisation* sowie *zwischen dieser und Außenstehenden* entstandenen Streitigkeiten zu schaffen." [Hervorhebungen durch den Verfasser]
362 Siehe zu diesem zweistufigen Designansatz auch *Lynch*, 17 Neg. J. 203, 210: "The design [...] of integrated conflict management systems is usually undertaken by corporations or organizations to address internal workplace conflicts. The system is then applied to issues that arise with external stakeholders [...], although it can certainly be launched first for external conflicts."
363 *Schwartz*, 10 ICSID Rev. 98, 100.
364 *Carter*, 17 Mediation Q. 61, 63.
365 *Alexander*, S. 131.

Konflikte werden dem bestehenden Verfahrenssystem zugeführt, anstatt das Verfahrenssystem nachträglich – erst nach Auftreten des Konflikts – zu entwickeln.[366] Es verfolgt das Ziel, ADR-Verfahren dergestalt in der Unternehmenspraxis zu verankern, dass sie unternehmensweit zur Anwendung kommen und eine Strategie der konsensualen Entscheidungsfindung und Problemlösung im Unternehmen etablieren.[367] Das Systemdesign ist keine Revolution, sondern Ausdruck der Evolution von alternativer und gerichtlicher Streitbeilegung und Konfliktmanagement.[368]

B. Verortung des Systemdesigns

Die vorausgegangenen Ausführungen haben verdeutlicht, dass das Systemdesign ein breites wie fundiertes Wissen über das Konfliktmanagement, die gerichtlichen und alternativen Konfliktbearbeitungsverfahren sowie das Projekt- und Veränderungsmanagement erfordern.[369] Vor diesem Hintergrund stellt sich die Frage, ob das Systemdesign eine neue Disziplin sui generis oder eine Kombination etablierter Ansätze und Methoden aus verschiedenen Disziplinen ist. Diese Frage bildet den Ausgangspunkt für die nun folgende Begutachtung der Verortung des Systemdesigns.

Das Systemdesign basiert auf den Verfahren der gerichtlichen und alternativen Streitbeilegung und leitet aus ihrem komplementären Zusammenspiel ein System der Konfliktbehandlung her (I.), das sich von anderen Formen der Institutionalisierung der außergerichtlichen Verfahren in der Konfliktbehandlungspraxis abgrenzt (II.). Für den Prozess der konkreten, unternehmensspezifischen Konzeption und Implementierung eines integrierten Konfliktmanagementsystems greift das Systemdesign auf die Methoden und Instrumente anderer Disziplinen zurück (III.). Das integrierte Konfliktmanagementsystem als Produkt des Systemdesigns knüpft an die Erfahrungen von Unternehmen mit vergleichbaren Managementsystemen an, die im Rahmen von innerbetrieblichen Projekten entwickelt und implementiert werden (IV.).

I. Konfliktbehandlung als System

In der Wissenschaft und Praxis der Alternativen Streitbeilegung ist die Verortung des Systemdesigns uneinheitlich. Einmal wird es als eine Form der Mediation darge-

---

366 In der Praxis empfiehlt es sich gleichwohl, die Details über den Ablauf der Verfahren vor ihrer Einleitung und Durchführung im Wege des Verfahrensdesigns zu gestalten.
367 *Cronin-Harris*, 59 Alb. L. Rev. 847, 873 spricht von „full ADR utilization".
368 *Costantino/Merchant*, S. 49 f.: „[...] conflict management systems design is neither radical nor revolutionary. It is simply further movement along the continuum [...] of dispute resolution and conflict management." Ähnlich *Lynch*, 17 Neg. J. 203, 207.
369 *Lipsky/Seeber/Fincher*, S. 261.

stellt[370], ein anderes Mal als eine Anwendung der ADR-Grundverfahren[371], an anderer Stelle schließlich als neue Erscheinungsform auf dem Gebiet der Alternativen Streitbeilegung[372]. Zum Teil wird das Systemdesign auch als eigenständige Disziplin angesehen[373] oder als jüngste Erscheinung im Bereich des Konfliktmanagements[374]. Die Verortung gibt Aufschluss über die Frage, ob das Systemdesign „alter Wein in neuen Schläuchen" der Konfliktbearbeitungspraxis oder aber ein neuer Ansatz sui generis ist, welcher theoretisch und konzeptionell fundiert ein praxistaugliches und bedarfsorientiertes Konzept des Konfliktmanagements in Unternehmen eröffnet.

Nach den bisherigen Ausführungen ist das Systemdesign kein Verfahren der Streitbeilegung, sondern ein Ansatz, die unterschiedlichen gerichtlichen und alternativen Verfahren in Beziehung zueinander zu setzten und aufeinander abgestimmt einem Konflikt oder Streitfall zuzuführen. Insoweit ist es weder eine Form der Mediation, noch ein hybrides ADR-Verfahren. Zudem sind auch gerichtliche Verfahren der Streitbeilegung, nämlich Schiedsverfahren und Zivilprozess, Bestandteile des Verfahrensspektrums.

Das Systemdesign bringt vielmehr die kontinuierliche Weiterentwicklung der *Alternative Dispute Resolution* zum Ausdruck. Diese Evolution ist von Beginn an in zwei Richtungen verlaufen: Differenzierung und Integrierung[375]: Erstere meint die Differenzierung alternativer Konfliktbeilegungsverfahren, die bereits oben im Rahmen der Alternativverfahren skizziert wurde. Letztere kennzeichnet das Zusammenspiel der alternativen mit den (schieds-)gerichtlichen Konfliktbearbeitungsverfahren in einem integrierten Verfahrensspektrum, das für das Verständnis und die Verortung des Systemdesigns grundlegend ist und daher einer ausführlicheren Darstellung bedarf. Für den Ansatz des Systemdesigns sind zwei Aspekte grundlegend, die einführend erläutert werden: die Dynamik von Konflikten und die Dimensionen ihrer Behandlung. Daran anschließend wird dargestellt, inwieweit das Systemdesign auf diesen beiden Gesichtspunkten aufbaut.

1. Die Dynamik von Konflikten

Bereits die Darstellung der unterschiedlichen unternehmensinternen und -externen Konflikte von Unternehmen hat veranschaulicht, wie komplex und dynamisch Konflikte sind. Nicht in der Existenz von Konflikten, sondern in ihrem Verlauf zeigt sich ihre Dynamik. Der auf den ersten Blick theoretische Entwicklungsprozess von Kon-

---

370 *Rau/Sherman/Peppet*, S. 336 thematisieren *Systems Design* als eine Entwicklungsform von Mediation.
371 *Goldberg/Sander/Rogers/Cole*, S. xv.
372 *Kovach*, S. 250 f.
373 *Murray*, 5 Neg. J. 365, 365.
374 *Kolb/Silbey*, 6 Neg. J. 297 ff.
375 *Breidenbach*, in: Gottwald (Hrsg.) S. 117, 119.

flikten lässt sich im Rahmen des Systemdesigns für die Praxis des Konfliktmanagements nutzbar machen.

a) Wertneutralität von Konflikten

Konflikte sind Bestandteil des regulären Geschäftsablaufs.[376] Diese Erkenntnis ist nicht neu. Erkenntnisfördernd ist dagegen die daraus abgeleitete These, dass ein Konflikt wertneutral ist. Zwar empfinden die Beteiligten Konflikte regelmäßig als etwas Negatives,[377] als Probleme, die wohl oder übel bewältigt werden müssen. Es stellt sich indes bei näherer Betrachtung die Frage, ob sie die bloße Existenz eines Konflikts oder die Art und Weise seines Verlaufs – den Konfliktprozess – negativ beurteilen. Die gebräuchliche Differenzierung zwischen konstruktiven und destruktiven Konflikten suggeriert, dass es gute (konstruktive) und schlechte (destruktive) Konflikte gibt. Diese Unterscheidung ist allerdings irreführend, sofern man daraus ableitet, dass konstruktive Konflikte Stagnation vermeiden, Interesse und Neugier stimulieren und zur Problemanalyse sowie zu kreativen Lösungsoptionen motivieren, während destruktive Konflikte Beziehungen beeinträchtigen, Kommunikation verhindern und Problemlösungen vereiteln.[378] Denn nicht der Konflikt als solcher ist konstruktiv oder destruktiv, sondern die Parteien beurteilen den Konfliktverlauf und die Konfliktfolgen am Ende des Konfliktprozesses als konstruktiv oder destruktiv. Ein Konflikt ist somit für sich genommen wertneutral, trägt jedoch positives und negatives Entwicklungspotential in sich. Konflikte haben mithin produktive Auswirkungen, wenn mit ihnen konstruktiv umgegangen wird.[379] Entscheidend ist, wie der Prozess der Konfliktentwicklung verläuft, wie die Parteien den Konflikt behandeln und gestalten. Übertragen auf das Konfliktmanagement eines Unternehmens folgt daraus eine für das Systemdesign grundlegende Erkenntnis: Unternehmen haben Gestaltungsspielraum im Konflikt, den sie in konstruktiver oder destruktiver Weise ausüben können.

b) Der Prozess der Konfliktentwicklung

Ein Konflikt ist vor diesem Hintergrund kein pathologischer Zustand[380], kein greifbares Problem, das „weggelöst" oder kontrolliert werden muss[381], sondern ein ge-

---

376 *Lipsky/Seeber/Fincher*, S. 300.
377 *Costantino/Merchant*, S. 11.
378 Kategorisierung nach *Tillett*, S. 6.
379 *Rahim*, S. 39: „The studies [...] indicate that conflict in organizations can be productive if it is handled in a constructive manner." Siehe auch *Boulding*, J. Confl Res. 409, 410: "I am not sure now, [...] that "resolution" was the right word [...]. Perhaps "management" would have been better, for the distinction between constructive and destructive conflicts is not necessarily the same as the distinction between those which are resolved and those which are not."
380 Vgl. *Gottwald*, S. 32.

staltbarer Prozess, der sich anhand eines Kontinuums der Konfliktentwicklung veranschaulichen lässt. Dieses Kontinuum beinhaltet idealtypisch und abstrakt verschiedene Eskalationsstufen, die ein Konflikt durchläuft. Drei Phasen lassen sich unterscheiden, die in einem dynamischen wechselseitigen Zusammenhang stehen.[382]

Den Ausgangspunkt der Konfliktentwicklung bildet eine subjektive Unzufriedenheit als Ausdruck eines wahrgenommenen und benannten Unrechts in Bezug auf die eigene Person („naming").[383] Dieses empfundene Unrecht resultiert regelmäßig daraus, dass die eigenen Interessen als nicht deckungsgleich mit den Interessen einer anderen Person empfunden werden.[384] Dieses empfundene Unrecht wird sodann mit einer bestimmten Person verknüpft und personifiziert („blaming"), indem es auf eine bestimmte Person projiziert und schließlich offen in einem Anspruch gegen diese Person geltend gemacht wird („claiming").[385] Die drei Phasen des *naming, blaming* und *claiming* umfassen das Entwicklungsstadium des Konflikts.

Erst wenn der Anspruchsgegner den Anspruch nicht vollständig erfüllt, wandelt sich der Konflikt zum Streit.[386] Er ist dadurch gekennzeichnet, dass sich nunmehr Ansprüche und (Gegen-)Ansprüche mindestens zweier Personen gegenüberstehen. Da sich die Ansprüche gegenseitig ausschließen, zumindest aber inkongruent sind, bedarf es einer Entscheidung darüber, welche Partei mit ihrem Anspruch obsiegt oder unterliegt („disputing")[387], wobei das Obsiegen der einen Partei spiegelbildlich das Unterliegen der anderen bedeutet. Zwischen einem Konflikt und einem Streit besteht folglich eine Wechselwirkung: Der Streit ist ein Konflikt, der einer Entscheidung bedarf. Jedem Streit liegt demnach ein Konflikt zugrunde, aber nicht jeder Konflikt entwickelt sich zu einem Streit.[388] Evident wird dies bei der nächsten Entwicklungsstufe eines Konflikts, dem Rechtsstreit.

Auf der letzten Entwicklungsstufe eskaliert der Streit zu einem Rechtsstreit bzw. einer verrechtlichten Streitigkeit („adjudicating").[389] „Verrechtlichen" bedeutet, den Lebenssachverhalt eines Konflikts auf die Tatbestandsvoraussetzungen einer vertraglichen oder gesetzlichen Anspruchsgrundlage zu reduzieren.[390] Der ursprüngliche Konflikt, der sich zu einem Streit entwickelte, wird – bewusst oder unbewusst – auf einen rechtlich relevanten Sachverhalt minimiert mit der Folge, dass sich der

---

381 *Costantino/Merchant*, S. 5.
382 Ausführlich dazu *Felstiner/Abel/Sarat*, 15 Law & Soc'y Rev. 631 ff. *Falke/Gessner*, in: Blankenburg/Gottwald/Strempel (Hrsg.), S. 289, 301, beschreiben die Dynamik zwischen den einzelnen Eskalationsstufen.
383 *Felstiner/Abel/Sarat*, 15 Law & Soc'y Rev. 631, 635.
384 Auch eine gestörte Kommunikation und schlechte persönliche Beziehungen kommen als Auslöser in Betracht; vgl. dazu *Schoen*, S. 17 f.
385 *Breidenbach*, S. 46 f.
386 *Felstiner/Abel/Sarat*, 15 Law & Soc'y Rev. 631, 636.
387 *MacNaughton*, in: Silkenat/Aresty (Eds.), S. 113, 114: "A dispute is a conflict that has hardened into a contest over who will prevail – who is right (and wrong) or who is stronger."
388 Vgl. *Costantino/Merchant*, S. 5; *Reilly/MacKenzie*, S. 2.
389 Ausführlicher dazu *Breidenbach*, Mediation, S. 50 ff.; *Birner*, S. 7 f.
390 *Breidenbach*, S. 50 f.; *Koch*, in: Bachmann/Breidenbach/Coester-Waltjen/Heß/Nelle/Wolf (Hrsg.), S. 399, 410 spricht von „juridifiziert".

Konfliktgegenstand zu einem allein nach dem materiellen Recht zu beurteilenden Streitentscheidungsgegenstand transformiert.[391] Die geltend gemachten Ansprüche mutieren zu *Rechts*ansprüchen. Der Maßstab für den Vorrang des einen Anspruchs gegenüber dem anderen ist ebenfalls reduziert auf die rechtliche Beurteilung des zugrundeliegenden (justiziablen) Lebenssachverhalts.

c) Bedeutung für das Systemdesign

Der Nutzen dieser Eskalationsphasen eines Konfliktprozesses für das Systemdesign liegt darin, dass sich einerseits ein konfliktöser Sachverhalt auf einer Entwicklungsstufe verorten lässt, und andererseits einer bestimmten Entwicklungsstufe des Konflikts gezielt einzelne oder mehrere Konfliktbearbeitungsverfahrens zugeordnet werden können. Im Konfliktmanagement ist folglich nicht der Konflikt auf das Verfahren, sondern das Verfahren auf den Konflikt in seiner jeweiligen Eskalationsstufe anzupassen. Diese Berücksichtigung der Konfliktentwicklung trägt zwei Sachverhalten Rechnung: Zum einen, dass ein Konfliktbeilegungsverfahren, welches für eine bestimmte Entwicklungsstufe des Konflikts geeignet ist, nicht notwendig auch für eine andere Konfliktstufe geeignet ist[392]; zum anderen, dass ein Konfliktbehandlungsverfahren in einem bestimmten Kontext adäquat, in einem anderen dagegen inadäquat sein kann[393].

Das Verfahrensspektrum knüpft daher nicht allein an die (schieds-)gerichtlichen – rechtsbasierten – Streitentscheidungsverfahren an, sondern an interessen- und rechtsbasierte Konfliktbeilegungsverfahren.[394] Den Parteien wird ein komplementäres Verfahrensspektrum zur Verfügung gestellt, das es ihnen ermöglicht, ihren individuellen Konflikt entsprechend seinem Eskalationsgrad und ihren Zielen im Konflikt interessen- oder rechtsbasiert zu gestalten.[395] Befindet sich die Auseinandersetzung beispielsweise auf der Entwicklungsstufe eines Konflikts oder Streits, nicht aber eines Rechtsstreits, sollten allein interessenbasierte Verfahren in Betracht kommen, weil die Durchführung von rechtsbasierten Verfahren dazu führen würde, dass der Konflikt bzw. Streit erst zu einem Rechtsstreit gewandelt werden müsste.

---

391 Der Begriff des Streitentscheidungsgegenstands ist geprägt von *Breidenbach*, S. 55.
392 *Goldberg/Brett/Ury*, in: Wilkinson (Ed.), S. 38 ff.: "It is not enough to agree on a single dispute resolution procedure [...] because a procedure that is satisfactory at one stage of a dispute may not be satisfactory at another stage of the same dispute."
393 *Rahim*, S. 42, 55.
394 *Breidenbach*, S. 41:" Der Konflikt ist kein fertiger, tatbestandlich quasi vorformulierter Sachverhalt, der einem Gericht zur Prüfung vorgelegt wird, sondern ein sich ständig verändernder Ausschnitt aus einem sozialen Geschehen. Geht es um Alternativen zur Endentscheidung der Auseinandersetzung durch den Richter, so sollte nicht isoliert genau dieses Endstadium der Konfliktbehandlung betrachtet, sondern die ganze Entwicklung des Konflikts einbezogen werden, um nach möglichen Ansatzpunkten zu suchen."
395 *Birner*, S. 11.

Ist die Auseinandersetzung allerdings bereits zu einem Rechtstreit eskaliert, so konkurrieren interessen- und rechtsbasierte Verfahren um seine Beilegung.

2. Die Bedeutung der Dimensionen der Konfliktbehandlung für das Systemdesign

Will man das gesamte Spektrum an Verfahren und Instrumenten der Konfliktbearbeitung nutzbar machen für das Konfliktmanagement im Unternehmen, muss man zunächst einmal die verschiedenen Dimensionen erfassen, auf denen eine Behandlung des Konflikts möglich ist.

Während Konfliktbeilegungsverfahren die Behandlung eines Konflikts, Streits oder Rechtsstreits bezwecken, also bei den einzelnen Konfliktstufen ansetzen, zielen die präventiven Instrumente auf den dynamischen Prozess der Konfliktentwicklung ab.[396] Sie entschleunigen die Konfliktentwicklung mit dem Ziel, dass ein Konflikt nicht zu einem Streit oder einer Rechtsstreitigkeit eskaliert.[397]

Während die ADR-Bewegung das Verfahrensspektrum der kurativen Konfliktbehandlung erweitert und den Parteien alternative Verfahren zur Verfügung gestellt hat, Konflikte zu bearbeiten, wird die präventive Konfliktbehandlung[398] bislang in der Praxis vernachlässigt. Das Systemdesign greift demgegenüber auf diese beiden Dimensionen der Konfliktbehandlung zurück und koordiniert das Zusammenspiel der kurativen Behandlung von Konflikten und Rechtsstreitigkeiten mit Instrumenten der präventiven Konfliktbehandlung[399].

Im Rahmen des Systemdesigns gilt es, dem Unternehmen und den übrigen Konfliktparteien ein größtmögliches Spektrum an kurativen *und* präventiven Konfliktbehandlungsverfahren und –instrumenten anzubieten, in eine Konfliktmanagementordnung zu integrieren und ihren jeweiligen Ablauf und das Zusammenspiel der Verfahren und Instrumente zu gestalten. Auf diese Weise wird ein optimales, weil konfliktnahes und kontextspezifisches System des Konfliktmanagements auf das Unternehmen maßgeschneidert und in der Unternehmenspraxis institutionalisiert.

---

396 Grundlegend *Glasl*, S. 18, 289.
397 *Slaikeu/Hasson*, S. xi veranschaulichen die Bedeutung der Streitprävention anhand der Sicherheitstechnik in Automobilen: „We find it hard to accept that we waited so long to require seat belts and air bags in all automobiles as a way of reducing risk and loss. For businesses as with automobiles, if we have an answer to loss prevention then why not use it across the board?"
398 Ausführlich dazu *Ury/Brett/Goldberg*, S. 61; *Schoen*, S. 165 ff.
399 Vgl. *Cronin-Harris*, 59 Alb. L. Rev. 847, 873.

3. Praktische Umsetzung der integrierten Konfliktbehandlungslehre durch Systemdesign

Das Systemdesign führt zu einem Perspektivenwechsel, weil es die Konfliktbehandlung selbst als integriertes System erfasst und für das unternehmerische Konfliktmanagement nutzbar macht. Als Argumentationsbasis dient die Lehre einer einheitlichen Streitbehandlung, die in der Wissenschaft entwickelt und diskutiert[400], bislang aber noch nicht in der Praxis adaptiert worden ist. Wie sich zeigen wird, entwickelt das Systemdesign diese Streitbehandlungslehre weiter, indem sie es um das Modul der präventiven Konfliktbehandlung ergänzt, und in die Praxis des Konfliktmanagements umsetzt.

a) Wechselwirkung zwischen Interessen, Recht und Macht als Beurteilungsmaßstäbe im Konflikt

Drei Beurteilungsmaßstäbe der Konfliktbearbeitung lassen sich unterscheiden: einen Ausgleich der Parteieninteressen; die Entscheidung, welche Partei im Recht ist oder eine Beurteilung danach, welche Partei mehr Macht hat.[401] Die Unterscheidung zwischen der Konfliktbeilegung über Interessen, Recht und Macht wurde an anderer Stelle umfassend untersucht und dargestellt.[402]

Der Beitrag von ADR für das System der Konfliktbehandlung liegt weniger darin, die Konfliktbeilegung in ein Forum außerhalb der staatlichen Gerichtsbarkeit zu verlagern, als vielmehr in der Fokussierung eines bestimmten Beurteilungsmaßstabs. Anstatt einen Konflikt über die rechtliche Bewertung seines Streitgegenstandes oder über die Verteilung der Macht unter den Parteien zu bewerten, ermöglichen ADR-Verfahren einen dritten Maßstab, nämlich einen Ausgleich der Interessen der Parteien. Die Berücksichtigung der Parteieninteressen im Konflikt basiert auf einer ebenso simplen wie nachvollziehbaren Grundannahme: Wenn schon die widerstreitenden Interessen der Akteure (zumindest) mitursächlich für die Entstehung und Entwicklung eines Konflikts sind[403], liegt es nahe, diese Interessen[404] auch zur Beilegung des Konflikts zu operationalisieren. Das Verhandeln und die Mediation gelten allgemein

---

400 *Breidenbach*, S. 2 f.; *Breidenbach*, in: Gottwald (Hrsg.), S. 117, 124 ff.
401 *Ury/Brett/Goldberg*, S. 4.
402 Grundlegend *Ury/Brett/Goldberg*, S. 3 ff.; dagegen unterscheiden *Slaikeu/Hasson*, S. 23 ff., ins. 24, vier Optionen der Konfliktbeilegung: *avoidance, collaboration, higher authority* und *unilateral power play*. Zusammenfassend *Schoen*, S. 24 ff., 29 ff.
403 Auch *Schoen*, S. 17 mit Fn. 17 stellt zutreffend fest, dass Interessengegensätze nicht monokausal für die Konfliktentfaltung ist: „Entgegen einer weit verbreiteten Ansicht beruht der Konflikt dabei nicht ausschließlich auf tatsächlichen oder so wahrgenommenen Interessengegensätzen."
404 Interesse wird in diesem Kontext weit interpretiert als Oberbegriff für Bedürfnisse, Wünsche, Ängste und Ziele, welche allesamt der vertretenen Position im Konflikt zugrunde liegen.

als interessenbasierte Verfahren der Konfliktbeilegung.[405] Dies ist insofern unpräzise, als es unterschiedliche Stile des Verhandelns und der Mediation gibt. Nur das interessenbasierte direkte und drittunterstützte Verhandeln legt den Maßstab der Interessen zu Grunde.[406] Je nachdem, welchen Stil die Parteien auswählen, sind die direkten Verhandlungen und die Mediation eher als interessen- oder rechtsorientierte Verfahren zu qualifizieren.[407]

Die Konfliktbeilegung über Recht legt demgegenüber einen objektiven Beurteilungsmaßstab an: das geltende Recht aus Gesetz und Vertrag. Wenngleich es von den Parteien als legitimer und fairer Maßstab beurteilt wird[408], fällt es den Konfliktparteien regelmäßig schwer, einen Ausgleich über das Recht zu finden, weil seine Anwendung im Einzelfall auslegungsbedürftig ist. Die Parteien übertragen die Auslegung und Anwendung des Rechts im Konflikt daher in aller Regel einem neutralen Rechtsexperten, dem staatlich legitimierten Richter oder privat bestellten Schiedsrichter, der eine die Parteien bindende Entscheidung des Konflikts fällt.

Für das Systemdesign ist weniger von Interesse, dass es unterschiedliche Beurteilungsmaßstäbe in der Konfliktbearbeitung gibt. Entscheidender ist vielmehr ihr Zusammenspiel in der Praxis: Die Parteien können durch ein Zusammenspiel von Interessen und Recht den Prozess und Inhalt ihrer Konfliktbeilegung optimieren. Je nach Kontext wird eine Partei einen bestimmten Maßstab bevorzugen oder mit einem anderen kombinieren[409].

Die Beurteilungsmaßstäbe ergänzen sich jedoch nicht nur, sondern beeinflussen sich auch gegenseitig.[410] Ein Ausgleich der Interessen findet nur im Rahmen der Rechtsbeziehungen und des Machtgefüges zwischen den Parteien statt. Ebenso bewegt sich die rechts- und interessenbasierte Konfliktbearbeitung jeweils im Rahmen des Machtverhältnisses zwischen den Parteien.[411] In der Praxis der Konfliktbearbeitungsverfahren besteht danach eine Wechselwirkung zwischen einer interessen- und rechtsbasierten Konfliktbeurteilung.[412] Die Konfliktparteien steuern, inwieweit die Verfahren schwerpunktmäßig rechts- oder interessenorientiert sind. Nicht alle Konflikte lassen sich adäquat durch einen Ausgleich der Parteieninteressen beilegen.[413] In einzelnen Konstellationen ist es mitunter notwendig, sich (zunächst) an der

---

405 *Schoen*, S. 25.
406 Zur Unterscheidung zwischen interessen- und rechtsbasierter Mediation *Breidenbach*, S. 13 ff., 17.
407 *Breidenbach*, in: Gottwald (Hrsg.), S. 117, 123 weist darauf hin, dass in den USA ein rechtsbasierter Mediationsstil in Wirtschaftsstreitigkeiten gepflegt wird.
408 *Schoen*, S. 25.
409 Zu den Kombinationsmöglichkeiten siehe *Slaikeu/Hasson*, S. 27 f.
410 *Ury/Brett/Goldberg*, S. 9 veranschaulichen dies mit drei verschieden großen Kreisen, die allesamt den gleichen Mittelpunkt haben. Den inneren Kreis bilden die Parteiinteressen, den mittleren – darumliegend – die Rechte und den äußersten Kreis bildet schließlich das Machtverhältnis.
411 *Ury/Brett/Goldberg*, S. 9; den Zusammenhang erläutert *Schoen*, S. 26.
412 *Schoen*, S. 26.
413 *Ury/Brett/Goldberg*, S. 15: "[...] resolving all disputes by reconciling interests is neither possible nor desirable."

Rechtslage zu orientieren. Vor allem wenn die Parteieninteressen sehr oppositionell sind oder die Rechtslage sehr unterschiedlich eingeschätzt wird, ist der interessensorientierte Ansatz erst in einem späteren Stadium der Konfliktbearbeitung empfehlenswert.[414] Der Fokus der Konfliktbearbeitung bewegt sich in diesem Zusammenspiel flexibel zwischen Interessen und Recht hin und her und ermöglicht den Parteien, einzelne Konfliktgegenstände bzw. -themen nach dem jeweils konfliktadäquatesten Maßstab zu bearbeiten.[415]

b) Integration alternativer Verfahren in das praktizierte System der gerichtlichen Konfliktbeilegung

Grundlage des Systemdesigns ist das soeben beschriebene Zusammenspiel gerichtlicher und außergerichtlicher – präziser: rechts- und interessenbasierter – Verfahren der Konfliktbeilegung. Die direkten Verhandlungen und das staatliche Gerichtsverfahren bilden die beiden Pole des Verfahrensspektrums, zwischen die sich sämtliche anderen Verfahren, ob gerichtliche oder alternative, einfügen lassen und damit die Verfahrensoptionen der Parteien vergrößern. Interessen- und rechtsbasierte Verfahren sind auf diese Weise in einem Kontinuum der Konfliktbehandlung integriert.[416]

In einem integrierten Konfliktmanagementsystem sind alle Konfliktbearbeitungsverfahren[417] alternativ zueinander. Sie stehen nicht in einem Ausschließlichkeitsverhältnis – gerichtliche *versus* alternative –, sondern in einem Komplementärverhältnis – gerichtliche *und* alternative – zueinander.[418] Das Systemdesign ist damit Ausdruck des integrierten Zusammenspiels der interessen- und rechtsbasierten Konfliktbearbeitungspraxis. Dass die gerichtlichen und außergerichtlichen Streitbeilegungsverfahren in der Konfliktbearbeitungspraxis nicht in einem Alternativverhältnis – im Sinne von Ausschließlichkeit – zueinander stehen, zeigt sich in ihrem funktionalen Zusammenspiel, für das die rechtsbasierte (gerichtliche) Streitentscheidung unverzichtbar ist. Die erfolgreiche Durchführung von interessenbasierten Konfliktbeilegungsverfahren hängt vom Willen und von der Fähigkeit der Konfliktparteien ab, eine an ihren prozessualen und materiellen Interessen orientierte, autonome und konsensuale Beilegung des Konflikts zu erzielen. Kommt ein Konsens nicht zustan-

---

414 *Ury/Brett/Goldberg*, S. 16.
415 Nach *Talbot*, 67 Arbitration 221, 225 f. können die Parteien alternativ einzelne Aspekte eines Rechtsstreits unterschiedlichen gerichtlichen und alternativen Verfahren zuführen.
416 *Breidenbach*, in: Gottwald (Hrsg.), S. 117, 124 ff. beschreibt die Integrierung von gerichtlicher und alternativer Konfliktbehandlung und entwickelt daraus ein integriertes Streitbehandlungsmodell – eine Streitbehandlungslehre.
417 Zur Vermeidung von Wiederholungen werden die Begriffe Konflikterledigungsverfahren, Konfliktlösungsverfahren sowie jeweils -prozess als Synonyme verwendet. Auch in den USA setzt sich mehr und mehr der einheitliche Begriff der „Disputing Procedures" bzw. der „Dispute Resolution Processes" durch; vgl. *Goldberg/Sander/Rogers/Cole*, S. 3 ff.
418 Grundlegend zur komplementären Streitbeilegung *Breidenbach*, in: Breidenbach/Henssler (Hrsg.), S. 1 ff.; *Breidenbach*, in: Gottwald (Hrsg.), S. 117, 124 ff.

de, können oder müssen die Parteien ihren Konflikt an einen Dritten mit Entscheidungsmacht, das (Schieds-)Gericht, delegieren. Die Unverzichtbarkeit und Stärke der gerichtlichen Streitentscheidung liegt prozessual darin, dass sowohl der Ablauf des Verfahrens als auch der Inhalt der Entscheidungsfindung rechtsbasiert sind. Da das Recht die Parteien gleichermaßen schützt, können sie die Konfliktbehandlung an das Gericht delegieren und sich der verbindlichen Konflikt(dritt-)entscheidung unterwerfen. Die (schieds-) gerichtlichen Konfliktbehandlungsverfahren sind hiernach – als ultima ratio – ebenso notwendiger wie sinnvoller Bestandteil des Verfahrensspektrums[419] und entsprechend in die Konfliktmanagementordnung des Unternehmens integriert.

Die Evolution des Zusammenspiels gerichtlicher und alternativer Verfahren lässt sich auch an dem gewandelten Verständnis der Abkürzung „ADR" in den Vereinigten Staaten ablesen. Bis zu Beginn der 1990er Jahre betonte der Begriff *Alternative* den Gegensatz zwischen gerichtlichen und außergerichtlichen Verfahren: die *alternativen* Verfahren wurden *statt* des Gerichtsverfahrens eingesetzt.[420] Das Verhältnis zwischen gerichtlicher und alternativer Streitbeilegung war somit zunächst ein Ausschließlichkeitsverhältnis. Vergegenwärtigt man sich, dass in den USA lediglich zehn Prozent der Rechtsstreitigkeiten durch gerichtliches Urteil[421] und nur eine geringe Mehrzahl der (internationalen) Schiedsgerichtsverfahren durch einen Schiedsspruch entschieden werden[422], so sind die (Schieds-)Gerichtsverfahren faktisch *Alternativen* zum Verhandeln und anderen außergerichtlichen Verfahren.[423] Die gerichtlichen und außergerichtlichen Konfliktbeilegungsverfahren sind folglich *Alternativen* – im Sinne von Auswahlmöglichkeiten[424] – und bilden zusammen ein Verfahrensspektrum[425], welches die Parteien vor die Auswahl des im Konfliktfall durchzuführenden Verfahrens stellt. Die *„alternative" dispute resolution processes* entwickeln sich im Zusammenspiel mit den gerichtlichen Verfahren der Streitbeile-

---

419 *Breidenbach*, in: Gottwald (Hrsg.), S. 117, 126.
420 *Goldberg/Sander/Rogers/Cole*, S. 7: „„alternative" methods of dispute resolution, a reference to the use of these processes in place of litigation".
421 *Kritzer*, 70 Judicature 161; *Galanter*, 31 UCLA L. Rev. 4, 27; *Galanter/Cahill*, 46 Stan. L. Rev. 1339, 1346 ff.
422 *Bühring-Uhle/Kirchhoff/Scherer*, S. 111; *Horvath*, SchiedsVZ 2005, 292 ff.
423 *Goldberg/Sander/Rogers/Cole*, S. 6: „If ADR stands for alternative dispute resolution, what is it alternative to? The court system? But, since most disputes are disposed of by negotiation and other noncourt processes, perhaps these processes are the norm." Vgl. auch den Titel des Aufsatzes "Alternative to what?" von *Sands*, 10 St. John's J. Leg. Comment 603 ff.
424 *Culler*, in: Fine/Plapinger (Eds.), S. 189, 189: „ADR – alternative dispute resolution – has become very effective in making litigation only one means for resolving disputes. [...] The value of ADR lies not in replacing litigation but in identifying litigation as only one alternative for resolving disputes."
425 *Goldberg/Sander/Rogers/Cole*, S. 6, die als Abkürzung nicht ADR, sondern AMDR vorschlagen für „"alternative" (in the sense of various) methods of dispute resolution, including courts".

gung funktional zu einer an den Parteieninteressen ausgerichteten *„appropriate"* *dispute resolution.*[426]

Auf der Basis dieses komplementären Ansatzes der Konfliktbeilegung entwickelt das Systemdesign nicht abstrakt-theoretisch, sondern kontextspezifisch und unternehmensindividuell ein integriertes System der kontradiktorischen und konsensualen Konfliktbehandlungsverfahren.[427] Die Auseinandersetzung mit ADR verlagert sich somit weg von der Differenzierung unterschiedlicher Verfahren (und Hybridverfahren) innerhalb der Konfliktbehandlungslandschaft hin zur Entwicklung von Kriterien, Faktoren und Methoden für die Auswahl und Abfolge der bestgeeigneten Verfahren aus dem komplementären Verfahrenssystem im Konflikt.[428]

II. Abgrenzung zu anderen Formen der Institutionalisierung von ADR

Im Wege des Systemdesigns werden ADR-Verfahren in das Konfliktbearbeitungsspektrum von Unternehmen verankert. Die Verfahren der alternativen Streitbeilegung lassen sich indes nicht nur in integrierten Konfliktmanagementsystemen institutionalisieren. Daneben gibt es weitere Formen der Verankerung von ADR in der Konfliktmanagement- und Streitbeilegungspraxis: auf der Ebene der Gesetzgebung, der Justiz als staatliche Konfliktbearbeitungsinstitution und auf der Ebene der Konfliktparteien als Nutzer der Konfliktbearbeitungsinstitutionen. Das Systemdesign zielt demgegenüber auf die Gestaltung des Zusammenspiels der interessen- und rechtsbasierten Konfliktbeilegungsverfahren aus Sicht der Konfliktparteien als Verfahrens*anwender*, insbesondere Wirtschaftsunternehmen als *repeat player*[429] in Konflikten.

In der Justiz beispielsweise hat die Anbindung des Mediationsverfahrens an die staatliche Gerichtsbarkeit in Deutschland in den vergangenen Jahren Konjunktur. Dahinter steht das in den USA bereits etablierte und seit längerem praktizierte Konzept eines *Multi-Door Courthouse*. In Unternehmen und anderen Organisationen ist ein integriertes Konfliktmanagementsystem zu unterscheiden von sogenannten ADR-Programmen und Streitbeilegungssystemen. Die nachfolgende Abgrenzung veran-

---

426 *Goldberg/Sander/Rogers/Cole*, S. 6, „ADR should stand for "appropriate dispute resolution"." Vgl. auch *ICC* (Hrsg.), ADR-Regeln und Leitfaden für ICC ADR, S. 17: "amicable dispute resolution".
427 *Bush*, 66 Den. U. L. Rev. 335, 342 f.: „[...] the litigation/ADR distinction is more fiction than fact. Instead, *dispute resolution is* "all of a piece", all part of *one system* [...]." *Breidenbach*, in: Gottwald (Hrsg.), S. 117, 131 spricht von „einem *integrierten* System der Konfliktbehandlung" [Hervorhebungen durch den Verfasser].
428 *Costantino/Merchant*, S. 41: „In designing and improving conflict management systems, the idea of ADR as *alternative* dispute resolution is perhaps less helpful than the concept of ADR as *appropriate* dispute resolution." [Hervorhebung im Original]
429 Nach *Galanter*, 9 Law & Soc'y Rev. 95, 98 ist ein repeat player idealtypisch „a unit which has had and anticipates repeated litigation, which has low stakes in the outcome of any one case (relative to total worth), and which has the resources to pursue its long-run interests".

schaulicht Gemeinsamkeiten und Unterschiede der verschiedenen Formen der Institutionalisierung von ADR in der Konfliktbehandlungspraxis.

1. Multi-Door Courthouse als gerichtsangebundene multi-optionale Streitbeilegungsstelle

Sanders Idee der multi-optionalen Konfliktbehandlung in einem zentralen Streitbeilegungszentrum ist in den USA seit Anfang der 1980er Jahre[430] im Konzept des *Multi-Door Courthouse* praktisch umgesetzt worden.[431] Zwei Komponenten kennzeichnen seine unterschiedlichen Ausprägungen: ein gerichtsangebundenes Eingangs- und Verweisungsverfahren nach Klageerhebung sowie verschiedene, den Parteien zur Auswahl stehende alternative Streitbeilegungsverfahren, die alternativ zum staatlichen Gerichtsverfahren durchgeführt werden können.[432] Die erste Komponente beinhaltet eine gemeinsam mit einem Konfliktberater und den Parteien durchgeführte Analyse des Rechtsstreits (*screening conference*)[433], an deren Ende der Fall einem Verfahren aus dem angebotenen Verfahrensspektrum, der zweiten Komponente, zugeführt und sodann gerichtsangebunden oder an einer eigenständigen Verfahrensinstitution durchgeführt wird.[434] Diese zweite Komponente des *Multi-Door Courthouse* bildet ein gerichtsintern oder -nah angebotenes Spektrum aus rechts- und interessenbasierten Streitbeilegungsverfahren.

Auch in Deutschland zeugen jüngste Gesetzesnovellen auf dem Gebiet des deutschen Zivilprozessrechts von dem rechtspolitischen Willen, interessenbasierte Streitbeilegungsverfahren in das bestehende System der gerichtlichen Streitbeilegung zu integrieren.[435] Zahlreich sind daneben die Projekte der Institutionalisierung von Mediation bei den staatlichen Gerichten in Deutschland: Sie reichen von Richter-Mediatoren an Zivil[436]- und Verwaltungsgerichten[437] über anwaltliche Mediationsbüros an Zivilgerichten[438] bis hin zu gerichtsunabhängigen Mediationsstellen[439] [440].

---

430 Die ersten Pilotprojekte wurden in Tulsa, Oklahoma (ab 1984), Houston, Texas (ab 1984) und Washington, D. C. (ab 1985) durchgeführt; dazu ausführlich *Birner*, S. 51 ff.
431 Beispiele von Multi-Door Courthouse Modellen in den USA analysiert *Birner*, S. 41 ff. Siehe zur Ausgestaltung von deutschen Arbeitsgerichten als Multi-Door Courthouse *Francken*, NJW 2006, 1103.
432 *Birner*, S. 47, 85.
433 Siehe dazu die Darstellung bei *Birner*, S. 115 ff. m.w.N.
434 *Birner*, S. 85.
435 § 15a EGZPO und § 278 Absatz 5 Satz 2 ZPO. Vgl. *Duve/Eidenmüller/Hacke*, S. 313.
436 Eine Aufstellung der Zivilgerichte, an denen gerichtsnahe Mediation erprobt wird, findet sich bei *Elzer/Hawickhorst/Holldorf/Hoßfeld/Grabow/Saak/Wiese*, S. 11 ff.
437 Vgl. nur *Ortloff*, NVwZ 2004, 385, 388 ff. zur Mediation am Verwaltungsgericht Berlin.
438 Vgl. das Mediationsbüro von Konsens e.V. am Amtsgericht Hannover.
439 Vgl. die Mediationsstelle Frankfurt (Oder) – Slubice.
440 Eingehend zu den verschiedenen Modellprojekten z.B. der Abschlussbericht über den Modellversuch Güterichter des Bayerischen Staatsministeriums der Justiz unter www.jura.uni-

Der zentrale Unterschied zwischen einem *Multi-Door Courthouse* und einem unternehmerischen Konfliktmanagementsystem liegt darin, dass die Verfahren im Verfahrenssystem des *Multi-Door Courthouse* alternativ neben dem staatlichen Gerichtsverfahren angeboten werden, während in einem Konfliktmanagementsystem gerichtliche und außergerichtliche Konfliktbeilegungsverfahren in einem komplementären System integriert sind. Im Rahmen des Systemdesigns wird im Unternehmen eine dem *Multi-Door Courthouse* vergleichbare, multi-optionale Konfliktmanagementstelle institutionalisiert, die nur dem Unternehmen, seinen Mitarbeitern und potentiellen Konfliktgegnern zur Verfügung steht. Ferner sind die Konflikte auf die internen und externen Konflikttypen des Unternehmens beschränkt. Wie in einem *Multi-Door Courthouse* sind die Konfliktbearbeitungsoptionen auf solche Verfahren und Instrumente begrenzt, die aufgrund der Erfahrungen des Unternehmens eine effektive und effiziente Konfliktbeilegung gewährleisten. Auch die *screening conference* des *Multi-Door Courthouse* ist optionaler Teil eines Konfliktmanagementsystems, wenn auch in abgewandelter Form. Anstatt das unternehmerische Konfliktmanagementsystem quasi als multi-optionale Streitbeilegungsklausel vertraglich in die Transaktion einzubeziehen, können die Parteien vereinbaren, dass im Streitfall zunächst in einer gemeinsamen Konfliktbeilegungskonferenz[441] das geeignete Eingangsverfahren zur Behandlung des Konflikts ausgewählt und hiernach durchgeführt wird. Das *Multi-Dour Courthouse* und das Konfliktmanagementsystem eines Unternehmens verfolgen ein gemeinsames Ziel: eine multi-optionale und -dimensionale Konfliktbehandlung zu institutionalisieren und ein dynamisches System des Konfliktmanagements zu entwickeln und praktisch umzusetzen.[442] Ideale Wirkung entfalten beide im gemeinsamen Zusammenspiel. Aus diesem Grunde sollten Unternehmen existierende Programme der gerichtsnahen Mediation aktiv in ihr Konfliktmanagementsystem einbeziehen.[443]

2. ADR-Programme

Aufbauend auf positiven Erfahrungen mit Mediation und anderen ADR-Verfahren sind Unternehmen bestrebt, diese zu potenzieren, indem Konflikte nicht nur verein-

---

erlangen.de/aber/gueterichter.htm und der Projektabschlussbericht Gerichtsnahme Mediation in Niedersachsen unter www.mediation-in-niedersachsen.de/Abschlussbericht.pdf.

441 In der US-amerikanischen Literatur und Praxis wird dies als Convening Conference bzw. Convening-Clause bezeichnet; siehe dazu *Slaikeu/Hasson*, 8 Neg. J. 331.
442 *Birner*, S. 247: „Das Multi-Door-Courthouse ist ein möglicher Ansatz, um eine multidimensionale Konfliktbehandlung zu institutionalisieren und ein systematisches und dynamisches Konflikt-Management zu etablieren." unter Verweis auf *Stipanowich*, 13 Ohio St. J. on Disp. Resol. 303, 386 ff.
443 Vgl. den Ansatz der CIGNA Corp. bei *Mazadoorian*, in: Fine/Plapinger (Eds.), S. 183, 186: "Another building block of the [ADR] program was its reliance on existing court-annexed programs in each of the jurisdictions involved."

zelt, sondern regelmäßig ADR-Verfahren zugeführt werden.[444] Zahlreiche amerikanische Unternehmen wenden daher ADR-Verfahren nicht mehr nur ad hoc, sondern institutionalisiert im Rahmen von sogenannten ADR-Programmen an.[445] Kennzeichnend für ein derartiges Programm ist der auf einen einzelnen Unternehmensbereich oder bestimmte Streitgegenstände beschränkte, institutionalisierte Einsatz von ADR-Verfahren, denen nach festgelegten Auswahlkriterien wiederkehrende Konflikttypen zugeführt werden. In solchen Programmen substituieren die alternativen Konfliktbeilegungsverfahren, soweit rechtlich möglich und zulässig, das (Schieds-) Gerichtsverfahren.[446] ADR-Programme unterscheiden sich von Konfliktmanagementsystemen in zweierlei Hinsicht: Dem Programm können nur bestimmte Konflikte – Konflikttypen – zugeführt werden und das Verfahrensspektrum ist regelmäßig auf *ein* ADR-Verfahren – zumeist die Mediation – beschränkt.[447] Aus der Makroperspektive betrachtet ist das ADR-Programm folgerichtig als Teil(-system) eines integrierten Konfliktmanagementsystems zu qualifizieren.[448]

3. Streitbeilegungssysteme

Im Einzelfall nicht leicht von ADR-Programmen abzugrenzen sind sogenannte Streitbeilegungssysteme *(dispute resolution systems).*[449] Die Erfahrungen mit ADR-Programmen veranlassten Unternehmen, ADR-Verfahren nicht nur in Rechtsstreitigkeiten bestimmter Unternehmensbereiche, sondern in sämtlichen wiederkehrenden Rechtsstreitigkeiten des Unternehmens anzuwenden. In einem Streitbeilegungssystem wird das ADR-Programm seinem Anwendungsbereich nach sukzessive auf das gesamte Unternehmen ausgedehnt. Anstatt wie in einem ADR-Programm nur einzelne Verfahren der alternativen Streitbeilegung anzuwenden, haben Unterneh-

---

444 *Mazadoorian*, in: Fine/Plapinger (Eds.), S. 183, 184: „Because ADR had worked well on individual cases, we felt that it also could work well for a larger number of cases."
445 *Cronin-Harris*, 59 Alb. L. Rev. 847, 864 ff.; *Mazadoorian*, 12 Alternatives 45 ff.
446 Ein Beispiel für ein externes ADR Programm ist das *National Franchise Mediation Program* zur Beilegung von Auseinandersetzungen zwischen Franchisegeber und -nehmer; siehe dazu *CPR*, 11 Alternatives 58, 58. *Kelly*, 5 Neg. J. 373 ff. skizziert den Designprozess eines Konfliktmanagementsystems für ein geschiedenes Ehepaar und seine gemeinsame Tochter.
447 Vgl. das *Medical Malpractice Mediation Program* eines US-amerikanischen Krankenhauses bei *Brown*, 86 Ill. B.J. 432-440 und das *Product Liability Mediation Program* von Deere & Co. bei *CPR*, 9 Alternatives 35 f. sowie die mehrstufige *Employee Problem Resolution Procedure* von Hughes Aircraft bei *Simon/Sochynsky*, 21 Employee Rel. L. J. 29, 41 ff. Daneben gibt es in Unternehmen auch Streitbeilegungsprogramme, die keine ADR Verfahren, sondern gerichtliche Verfahren zum Gegenstand haben, so zum Beispiel das *Toyota Reversal Arbitration Board Program*; siehe dazu *Ellis/Ravindra/Vidmar/Davis.*, 11 Alternatives 44 ff.
448 *Simon/Sochynsky*, 21 Employee Rel. L.J. 29, 30.
449 Der englische Begriff des „dispute resolution system" wird als „Streitbeilegungssystem" (vgl. *Budde*, 108) oder „Streitentscheidungssystem" (*Berger*, in: Bachmann/Breidenbach/Coester-Waltjen/Heß/Nelle/Wolf (Hrsg.), S. 19, 20) übersetzt.

men ein an der Chronologie der Streitbeilegungsverfahren orientiertes Stufenverhältnis der gerichtlichen und alternativen Verfahren entwickelt.

Die Gemeinsamkeiten zwischen einem Streitbeilegungs- und Konfliktmanagementsystem liegen darin, dass typische Rechtsstreitigkeiten innerhalb des Unternehmens nach festen Auswahlkriterien aufeinander abgestimmte Verfahren durchlaufen mit dem Ziel, eine gerichtliche Auseinandersetzung insgesamt zu vermeiden, jedenfalls aber spätmöglichst zu bestreiten. Die Streitbeilegung verläuft somit entlang eines Verfahrenskontinuums, an dessen Anfang die direkte Verhandlung und an dessen Ende der Zivilprozess steht. Der Unterschied zwischen einem Streitbeilegungs- und Konfliktmanagementsystem liegt – die Begriffe legen es nahe – in ihrem sachlichen Anwendungsbereich: Streitbeilegungssysteme knüpfen ausschließlich an die Beilegung von Rechtsstreitigkeiten an, während Konfliktmanagementsysteme gerade auch auf Konflikte anwendbar sind, die (noch) nicht zu Rechtstreitigkeiten eskaliert und verrechtlicht sind. Die verschiedenen Begriffe werden allerdings weder in den USA noch in Deutschland präzise verwendet. Gerade in der deutschen Literatur wird der englische Begriff des *dispute resolution systems* – Streitbeilegungssystem – teilweise frei mit Konfliktmanagementsystem übersetzt.[450]

Anders als Streitbeilegungssysteme zielen Konfliktmanagementsysteme nicht nur auf eine Neuausrichtung der im Unternehmen eingesetzten Verfahren der Streitbeilegung, sondern auf eine Neuausrichtung der unternehmerischen Entscheidungsfindung und des unternehmensweiten Konfliktmanagements insgesamt.[451] Ebenso wie ein ADR-Programm ist ein Streitbeilegungssystem (nur) Teil eines integrierten Konfliktmanagementsystems. In der Praxis überwiegen bislang Streitbeilegungssysteme und -programme bei weitem.[452] Erst in jüngster Vergangenheit erreichten einzelne Streitbeilegungssysteme einen Weiterentwicklungsgrad, der die Qualität eines integrierten Konfliktmanagementsystems erreicht. Nur sehr wenige Unternehmen haben bislang solche Systeme entwickelt und in die Unternehmenspraxis implementiert.[453]

---

450 *Schoen*, S. 6 spricht im Zusammenhang mit Konfliktmanagementsystemen von einer „systematischen, an Effizienzkriterien ausgerichteten Streitbeilegung". *Duve/Eidenmüller/Hacke*, S. 310 gehen explizit vom englischen Begriff „Dispute Resolution System" aus.
451 *Lipsky/Seeber/Fincher*, S. 9: „They [conflict management systems] seek to transform the organization, not just a set of [dispute resolution] processes."
452 *Lipsky/Seeber/Fincher*, S. 316.
453 *Cronin-Harris*, 59 Alb. L. Rev. 847, 873; *Lipsky/Seeber/Fincher*, S. 309. Nach einer Umfrage aus dem Jahr 1997 verfolgen 17 % der US-amerikanischen Unternehmen diese Konfliktmanagementstrategie; siehe *Lipsky/Fincher/Seeber*, S. 126. Coca-Cola Enterprises etwa hat im Jahre 2002 ein integriertes Konfliktmanagementsystem implementiert. Dieses System beinhaltet einen betrieblichen Ombudsmann, Mediation und Schiedsgerichtsverfahren zur Beilegung von Konflikten und Streitfällen, und die kontinuierliche Schulungen der Mitarbeiter in der Handhabung des Systems; siehe dazu *Lewis*.

III. Interdisziplinarität des Systemdesigns

An dem oben hergeleiteten Arbeitsbegriff des Systemdesigns wird bereits deutlich, dass das Design eines integrierten Konfliktmanagementsystems die Ansätze und Konzepte unterschiedlicher Disziplinen nutzbar macht und weiterentwickelt. Die theoretischen und methodischen Grundlagen des Systemdesigns liegen dabei über die Alternative Streitbeilegung hinaus im verfahrensrechtlichen Risikomanagement und in der Organisationsentwicklung.

1. Verfahrensrechtliches Risikomanagement

Zu den allgemeinen Aufgaben des Managements zählt der Umgang mit unternehmerischen Risiken. Risikomanagement meint den Umgang mit sämtlichen Risiken, verstanden als negative Abweichungen von den festgelegten Zielen, die aus dem Führungsprozess und den Durchführungsprozessen in einer Unternehmung entstehen können.[454] Demnach sind Risiken zu identifizieren sowie geeignete Strategien und Maßnahmen zur Minimierung dieser Risiken zu entwickeln. Das Management der rechtlichen Risiken ist Teil dieses Risikomanagements. Während dem rechtlichen Risikomanagement schwerpunktmäßig die Bewältigung materiellrechtlicher Risiken unterfällt, ist es keinesfalls darauf beschränkt. Denn materiellrechtliches Risikomanagement ist ohne die Berücksichtigung der prozessualen Durchsetzbarkeit der materiellrechtlichen Ansprüche nicht denkbar. Letzteres, im Weiteren als verfahrensrechtliches Risikomanagement verstanden, hat die mit den Streitbeilegungsverfahren verbundenen Risiken zum Gegenstand. Vor dem Hintergrund der mit den Konfliktbearbeitungsverfahren verbundenen Kosten des Unternehmens liegt es nahe, Instrumente und Methoden zu entwickeln, die es dem Unternehmen und den anderen Konfliktparteien ermöglichen, frühestmöglich Konflikte zu identifizieren und abschließend beizulegen, bevor sie zu risikoreicheren Rechtsstreitigkeiten eskalieren. Unternehmen praktizieren unterschiedliche Methoden und Instrumente, rechtliche Risiken zu managen. In den vergangenen Jahren hat sich auch in Deutschland die Prozessrisikoanalyse in Unternehmen etabliert. Während nach der Prozessrisikoanalyse in erster Linie die mit der Prozessführung vor staatlichen Gerichten verbundene Wahrscheinlichkeit und der Umfang des Obsiegens und Unterliegens des Unternehmens analysiert und prognostiziert werden[455], geht das Systemdesign darüber hinaus. Im Zuge des Systemdesigns werden die mit der Beilegung von internen und externen Konflikten und Rechtsstreitigkeiten des Unternehmens verbundenen Qualitäts- und Kostenrisiken analysiert, unternehmensspezifische Optionen der Risikominimierung entwickelt und in einem effizienten System des Konflikt(risiko)-

---

454 *Krystek/Fiege*, in: Alisch/Arentzen/Eggert, S. 2558.
455 *Morawietz*, IDR 2004, 133, 133.

managements integriert. Das Systemdesign ist somit auch ein Instrument des (verfahrens-) rechtlichen Risikomanagements im Unternehmen.[456]

2. Methoden und Instrumente der Organisationsentwicklung

Das Systemdesign zielt darauf ab, das Unternehmen als Organisation darin zu unterstützen, Konflikte zu identifizieren, ihre dynamische Funktionsweise zu verstehen und die potentiellen Konfliktparteien in die Lage zu versetzen, ein Konfliktmanagementsystem zu entwickeln und zu implementieren, um Konfliktprozesse so zu gestalten, dass sie die übergeordneten Ziele der Parteien fördern.[457] Es löst dadurch eine grundlegende Neuausrichtung des Konfliktmanagements im Unternehmen aus und geht einher mit Veränderungen des bisher praktizierten Konfliktmanagements eines Unternehmens und seiner Mitglieder.[458] Beim Systemdesign geht es aus der Perspektive des Unternehmens als Organisation um das Gestalten von Veränderungen im Umgang mit Konflikten innerhalb und außerhalb des Unternehmens.[459]

Der Prozess des Systemdesigns löst folglich weitreichende Veränderungen in den Entscheidungs- und Organisationsstrukturen eines Unternehmens aus, die ohne die Unterstützung durch Verfahren, Instrumente und andere Maßnahmen der Organisationsentwicklung nicht erfolgreich zu bewältigen sind.[460] Die Organisationsentwicklungstheorie untersucht das Handeln von Organisationen und fragt, wie sie und ihre Mitglieder Möglichkeiten für Veränderungen identifizieren, planen und Veränderungsprozesse gestalten und koordinieren können.[461] Zentral für die Organisationsentwicklung sind Prozesse und Methoden für die Einstellungs- und Verhaltensände-

---

[456] Ähnlich, aber weniger weitreichend auch *Culler*, in: Fine/Plapinger (Eds.), S. 189, 195 nach der ADR ein Instrument des unternehmerischen Risikomanagements ist.
[457] *Costantino/Merchant*, S. 32.
[458] *Schoen*, S. 11: „[...] durch ein Konfliktmanagementsystem [wird] die gesamte unternehmerische Herangehensweise an die Konfliktbehandlung und Streitbeilegung verändert."
[459] Vgl. *Manring*, 9 Neg. J. 13, 15: „Implementing a dispute resolution system involves a significant cultural change both at the organizational and individual levels. Although organizations can formally endorse the use of negotiation [and other alternative dispute resolution processes], organization members must actually be willing to use dispute resolution processes, and be willing to implement the resulting [...] agreements. [...] Moreover, it is likely that organizational changes will be required to accommodate and supplement new dispute resolution processes."
[460] *Carter*, 17 Mediation Q. 61, 63. Zur Bedeutung der OE-Instrumente für Managementsysteme allgemein siehe *Riemenschneider*, S. 71: „Bei der Implementierung von Managementsystemen handelt es sich faktisch um Veränderungsprojekte in Organisationen, so dass der Rückgriff sowohl auf die Erkenntnisse zum Projektmanagement als auch zum Veränderungs-/Change-Management sinnvoll ist." Da Konflikte integraler Bestandteil von Veränderungsprozessen sind, sind aber auch OE-Prozesse ohne Konfliktmanagement nicht denkbar; siehe dazu *Kaune*, in: Kaune (Hrsg.), S. 12, 35 ff.; *Teubner*, S. 79, 88 ff. Teilweise wird die Mediation auch als neues Instrument der Organisationsentwicklung angesehen, so etwa bei *Kerntke*.
[461] *Costantino/Merchant*, S. 19.

rung.[462] Die Organisationsentwicklung zielt unter anderem darauf ab, die Problemlösungs- und Entscheidungsfindungsprozesse in einer Organisation zu verbessern.[463]

Dieser Aspekt ist für das Systemdesign in Unternehmen aus folgenden Gründen bedeutsam. Das Systemdesign greift methodisch zurück auf das Systemdenken, die Veränderungsintervention, den Aufbau von Beziehungen und aktivem Lernen. Entscheidend für das Systemdesign ist es, die eigentümliche Dynamik der Unternehmensorganisation zu berücksichtigen: wie sie funktioniert, lernt, wie sie sich neuen Informationen und Veränderungen anpasst und Veränderungen vornimmt. Ferner sind die Grundwerte der Organisationsentwicklung – Offenheit, Toleranz für Vielfalt, Lernen, Partizipation, Management von Vielfalt und die Aufnahme von Feedback – essentiell für den Umgang mit Konflikten im Unternehmen.[464] Im Zuge des Systemdesigns ist folgerichtig auf die Theorien, Instrumente und Methoden der Organisationstheorie und -entwicklung zurückzugreifen[465], um insbesondere Widerstände und Barrieren im Unternehmen gegen Veränderungen des Konfliktmanagements konstruktiv zu begegnen.[466] Sie ergänzen das methodische Spektrum des Systemdesigns und lassen sich nutzbar machen für die Konzeption und Implementierung eines integrierten Konfliktmanagementsystems im Unternehmen.[467]

IV. Anknüpfungspunkte in der Unternehmenspraxis

Das Systemdesign lässt sich nicht nur theoretisch interdisziplinär verorten, sondern weist auch in der Unternehmenspraxis Bezüge zu Ansätzen des allgemeinen Managements auf, die nachfolgend skizziert werden.

1. Managementsystem der Konfliktbehandlung

Der Begriff des integrierten Konfliktmanagementsystems lehnt sich an den Begriff des integrierten Managementsystems aus der Betriebswirtschaft. Darunter werden systemorientierte Ansätze des Managements zusammengefasst.[468] Aufbauend auf

---

462 *Grochla*, S. 83.
463 Vgl. die Definition der Organisationsentwicklung bei *French/Bell*, S. 31. Nach *Rehn*, S. 136 ff. ist die Konflikthandhabung explizites Ziel der Organisationsentwicklung; vgl. ferner *Filley/House/Kerr*, S. 489 ff.; *Staehle*, S. 643; *Thom*, in: Freese (Hrsg.), Sp. 1477, 1478.
464 *Costantino/Merchant*, S. 20.
465 *Lipsky/Seeber/Fincher*, S. 252: „Certainly, the entire design initiative has been an organization development effort."
466 *Lipsky/Seeber/Fincher*, S. 164 f.: „There is a natural and inherent resistance to change in all organizations. This includes change resulting from the adoption of a [conflict management] system. Experience has demonstrated that this resistance can be overcome through [...] an *organizational change* model." [Hervorhebung durch den Verfasser]
467 *Costantino/Merchant*, S. 19, 23, 25 f.
468 Grundlegend zu Managementsystemen *Malik*.

systemorientierte Ansätze des Managements zusammengefasst.[468] Aufbauend auf den grundlegenden Managementfunktionen der Gestaltung, Lenkung, Entwicklung[469] und dem Verständnis von einem Unternehmen als soziales Gebilde werden Managementsysteme verstanden als Systeme für das Management von Unternehmen.[470] Sie beinhalten, vereinfacht, ein Bündel an Regeln und Werten zum Lenken von Unternehmen als komplexe, soziale Systeme.[471] Ziel eines Managementsystems ist die praktische Umsetzung und Anwendung der übergeordneten Leitgedanken und Vorstellungen über das Management des Unternehmens.[472] Das Managementsystem stellt den Unternehmensmitgliedern daher Verfahren, Instrumente und Methoden zur Verfügung, die sie darin unterstützen, ihre Aufgaben im Unternehmen zu erfüllen.[473] Je nach Aufgabe sind verschiedene – themenzentrierte – Managementsysteme zu unterscheiden.[474] Daneben existieren sogenannte integrierte Managementsysteme, die darauf abzielen, die verschiedenen themenzentrierten Managementsysteme eines Unternehmens in einem einzelnen, übergeordneten – integrierten – Managementsystem zu koordinieren und aufeinander abzustimmen. Ein Konfliktmanagementsystem ist danach als ein themenzentriertes Managementsystem zu qualifizieren, welches dem Unternehmen Instrumente und Verfahren zur Verfügung stellt, um die Aufgabe des Managements der unternehmensinternen und externen Konflikten zu erfüllen.[475]

2. Systemdesign als innerbetriebliches Projekt

Als Vorhaben mit definiertem Anfang und Abschluss, das durch die Merkmale der zeitlichen Befristung, Einmaligkeit, Komplexität, Neuartigkeit und des interdisziplinären Querschnittscharakters gekennzeichnet ist, hat das Systemdesign den Charakter eines innerbetrieblichen Projekts.[476] Zur Frage, wie sich das Vorhaben des Systemdesign im Unternehmen strukturieren, gestalten und schließlich realisieren lässt, kann ein Unternehmen daher auf die ihm aus anderen Projekten gewonnenen Erfahrungen und Kenntnisse zurückgreifen. Ein solcher Rückgriff auf die Methoden des Projektmanagements ermöglicht es dem Unternehmen, die Durchführung des Systemdesigns so zu gestalten, dass das integrierte Konfliktmanagementsystem termingerecht und ressourceneffizient konzipiert und umgesetzt wird.

---

468 Grundlegend zu Managementsystemen *Malik*.
469 *Ulrich/Krieg*, S. 99 ff.
470 *Schwaninger*, S. 15.
471 Eine gute Einführung in Managementsysteme gibt *Riemenschneider*, S. 20 ff. m.w.N.
472 Vgl. *Herrmann*, S. 28, 46.
473 Vgl. *Riemenschneider*, S. 22.
474 Ausführlich dazu *Schwaninger*, S. 289.
475 Auch *Rowe*, 5 Neg. J. 149, 150 deutet eine Nähe zu Managementsystemen an: „A CEO can design a dispute system just as she can design any other management system for the company [...]."
476 *Madauss*, S. 9, 516.

Da das Systemdesign kein fertiges Produkt ist, sondern ein Gestaltungsprozess, lässt sich das Systemdesign wie andere Projekte auch in ein Prozessmodell gliedern.[477] Auf diese Weise wird das bestehende System des unternehmerischen Konfliktmanagements schrittweise modifiziert und in ein integriertes Konfliktmanagementsystem transferiert.[478] Der Prozess des Systemdesigns gliedert sich in mehrere Phasen. Nach dem hier zu Grunde gelegten Modell lassen sich fünf Phasen unterscheiden[479], deren Prozesselemente fließend ineinander übergehen und teilweise auch parallel verlaufen[480]: die Planung des Systemdesignprojektes, die Analyse des bestehenden Konfliktmanagementsystems im Unternehmen und die Konzeption des (neuen) integrierten Konfliktmanagementsystems sowie dessen Implementierung, abschließende Evaluierung und Weiterentwicklung. Diese Einteilung orientiert sich an den Aufgaben im Rahmen des Systemdesigns, die wiederum detailliert nach zeitlichen und funktionalen Kriterien in Tätigkeiten, Arbeitsaufträgen und Verantwortlichkeiten ausdifferenziert und im zweiten Teil dieser Arbeit ausführlich dargestellt werden.

V. Zusammenfassung

Das Systemdesign integriert Ansätze und Methoden der Alternativen Streitbeilegung, des verfahrensrechtlichen Risikomanagements und der Organisationsentwicklung in einem interdisziplinären Projekt im Unternehmen. Verfahren und Instrumente der gerichtlichen und außergerichtlichen Konfliktbehandlung bilden ein System des Konfliktmanagements, welches auf ein Unternehmen maßgeschneidert wird und mit anderen bestehenden Managementsystemen im Unternehmen verknüpft werden kann. Vor diesem Hintergrund ist das Systemdesign eine anwendungsbezogene Gemengelage aus Organisationsentwicklung, Konfliktmanagement, gerichtlicher und alternativer Konfliktbeilegung, verfahrensrechtlichem Risikomanagement und innerbetrieblichem Projektmanagement. Das Systemdesign ist mithin ein interdiszipli-

---

477 Die Phasen des Projektmanagement-Prozessmodells sind nicht einheitlich. Teilweise gliedern sich in die Projektdefinition, Projektdurchführung und den Projektabschluss. Andere unterscheiden zwischen Konzept-, Definitions-, Entwicklungs- und Folgephase; vgl. *Madauss*, S. 68 ff.; *Schütte/Hobel*, in: Alisch/Arentzen/Eggert, S. 2426, 2427 ff.
478 *Ury/Brett/Goldberg*, S. 65 betonen, dass der Designprozess eine ebenso technische Aufgabe, wie eine politische Aufgabe der Gewinnung von Unterstützung und des Überkommens von Widerständen ist.
479 Vgl. *MacNaughton*, in: Silkenat/Aresty (Eds.), S. 113, 124: „(1) investigate the present state; (2) design improvement(s); implement the new design; and (4) assess results, tweaking for continual improvement."; ähnlich auch *Lipsky/Seeber/Fincher*, S. 155 ff., 183 ff., 225 ff. und 263 ff., die den Prozess des Systemdesigns in „design", „implementation" und „evaluation" gliedern; *Schoen*, S. 215, 216 ff. und 250 ff., unterscheidet zwei Phasen: eine Entwurfs- und eine Umsetzungsphase; *Slaikeu/Hasson*, S. 166 ff., 184 ff. und 190 ff., unterscheiden drei Phasen: eine Entwurfs-, Implementierungs- und Evaluationsphase.
480 So auch *Schoen*, S. 215.

närer *Best-Practice*-Ansatz für die Gestaltung des Konfliktmanagements von Unternehmen.

Anfänglich beschränkte sich das Systemdesign auf ein Verfahrenssystem für Rechtsstreitigkeiten (Dispute System Design), insbesondere auf dem Gebiet des Arbeitsrechts. In den vergangenen Jahren hat sich der Fokus des Systemdesigns mehr und mehr von Rechtsstreitigkeiten zu Konflikten im Allgemeinen erweitert. Dem liegt die Einschätzung zu Grunde, dass ein Konflikt notwendige Voraussetzung für einen Rechtsstreit, ein Rechtsstreit aber nicht notwendige Voraussetzung für einen Konflikt ist. Knüpft das System bereits auf der Stufe des Konflikts an, dann kann der Konfliktverlauf derart gestaltet werden, dass eine Eskalation zu einem Rechtsstreit erst gar nicht eintritt.

Diese Vorverlagerung des Anknüpfungspunktes wirkt sich ferner auf die Strategie des Konfliktmanagements aus. Rechtsstreitigkeiten lassen sich vergleichsweise einfach managen, indem das Unternehmen ein in Hinblick auf die Dauer und Kosten des Verfahrens effizientes System von gerichtlichen und außergerichtlichen Streitbeilegungsverfahren entwickelt und zukünftige Rechtsstreitigkeiten diesem Streitbeilegungssystem zuführt.[481] Ein Konfliktmanagementsystem hingegen greift in den Konfliktprozess ein und wartet nicht ab, bis der Konflikt zu einem Rechtsstreit eskaliert. Nicht das Management der Streitbeilegung, sondern die Unterstützung des Unternehmens und seiner Mitglieder, auftretende Konflikte frühestmöglich autonom und interessenorientiert zu gestalten, ist Gegenstand eines im Wege des Systemdesigns zu konzipierenden integrierten Konfliktmanagementsystems.

C. Chancen und Risiken des Systemdesigns für Unternehmen

So vorzugswürdig das Systemdesign im Vergleich zu den bisher praktizierten Strategien des unternehmerischen Konfliktmanagements erscheint, so wenig ist es ein Allheilmittel. Der Prozess des Systemdesigns und die im System integrierten Verfahren und Instrumente des Konfliktmanagements bergen positive und negative Aspekte in sich. Eine Auseinandersetzung mit den Chancen und Risiken des Systemdesigns ist aus zweierlei Gründen nicht nur notwendig, sondern auch hilfreich: Die Chancen des Systemdesigns (I.) für das Unternehmen und die Konfliktparteien schaffen die für die erfolgreiche Durchführung des Systemdesigns erforderliche Motivation, nicht nur das bestehende Konfliktmanagement zu überdenken, sondern sich kritisch mit der Idee, dem Konzept und Prozess des Systemdesigns auseinander zusetzen und mit neuen Ansätzen zu experimentieren. Eine Auseinandersetzung mit den Risiken des Systemdesigns (II.) erlaubt es nicht nur, die potentiellen Nachteile für das Unternehmen und die Konfliktparteien zu identifizieren. Es bietet vielmehr vor der Initiierung des Systemdesigns die Gelegenheit, die Nachteile zu analysieren und in der konkreten Ausgestaltung des Systemdesigns dergestalt zu berücksichti-

---

481 *Lipsky/Seeber/Fincher*, S. 8 f.

gen, dass sie in der praktischen Anwendung des neuen Konfliktmanagementsystems idealerweise nicht eintreten werden.

I. Chancen

So wünschenswert eine allgemeingültige Auflistung von *den* Vorteilen des Systemdesigns für Unternehmen wäre, so irreführend wäre sie für die Praxis. Realistischer ist es, weniger von *den* Vorteilen als von den *Chancen* des Systemdesigns zu sprechen. Allgemein bietet das Systemdesign einem Unternehmen die Möglichkeit, die Qualität seines Konfliktmanagements zu optimieren. Anhand einzelner Faktoren lässt sich dies veranschaulichen.

1. Privatautonomes und interessenorientiertes Konfliktmanagement

Das Systemdesign bietet die Chance, ein integriertes Konfliktmanagementsystem dergestalt im Unternehmen zu verankern, dass das Unternehmen und andere potentielle Konfliktparteien aufgrund ausreichender Ressourcen, Kompetenz und Wissen befähigt sind, das neue integrierte Konfliktmanagementsystem anzuwenden[482], indem es ihnen maximale Auswahl und Unterstützung bei der Entwicklung und Anwendung der Verfahren und Methoden im System bietet, ihre Konflikte autonom und effektiv zu gestalten.[483] Idealtypisch ermöglicht das System den Konfliktparteien, „Urheber" ihrer Konfliktbeilegung zu sein.

Unternehmen sind an einem vertraulichen, nicht-öffentlichen Forum interessiert, das ihnen sowohl prozessuale als auch materielle Gestaltungsmöglichkeiten eröffnet. Daraus folgt, dass parteibestimmte Verfahren, wie Verhandlung und Mediation, vorzugswürdig gegenüber fremdbestimmten, wie Schiedsgerichtsverfahren und Zivilprozess, sind. Übertragen auf das Kontinuum der Konfliktbehandlung zielt das Unternehmen auf eine frühestmögliche Konfliktbeilegung in einem Eingangsverfahren des Systems ab. Allerdings ist nicht per se von einem Vorrang der konsensualen gegenüber der kontradiktorischen Konfliktbeilegung auszugehen. Denn im Einzelfall kann es sehr wohl die Konsensentscheidung der Parteien sein, ihren zugrundeliegenden Konflikt einem kontradiktorischen Verfahren zuzuführen. Auch in diesem Fall sind die Parteien „Urheber"[484] des Verfahrensergebnisses, weil sie die inhaltli-

---

482 *Mazadoorian*, in: Wilkinson (Ed.), S. 205, 207; *CPR (Ed.)*, 15 Alternatives 59, 60; *Carr*, 12 Alternatives 36, 38.
483 *Ury*, in: Costantino/Merchant, S. ix. *Ury/Brett/Goldberg*, S. 18 postulieren als Ziel des Designprozesses ein Konfliktmanagementsystem, das zuförderst auf die interessenorientierte Lösung von sämtlichen Streits abzielt und gleichwohl alternativ streitkostenarme Verfahren anbietet, welche auf die verbindliche Klärung von divergierenden Rechten und Machtverhältnissen ausgerichtet sind.
484 *Mähler/Mähler*, in: Dieter/Montada (Hrsg.), S. 15 sprechen von „Konflikteigentümer".

che Gestaltungskompetenz des Konflikts konsensual an einen Dritten mit Entscheidungsmacht übertragen. Das Systemdesign bietet den potentiellen Konfliktparteien somit die Möglichkeit, die Konfliktbearbeitung auf solche Verfahren zu konzentrieren, in denen sie die prozessuale und materielle Urheberschaft im Konflikt ausüben können.

Besonders hervorzuheben ist die Autonomie des Unternehmens und der anderen Konfliktparteien, die Konfliktergebnisse und -folgen zu gestalten: Sie selbst und nicht das (Schieds-)Gericht oder ihre Anwälte erarbeiten eigene Konfliktbeilegungsoptionen und wählen eine für sie interessengerechte, zumindest aber interessenvertretbare Option als Ergebnis aus. Das Unternehmen muss also keiner Konfliktbeilegungsoption zustimmen, die seine übergeordneten Interessen nicht hinreichend erfüllt. Dabei ist der Blick des Unternehmens nicht auf den einzelnen Konflikt gerichtet, sondern auf sein Konfliktportfolio.[485] Das Ergebnis und die Folgen der Beilegung eines Konflikts können im Verhältnis zu anderen bestehenden und zukünftigen Konflikten bewertet werden. Die Qualität eines erarbeiteten Konfliktergebnisses bemisst sich danach, inwieweit es im Zusammenspiel mit anderen Konflikten die Ziele des Unternehmens fördert.

Diese prozessuale und materielle Gestaltungsmöglichkeit der Parteien gewährleistet zudem die Zufriedenheit der Parteien mit dem Verfahren und Inhalt der Konfliktbeilegung.[486] Denn nur wenn die Interessen aller Parteien im Konflikt adäquat durch das Verfahrensergebnis wiedergespiegelt werden, identifizieren sie sich mit dem Ergebnis. Der Grad der Urheberschaft am Verfahren und Ergebnis korrespondiert mit der Zufriedenheit der Parteien mit dem Verfahren und Ergebnis des Konflikts.

2. Konzentration der gerichtlichen Verfahren auf drittentscheidungsbedürftige Konflikte

Im Zusammenhang mit den Verfahren der außergerichtlichen Konfliktbeilegung wird allgemein ihr Potential für die Entlastung der Justiz angeführt.[487] Durch die Ergänzung des Verfahrensspektrums erhofft man sich eine Verringerung der Inanspruchnahme der staatlichen Gerichte, die nicht nur wirtschaftlich notwendig ist[488],

---

485 In Anlehnung an den Begriff des „portfolio approach to disputes" bei *AAA (Ed.)*, S. 3 f.
486 *Shariff*, 8 Harv. Neg. L. Rev. 133, 138: „[...] the now common understanding that participant control over the process of resolution is highly correlated with satisfaction with the eventual outcome."
487 *Birner*, S. 209 ff., 212.
488 Nach *Krumsiek*, ZRP 1995, 173, 175 werden bei weniger als 10 % der bürgerlich-rechtlichen Verfahren vor den ordentlichen Zivilgerichten des Landes Nordrhein-Westfalens kostendeckende Einnahmen erzielt. *Blankenburg*, ZRP 1992, 96, 99 stellt fest, dass „kaum ein Gerichtswesen so aufwendig [...] und (für die Klägerseite) kostengünstig arbeite, wie das deutsche."

sondern auch die Qualität der Konfliktbeilegung insgesamt erhöht[489]. Dieser letzte Aspekt ist aus der Sicht eines Unternehmens als potentielle Partei eines Gerichtsverfahrens von besonderem Interesse.

Das Systemdesign ermöglicht es dem Unternehmen und den anderen potentiellen Konfliktparteien, die Anzahl der Zivilprozesse als rechtsbasierte und kontradiktorische Streitbeilegungsverfahren zu reduzieren[490], weil ihnen konsensuale Verfahren und Instrumente zur Seite stehen, mit denen sie ihre Auseinandersetzungen außergerichtlich beilegen können. Übereinstimmend berichten Unternehmen über weniger streitige Verfahren vor staatlichen Gerichten seit der Einführung eines Konfliktmanagementsystems.[491] Es geht dabei nicht um die Vermeidung des staatlichen Gerichtsverfahrens als Forum der Streitbeilegung, sondern um seine funktionale Konzentration auf diejenigen Rechtsstreitigkeiten, in denen die gerichtliche Entscheidung für die Parteien ein adäquates Verfahren ist. Die Konfliktparteien führen den staatlichen Gerichten allein solche Rechtsstreitigkeiten zu, in denen aus ihrer Sicht eine außergerichtliche Konsenslösung nicht ihre materiellen und prozessualen Interessen zu erfüllen vermag und daher eine verbindliche Drittentscheidung durch das staatliche Gericht interessengerechter ist. Die Tätigkeit der staatlichen Gerichtsbarkeit fokussiert seine Ressourcen somit allein auf drittentscheidungsbedürftige Konfliktbehandlungsgegenstände. Auf diese Weise wird die gerichtliche Streitbeilegung als Teil eines einheitlichen Konfliktbeilegungssystems funktional optimiert.

3. Reduzierte Konfliktmanagementkosten

Unternehmen sind bestrebt, ihren Gewinn zu maximieren, indem sie Ausgaben senken und Einnahmen steigern. Von besonderem praktischem Gewicht ist daher die Chance, im Wege des Systemdesigns die Ausgaben des Unternehmens für das Konfliktmanagement zu reduzieren, indem es sein Konfliktmanagement insgesamt effizienter gestaltet. Dabei lassen sich nachweislich größere Einsparungen realisieren, wenn ADR-Verfahren nicht ad hoc, sondern als Teil eines Konfliktmanagementsystems zur Anwendung kommen.[492] Faktoren, anhand derer sich niedrigere Kosten für das Unternehmen veranschaulichen lassen, beinhalten die Transaktionskosten der Verfahren und Instrumente des Konfliktmanagements, die Anzahl der Schieds- und Gerichtsverfahren, die in das Konfliktmanagement investierte Arbeitszeit der Mitglieder des Unternehmens und der anderen Konfliktparteien[493], die Kosten der unternehmenseigenen Rechts- bzw. Konfliktmanagementabteilung und externer

---

489 *Birner*, S. 211 f. betont die Bedeutung des Ausbaus von außergerichtlichen Streitbeilegungsmöglichkeiten "zur qualitativen Verbesserung der Konfliktbehandlung".
490 Anschaulich *McKinney*, 8 Neg. J. 153, 163: „A dispute resolution system may not decrease the volume of conflicts, per se, but it should reduce the high costs of conflict [resolution processes] and realize the benefits of conflict more efficiently."
491 *Brown*, 86 Ill. B. J. 432, 440.
492 *McEwen*, 14 Ohio St. J. on. Disp. Res. 1 ff.
493 *Reilly/MacKenzie*, S. 55 m.w.N.

Rechtsanwälte. Diese Kosten lassen sich vergleichsweise leicht quantifizieren und in Relation zu den entsprechenden Ausgaben vor Bestehen des (neuen) Konfliktmanagementsystems stellen. Indem die Parteien ihre Konflikte und Rechtsstreitigkeiten konfliktnah, autonom und außergerichtlich in interessenbasierten Konsensverfahren beizulegen versuchen, verringert sich vor allem ihr Bedarf, die Dienstleistungen von externen Rechtsanwälten in Anspruch zu nehmen. Anstatt Kanzleien umfassend die Prozessbevollmächtigung zu erteilen, werden externe Rechtsanwälte lediglich punktuell zur Rechtsberatung hinzugezogen. Entsprechend reduzieren sich die Ausgaben des Unternehmens für Anwaltshonorare.[494]

Die Transaktionskosten des Konfliktmanagements lassen sich ferner durch eine nach betriebswirtschaftlichen Kriterien organisierte Konfliktmanagementabteilung reduzieren[495], deren Kosten für die Konflikt-, Verfahrens- und Rechtsberatung inklusive des Honorars externer Rechtsanwälte sowie die Verfahrensadministration diejenige Unternehmensabteilung trägt, die Konfliktpartei ist bzw. in der der Konflikt verortet ist.[496] Diese Kostentragungsregelung erlaubt dem Unternehmen, Konflikte und die damit verbundenen Kosten der unternehmensinternen Konfliktmanagementabteilung präzise den Abteilungen des Unternehmens zuzuordnen. Zugleich schafft es in den Abteilungen des Unternehmens einen Anreiz, Konflikte informell beizulegen ohne die Konfliktmanagementabteilung einzuschalten. Die jeweilige Unternehmensabteilung, welcher ein Konflikt zugeordnet wird, ist auf diese Weise gehalten, Konflikte und Rechtsstreitigkeiten auch nach betriebswirtschaftlichen Grundsätzen zu gestalten und das Konfliktmanagement mit der unternehmensinternen Konfliktmanagementabteilung abzustimmen und zu koordinieren. Auf diese Weise kommt der Grundsatz des Systemdesigns zur Geltung, dass das Konfliktmanagement nicht alleinige Aufgabe der Unternehmensführung bzw. der Konfliktmanagementabteilung ist, sondern originäre Aufgabe eines jeden Mitglieds des Unternehmens.

Die Budgetierung der Kosten der Konfliktmanagementabteilung zielt darauf ab, die mit dem Management eines Konflikts verbundenen Kosten einerseits im Vorfeld fallspezifisch zu kalkulieren und andererseits nach einzelnen Kostenfaktoren aufzuschlüsseln. Wie auch bei anderen Ausgaben des Unternehmens geht es darum, Kostentransparenz herzustellen. Darüber hinaus ermöglichen Fallbudgets einen Vergleich der Verfahrenskosten und -gebühren. So lassen sich Ablauf und Kosten des Konfliktmanagements vergleichen und für zukünftige Vergleichsfälle hochrechnen.

---

494 US-amerikanische Unternehmen und Organisationen berichten übereinstimmend, dass diese Kosteneinsparung durch die Einführung eines Konfliktmanagementsystems unmittelbar und signifikant ist; vgl. *Zinsser*, 12 Neg. J. 151, 161; *Brown*, 86 Ill. B.J. 432, 440.
495 *Schoen*, S. 196 ff. spricht vom „Management der Rechtsabteilung".
496 Die Abteilung trägt demzufolge auch dann die mit der Konfliktbearbeitung verbundenen Kosten, wenn sie nicht selbst Konfliktpartei ist, die Konfliktparteien aber Mitarbeiter dieser Abteilung sind. Unterliegen nach diesem Grundsatz mehrere Abteilungen einer Kostentragungspflicht, werden die Kosten verhältnismäßig zugerechnet. Vgl. zum Ganzen die Kostenzurechnung der Rechtsabteilung der *Whirlpool Corp.* bei *Kenagy*, 59 Alb. L. Rev. 895, 895.

Dies verbessert die Prognose der Kosten des Konfliktmanagements in der Zukunft. Durch die Verfügbarkeit und Nachfrage nach alternativen Konfliktbeilegungsverfahren wird ein finanziell und zeitlich aufwendiges Prozessführungsmanagement entbehrlich, so dass sich nicht nur die Anzahl, sondern auch die Dauer der Schieds- und Gerichtsverfahren verringert. Die Funktion der internen Rechtsabteilung wandelt sich damit von der gerichtlichen Prozessführung hin zur Konflikt- und Verfahrensberatung samt Fallmanagement für das Unternehmen.

Über die Reduzierung der Transaktionskosten hinaus, eröffnet das Systemdesign Chancen zur Senkung der indirekten Kosten des Konfliktmanagements, die sich allerdings nur vergleichsweise schwierig erfassen und nachweisen lassen. Indizien sind eine geringere Mitarbeiterfluktuation, reduzierte in den Umgang mit Konflikten investierte Arbeitszeit der Unternehmensmitarbeiter sowie eine geringere Beeinträchtigung bestehender Geschäftsbeziehungen durch laufende Konfliktbeilegungsverfahren zwischen den Geschäftspartnern. Die tatsächlichen Kosteneinsparungen von Unternehmen infolge des Systemdesigns und der Einführung eines Konfliktmanagementsystems sind in Einzelfällen signifikant.[497] Wichtiger ist allerdings, dass diese potentiellen Begleiteffekte des Systemdesigns eine für Unternehmen wesentliche Chance in sich bürgen: die Konzentration auf die Kernaufgaben des Unternehmens.[498]

4. Steigerung der Unternehmensprofitabilität

Während das Systemdesign die Möglichkeit bietet, die Ausgaben des Unternehmens für das Konfliktmanagement zu senken, können Unternehmen zudem die aus ihren Geschäftsbeziehungen resultierenden Einnahmen steigern, weil ein konsensuales und interessenorientiertes Management von Konflikten und sonstigen Entscheidungsfindungsprozessen bestehende Kunden- und Geschäftsbeziehungen weniger beeinträchtigt und zukunftsgerichtet zu gestalten vermag. So ist es Unternehmen gelungen, durch die Einführung eines unternehmensinternen Konfliktmanagementsystems die Mitarbeiterfluktuation zu reduzieren[499] und die (Geschäfts-) Beziehungen zu Kunden, Zulieferern, Händlern, Wettbewerbern, Geschäftspartnern und den unternehmenseigenen Mitarbeitern zu verbessern und langfristiger zu unterhalten.[500]

---

497 *Halliburton*, ehemals *Brown & Root, Inc.*, berichtet nach *Zinsser*, 12 Neg. J. 151, 161 jährliche Einsparungen in Höhe von 40 % der allgemeinen Kosten für die Rechtsverfolgung und -verteidigung inklusive Kosten der Rechtsabteilung, externer Rechtsanwälte sowie Gerichts- und sonstiger Verfahrenskosten.
498 *Slaikeu/Hasson*, S. xii.
499 Nach den Angaben von *Halliburton*, ehemals *Brown & Root, Inc.*, blieben innerhalb von zwei Jahren seit Anwendung des Systems 300 Mitarbeiter dem Unternehmen erhalten, die ohne das System das Unternehmen verlassen hätten. Dies betrifft 1 % der Belegschaft; vgl. *Zinsser*, 12 Neg. J. 151, 161.
500 *Reilly/MacKenzie*, S. 56.

Das Kurs-Gewinn-Verhältnis (KGV) der Aktien von börsennotierten US-amerikanischen Unternehmen, die Systemdesign betrieben haben, ist im Durchschnitt fast ein Drittel höher als das durchschnittliche KGV der Aktien aller US-amerikanischen Akteingesellschaften und sogar annähernd 70 Prozent höher als das KGV der Aktien von denjenigen Aktiengesellschaften in den USA, die primär kontradiktorische Streitbeilegungsverfahren einsetzen. Daraus lässt sich zumindest die Hypothese ableiten, dass die praktizierte Strategie des Konfliktmanagements betriebswirtschaftlich messbare Implikationen hat und den wirtschaftlichen Erfolg eines Unternehmens positiv beeinflusst.[501]

5. Weitere Chancen für das Unternehmen als Organisation

Durch das Systemdesign bedingte Chancen, die das Unternehmen als komplexe soziale Organisation betreffen, spielen aus Unternehmenssicht bislang nur eine untergeordnete Rolle. Dabei scheint sich gerade hier großes Potential zu verbergen.[502] Diesbezügliche Chancen betreffen in erster Linie Aspekte, die sich mittelbar auch kostensenkend und streitpräventiv für das Unternehmen auswirken können: eine verbesserte Kommunikation[503] und Zusammenarbeit im Unternehmen, gesteigerte Kreativität[504] und Arbeitsmoral der Mitarbeiter.

Schließlich ist auf eine oftmals übersehene Chance des Unternehmens einzugehen: die Steigerung der Qualität der Konfliktmanagement-Kompetenz des Unternehmens, die teilweise auch als Streitkultur im Unternehmen bezeichnet wird.[505] Unabhängig davon, ob ein Konfliktmanagementsystem unternehmensweit eingeführt wird oder nicht, ist schon die bewusste Auseinandersetzung des Unternehmens mit seinen unternehmensinternen und -externen Konflikten, ihren Parteien und Beteiligten sowie den verfügbaren Verfahren und Instrumenten des Konfliktmanagements Grundvoraussetzung für eine konstruktive und kooperative Konfliktmanagement-Kompetenz des Unternehmens, die sich nicht nur in der Konfliktbearbeitung, sondern allgemein in der Entscheidungsfindung und Problemlösung des Unternehmens operationalisieren lässt. Im Rahmen eines Konfliktmanagementsystems werden Konflikte und ihre Beilegungsprozesse als Informationsquelle für das Unter-

---

501 Die Chance der Kostensparung für das Unternehmen könnte nach dem *Committee on Alternate Dispute Resolution Tort & Insurance Practice Section*, S. 7 sogar dazu beitragen, Waren und Dienstleistungen für Kunden zu verbilligen und auch die Steuerlast des Unternehmens zu verringern.
502 *Lipsky/Seeber/Fincher*, S. 282: „Many claims have been made for the overall organizational impact of the proper introduction of conflict management systems [...]. Yet it is in this area that there is the most speculation and the least evidence on the questions at issue."
503 *Reilly/MacKenzie*, S. 56.
504 *Rowe*, 5 Neg. J. 149, 152 konstatiert „*demonstrated* increases in productivity or in creativity due to improved modes of disputing [through conflict management]". [Hervorhebung im Original]
505 *Ponschab/Dendorfer*, in: Haft/Schliefen (Hrsg.), § 39 Rdnr. 61 m. w. N.

nehmen angesehen.[506] Der Informationsgehalt geht dabei über die Parteien, den Gegenstand und seine Ursachen hinaus. Konflikte und ihr Entwicklungsprozess tragen Informationen über den Modus der Entscheidungsfindung und Problemlösung im Unternehmens in sich. Diese Informationen ermöglichen es dem Unternehmen als Organisation, ein differenziertes Bild über seine Prozesse der Entscheidungsfindung und Problemlösung zu erhalten und aus der Vergangenheit zu lernen.[507] Auf diese Weise fördern sie die kontinuierliche Weiterentwicklung des Unternehmens. Das Systemdesign bietet dem Unternehmen und seinen Mitgliedern damit die Chance, die Entscheidungsfindung und Problemlösung im Unternehmen konsensual und interessenorientiert zu gestalten.[508] Zumindest aber schärft der Prozess des Systemdesigns von Beginn an die Sensibilität und das Verständnis für Konflikte im Unternehmen.[509]

II. Risiken und Barrieren

Die dargestellten Chancen des Systemdesigns dürfen nicht darüber hinweg täuschen, dass das Systemdesign auch Risiken in sich bürgt und Barrieren gegen Systemdesigninitiativen bestehen, die überwunden werden müssen. Die Risiken und Barrieren des Systemdesigns liegen zum einen in den Grenzen der außergerichtlichen Verfahren der Konfliktbearbeitung[510] und zum anderen in unternehmensbezogenen Faktoren begründet.

1. Privatisierung der Konfliktbehandlung

Die Motivation, Systemdesign zu betreiben und ein privates Konfliktmanagementsystem zu implementieren, entspringt regelmäßig einem Ziel, nämlich der „Privatisierung" der Konfliktbearbeitung.[511] Unternehmen entziehen den Konflikt der staat-

---

506 *Lipsky/Seeber/Fincher*, S. 300 f.
507 Vgl. dazu *Simon/Sochynsky*, 21 Employee Rel. L. J. 29, 41.
508 Vgl. *Reilly/MacKenzie*, S. 60, 61; *Hoffmann*, S. 98; *Costantino/Merchant*, S. 218 ff.
509 So auch *Stitt*, S. 10: „The exercise of considering appropriate processes will help an organization assess its sources of its conflict, and may lead to a better understanding of the conflict."
510 Ausführlich dazu *Breidenbach*, S. 77 ff. und 101 ff.; *Birner*, S. 32 ff.; *Eidenmüller*, in: Hensseler/Koch (Hrsg.), § 2 Rdnr. 47 ff.
511 In den USA bezeichnen Kritiker ADR Verfahren daher auch als „second-class justice"; vgl. dazu nur *Jennings*, 6 Ohio St. J. on Disp. Resol. 313 ff. Die Vor- und Nachteile von staatlichen und privaten Gerichten analysieren *Galanter/Lande*, 12 Stud. L. Pol. & Soc. 393, 395 ff. und *Raven*, 74 A.B.A. J. 8. *Birner*, S. 247 hebt auch einen positiven Aspekt einer *privatisierten* Konfliktbehandlung hervor: „Die "Privatisierung" der Justiz bringt auch die Chance zum Umdenken in der Konfliktbehandlung. Der mündige Bürger ist aufgefordert, auch bei der Konfliktbewältigung wieder mehr Eigenverantwortung zu übernehmen und nicht den Konflikt einem für ihn entscheidenden Dritten überzuverantworten."

lichen Gerichtsbarkeit, indem sie ihre Konfliktgegner verpflichten, sich den außergerichtlichen Verfahren des unternehmerischen Konfliktmanagementsystems zu unterwerfen[512] und nicht nur vorübergehend, sondern, soweit rechtlich zulässig, dauerhaft den Weg zu den staatlichen Gerichten auszuschließen. Auf diese Weise umgehen Unternehmen die aus ihrer Sicht zeit- und kostenintensive sowie öffentliche staatliche Gerichtsbarkeit.[513] Selbst wenn der ordentliche Rechtsweg nur vorübergehend ausgeschlossen ist, müssen die Parteien zusätzliche finanzielle Mittel investieren, um die in einem alternativen Verfahren abgeschlossene Vereinbarung erforderlichenfalls gerichtlich überprüfen zu lassen.[514] Die vergleichsweise kosten-günstige außergerichtliche Streitbeilegung wirkt somit für die Konfliktgegenparteien des Unternehmens zum Teil als Anreiz, überhaupt zu einer Konfliktbearbeitung zu gelangen.[515] In den verfügbaren außergerichtlichen Konfliktbeilegungsverfahren ist den unternehmensinternen und -externen Gegenparteien des Unternehmens nicht selten der Schutz des prozessualen und materiellen Rechts erschwert, wenn nicht gar verwehrt.[516]

2. Instrumentalisierung der außergerichtlichen Konfliktbearbeitungsverfahren

Zunehmend ist in den USA eine Instrumentalisierung der alternativen Konfliktbearbeitungsverfahren allein zur Förderung der Unternehmensinteressen im Rahmen von Konfliktmanagementsystemen zu beobachten. Obwohl Unternehmen grundsätzlich überzeugt sind, dass staatsgerichtliche Konfliktbehandlungsverfahren die Verfahrensfairness stärker als privatgerichtliche und außergerichtliche garantieren, nehmen sie bewusst einen geringeren Level an Verfahrensfairness in alternativen Konfliktbeilegungsverfahren in Kauf, um die Konfliktbeilegung zeit- und kosteneffizienter gestalten zu können.[517]

Neben eine mangelnde Verfahrensfairness tritt in Einzelfällen ein prozessuales Machtungleichgewicht zwischen den Parteien zugunsten des Unternehmens auf. Wenngleich eine vollständige Machtbalance kaum realisierbar sein dürfte, ist das Ausmaß des Machtungleichgewichts entscheidend[518]: Ein nicht tolerierbares Un-

---

512 Obligatorische Mediations- und Schiedsgerichtsverfahren sind in den Konfliktmanagementsystemen amerikanischer Unternehmen die Regel; vgl. Auszug aus dem *Dispute Resolution Program* der amerikanischen *Halliburton Co.*, abgedruckt bei *Duve/Eidenmüller/Hacke*, S. 324.
513 *Duve/Eidenmüller/Hacke*, S. 324.
514 *Breidenbach*, S. 108 weist darauf hin, dass die Partei finanziell in der Lage sein muss, „überhaupt den Schutz des Gerichts finanzieren zu können."
515 *Edwards*, 99 Harv. L. Rev. 668, 679: „Inexpensive, expeditious, and informal adjudication is not always synonymous with fair and just adjudication."; *Birner*, S. 35 führt aus, dass "Parteien, die sich das teure Gerichtsverfahren nicht mehr leisten könnten, ihre Rechtsstreite nur noch durch die "billigeren" Alternativen lösen könnten."
516 Dazu auch *Eidenmüller*, in: Henssler/Koch (Hrsg.), § 2, Rdnr. 48 f.
517 *Lipsky/Seeber/Fincher*, S. 316.
518 Ausführlicher *Breidenbach*, S. 101 ff.

gleichgewicht der Machtverteilung in einem außergerichtlichen Verfahren ist jedenfalls dann erreicht, wenn die kompetitiv stärkere Partei im Kampf um die Werteverteilung einseitig in einer Weise Vorteile realisieren kann, die es der anderen Partei unmöglich macht, Einfluss auf die Gestaltung des Verfahrensergebnisses zu nehmen.[519] In Konfliktbeilegungsverfahren, an denen ein Unternehmen als *repeat player* beteiligt ist, äußert sich ein Machtungleichgewicht insbesondere in seinem Informationsvorsprung[520] und seiner besseren Ressourcenausstattung[521]. Dieses Machtungleichgewicht lässt sich mehr in einem außergerichtlichen als (staats-)gerichtlichen Verfahren instrumentalisieren[522], weil im Zivilprozess der Grundsatz der Waffengleichheit der Parteien von Amts wegen zu wahren ist.[523] Ferner kann das Gericht als „Herrin des Verfahrens" ausgleichend agieren. Schließlich ist im rechtsbasierten kontradiktorischen Zivilprozess weniger die (Verhandlungs-)Macht der Parteien, als vielmehr die Stärke der von den Parteien vertretenen und vorgetragenen Rechtsansichten streitentscheidend. In der Mediation, als Verfahren der drittunterstützten Verhandlung, bleibt unabhängig von der Frage, ob und wie der Mediator bei wahrgenommenem Machtungleichgewicht ausgleichend eingreifen darf, allein der Abbruch des Verfahrens durch die schwächere Partei und der Rückgriff auf die gerichtliche Streitentscheidung.[524]

3. Barrieren im Unternehmen

In der Praxis bedeutsamer sind die Hindernisse und Barrieren, die das Unternehmen und seine Führungskräfte davon abhalten, Systemdesign zu betreiben.[525] Sie reichen von Widerständen gegen die Veränderung des unternehmerischen Konfliktmanagements über eine mangelnde Beteiligung der Mitarbeiter und externen Konfliktgegenparteien des Unternehmens am Prozess des Systemdesigns und Zielkonflikte zwischen dem Unternehmen und seinen Konfliktgegnern bis hin zu mangelnden empirischen Nachweisen über den Nutzen von integrierten Konfliktmanagementsystemen.

---

519 *Birner*, S. 33.
520 Zum Faktor Information siehe *Effron*, 52 Mod. L. Rev. 480, 493; *Weinstein*, 11 Ohio St. J. on Disp. Resol. 241, 259 zitiert bei *Birner*, S. 32.
521 *Breidenbach*, S. 107 f., ins. 108: „Diejenige Partei, die der Belastung durch [...] Transaktionskosten verhältnismäßig besser gewachsen ist, verfügt über mehr Verhandlungsmacht."
522 *Breidenbach*, S. 102: „Einer der wesentlichsten Einwände gegen die Behandlung von Konflikten durch Mediation ist die befürchtete Konsequenz, daß die „stärkere" Partei sich nicht auf kooperatives Verhandeln einläßt, ihre Strategie dagegen kompetitiv ausrichtet und dadurch (noch mehr) die Gelegenheit erhält, ihre Vorteile auszuspielen."
523 *Birner*, S. 33 spricht von der Neutralisierung der Machtverhältnisse durch das Gerichtsverfahren.
524 Vorausgesetzt er besitzt die finanziellen Ressourcen, sich Zugang zum Recht zu verschaffen.
525 *Lipsky/Seeber/Fincher*, S. 299 ff.; *Robinson/Pearlstein/Mayer*, 10 Harv. Neg. L. Rev. 339, 345 f.

a) Widerstand gegen Veränderungen des bestehenden Konfliktmanagements

Im Zuge des Systemdesigns wird der praktizierte Umgang mit Konflikten im Unternehmen durchleuchtet, hinterfragt und auf den Prüfstand gestellt. Gegenüber Veränderungen sind Unternehmen und ihre Mitglieder allerdings zurückhaltend. Solange das Unternehmen und sonstige potentielle Nutzer des neuen Konfliktmanagementsystems nicht erkennen, dass das praktizierte Konfliktmanagement im System dysfunktional ist, gleichwohl aber praktikable Veränderungsmöglichkeiten bestehen, mangelt es ihnen an der erforderlichen Motivation, Zeit und Ressourcen in den Veränderungsprozess des Systemdesigns zu investieren.[526] Kontraproduktiv wirken sich hier Informations- und Kompetenzdefizite der unternehmerischen Entscheidungsträger über Konfliktmanagement und außergerichtliche Konsensverfahren der Konflikt- und Streitbeilegung aus.[527]

Selbst wenn es dem Unternehmen gelingt, innerbetriebliche Barrieren gegen das Systemdesign und die damit einhergehende Anwendung von ADR-Verfahren zu überwinden, bedarf es zusätzlicher Methoden und Instrumente, den Widerstand der unternehmensexternen Konfliktparteien gegen die außergerichtliche Konfliktbeilegung auszuräumen, ohne deren Bereitschaft private Alternativverfahren nicht durchführbar sind, geschweige denn zu einem außergerichtlichen Vergleich führen.[528] Der Schlüssel zur erfolgreichen Überwindung dieser externen Widerstände liegt in der Art und Weise der Durchführung von außergerichtlichen Konsensverfahren. Erfolgsversprechend ist es in manchen Konstellationen, wenn das Unternehmen nicht selbst den Konfliktgegner kontaktiert und ein außergerichtliches Verfahrensangebot unterbreitet, sondern einen neutralen Dritten mit dieser Aufgabe betraut. In unternehmensinternen Konflikten kann die Konfliktmanagementabteilung, in externen Konflikten eine unabhängige Verfahrensinstitution diese Aufgabe wahrnehmen.[529]

Anstatt mit Hilfe einer solchen Organisation die Gegenseite zur Einleitung und Durchführung eines bestimmten, vorher vom Unternehmen einseitig ausgewählten Verfahrens zu bewegen, ist es förderlicher, eine gegebenenfalls von der Verfahrensorganisation administrierte Verfahrenskonferenz abzuhalten, in der verschiedene Konfliktbearbeitungsverfahren analysiert werden und die Parteien gemeinsam das geeignete Verfahren auswählen und seine konkrete Ausgestaltung vereinbaren.[530]

---

526 Nach *Costantino/Merchant*, S. 73 ist es Aufgabe des Designberaters, den Konfliktparteien dabei zu helfen, die positiven geschäftlichen und organisatorischen Verbesserungsmöglichkeiten zu identifizieren, die sich aus einer offenen Auseinandersetzung mit Konflikten und ihrer Lösung ergeben.
527 *Lipsky/Seeber/Fincher*, S. 309 ff.
528 Nach den Erfahrungen von *The Travellers Companies* lehnen die Konfliktgegenparteien in 50 Prozent der aus Unternehmenssicht geeigneten Fälle die Durchführung eines ADR-Verfahrens ab. Siehe dazu auch *Culler*, in: Fine/Plapinger (Eds.), S. 189, 193.
529 Letzteren Weg geht *The Travelers Companies*; siehe dazu *Culler*, in: Fine/Plapinger (Eds.), S. 189, 193.
530 Teilweise wird dies in der Literatur als *Pre-Mediation* bezeichnet: *CPR (Ed.)*, 10 Alternatives 29, 30; ähnlich *Breidenbach/Falk*, in: Falk/Heintel/Krainz (Hrsg.), S. 259, 260.

b)   Inkongruenz zwischen intendiertem und praktiziertem Konfliktmanagement

Der skizzierte Widerstand gegen Veränderungen des Konfliktmanagements im Unternehmen lässt sich auch an einer weiteren Beobachtung festmachen: Die Art und Weise, wie ein Unternehmen mit Konflikten umzugehen intendiert, ist in zahlreichen Fällen nicht deckungsgleich mit dem praktizierten Konfliktmanagement im Unternehmen. Charakteristisch dafür ist ein Widerspruch zwischen den eingesetzten Konfliktbeilegungsverfahren und der Art und Weise ihrer Anwendung.

Unternehmen nutzen zwar mitunter konsensuale Konfliktbearbeitungsverfahren, wenden sie aber nicht im Wege des Konsenses an.[531] So werden außergerichtliche Verfahren den unternehmensfremden Konfliktparteien nicht selten einseitig durch das Unternehmen aufoktroyiert, ohne den Konfliktgegnern des Unternehmens prozessualen Gestaltungsspielraum einzuräumen. Diese Inkongruenz führt zu Widerständen gegen und mangelnder Akzeptanz für die im Konfliktmanagementsystem integrierten Konsensverfahren.[532] Die Konfliktgegner des Unternehmens sind mangels Partizipation am Designprozess nicht mit den Verfahren vertraut. Der Widerstand gegen solch auferlegte Verfahren wächst durch mangelnde Information über die Verfahren des Systems und mangelnde Qualifikation, sie sinnvoll zu nutzen.[533] Aus mangelnder Information folgt häufig Misstrauen gegenüber den neu installierten Verfahren - verbunden mit der Sorge der Konfliktgegenparteien des Unternehmens, dass ihre gesetzlichen oder vertraglichen Rechte geschwächt werden.[534]

c)   Zielkonflikte zwischen dem Unternehmen und seinen Konfliktgegnern

Hinterfragt man die Ziele, die Unternehmen und ihre Konfliktgegenparteien mit dem Systemdesign verfolgen, so wird deutlich, wie disparat sie je nach Interessengruppe sind. Zu unterscheiden sind die Ziele des Unternehmens von denen seiner unternehmensinternen und –externen Konfliktgegenparteien. Die Herausforderung für das Systemdesign liegt folglich darin, die Interessen aller potentiellen Parteien zu berücksichtigen.[535] Denn solange das Konfliktmanagementsystem nicht die Ziele aller potentiellen Nutzer des Systems gleichermaßen fördert, wird es nicht zur Anwendung kommen. Je größer die Zielübereinstimmung der unterschiedlichen Konfliktparteien im Hinblick auf das Konfliktmanagement ist, umso größer wird die Akzeptanz für das neue Konfliktmanagementsystem und seine Anwendungsquote sein. Und je mehr das System zur Anwendung kommt, umso besser lässt sich das überge-

---

531   *Costantino/Merchant*, S. 52.
532   Ausführlicher dazu *Carter*, 17 Mediation Q. 61 ff.
533   *Costantino/Merchant*, S. 7.
534   *Costantino/Merchant*, S. 52.
535   *Lipsky/Seeber/Fincher*, S. 302.

ordnete Ziel des Unternehmens, ein effizientes Konfliktmanagement, erreichen.[536] Entscheidend ist somit, welche Ziele das Unternehmen und andere potentielle Konfliktparteien im Umgang mit Konflikten verfolgen und inwieweit sie korrespondieren.

Vor diesem Hintergrund wird die Relevanz von Zielkonflikten unter den potentiellen Nutzern des neuen Konfliktmanagementsystems deutlich. Nach einer Umfrage unter den *Fortune 1000*-Unternehmen in den USA über die unternehmerische Motivation, Konfliktmanagementsysteme einzuführen, ist das Kernziel die Einsparung von Zeit und Kosten im Umgang mit unternehmerischen Konflikten, nicht aber ein qualitativ hochwertigeres Konfliktmanagement.[537] Es überrascht nicht, dass die unternehmensfremden Konfliktparteien andere, teilweise konträre Ziele verfolgen. Ein Konfliktmanagementsystem muss faire Konfliktbehandlungsverfahren enthalten, die den Konfliktparteien eine faire Konfliktbearbeitung ermöglichen[538]. Ist dies nicht gewährleistet, präferieren sie die staatsgerichtliche Konfliktbeilegung, selbst wenn sie länger dauert und kostenintensiver ist. Auf den ersten Blick ist ein Zielkonflikt evident. Allerdings wirkt sich das Erreichen des einen auf das Erreichen des anderen Ziels aus. Denn wenn das System und seine Verfahren und Instrumente fair sind, wird es auch von den Parteien akzeptiert und genutzt. Und je mehr es genutzt wird, umso mehr lässt sich das Potential reduzierter Kosten des Konfliktmanagements für das Unternehmen realisieren. Die Effizienz und Fairness des Konfliktmanagementsystems sind demnach keine Alternativziele, die sich gegenseitig ausschließen, sondern Komplementärziele. Unternehmen haben daher ein Eigeninteresse an der Gewährleistung eines fairen Konfliktmanagementsystems.

4. Mangelnder Nachweis der Effizienz des Systemdesigns

Wie bereits erwähnt, bietet das Systemdesign einem Unternehmen die Chance, die Ausgaben für das Konfliktmanagement zu senken und die Profitabilität insgesamt zu steigern. Bislang existieren allerdings keine allgemein verbindlichen, empirisch nachweisbaren Erkenntnisse darüber, dass Unternehmen durch den primären Einsatz von außergerichtlichen Konsensverfahren in einem integrierten Konfliktmanagementsystem Zeit und Kosten sparen[539] – sieht man einmal von objektiv nicht nachprüfbaren Erfolgsgeschichten einzelner Unternehmen ab. Ein solcher Mangel an Evaluierungen von existierenden Konfliktmanagementsystemen wirkt sich ebenfalls als Barriere für die weitere Verbreitung des Systemdesigns als Strategie des Konfliktmanagements in Unternehmen aus. Wenngleich sich die Systeme anderer Un-

---

536 *Schoen*, S. 10.
537 *Lipsky/Seeber/Fincher*, S. 303.
538 Vgl. die essentiellen Elemente eines fairen Konfiktmanagementsystems der *Association for Conflict Resolution (ACR)* bei *Lipsky/Seeber/Fincher*, S. 18.
539 *Lipsky/Seeber/Fincher*, S. 313.

ternehmen als *Benchmark* für den Erfolg des eigenen Systems heranziehen lassen[540], ist es methodisch schwierig, aussagekräftige Kosten-Nutzen-Analysen über das Systemdesign aufzustellen. Eine Ursache dafür liegt in der von Unternehmen bislang vernachlässigten Evaluierung ihrer Systeme, so dass in der Praxis empirische Nachweise fehlen, welche die Effizienz des Systemdesigns belegen.[541] Dabei ist eine Evaluierung nicht unmöglich. Die Schwierigkeiten resultieren vielmehr daraus, vergleichbare Maßstäbe für die Berechnung der Kosten und des Nutzen eines Systems zu entwickeln.[542]

Problematisch ist in Unternehmen, dass regelmäßig keine Daten über die Kosten des aktuellen Konfliktmanagementsystems vorhanden sind.[543] Es ist daher nicht möglich, die Kosten des neuen mit denen des alten Systems zu vergleichen. Dies wirkt sich in zweierlei Hinsicht kontraproduktiv aus: zum einen sind die Erwartungen an den Nutzen eines Konfliktmanagementsystems häufig unrealistisch hoch, so dass sie unmöglich realiter zu erfüllen sind, zum anderen werden die notwendigen Ausgaben für das Systemdesign bestenfalls spekuliert mit der Folge, dass die zu investierenden Ressourcen für das Systemdesign zu niedrig bemessen und hiernach Konfliktmanagementsysteme unvollständig oder überhaupt nicht entwickelt und implementiert werden.

Dieses Manko wirkt sich bereits sehr früh im Designprozess aus, weil ein Unternehmen in Anbetracht der Kosten des Systemdesigns berechtigterweise eine verlässliche Prognose über den Nutzen – den unternehmerischen Mehrwert – eines integrierten Konfliktmanagementsystems benötigt, bevor die Entscheidung für eine Designinitiative fällt. Der Prozess des Systemdesigns erfordert einen erheblichen Ressourceneinsatz für die Konzeption, Instandhaltung und Weiterentwicklung des Systems. Anders als die angestrebten Kosteneinsparungen durch die Anwendung eines integrierten Konfliktmanagementsystems sind sie nicht spekulativ, sondern lassen sich relativ präzise prognostizieren[544]: Schulungen und Trainings, Arbeitszeit des internen Designteams, der Fokus-Gruppen und internen Verfahrensdritten, Honorar des Designberaters und der externen Verfahrensdritten sind nur einige der Posten. Der Nutzen eines Konfliktmanagementsystems stellt sich demgegenüber als unzureichend prognostizierbar dar.

---

540 Dazu *Lipsky/Seeber/Fincher*, S. 310.
541 *Lipsky/Seeber/Fincher*, S. 308.
542 Vgl. dazu *Gibbs*, 22 Alternatives 17 ff.
543 Vgl. die Ergebnisse der Studie bei *Lipsky/Seeber/Fincher*, S. 279: „Yet we did not find in our corporate research and interviews that the transaction costs of a traditional system were being measured in any meaningful way. [...] The indirect costs of a traditional system – unresolved employee conflicts, uncertainties from delays in the system, lower employee morale – remain unmeasured in every organization we studied."
544 *Lipsky/Seeber/Fincher*, S. 279: „One of the problems in the implementation of a new conflict management system is that the system creation and maintenance costs are real while the benefits are often speculative and difficult to measure. The transaction costs [...] provide an important barrier to the adoption of a conflict management system."

Solange das Systemdesign indes keinen nachweisbaren Nutzen und Mehrwert für das Unternehmen realisiert, wird es den Prozess des Systemdesigns jedenfalls auf der Grundlage einer Kosten-Nutzen-Analyse nicht initiieren. Wenn für die Entscheidungsträger und Mitarbeiter, aber auch für die unternehmensexternen Konfliktparteien nicht erkennbar ist, welche finanziellen Vorteile das Systemdesign kurz-, mittel- und langfristig bringt, wird das System gar nicht, zumindest aber ohne die notwendige Unterstützung der Beteiligten entwickelt. Es muss sich daher für das Unternehmen „lohnen", einen zeit- und kostenintensiven Prozess zur Entwicklung und Implementierung eines integrierten Konfliktmanagementsystems im Unternehmen durchzuführen.[545]

Für das Systemdesign ist folglich eine solide Kosten-Nutzen-Analyse von größter Bedeutung. Entscheidend ist es, im Vorfeld Daten über das bestehende Konfliktmanagementsystem zu erheben, zu dokumentieren und auszuwerten. Ferner bedarf es während des gesamten Systemdesigns der kontinuierlichen Evaluierung und Dokumentation des Designprozesses. Anderenfalls wird es kaum gelingen, die durch pauschalisierte Vorteile von Konfliktmanagementsystemen geweckten Erwartungen an den Nutzen des Systemdesigns in Unternehmen zu erfüllen.

D. *Erfolgsfaktoren des Systemdesigns aus Theorie und Praxis*

Aufgrund mangelnder Erfahrungen deutscher Unternehmen mit dem Design von integrierten Konfliktmanagementsystemen ist es zunächst notwendig und für zukünftige Designinitiativen hilfreich, Faktoren zu identifizieren, die den Erfolg des Systemdesigns in Unternehmen beeinflussen. Entscheidend ist, ob und inwieweit die Parteien innerhalb und außerhalb des Unternehmens im Konfliktfall auf das neue System zurückgreifen. Der Maßstab für erfolgreiches Systemdesign ist somit die Anwendungsakzeptanz unter den potentiellen Konfliktparteien (I.).

Der interdisziplinäre Ansatz des Systemdesigns ermöglicht es, aus der Theorie und Praxis der Alternativen Streitbeilegung, Organisationsentwicklung, Implementierungsforschung, Managementsysteme und des Projektmanagements erfolgsrelevante Faktoren für die Gestaltung des Designprozesses (II.) und die Charakteristika eines integrierten Konfliktmanagementsystems (III.) abzuleiten.[546] Einen wesentlichen Erfolgsfaktor bildet dabei die Unterstützung des Designprozesses und des neuen Systems durch das Unternehmen als Organisation (IV.).

---

545 *Costantino/Merchant*, S. 97.
546 *Rowe*, in: Gleason (Ed.), 79, 87 ff.

I. Anwendungsakzeptanz als Erfolgsmaßstab des Systemdesigns

Kernziel des Systemdesigns ist es, dem zu entwickelnden integrierten Konfliktmanagementsystem zukünftig möglichst viele unternehmensinterne und -externe Konflikte zuzuführen und dadurch einen hohen Anwendungsgrad des neuen Konfliktmanagementsystems zu erreichen. Daraus folgt, dass die Anwendungsakzeptanz für das Systemdesign unter den Konfliktparteien als Systemanwender das Leitmotiv für die Analyse von möglichen Erfolgsfaktoren ist: Die potentiellen Konfliktparteien, insbesondere die Konfliktgegner des Unternehmens, müssen einerseits vom Nutzen des neuen Konfliktmanagementsystems überzeugt sein, andererseits willens und bereit sein, ihre Konflikte den systemintegrierten Konfliktbeilegungsverfahren zuzuführen, anstatt auf die traditionellen Verfahren der gerichtlichen Streiterledigung zurückzugreifen.[547] In der Praxis gestaltet sich dies schwierig.[548] Die Erfahrungen von Unternehmen in den USA variieren und lassen aktuell keine abschließende Bewertung zu. Fest steht allein, dass sich ein neues System nur langsam unter den potentiellen Nutzern durchsetzt.[549] Vor diesem Hintergrund lässt sich die Effektivität und Effizienz eines integrierten Konfliktmanagementsystems übersetzen in seinen Akzeptanzgrad unter den Konfliktparteien als Systemanwender. Und der Grad der Systemakzeptanz kommt in der Praxis durch den Anwendungsgrad des neuen Systems zum Ausdruck.[550] Der Prozess des Systemdesigns ist demnach so zu gestalten, dass das Konfliktmanagementsystem von sämtlichen potentiellen Nutzern akzeptiert und internalisiert – „benutzt wird".[551]

II. Erfolgskritische Gestaltung des Designprozesses

Solange die potentiellen Konfliktparteien das neue Konfliktmanagementsystem nicht kennen, nicht verstehen oder nicht benutzen können oder wollen[552], werden sie es nicht akzeptieren, geschweige denn internalisieren und im Konfliktfall anwenden. Erfolg versprechen daher solche Methoden und Maßnahmen, die an das Kennen,

---

547 Auch *Batt/Colvin/Keefe*, 55 Ind. & Lab. Rel. Rev. 573 ff., kommen zu dem Schluss, dass weniger die Verfügbarkeit, als vielmehr die tatsächliche Anwendung eines Konfliktmanagementsystems entscheidend sei.
548 Siehe dazu auch die Erfahrungen des Unternehmens *Halliburton*, vormals *Brown & Root Inc.*, bei *Zinsser*, 12 Neg. J. 151, 161 und 164.
549 Im ersten Jahr des unternehmensinternen Konfliktmanagementsystems von *Halliburton*, ehemals *Brown & Root Inc.*, lag die Anzahl der Fälle nur bei 307, im zweiten Jahr mehr als doppelt so hoch bei 729; vgl. *Zinsser*, 12 Neg. J. 151, 160.
550 Die freiwillige Nutzung des neuen Konfliktmanagementsystems ist ein aussagekräftiger Indikator für seine Akzeptanz. *O'Connor*, 8 Neg. J. 85, 88 bewertet die kontinuierliche Steigerung der Akzeptanzquote für das System als ein wesentliches Ziel des Systemdesigns.
551 So auch *Riemenschneider*, S. 77 f. für integrierte Managementsysteme aus der Betriebswirtschaft.
552 Variablen nach *Kolks*, S. 111 f.

Verstehen, Können und Wollen der potentiellen Nutzer in Bezug auf das Konfliktmanagement und Systemdesign anknüpfen. Kennen setzt Kommunikation, Verstehen setzt Information, Können setzt Qualifikation und Wollen setzt Motivation voraus. Diese vier Grundfaktoren bilden zusammen die Basis für die Gestaltung des Systemdesignprozesses.

1. Kommunikation und Information über Systemdesign

Zunächst einmal müssen die potentiellen Konfliktparteien Kenntnis von der Systemdesigninitiative erlangen, bevor sie sich mit den Inhalten und Zielen des zu entwickelnden Konfliktmanagementsystems vertraut machen. Sie müssen motiviert sein, sich zu informieren. Daher sind sämtliche Maßnahmen erfolgversprechend, die eine positive Einstellung der Anwender zum Systemdesign fördern.[553] Die Parteien sind motiviert, Neues zu lernen, wenn sie von seinem persönlichen Nutzen überzeugt sind. Der Nutzen bemisst sich individuell danach, ob und inwieweit das neue Konfliktmanagementsystem ein praktikables und interessengerechtes Instrument in Konflikt- und Entscheidungssituationen darstellt. Das neue System muss für die einzelne Konfliktpartei zumindest einen größeren Nutzen haben als das aktuelle. Den dafür erforderlichen Systemvergleich kann allerdings nur durchführen, wer über das bestehende und das neue Konfliktmanagementsystem in leicht zugänglicher und verständlicher Weise hinreichend informiert ist.[554] Auf der Basis einer umfassenden Bestandsaufnahme des praktizierten und einer Prognose des neuen Systems können Vor- und Nachteile neuer (alternativer) Strategien diskutiert und verglichen werden. Über den Bedarf, Umfang, Inhalt und die Ziele der Veränderungen des bestehenden Konfliktmanagementsystems müssen die potentiellen Systemanwender innerhalb und außerhalb des Unternehmens vorab ausführlich informiert werden.

2. Schulung und Training

Die Information der Konfliktparteien ist jedoch nicht ausreichend. Ein konstruktiver Umgang mit Konflikten wird erst möglich durch die kontinuierliche Qualifizierung der Mitarbeiter und sonstiger potentieller Nutzer des Systems in den Verfahren und Instrumenten des unternehmerischen Konfliktmanagementsystems. Denn je mehr Optionen den Konfliktparteien zur Verfügung stehen, desto schwieriger ist die Aus-

---

[553] *Riemenschneider*, S. 80.
[554] *Riemenschneider*, S. 82: „Je niedriger der Aufwand ist, an die benötigten Informationen zu gelangen, desto wahrscheinlicher ist der tatsächliche Gebrauch. Dies trägt zur Effizienz des Systems bei."; zur Kommunikation als Erfolgsfaktor des Projektmanagements siehe allgemein *Keplinger*, S. 97.

wahl der geeigneten Verfahren und Instrumente im konkreten Konflikt.[555] Schulungen und Trainings befähigen die Parteien, das neue Konfliktmanagementsystem zu verstehen und anzuwenden. Die Parteien müssen durch die Schulungen und Trainings mit den spezifischen Charakteristika und funktionalen Unterschieden der verfügbaren Verfahren und Instrumente vertraut[556] und in der Lage sein, aus dem Spektrum das konfliktadäquateste Verfahren selbstbestimmt auszuwählen, seinen Ablauf gemeinsam mit der anderen Partei zu gestalten und schließlich durchzuführen.[557]

3. Interessenorientierter und partizipativer Designprozess

Die Antwort auf die Frage nach möglichen Erfolgsfaktoren des Systemdesigns liegt ferner in Methoden und Strategien zur Identifizierung und Einbeziehung sowie Vorbeugung und Überwindung von potentiellen Widerständen der Stakeholder[558] des Konfliktmanagementsystems.[559] Solche Widerstände sind nicht per se negativ, denn sie offenbaren Mängel in der Konzeption und Umsetzung des Designprozesses.[560]

Die Ideen und Konzepte des Systemdesigns werden nur dann erfolgreich umgesetzt, wenn die Stakeholder selbst die Problemlösung erarbeiten und sich mit ihr identifizieren. Bei komplexen Veränderungsprozessen ist es erfolgskritisch, das Interesse und die Lernbereitschaft der Stakeholder kontinuierlich zu fördern, um sie zur Partizipation zu motivieren.[561] Diese Bereitschaft wirkt sich auf die Nachhaltigkeit der Veränderungen aus, denn eine mangelnde Partizipation der potentiellen Anwender verlangsamt den Veränderungsprozess oder vereitelt ihn insgesamt.[562] Für das Design eines integrierten Konfliktmanagementsystems folgt daraus, dass die Systemanwender am Prozess des Systemdesigns von Beginn an aktiv zu beteiligen sind.[563] Sie müssen bereits bei der Entwicklung des Konfliktmanagementsystems[564] und nicht erst nach seiner Konzeption im Implementierungsprozess partizipieren. Denn nur so können in dem neuen Konfliktmanagementsystem bereits konzeptionell die Interessen sämtlicher potentieller Nutzer zum Ausdruck kommen.

---

555 Ähnlich *Birner*, S. 39: „Je mehr ADR-Verfahren dem Ratsuchenden angeboten werden, desto mehr Unsicherheit kann bezüglich der Auswahl der richtigen Möglichkeit entstehen."
556 Vornehmlichste Aufgabe des Designers ist es nach *Cavenagh*, S. 14 f. sicherzustellen, dass die Parteien über das notwendige Verständnis und Anwendungswissen verfügen.
557 *Ury/Brett/Goldberg*, S. 42 ff. *Lynch*, 17 Neg. J. 203, 213 spricht von *conflict-competent culture*.
558 *Stitt*, S.28 spricht von „parties who have a vested interest in the system, or the stakeholders".
559 Vgl. zu den Ursachen von Widerständen die Ansätze von *Bromann/Piwinger*, S. 114; *Reiss (Hrsg.)*, S. 17; *Kirschbaum*, S. 95 ff.
560 *Riemenschneider*, S. 88, sieht in Widerständen ein „Frühwarnsystem für Konzeptions- oder Implementierungsprobleme" eines Managementsystems.
561 *Greif/Schiffer/Bemmann/Offermanns/Kluge/Krone/Dormcke*, S. 46.
562 *Frey*, S. 23; *Hammer/Champy*, S. 11.
563 *Costantino/Merchant*, 14 Alternatives 48, 48; ausführlicher *Costantino/Merchant*, S. 49 ff.
564 Vgl. *Carter*, 17 Mediation Q. 61 ff.

Die aktive Beteiligung der Stakeholder ist indes nicht auf die Konzeption und Implementierung des Konfliktmanagementsystems beschränkt, sondern muss auch in der Gestaltung des Designprozesses selbst zum Tragen kommen – in Form eines partizipativen Designprozesses.[565] Auf diese Weise werden das integrierte Konfliktmanagementsystem als Veränderungsgegenstand und das Systemdesign als Veränderungsprozess aufeinander abgestimmt.[566] Nicht nur die Konfliktbearbeitungsverfahren sind auf die Interessen der Parteien fokussiert, sondern der Prozess des Systemdesigns als Ganzes ist interessenorientiert zu gestalten. Einen solchen partizipativen Designprozess kennzeichnet neben der frühzeitigen Einbindung aller Stakeholder in die Systemkonzeption auch ein großer Gestaltungsspielraum sowie die kontinuierliche Kommunikation und Information über den Entwicklungsstand des neuen Konfliktmanagementsystems.[567] Charakteristisch ist ferner die Übertragung und Festlegung von Verantwortlichkeiten, Aufgaben und Rollen an diejenigen Personen innerhalb und außerhalb des Unternehmens, die zukünftig das integrierte Konfliktmanagementsystem anwenden werden. Was für die Ausgestaltung der Konfliktbearbeitungsverfahren gilt, gilt auch hier: Wenn die Parteien einen außergerichtlichen Vergleich nachhaltiger beachten, den sie autonom und kooperativ vereinbart haben, sind sie entsprechend auch eher bereit, ein Konfliktmanagementsystem zu nutzen, das sie eigenverantwortlich und gemeinsam designt haben.[568]

4. Evaluierung des neuen Konfliktmanagementsystems

Eine Gesamtevaluierung des Systems nach seiner Implementierung in die Unternehmenspraxis ist unabdingbar, will man die Funktionalität des neuen Systems überprüfen. Daneben ist es sinnvoll, bereits während des gesamten Designprozesses, also während der Analyse-, Konzeptions- und Implementierungsphase (Zwischen-)Evaluierungen durchzuführen.[569] Sie bieten dem Unternehmen die Gelegenheit, die Erfüllung der vielfältigen Aufgaben während des Designprozesses kontinuierlich zu überprüfen.

---

565 Vgl. die partizipative Projektführung als Erfolgsfaktor des Projektmanagements bei *Lechler*, S. 59.
566 *Costantino/Merchant*, S. 50.
567 Vgl. *Riemenschneider*, S 96.
568 *Costantino/Merchant*, S. 66.
569 Ähnlich *Schoen*, S. 291 ff., der zwar ebenfalls die Systemevaluierung an das Ende des Designprozesses stellt, aber einschränkend auf S. 215 ausführt: „Tatsächlich ist ein Konfliktmanagementsystem auch während seiner Umsetzung fortlaufend auf seine Effektivität hin zu prüfen und gegebenenfalls neu auszurichten.".

III. Erfolgsrelevante Charakteristika eines integrierten Konfliktmanagementsystems

Analysiert man bestehende Konfliktmanagementsysteme in Wirtschaftsunternehmen, so zeigt sich, dass Unternehmen kontextspezifische Lösungen für ihre unternehmensindividuellen internen und externen Rahmenbedingungen entwickeln.[570] Gleichwohl lassen sich übereinstimmende erfolgskritische Charakteristika von integrierten Konfliktmanagementsystemen identifizieren. Die Darstellung ist bewusst ideal-typisch. In kaum einem praktizierten Konfliktmanagementsystem eines Unternehmens liegen die folgenden Charakteristika kumulativ vor.[571] Sie dienen als Orientierung für die Attribute eines integrierten Konfliktmanagementsystems.

1. Handhabbarkeit

Das neue Konfliktmanagementsystem wird nur regelmäßig zur Anwendung kommen, wenn es handhabbar und praxisgerecht gestaltet ist. Je handhabbarer das System, je leichter es für die Parteien zugänglich ist, desto geringer sind die Widerstände gegen die Systemanwendung und umso häufiger werden die Konfliktparteien es auch einsetzen.

Die Handhabbarkeit eines integrierten Konfliktmanagementsystems betrifft seine Verständlichkeit, Praktikabilität und Anwendungsfreundlichkeit. Einfache, klare Regelungen, insbesondere über den Zugang zu den Verfahren und ihren Ablauf, fördern sie ebenso wie klare Verantwortlichkeiten und eine Einbindung des Systems in die Geschäftsabläufe des Unternehmens. Ein handhabbares Konfliktmanagementsystem zeichnet sich durch vielzählige Zugangspunkte aus, sei es in der Form von Ansprechpartnern in jedem Unternehmensbereich[572] oder durch eine zentrale Anlaufstelle – Konfliktmanagementabteilung – im Unternehmen. Die Handhabbarkeit ist ferner für das Verfahrensdesign relevant. Die verschiedenen Verfahren und Instrumente des Systems sind so zu gestalten, dass sie einfach anzuwenden sind und den Parteien ermöglichen, ihre Konflikte frühzeitig, flexibel, selbstbestimmt und interessengerecht sowie endgültig beizulegen.[573] Mit anderen Worten: Die neuen bzw. modifizierten Verfahren und Instrumente des unternehmerischen Konfliktmanagements müssen besser funktionieren als die bestehenden – anderenfalls kehren die Parteien zurück zum Status quo.

---

570 *Lipsky/Seeber/Fincher*, S. 310: „Each of the systems we have studied seems to present unique solutions to unique organizational issues."
571 *Lipsky/Seeber/Fincher*, S. 18.
572 *Lipsky/Seeber/Fincher*, S. 14.
573 *Costantino/Merchant*, S. 129.

2. Flexibilität

Die Flexibilität der Konfliktmanagementordnung als weiteres erfolgskritisches Charakteristikum bemisst sich nach zweierlei: nach zahlreichen Verfahrensoptionen und nach der Auswahl- und Gestaltungsfreiheit der Konfliktparteien.

a) Multiple Verfahrensoptionen

Die Flexibilität des Verfahrenssystems bestimmt sich in erster Linie nach Art und Anzahl der im System integrierten Konflikt- und Streitbeilegungsverfahren. Prägend für ein Konfliktmanagementsystem sind die in ihm integrierten Optionen der Konfliktbehandlung. Sie beinhalten unterschiedliche, an der dynamischen Entwicklung von Konflikten orientierte Instrumente und Verfahren des Konfliktmanagements. Das System beinhaltet insbesondere ein praktikables Spektrum an interessen- und rechtsbasierten Verfahrensoptionen.

Die Bereithaltung vieler Verfahrensoptionen trägt einer eigenverantwortlichen Konfliktbehandlung Rechnung, weil sie die Privatautonomie der Parteien respektieren und fördern, selbstbestimmt darüber zu entscheiden, mit welchen Instrumenten und Verfahren sie ihren Konflikt beizulegen wünschen.[574] Die Parteien können ihre Konflikte frühestmöglich und an ihren jeweiligen Interessen orientiert einer geeigneten Konfliktbehandlung zuführen, bevor der Konflikt eskaliert.[575] Nur durch das Angebot multipler Verfahrensoptionen in der unternehmerischen Konfliktmanagementordnung kommt die Privatautonomie einer Partei im Konflikt praktisch zur Geltung.

b) Auswahl- und Gestaltungsfreiheit der Parteien

Ausdruck einer flexiblen Konfliktmanagementordnung ist ferner die Freiheit der Parteien, geeignete Verfahren und Instrumente aus den Optionen autonom auszuwählen[576], zu gestalten und schließlich durchzuführen.[577] Die Konfliktmanagementordnung des Unternehmens ist insoweit flexibel zu gestalten, als die potentiellen unternehmensinternen und -externen Konfliktparteien jederzeit von einem zum ande-

---

574 *Birner*, S. 41: Dem Konfliktspektrum sollte "eine Vielzahl von Konfliktbehandlungsmöglichkeiten gegenüberstehen, so dass die Parteien die Wahl haben, selbst zu bestimmen, mit welchem Verfahren welcher Konfliktgegenstand behandelt werden soll."
575 *Lipsky/Seeber/Fincher*, S. 17.
576 *Slaikeu/Hasson*, S. 46, Fn. 5: „We believe that choice is critical to the success of the [conflict management] system."
577 *Reuben*, 10 Harv. Neg. L. Rev. 11, 49 f.

ren Verfahren wechseln bzw. vorgesehene Verfahrensstufen auslassen können.[578] Dies ermöglicht den Parteien, konfliktspezifisch interessen- und rechtsbasierte Konfliktbearbeitungsverfahren einzusetzen. Die einzelnen Verfahren müssen darüber hinaus selbst flexibel gestaltbar sein und sich der dynamischen Entwicklung der Konflikte und ihrer Parteien anpassen können.[579] Auch aus diesem Grund sind die potentiellen Konfliktparteien als Anwender der im System integrierten Verfahren aktiv in das Verfahrensdesign einzubeziehen: Die Verfahrensanwender sind folglich zugleich Verfahrensdesigner.

3. Anwendungsbereich

Während zu Beginn dieser Untersuchung für ein unternehmensweites Systemdesign plädiert worden ist, gilt es nun näher zu definieren, wie weit der Anwendungsbereich des integrierten Konfliktmanagementsystems reicht. Zu unterscheiden ist sachlich nach den Konfliktbehandlungsgegenständen und persönlich nach den Konfliktparteien.

Wenngleich dem System gleichermaßen unternehmensinterne und -externe Konflikte zugeführt werden können, stellt sich die Frage, ob aus sachlichen Gründen bestimmte Konflikte im Vorhinein vom Anwendungsbereich der unternehmerischen Konfliktmanagementordnung ausgeschlossen und folglich dem gerichtlichen System der Streitentscheidung vorbehalten sind. Vergegenwärtigt man sich das Ziel eines Konfliktmanagementsystems, nämlich ein konfliktnaher, selbstbestimmter und interessenorientierter Umgang mit Konflikten bevor sie zu Rechtsstreitigkeiten eskalieren, so ist es zielführend, sämtliche – auch rechtliche – Konflikte dem internen Konfliktmanagementsystem zuzuführen. Ferner ermöglicht dies einer Konfliktpartei, jedweden Konflikt anzusprechen und zu behandeln.[580] Im Übrigen fördert es nicht die Akzeptanz der Mitglieder des Unternehmens für das System, wenn a priori bestimmte Konflikte ausgenommen sind. Letztlich sind es nämlich die Parteien eines Konflikts und nicht allein das Unternehmen, die entscheiden, ob sie ihren Konflikt dem System und seinen Verfahren und Instrumenten zuführen oder nicht. Nach alle-

---

578 *Ury/Brett/Goldberg*, S. 52; *Lipsky/Seeber/Fincher*, S. 14; *Slaikeu/Hasson*, S. 46 ff., 58: „loop forward or loop back".
579 *Birner*, S. 43: „Die Qualität der Konfliktbehandlung wird [...] steigen, wenn sich das Verfahren flexibel mit dem Konflikt wandeln kann.". *Schoen*, S. 215, betont, dass „ein effizientes Konfliktmanagementsystem die Interessen und Bedürfnisse der Mitarbeiter oder die Art der unternehmerischen Auseinandersetzungen [...] berücksichtigen" müsse.
580 *Lipsky/Seeber/Fincher*, S. 157: „The second reason [for covering a broad scope of issues] is to allow a claim to be raised without associating it with a specific person. Since an employee may be reluctant to go on the record against his or her supervisor, and many conflicts involve groups of employees anyway, making a broad scope of issues and avenues available in a workplace conflict resolution system encourages concerns to be raised early that would otherwise fester in the workplace." Vgl. ferner *Costantino/Merchant*, Kapitel 5 bis 7.

dem können dem Konfliktmanagementsystem sämtliche – soziale und rechtliche – unternehmensinterne und -externe Konflikte zugeführt werden.

Auch der persönliche Anwendungsbereich des Konfliktmanagementsystems wird unterschiedlich beurteilt.[581] Sachgemäß erscheint es, ihn ebenfalls weit zu bemessen und unternehmensintern jedem aktuellen und ehemaligen Mitarbeiter, der einen potentiellen Konflikt mit dem Unternehmen oder seinen Mitgliedern hat, ebenso wie sämtlichen unternehmensexternen Unternehmen und Verbrauchern Zugriff auf das System zu gewähren. Würde man demgegenüber bestimmte Parteien ausschließen, so blieben diesen allein die traditionellen gerichtlichen Konfliktbehandlungsverfahren mit der Folge, dass das Ziel des Unternehmens, Konflikte außergerichtlich und konsensual zu managen, konterkariert würde.

4. Verfahrensfairness

Von herausragender Bedeutung ist, wie bereits angesprochen, die Gewährleistung der Fairness der Verfahren und Instrumente des integrierten Konfliktmanagementsystems. Die Verfahrensfairness lässt sich unter anderem nach der Zufriedenheit der Parteien mit den Verfahren bestimmen, insbesondere danach, ob eine Partei das jeweilige Verfahren oder Instrument in der Zukunft ein weiteres Mal durchführen würde[582].

a) Freiwilligkeit

Nach Ansicht der amerikanischen *Association of Conflict Resolution* kennzeichnet es ein faires System, wenn die Konfliktparteien das System samt seiner Konfliktbehandlungsmechanismen freiwillig anwenden.[583] Eine obligatorische Teilnahme, insbesondere an konsensualen Verfahren wie der Verhandlung und Mediation würde die Privatautonomie der Partei im Konflikt konterkarieren.[584] Dies schließt allerdings nicht aus, dass das Unternehmen in seinem Konfliktmanagementsystem Anreize bei den Konfliktparteien schafft, zunächst außergerichtliche Konsensverfahren durchzuführen, und nur im Falle ihres Scheiterns auf (Schieds-)Gerichtsverfahren zurückzugreifen. Solange die Konfliktparteien die außergerichtlichen Verfahren als fair und konfliktadäquat empfinden und das Unternehmen keinen Druck auf die

---

581 *Lipsky/Seeber/Fincher*, S. 158 f.
582 *Lipsky/Seeber/Fincher*, S. 281.
583 *SPIDR (Ed.)*, S. 16: „The use of the system or of any path offered in it – or outside it – must remain an option to be chosen voluntarily. Individuals should be informed about their options, should feel empowered to select from among them, and should find themselves free to make a choice, without pressure, regarding how to resolve their conflict." Ausführlicher zu dieser Fragestellung *Lipsky/Seeber/Fincher*, S. 162 ff.; *Slaikeu/Hasson*, S. 59.
584 Ähnlich auch *Breidenbach*, in: Gottwald (Hrsg.), S. 117, 125 f.

Konfliktpartei bezüglich ihrer Verfahrensauswahl ausübt, ist die gebotene Freiwilligkeit hinreichend gewährleistet. Das Unternehmen muss indes zusätzlich gewährleisten, dass die Anwendung des Konfliktmanagementsystems und seiner Verfahren für die Parteien keinerlei Repressalien mit sich bringt – auch dann nicht, wenn eine Partei ein Verfahren gegen das Unternehmen eröffnet.[585] So selbstverständlich dies erscheint, so häufig missachten Unternehmen diesen Aspekt.[586]

b) Vertraulichkeit

Entscheidend für die Verfahrensfairness ist zudem die Gewährleistung der Vertraulichkeit des Verfahrens.[587] Alle Parteien und der Verfahrensdritte (Verfahrensberater, Ombudsmann, Mediator, Adjudicator, Schiedsrichter) sind vertraglich zur Vertraulichkeit zu verpflichten.[588] Eine entsprechende Entbindung oder Einschränkung ist auf Fälle zu beschränken, in denen alle Parteien ihre Zustimmung schriftlich erklären.

c) Allparteilichkeit des Dritten

In Konfliktbeilegungsverfahren, gleichob in gerichtlichen oder alternativen, ist die Allparteilichkeit des Dritten konstitutiv für die Verfahrensfairness. Nehmen die Parteien den Dritten in den Verfahren des unternehmerischen Konfliktmanagementsystems nicht als allparteilich wahr, ist ihre Fairness erschüttert und die Glaubwürdigkeit und das Vertrauen der Konfliktparteien in das gesamte Konfliktmanagementsystem des Unternehmens in Frage gestellt.[589] Sie sind objektiv allparteilich, wenn sie neutral und unabhängig sind, und die Konfliktparteien den Dritten auch subjektiv in diesem Sinne wahrnehmen. Für die Gewährleistung der Allparteilichkeit des Dritten in den außergerichtlichen Verfahren ist es vor allem bedeutsam, ob und wie die Konfliktparteien den Dritten auswählen können. Denn sie werden nur einen solchen

---

585 *Lipsky/Seeber/Fincher*, S. 257: „The most obvious means to minimize the risk or fear of using the workplace system is to ensure that there is no retaliation by the immediate supervisor or other management personnel." Siehe dazu auch *Simon/Sochynsky*, 21 Employee Rel. L. J. 29, 36.
586 Zu dieser Voraussetzung gerade in unternehmensinternen Systemen siehe *Lipsky/Seeber/Fincher*, S. 163: "[...] any workplace system must assure its users that retaliation will not occur, and it must provide a vehicle for complaints if an act of retaliation appears."
587 *SPIDR (Ed.)*, S. 16.
588 Zu den rechtlichen Gestaltungsmöglichkeiten einer Vertraulichkeitsabrede siehe *Eidenmüller*, S. 23 ff.
589 *SPIDR (Ed.)*, S. 16.

Dritten auswählen, den sie für allparteilich halten.[590] Etabliert haben sich Auswahlmodi, nach denen eine unabhängige externe Verfahrensorganisation den Parteien eine Liste mit fachlich und persönlich geeigneten externen Kandidaten vorschlägt, aus der die Parteien dann gemeinsam den Dritten auswählen. In unternehmensinternen Konflikten bietet es sich an, dass die Auswahl der anderen Konfliktpartei für das Unternehmen verbindlich ist, das Unternehmen allerdings ein Vetorecht hat.

d) Verteilung der Verfahrenskosten

Für die Verfahrensfairness ist ein weiterer Aspekt von großer praktischer Bedeutung: die Verteilung der Verfahrenskosten unter den Konfliktparteien[591], zu denen neben den Kosten für die Administration der Verfahren insbesondere die Kosten für die Dritten und Verfahrensbevollmächtigten zählen. Dieser Aspekt des Konfliktmanagementsystems ist bedeutsam, weil die mit einem Konfliktbehandlungsverfahren verbundenen Kosten einen Anreiz für oder ein Hindernis gegen seine Anwendung darstellen. Regelungen zwischen den Parteien über die Kostentragung sind ferner relevant, weil sie die Kosten des Unternehmens für das Konfliktmanagement beeinflussen. Je höher der Anteil des Unternehmens an den Verfahrenskosten ist, je kostenintensiver ist der Unterhalt des Konfliktmanagementsystems.[592] Die Regelung der Kostentragung ist damit ein gewichtiger Faktor bei der Auswahl des anzuwendenden Verfahrens und eignet sich hervorragend, um Motivationsanreize für die Auswahl und Durchführung außergerichtlicher Verfahren zu schaffen und dadurch die Anwendung des neuen Systems insgesamt zu fördern.

Ferner sind Art und Umfang der Haftung des Unternehmens in den Konfliktbeilegungsverfahren (engl.: *dispute resolution exposure*) aufschlussreich für die Fairness der Konfliktmanagementordnung des Unternehmens: Liegen die Ausgaben des Unternehmens für verglichene oder ausgeurteilte Ansprüche gegen das Unternehmen nach Einführung des Systems auf einem vergleichbaren Level wie vor der Systemeinführung, werden die Ergebnisse der Konfliktbeilegungsverfahren aus Sicht der Konfliktgegenparteien des Unternehmens als fair beurteilt. Denn dann profitiert das Unternehmen nicht auf Kosten seiner Konfliktgegner von einer Konzentration der Konfliktbearbeitung auf außergerichtliche Verfahren. Amerikanische Unternehmen, die Systemdesign betreiben und eine Konfliktmanagementordnung implementiert haben, berichten über – in der Höhe vergleichbare – verglichene und ausgeurteilte Ansprüche gegen das Unternehmen.[593] Die Verlagerung der Konfliktbeilegung

---

590 Selbst die Auswahl eines oder mehrerer Dritten durch die unternehmerische Konfliktgegenpartei gewährleistet nicht seine Allparteilichkeit, wenn die Liste der Kandidaten einseitig vom Unternehmen vorgegeben wird.
591 *Lipsky/Seeber/Fincher*, S. 166 und 193 ff.
592 Die Verteilung der Kosten ist nach *Costello*, S. 194 bereits im Rahmen der Budgetierung des Systemdesigns einzubeziehen.
593 So die Erfahrungen von *Halliburton*, ehemals *Brown & Root Inc.*; siehe dazu *Zinsser*, 12 Neg. J. 151, 161.

weg von der (schieds-)gerichtlichen Streitentscheidung hin zur außergerichtlichen Konfliktbearbeitung übervorteilt folglich nicht das Unternehmen als Konfliktpartei.

IV. Unterstützende Unternehmensfaktoren

Die Notwendigkeit und Bedeutung von systemunterstützenden Unternehmensstrukturen als Element des integrierten Konfliktmanagementsystems wurde bereits angedeutet. An dieser Stelle werden nun die erfolgskritischen Charakteristika der unterstützenden Unternehmensstrukturen näher beleuchtet und veranschaulicht.

1. Engagement und Verantwortung der Unternehmensführung

Das Systemdesign ist ein innerbetriebliches Projekt, für das die Unternehmensführung verantwortlich ist. Die frühzeitige und kontinuierliche Unterstützung der Führungskräfte des Unternehmens ist, wie empirische Untersuchungen belegen[594], elementar für die erfolgreiche Konzeption, Umsetzung und praktische Anwendung des Konfliktmanagementsystems.[595] Die Unternehmensführung erfüllt ihre Verantwortung zunächst einmal durch eine angemessene personelle und finanzielle Projektausstattung[596] und ein aktives Engagement während des Designprojekts: Sie definiert die system- und konfliktmanagementspezifischen Ziele des Unternehmens, entwickelt Strategien für die Erreichung dieser Zielvorgaben, organisiert die notwendigen innerbetrieblichen Veränderungsprozesse und delegiert die vielfältigen Aufgaben.[597] Als Bindeglied zwischen dem Unternehmen und Designteam bietet es sich an, ein Mitglied der Unternehmensführung als verantwortlichen Koordinator und Ansprechpartner zu bestimmen.[598] Das Engagement der Unternehmensleitung für die alternativen Verfahren des Systems unterstreichen Absichtserklärungen, nach denen sich das Unternehmen, wenn auch nicht rechtlich bindend, verpflichtet, in Konflik-

---

594 Vgl. *Guidry/Huffman*, 6 Lab. Law. 1 ff.; *Carver/Vondra*, Harv. Bus. Rev. 1994, S. 120, 130: „No ADR plan will ever prevent all litigation, but none will come close without the wholehearted commitment of company management."
595 So auch *Cavenagh*, S. 15: „No corporate [ADR] program can thrive, indeed survive, in the absence of support from all levels of the company." *Reilly/MacKenzie*, S. 39; *Lipsky/Seeber*, S. 24; *Schoen*, S. 233 f.
596 Die für das Systemdesign erforderlichen Ressourcen erstrecken sich auf Personal-, Finanz- und Sachmittel. Erfolgsfördernd ist es, die Mittel nicht zu limitieren; siehe dazu aus Sicht des Projektmanagements *Lechler*, S. 80.
597 Nach dem Halliburton Dispute Resolution Program existiert im Unternehmen ein aus Mitgliedern der Unternehmensführung bestehendes *Dispute Resolution Policy Committee*, dem das Designteam in seiner Funktion als Systemadministrator kontinuierlich über das Systemdesign berichtet; siehe dazu *Bedmann*, 6 ADR Currents 20, 23.
598 *Costello*, S. 269.

ten mit seinen Mitarbeitern[599] und Geschäftspartnern (Verbrauchern sowie anderen Unternehmen) alternative Verfahren der Konfliktbehandlung ernsthaft in Erwägung zu ziehen.[600]

2. Anwendungsanreize für das neue Konfliktmanagementsystem

Neben der Schulung der Stakeholder muss das Unternehmen Anreize schaffen, die sie motivieren, ihre Konflikt- und Verfahrenskompetenz in der alltäglichen Praxis einzusetzen, indem sie auftretende Konflikte dem Konfliktmanagementsystem zuführen.[601] Die Mitarbeiter des Unternehmens können, wie bereits ausgeführt, durch die Übertragung von Verantwortung für das Konfliktmanagement im eigenen Arbeitsumfeld und durch finanzielle Anreize motiviert werden, ihre Konflikte den interessenbasierten Verfahren der unternehmerischen Konfliktmanagementordnung zuzuführen, anstatt unverzüglich (arbeits-)gerichtliche Schritte einzuleiten. Die Art und Weise der Anwendung des Systems kann zudem in der Evaluierung der Mitarbeiter berücksichtigt werden.[602]

3. Anpassung der Unternehmenspraxis an das neue Konfliktmanagementsystem

Wie ein roter Faden zieht sich ein Aspekt durch die wissenschaftliche Diskussion des Systemdesigns: die „Kultur" des Unternehmens. Für die Akzeptanz und mithin den Erfolg des neuen integrierten Konfliktmanagementsystems ist schließlich ein Faktor ausschlaggebend, der das Unternehmen als Organisationssystem betrifft: Übereinstimmend wird die notwendige Berücksichtigung der Unternehmenskultur im Systemdesign hervorgehoben.[603] Während teilweise allgemein darauf abgestellt wird, das Konfliktmanagementsystem auf das Unternehmen zuzuschneidern[604], sprechen andere von den Strukturen und der Umwelt des Unternehmens[605], der Or-

---

599 Vgl. die Shell RESOLVE Employee Brochure, im Auszug abgedruckt bei *Slaikeu/Hasson*, S. 125.
600 In den USA haben mehr als 4000 Unternehmen das „Corporate Policy Statement on Alternatives to Litigation" des Center for Public Ressources Legal Program (CPR) unterzeichnet, zu denen neben zahlreichen großen US-amerikanischen Unternehmen auch deutsche Unternehmen, wie etwa DaimlerChrysler, Siemens gehören; siehe dazu *Breidenbach*, Mediation, S. 24 f.; *Schoen*, S. 253 f. m. w. N.
601 *Costantino/Merchant*, S. 139.
602 *Costantino/Merchant*, S. 194 f.; *Lipsky/Seeber/Fincher*, S. 19.
603 *Schoen*, S. 215; *Simons*, 5 Neg. J. 401 ff.
604 *Schoen*, S. 10: „Konfliktmanagementsysteme sind auf das jeweilige Unternehmen [...] sowie seine speziellen Konflikte und Konfliktgegner zuzuschneiden."
605 *Bedmann*, 6 ADR Currents 20, 21 stellt auf die Versatilität eines privaten Konfliktmanagementsystems im Vergleich zu gerichtsangebundenen ADR Programmen ab: „Court-ordered ADR is likely to be less well adapted to the employer's *environment* than a system adopted by the employer. Versatility is one of the principal advantages of a private dispute resolution

ganisationskultur[606] oder von der Unternehmenswirklichkeit[607] und dem Unternehmenssystem[608], auf die ein zu Konfliktmanagementsystem anzupassen sei. Gemeint ist demnach nicht die Unternehmenskultur[609] im Allgemeinen, sondern spezieller der Teilbereich der unternehmenskulturellen, organisatorischen und entscheidungspolitischen Strukturen und Rahmenbedingungen im Unternehmen, welche die Art der Entscheidungsfindung und Problemlösung im Unternehmen konstituieren und charakterisieren. Die damit zum Ausdruck kommende Bedeutung der Konfiguration des Unternehmens als Organisation beruht auf dem empirisch nachgewiesen Befund, dass Unternehmen sehr unterschiedlich Konfliktmanagement betreiben, obwohl sie unter den gleichen bzw. vergleichbaren Rahmenbedingungen operieren.[610] Es sind danach unternehmensinterne Faktoren, die die Art und Weise des Konfliktmanagements, den Konfliktmanagement-Modus des Unternehmens, determinieren. Insoweit wird einheitlich und zutreffend betont, dass Systemdesign immer nur unternehmensindividuell betrieben werden könne, indem das integrierte Konfliktmanagementsystem auf das jeweilige Unternehmen maßgeschneidert wird. Diese Übereinstimmung zwischen System und Unternehmen herzustellen, stellt die praktisch größte Herausforderung für das Systemdesign dar und wird an anderer Stelle dieser Arbeit näher begutachtet.

V. Zusammenfassung

Das Systemdesign erfordert einen grundlegenden Paradigmenwechsel: Sämtliche Faktoren, die seinen Erfolg begünstigen und Barrieren und Hindernisse gegen eine Neuausrichtung des Umgangs mit Konflikten überwinden, setzten die Bereitschaft, Offenheit und Flexibilität eines Unternehmens voraus, seine bisherige Kultur der Entscheidungsfindung und Problemlösung unvoreingenommen in Frage zu stellen und sich mit der Logik eines modernen Konfliktmanagements auseinander zusetzen.

Die Logik eines modernen Konfliktmanagements stößt freilich nur dann auf Akzeptanz, wenn ihre Richtigkeit nicht nur theoretisch, sondern auch empirisch nachgewiesen wird. Von zentraler Bedeutung ist – neben der Überzeugung des Unternehmens vom Nutzen des Systemdesigns – die Schaffung breiter Akzeptanz unter den potentiellen Konfliktparteien innerhalb und außerhalb des Unternehmens. So-

---

program. The process can be tailored to fit any *corporate structure.*" [Hervorhebungen durch den Verfasser]
606 *Budde*, S. 111.
607 *Duve/Eidenmüller/Hacke*, S. 324.
608 *Ponschab/Dendorfer*, in: Haft/Schliefen (Hrsg.), § 39 Rdnr. 64.
609 Die Unternehmenskultur meint nach *Schreyögg*, S. 439 die allgemeinen Sinn- und Orientierungsmuster, die ein Unternehmen als soziale Organisation im Laufe der Zeit entwickelt hat und welche die Handlungen seiner Mitglieder bestimmt.
610 *Lipsky/Seeber/Fincher*, S. 125: „Similar organizations faced with a common set of environmental challenges might choose very different conflict management strategies, and, in fact, this is the situation we obeserved in our research."

lange Rechtsunsicherheiten nicht ausgeräumt und eine dem staatlichen Gerichtsverfahren entsprechende Verfahrensfairness nicht gewährleistet sind, wird ein neues Konfliktmanagementsystem nicht eingesetzt, geschweige denn akzeptiert.[611]

Das System und seine Konfliktbeilegungsverfahren sind insofern leicht zugänglich, fair, schnell und vertraulich gestaltet. Diese Voraussetzungen wird ein System nur erfüllen, wenn es eine Vielzahl an Verfahren und Instrumente des Konfliktmanagements beinhaltet[612] und ihre systematische Anwendung durch die potentiellen Konfliktparteien selbst fördert[613]. Das Systemdesign wird nur erfolgreich sein, wenn es die identifizierten Erfolgsfaktoren nicht pauschal, sondern unternehmensspezifisch umsetzt, individuelle und organisationelle Widerstände im Unternehmen gegen die Veränderung des bisherigen Konfliktmanagements berücksichtigt und interessengerechte, faire und multioptionale Instrumente und Verfahren entwickelt, damit die Parteien ihre mannigfaltigen Konflikte aktiv und autonom, kooperativ und interessengerecht gestalten können. Die soeben abstrakt herausgearbeiteten Erfolgsfaktoren des Systemdesigns bilden die Grundlage und Leitmotive für die konkrete Ausgestaltung des Designprozesses und eines integrierten Konfliktmanagementsystems im nun folgenden zweiten Teil dieser Arbeit.

---

611 *Lipsky/Seeber/Fincher*, S. 317.
612 *Rosenberg*, 21 Creighton L. Rev. 801, 809.
613 *Cronin-Harris*, 59 Alb. L. Rev. 847, 847.

Teil 2
Modell für das Design eines integrierten Konfliktmanagementsystems

Aufbauend auf den Grundlagen des Systemdesigns widmet sich der zweite Teil der Arbeit der Frage, wie Unternehmen konkret Systemdesign betreiben können. Es findet ein Perspektivenwechsel in der Begutachtung statt, weil nun die theoretischen Erkenntnisse in die praktische Umsetzung einfließen. Der Ansatz der nachfolgenden Darstellung ist es, praktikable Handlungsvorschläge darzustellen, wie ein Unternehmen ein integriertes Konfliktmanagementsystem designen kann.

In der US-amerikanischen Wissenschaft und Praxis werden verschiedene Modelle des Systemdesigns diskutiert, nach denen Unternehmen integrierte Konfliktmanagementsysteme konzipiert und implementiert haben. Wiederholt betonen deutsche Autoren den Nutzen von Konfliktmanagementsystemen US-amerikanischer Unternehmen für die Konzeption und Implementierung eines Systems in deutschen Unternehmen.[614] Dies legt die Versuchung nahe, nicht nur das in der amerikanischen Unternehmenspraxis etablierte Modell des Systemdesigns zu Grunde zu legen, sondern auch die in der US-amerikanischen Praxis bewährten Verfahren und Instrumente eines Konfliktmanagementsystems zu übernehmen.[615] Die Frage, inwieweit die Erfahrungen US-amerikanischer Unternehmen mit Systemdesign für Unternehmen in Deutschland von Bedeutung sein können, ist indes kritisch zu beantworten. Sie erleichtern deutschen Unternehmen lediglich, dass sie das „Rad des Systemdesigns nicht neu erfinden müssen"[616]. Keinesfalls aber befreien sie ein deutsches Unternehmen von einer sorgfältigen, unternehmensspezifischen Gestaltung des Systemdesigns. Gegen ein Kopieren US-amerikanischer Modelle bestehen aus zweierlei Gründen Bedenken: es würde einerseits zweckwidrig unterlassen, die Besonderheiten der Konfliktbeilegungslandschaft in Deutschland zu berücksichtigen und andererseits außer Acht lassen, dass ein Konfliktmanagementsystem im Wege des Systemdesigns auf das jeweilige Unternehmen maßzuschneidern ist.

Die wissenschaftlichen und praktischen Darstellungen aus den USA über Systemdesign und die Erfahrungsberichte US-amerikanischer Unternehmen sind allenfalls dergestalt der Designinitiative eines deutschen Unternehmens zu Grunde zu legen, als sie kritisch analysiert und im Hinblick auf die internen und externen Rahmenbedingungen des jeweiligen deutschen Unternehmens adaptiert werden. Dies gilt selbstredend in gleicher Weise für die wenigen praktischen Erfahrungen deut-

---

614 *Schoen*, S. 240 f.
615 So aber *Schoen*, S. 240, der ausführt, dass es deutschen Unternehmen möglich ist, „die jeweils in der Praxis am erfolgreichsten bewährten Verfahren und Techniken zu übernehmen und ihr Konfliktmanagement somit zügig innerhalb des gesamten Unternehmens effizienter auszugestalten."
616 *Mazadoorian*, in: Wilkinson (Ed.), S. 205, 210: „Avoid reinventing the wheel."

scher Unternehmen mit dem Design von Konfliktmanagementsystemen. Es geht in dem nun vorgestellten Modell demnach nicht darum, amerikanische Modelle des Systemdesigns in deutschen Unternehmen zu kopieren[617], sondern in den Kontext eines deutschen Unternehmens zu transferieren.[618] Die Erfahrungen US-amerikanischer Unternehmen mit Systemdesign und herausgebildete Modellsysteme dienen deutschen Unternehmen daher nicht als Kopiervorlage, sondern als reichhaltiges Anschauungs- und Informationsmaterial. Die Analyse dieses Materials erlaubt es deutschen Unternehmen, die Chancen und Risiken des Systemdesigns besser auszuloten, Fehlentwicklungen zu antizipieren und zu vermeiden sowie Erfolgsfaktoren für das Systemdesign in deutschen Unternehmen abzuleiten.[619] Das Ziel ist es, auf der Grundlage des Systemdesigns in US-amerikanischen Unternehmen ein eigenständiges kontextspezifisches Modell des Systemdesign für deutsche Unternehmen zu entwickeln. Die Betonung liegt hier auf Modell: Die Ausarbeitung eines allgemein gültigen Konfliktmanagementsystems würde den Leitgedanken des unternehmensindividuellen Systemdesigns konterkarieren. Das Ziel ist es vielmehr, eine erste praxisbezogene Orientierung für das Systemdesign zu liefern und das Spektrum der vielfältigen Gestaltungsmöglichkeiten aufzuzeigen.

---

617 *Schoen*, S. 11 und 13.
618 *Duve/Eidenmüller/Hacke*, S. 282.
619 Anders *Schoen*, S. 298: „Angesichts der wenig verbreiteten Konfliktbehandlungslehre und dem bislang nur experimentellen Einsatz alternativer Streitbeilegungsverfahren steht zu erwarten, daß die ersten Entwürfe von Konfliktmanagementsystemen weitaus mehr Defizite aufweisen als in US-amerikanischen Betrieben [...]."

Kapitel 4
Der Prozess des Systemdesigns

In Anbetracht der zahlreichen und komplexen Aufgaben im Rahmen des Systemdesigns gilt es, den Designprozess inhaltlich zu strukturieren. In der US-amerikanischen Literatur existieren verschiedene Modelle für den Ablauf und die Ausgestaltung des Prozesses des Systemdesigns. Sie unterscheiden sich vor allem im Hinblick auf die Anzahl und den Inhalt der Prozessphasen.[620] Wertet man die verschiedenen Modelle aus, so zeigen sich hingegen große Übereinstimmungen im Hinblick auf die Aufgaben, die im Zuge des Systemdesign auszuführen sind. Der hier vorgestellte Ablauf des Designprozesses orientiert sich an diesen Aufgaben, deren Erfüllung nach den praktischen Erfahrungen von Unternehmen eine ebenso reibungslose wie sorgfältige und praxisgerechte Konzeption und Implementierung eines Konfliktmanagementsystems im Unternehmen gewährleistet. Die nun folgende Darstellung verfolgt daher ein Phasenmodell des Designprozesses, das die im 2. Kapitel herausgearbeiteten Erfolgfaktoren aufgreift und in die Ausgestaltung des Designprozesses transferiert. Auf diese Weise lässt sich ein *Best-Practice*-Modell herleiten, auf dessen Grundlage ein eigenständiger Designprozess für Unternehmen in Deutschland entwickelt wird.

Am Beginn des Systemdesign-Projekts im Unternehmen steht seine Initiierung und sorgfältige Planung (A.). Der eigentliche Prozess des Systemdesigns beginnt mit einer umfassenden Analyse des bestehenden Konfliktmanagements des Unternehmens (B.), auf deren Grundlage ein neues System entwickelt wird. Anschließend folgt die Implementierung des neuen Konfliktmanagementsystems in die Unternehmenspraxis (C.). Das Systemdesign-Projekt findet schließlich nach der Evaluierung und Rejustierung des neuen Systems seinen Abschluss (D.).

A. Planungsphase

Die Initiierung des Systemdesigns setzt voraus, dass ein Unternehmen überhaupt die Bereitschaft besitzt, sich offen, informiert und kritisch mit dem Konzept des Systemdesigns auseinanderzusetzen (I.). Erst wenn diese Veränderungsbereitschaft besteht, kann die eigentliche Planung der Designinitiative beginnen, an deren Anfang die Information, Schulung und das Training der Mitglieder des Unternehmens und der potentiellen externen Systemanwender steht (II.). Die Planung erfordert zusätz-

---

620 Vgl. die Modelle von *Costantino/Merchant*, S. 69 ff., 96 ff., 117 ff., 134 ff., 150 ff. und 168 ff.; *Lipsky/Seeber/Fincher*, S. 155 ff., 183 ff., 225 ff. und 263 ff.; *Slaikeu/Hasson*, S. 166 ff., 184 ff. und 190 ff. Vgl. aus der deutschen Literatur *Dendorfer/Ponschab*, in: Moll (Hrsg.), Münchener Anwaltshandbuch Arbeitsrecht, § 77 Rn. 263 ff.

lich die Zusammenstellung eines Designteams, das den weiteren Projektverlauf koordiniert und verantwortet (III.) sowie eines detaillierten Projektplans zur Strukturierung des Designprozesses (IV.).

I. Initiierung des Systemdesigns im Unternehmen

Für ein Unternehmen eröffnet das Systemdesignprojekt eine neue Perspektive auf sein Konfliktmanagement. Voraussetzung dafür ist die Bereitschaft des Unternehmens, sein gegenwärtig praktiziertes Konfliktmanagement zu hinterfragen und auf den Prüfstand zu stellen. Ohne diese grundsätzliche Veränderungsbereitschaft wird kein Unternehmen den Prozess des Systemdesign initiieren.

1. Veränderungsbereitschaft im Unternehmen

Veränderungen werden erfahrungsgemäß nur eingeleitet, wenn die bisherigen Ansätze wahrnehmbar nicht mehr zufriedenstellend funktionieren. Ein solcher Befund der Dysfunktionalität setzt voraus, dass das Unternehmen überhaupt ein Bewusstsein dafür entwickelt, dass und wie es Konfliktmanagement betreibt. In einem nächsten Schritt erst kann es dessen Qualität und Effizienz analysieren. Regelmäßig ist ein auslösendes Moment erforderlich, das diese beiden Initialschritte in Gang setzt.[621] Eine akute Unternehmenskrise[622], ein desaströses gerichtliches[623] oder ein erfolgreiches alternatives Streitbeilegungsverfahren haben in der Vergangenheit in Unternehmen ein Umdenken im Konfliktmanagement ausgelöst, weil auf diese Weise Defizite des bis dato praktizierten Konfliktmanagements sichtbar wurden.[624]

Seltener dagegen kommt die Initialzündung aus dem Unternehmen selbst, etwa durch internes Qualitätsmanagement, die individuelle Initiative eines Mitglieds der Unternehmensführung[625], die Entwicklung einer neuen Geschäftsbeziehung oder gar Gründung eines neuen Unternehmens[626]. Ein Aspekt fördert die Bereitschaft eines Unternehmens, sein Konfliktmanagement zu überdenken und zu modifizieren, wie kein zweiter: die mögliche Reduzierung der Ausgaben des Unternehmens für den Umgang mit internen und externen Konflikten.[627] Ein Bedarf nach Kostenreduzie-

---

621 *Costantino/Merchant*, S. 69 nennen dies das *presenting problem*.
622 *Ury/Brett/Goldberg*, S. 65.
623 So im Unternehmen Johnsons & Johnson, vgl. *CPR (Ed.)*, S. 56, und im Unternehmen *Brown & Root Inc.*, siehe dazu *Bedmann*, 6 ADR Currents 20, 22.
624 *Costantino/Merchant*, S. 70.
625 So im Unternehmen der Shell Oil Company; siehe dazu *Slaikeu/Hasson*, S. 68 ff.
626 *Ury/Brett/Goldberg*, S. 65.
627 Vgl. dazu *Schoen*, S. 218: „Die Suche nach einem effizienteren Konfliktmanagement wird in deutschen Unternehmen […] durch die in US-amerikanischen Studien nachgewiesenen Möglichkeiten für Kosteneinsparungen bei der Konfliktbehandlung gefördert werden." M. E. sind diese Studien für deutsche Unternehmen nicht aussagekräftig, geschweige denn übertragbar,

rung ist allerdings nur zu bejahen, wenn die aktuellen Ausgaben als zu hoch bewertet werden, wobei die Analyse in der Regel allein auf die Kosten der kontradiktorischen Streitbeilegung vor Schieds- und staatlichen Gerichten beschränkt ist.

Unberücksichtigt bleibt demgegenüber das Einsparpotenzial in der unternehmensinternen Rechtsabteilung, bei den Honoraren für externe Rechtsanwälte und – dieser Faktor wird meist gänzlich ausgeblendet – wie viel Arbeitszeit die Mitarbeiter des Unternehmens insgesamt für den Umgang mit Konflikten aufwenden, anstatt ihre eigentlichen Aufgaben wahrzunehmen.[628]

Freilich besteht keine Notwendigkeit abzuwarten, bis Konflikte überhand nehmen, unbehandelt bleiben oder bis hohe Konfliktmanagementausgaben das Unternehmen paralysieren. Es fällt den Beteiligten leichter, sich auf neue Verfahren, Prozesse und Methoden des Konfliktmanagements einzulassen, wenn sie nicht akut in Konflikte und Rechtsstreitigkeiten involviert sind. Idealerweise betreiben Unternehmen Systemdesign also bevor eine Krise eintritt, etwa während des Gründungsprozesses einer neuen Unternehmung oder im Zuge von organisationellen Umstrukturierungsprozessen.[629]

2. Information über Veränderungsoptionen und Entscheidung über Initiierung des Systemdesigns

Die Veränderungsbereitschaft setzt weiterhin voraus, dass das Unternehmen zu der Überzeugung gelangt, dass positive Veränderungen des bestehenden Konfliktmanagements realisierbar sind[630], etwa durch die Initiierung des Systemdesigns. Es muss über Veränderungsoptionen und ihre Machbarkeit hinreichend informiert sein. Denn solange das Systemdesign dem Unternehmen unbekannt ist, wird es auch nicht darauf zurückgreifen können.

Das Unternehmen muss auf der Basis einer Kosten-Nutzen-Analyse eine informierte Entscheidung darüber treffen können, ob der Einsatz unternehmerischer Ressourcen für das Systemdesign im Hinblick auf die prognostizierten positiven Ziele eines integrierten Konfliktmanagementsystems gerechtfertigt ist. Mit anderen Worten: Das Systemdesign und die damit verbundene Integration eines Konfliktmanagementsystems in die unternehmerische Praxis muss eine rentable Investition für das

---

weil die gerichtliche Streitbeilegung in den USA im Hinblick auf die Prozesskosten strukturell grundverschieden von der in Deutschland ist. Das Einsparpotential US-amerikanischer Unternehmen erzeugt unreflektiert eher eine in deutschen Unternehmen nicht zu realisierende Erwartungshaltung.

628 *Costello*, S. 201 in Bezug auf die gerichtliche Streitbeilegung: „But, how many hours were spent on court litigation by people other than counsel? Those employees all cost money every time they spend one hour on something other than their normal responsibilities [...]."
629 *Ury/Brett/Goldberg*, S. 67.
630 *Costantino/Merchant*, S. 69.

Unternehmen darstellen.[631] In Deutschland, aber auch in den Vereinigten Staaten ist das Systemdesign als Strategie des Konfliktmanagements so neu und unter Unternehmen weithin (noch) unbekannt[632], dass es von entscheidender Bedeutung ist, Unternehmen umfassend über das Systemdesigns, insbesondere über seine unternehmensspezifischen Chancen und Risiken des Systemdesigns zu informieren. Informationen über das Systemdesigns können einen Impuls im Unternehmen auslösen, das gegenwärtig im Unternehmen praktizierte Konfliktmanagement überhaupt wahrzunehmen und seine Funktionalität zu hinterfragen. Der Aspekt der Information bildet daher den Beginn der Designinitiative.[633]

Auf der Basis ausführlicher Informationen trifft das Unternehmen, vertreten durch die Unternehmensführung, zunächst eine verbindliche Entscheidung über die Analyse des bestehenden Konfliktmanagements sowie der prognostizierten Kosten und Nutzen des Systemdesigns anhand eines Budgets und Zeitplans.[634] Damit übernimmt das Unternehmen die planerische Verantwortung und Unterstützung für das Systemdesign.[635]

II. Schulungen und Training im Konfliktmanagement[636]

Da Unternehmen in Deutschland ein systemischer Ansatz des Konfliktmanagements gänzlich, eine deeskalierende und präventive Konfliktbehandlung weithin und der Einsatz konsensualer Streitbeilegungsverfahren teilweise noch unbekannt sind[637], liegt der Schwerpunkt der Planungsphase des Systemdesigns zu Beginn in der Schulung der Mitarbeiter des Unternehmens und den sonstigen potentiellen Anwendern des neuen Konfliktmanagementsystems.

1. Bedeutung für das Systemdesign

Die Stakeholder müssen wissen und verstehen, welche Verfahrensoptionen ihnen in einer neuen Konfliktmanagementordnung zur Verfügung stehen und wie sie ablaufen und ausgestaltet sind.[638] Nur wenn sie mit der Idee, dem Konzept und der Aus-

---

631 *Slaikeu/Hasson*, S. 80 bringen dies mit einer rhetorischen Frage auf den Punkt: „Can you imagine the chief executive officer of any company saying yes to a new [conflict management] program that does not enhance or increase the profitability of the company?"
632 *Cronin-Harris*, 59 Alb. L. Rev. 847, 873; *Lipsky/Seeber/Fincher*, S. 152: „A relatively small proportion of [US] corporations have adopted an authentic conflict management system."
633 So auch *Lipsky/Seeber/Fincher*, S. 229.
634 Vgl. *Schoen*, S. 216.
635 *Lipsky/Seeber/Fincher*, S. 231; *Slaikeu/Hasson*, S. 162 f. und *Schoen*, S. 233 f.
636 *Slaikeu/Hasson*, S. 122 ff.
637 Zusammenfassend *Schoen*, S. 245 f.
638 Vgl. *Cavenagh*, S. 16; *Costantino/Merchant*, S. 134; *Schoen*, S. 236 und 243; *Cronin-Harris*, S. 27.

gestaltung des Systemdesigns vertraut sind, können sie sich aktiv und eigenständig in den Designprozess einbringen. Die Wissens- und Kompetenzvermittlung bildet somit die Grundlage für den weiteren Designprozess. In zeitlicher Hinsicht sind die Information und das Training dem eigentlichen Prozess der Systemkonzeption vorgelagert.[639]

Die Adressaten des Schulungs- und Trainingsprogrammes sind neben den Mitgliedern des Unternehmens auch die potentiellen Konfliktgegner außerhalb des Unternehmens. Gerade die unternehmensexternen Parteien müssen zumindest über das Systemdesign des Unternehmens und die im System integrierten Konfliktbearbeitungsmethoden informiert sein und über Basiswissen im Konfliktmanagement verfügen.[640] Schulungen allein werden die potentiellen Konfliktparteien indes nicht dazu bewegen, neue Konfliktbeilegungsmethoden anzuwenden.[641] Die Konfliktparteien benötigen zusätzliche Anreize, ihre Konflikte dem neuen Konfliktmanagementsystem zuzuführen.

2. Information und Training

Das Schulungsprogramm sollte aus mindestens zwei Komponenten bestehen: der Wissens- und Informationsvermittlung sowie dem Training.[642] Bei der Entwicklung des Schulungsprogramms bildet die Analyse und Auswertung der Trainingsbedürfnisse der Beteiligten den Ausgangspunkt.[643] Das Schulungsprogramm muss auf die Adressaten, ihre Zusammensetzung, bereits vorhandene Kompetenzen und ihre Aufgaben im neuen Konfliktmanagementsystem abgestimmt sein[644], weil Schulungsmethoden und -inhalte, die in einem Unternehmen erfolgreich waren, in einem anderen ineffektiv sein können. Es gilt gemeinsam mit den Stakeholdern herauszuarbeiten, was das Ziel der Schulung ist, welche Inhalte in welcher Form vermittelt werden, wer das Schulungsprogramm inhaltlich entwickelt und durchführt und wie die Stakeholder die gewonnenen Erkenntnisse und Informationen in ihrer alltäglichen Arbeit praktisch anwenden können.[645]

---

639 So auch *Costello*, S. 193 und 268.
640 Dagegen wird die Schulung und Information der Beteiligten überwiegend erst viel später im Prozess des Systemdesigns während der Umsetzung des Konfliktmanagementsystems durchgeführt; so etwa *Lipsky/Seeber/Fincher*, S. 256, 259; *Schoen*, S. 272 ff.
641 Vgl. *Costantino/Merchant*, S. 139.
642 *Costantino/Merchant*, S. 134 f. sprechen von education und training. Gegenstand und Inhalt der Schulung und des Trainings skizziert *Thomas*.
643 *Reilly/MacKenzie*, S. 67 und 70 f. differenzieren die Beteiligten und Inhalte der Schulungen und Trainings nach Konfliktprävention und Konfliktbearbeitung und den einzelnen Verfahren.
644 *Lipsky/Seeber/Fincher*, S. 255: „Each of the stakeholder groups will require customized education, which conveys substantive knowledge about the new workplace system, and training, which refers to skills-based learning."
645 Vgl. *Costantino/Merchant*, S. 140 ff.; *Cronin-Harris*, S. 28.

Die Informations- und Wissensvermittlung bietet den Teilnehmern den konzeptionellen Hintergrund über die Bedeutung von und den Umgang mit Konflikten, über individuelles und organisationelles Konfliktverhalten sowie die komplementären konsensualen und kontradiktorischen Konfliktbearbeitungsmethoden.[646] Sie richtet sich idealerweise an alle potentiellen Konfliktparteien innerhalb und außerhalb des Unternehmens.[647]

Im Gegensatz dazu ist das Training auf die praktische Anwendung des Erlernten und die Vermittlung von unterstützenden Fähigkeiten ausgerichtet: eine Verbesserung der Kommunikationsfähigkeiten sowie das Erlernen von verhandlungsorientierten, mediativen und präventiven Techniken.[648] Das Training richtet sich nicht an alle Teilnehmer der Informations- und Wissensvermittlung, sondern selektiv an diejenigen internen und externen Stakeholder, die das neue Konfliktmanagementsystem nutzen und anwenden werden.[649] Wenngleich der Adressatenkreis gegenüber dem der Informations- und Wissensvermittlung kleiner ist, ist das Training zeitlich und inhaltlich intensiver.[650] Regelmäßig führen Unternehmen mit den interessierten Stakeholdern ein Auswahlverfahren durch, an dessen Ende eine begrenzte Anzahl an geeigneten Kandidaten für das anschließende Training ausgewählt wird.[651]

Der Trainer sollte über seine fachliche Kompetenz hinaus mit der Philosophie, Struktur und den Zielen des Unternehmens vertraut sein. Dies führt zu der Frage, wer als Trainer geeignet ist – ein externer Berater oder ein interner aus dem Unternehmen.[652] Beide Varianten haben Vor- und Nachteile für das Unternehmen: Der externe Berater ist nicht mit dem Unternehmen vertraut, der interne verfügt meist nicht über das notwendige Wissen und die Trainingserfahrung. Den externen Berater mit den Besonderheiten des Unternehmens vertraut zu machen, ist allerdings zeit- und kostenintensiv, ebenso wie den internen zum fachlichen Experten auszubilden. Ein vermittelnder Weg macht sich die Stärken beider zu Nutze und gleicht dadurch jeweils bestehende Schwächen aus: Der externe Berater und der interne arbeiten als Team zusammen.[653] Der externe Berater bringt sein inhaltliches Fachwissen und

---

646 US-amerikanische Unternehmen stellen ihren Mitarbeitern ergänzend umfangreiches Informations- und Schulungsmaterial in Form von Handbüchern, Broschüren bis hin zu Videos zur Verfügung; vgl. *Cronin-Harris*, S. 29 ff.; *Slaikeu/Hasson*, S. 123 f.
647 *CPR (Ed.)*, 15 Alternatives 59, 60 befürwortet ein an der Unternehmenshierarchie orientiertes Schulungsprogramm: zuerst werden die obersten Führungskräfte und anschließend wird das mittlere Management geschult.
648 *Costantino/Merchant*, S. 134 f.
649 Erfahrungen aus der Praxis zeigen, dass diejenigen, die Training in Fähigkeiten und Kompetenzen erhalten, die sie unwahrscheinlich anwenden werden, sich weigern, das neue Konfliktmanagementsystem überhaupt zu nutzen; vgl. dazu *Costantino/Merchant*, S. 136. Nach *CPR (Ed.)*, 15 Alternatives 59, 60 kann das Training durch individuelles Coaching ergänzt werden.
650 *Costantino/Merchant*, S. 135.
651 *Lehrburger/Van Cleave*, 26 Colo. Law. 43, 46.
652 Vgl. *Schoen*, S. 275.
653 Die Methode des „Team-Teaching" und „Partnering" ist in US-amerikanischen Unternehmen verbreitet und erfolgreich; vgl. *Costantino/Merchant*, S. 137.

seine Trainingserfahrung, der interne sein Wissen über das Unternehmen und seine Sensibilität für dessen Eigenarten und Besonderheiten mit ein. Der Vorteil dieses Teamworks liegt in seiner Signalwirkung für das Unternehmen und die übrigen Anwender des neuen Systems, weil es Kooperation vorlebt.

III. Designteam

Die bisherigen Ausführungen lassen erkennen, dass das Systemdesign im Unternehmen nicht nur zeitintensiv, sondern aufgrund der zahlreichen Aufgaben auch personalintensiv ist. Das Systemdesign ist eine komplexe und ressourcenintensive Aufgabe, die nur von mehreren Akteuren gemeinsam bewältigt werden kann.

1. Aufgaben

Je nach Größe des Unternehmens und der Komplexität des zu designenden Systems bedarf es weniger oder mehrerer Akteure, die für das Systemdesign verantwortlich sind. Das Unternehmen sollte daher Zeit und Mittel für die Zusammenstellung und Koordinierung eines Designteams[654] einkalkulieren.[655] Stellvertretend für das Unternehmen ist das Designteam für die Konzeption und Implementierung des gesamten integrierten Konfliktmanagementsystems im Unternehmen verantwortlich. Es ist seine Aufgabe, den Prozess und die Phasen des Systemdesigns derart zu gestalten und zu administrieren, dass das integrierte Konfliktmanagementsystem schrittweise entwickelt und in die Unternehmenspraxis umgesetzt wird.

2. Zusammensetzung

Das Designteam setzt sich aus Mitgliedern zusammen, die alle potentiellen Anwender und Administratoren des integrierten Konfliktmanagementsystems repräsentieren.[656] Denn nur durch die Partizipation aller unternehmensinterner und -externer Stakeholder ist gewährleistet, dass das Unternehmen das System nicht für, sondern gemeinsam mit ihnen konzipiert und in die Unternehmenspraxis umsetzt[657] und sie

---

[654] *Costantino/Merchant*, S. 166 sprechen ebenso wie *Reilly/MacKenzie*, S. 35 f. von einem „Designteam", das aus einem "Steering Committee" und aus dem eigentlichen „Team" besteht. Dieser Begriff hat sich jedenfalls in der U.S.-amerikanischen Designpraxis etabliert und wird im Folgenden übernommen.

[655] Vgl. das Designteam des Unternehmens *Brown & Root Inc.* bei *Bedmann*, 6 ADR Currents 20, 22 und der Siemens Corp. bei *Gans/Stryker*, 51 Disp. Resol. J. 40, 44.

[656] *Reilly/MacKenzie*, S. 66.

[657] So auch *Costantino/Merchant*, S. 49; *Reilly/MacKenzie*, S. 36.

auf diese Weise frühestmöglich in den Prozess des Systemdesigns einbezieht.[658] Diese umfassende Repräsentanz gewährleistet ferner, dass die Verantwortung für das Konfliktmanagement nicht nur das Management des Unternehmens[659], sondern jedes Unternehmensmitglied trägt.[660]

a) Interne und externe Stakeholder

Die unternehmensinternen Mitglieder setzen sich zusammen aus Mitarbeitern der Abteilungen des Unternehmens, insbesondere aus den Bereichen Recht, Personal, Projektmanagement, Unternehmensentwicklung, Controlling sowie aus der Unternehmensführung[661] und der Arbeitnehmervertretung. Als Schnittstelle zwischen der Unternehmensleitung und dem Designteam[662] liegt die primäre Aufgabe des Mitglieds der Unternehmensführung darin, den Ablauf und die Entwicklung des Systemdesignprozesses gegenüber der Unternehmensführung zu kommunizieren, die finanzielle und personelle Ausstattung des Designteams sicherzustellen sowie einen kontinuierlichen Austausch zwischen Designteam und Unternehmensführung zu ermöglichen.[663] Zu den unternehmensexternen Mitgliedern des Designteams zählen Rechtsanwälte, Unternehmensberater und andere externe Berater des Unternehmens sowie nicht zuletzt Repräsentanten der externen Konfliktgegenparteien des Unternehmens.

b) Fokus-Gruppen

Soll die Arbeitsfähigkeit des Designteams gewährleistet sein, darf die Anzahl seiner Mitglieder eine handhabbare Größe nicht überschreiten. Eine zahlenmäßige Beschränkung der Mitglieder des Designteams schließt hingegen einen kontinuierlichen Austausch mit sämtlichen internen und externen Stakeholdern nicht aus. Hierzu bieten sich sogenannte Fokus-Gruppen an[664], die sich aus Repräsentanten der unternehmensinternen und externen Konfliktparteien als zukünftige Anwender des

---

658 Allgemein dazu *Reilly/MacKenzie*, S. 77; *Lipsky/Seeber/Fincher*, S. 160 ff.
659 So aber *Schoen*, S. 192 ff.
660 *Lipsky/Seeber/Fincher*, S. 9.
661 *Schoen*, S. 233 f.
662 *Lipsky/Seeber/Fincher*, S. 230 bezeichnen diese Person als *internal champion*, die eine Führungskraft aus der Rechtsabteilung, Personalabteilung oder Unternehmensleitung ist.
663 *Lipsky/Seeber/Fincher*, S. 230.
664 Dazu ausführlicher *Lipsky/Seeber/Fincher*, S. 241 und 242: „ [...] organizations that use focus groups report a greater incorporation of [...] sensitivities, an enhanced [...] buy-in, and a quicker acceptance of the new system."

neuen Konfliktmanagementsystems zusammensetzen.[665] So lassen sich etwa Fokus-Gruppen für Kooperationspartner, Kunden, für die Belegschaft, das mittlere Management und die Unternehmensleitung einrichten.[666] Der Informationsaustausch zwischen dem Designteam und den Fokus-Gruppen, der von Beginn an in regelmäßigen Abständen zu veranstalten, zu dokumentieren und auszuwerten ist, ermöglicht es, Ideen, Anregungen, Widerstände und Kritik sämtlicher Stakeholder zu identifizieren und in der Ausgestaltung des Designprozesses zu berücksichtigen.[667] Ein solcher Austausch gewährleistet, dass der Prozess des Systemdesigns zu jeder Zeit von der Ermächtigung durch alle Stakeholder des neuen Systems gedeckt ist.

c) Einbeziehung von internen und externen Opponenten

Vernachlässigt wird häufig die Einbeziehung derjenigen Stakeholder innerhalb und außerhalb des Unternehmens, die gegen die Idee und das Konzept des Systemdesigns und die damit verbundene Modifizierung und Neuausrichtung des Konfliktmanagements opponieren. Die Ursachen für Widerstände gegen das Systemdesign liegen in persönlichen Vorbehalten gegen die Veränderung der bestehenden und vertrauten Prozesse des Konfliktmanagements.[668] Mancher Stakeholder mag vom bestehenden Konfliktmanagementsystem persönlich profitieren und daher wenig motiviert sein, ein neues Konfliktmanagementsystem anzuwenden, selbst wenn das bestehende kontraproduktiv für das Unternehmen als Ganzes ist.[669]

Gegen das Systemdesign opponieren insbesondere diejenigen Akteure innerhalb und außerhalb des Unternehmens, deren originäre Aufgabe die Beratung und Vertretung des Unternehmens in Rechtsstreitigkeiten des Unternehmens ist, namentlich Syndikus- und externe Anwälte. Diese Beteiligten haben ein eigenes Interesse am praktizierten rechtsbasierten „Streiterledigungssystem".[670] Insofern ist es für den Designprozess entscheidend, herauszuarbeiten, welche Stakeholder von einem veränderten Konfliktmanagementsystem persönlich profitieren und welche nicht.

Opponenten bereichern das Designteam in mehrfacher Hinsicht. Ihre Kritik ist von größter Bedeutung für den Designprozess, weil sie Schwächen aufzeigt und Widerstände sichtbar macht, die Veränderungen des unternehmerischen Konfliktmanagements mit sich bringen. Anstatt diese Widerstände und Kritik auszuräumen, empfiehlt es sich, die Kritiker in das Designteam und in den Designprozess in verant-

---

665 Das Designteam kann sich auch aus Mitgliedern der einzelnen Fokus-Gruppen zusammensetzen; siehe dazu die Erfahrungen des *Boulder Community Hospital* bei *Lehrburger/Van Cleave*, 26 Colo. Law. 43, 44.
666 Die Mitgliederanzahl der *Steering Committees* des *Montana state water planning process*, ein Konfliktmanagementsystem des *Montana Department of Natural Ressources and Conservation* betrug 15 bis 20; siehe dazu *McKinney*, 8 Neg. J. 153, 156.
667 *Lipsky/Seeber/Fincher*, S. 241.
668 Vgl. *Stitt*, S. 26; ausführlich dazu *Schoen*, S. 235 ff.
669 *Costantino/Merchant*, S. 9.
670 *Costantino/Merchant*, S. 9; *Schoen*, S. 236.

wortungsvoller und aktiver Position zu integrieren.[671] Auf diese Weise können die Bedürfnisse und Interessen aller Stakeholder berücksichtigt werden.

Zudem fördert die Auseinandersetzung mit Einwänden, Vorbehalten und Kritik ein sorgfältiges und umfassendes Systemdesign, ohne das keine Akzeptanz für das neue Konfliktmanagementsystem gewonnen werden kann.[672] Außerdem gewährleistet es einen kontinuierlichen Realitätstest des Designprozesses, an dessen Ende ein praxistaugliches und handhabbares Konfliktmanagementsystem konzipiert und umgesetzt ist.[673]

3. Designberater

Von besonderer Bedeutung ist es schließlich, Personen mit fachlicher und praktischer Kompetenz auf dem Gebiet der alternativen Konfliktbearbeitung und des Systemdesigns in den Designprozess einzubeziehen.[674] Diese Designberater sind entweder Mitarbeiter des Unternehmens[675] oder externe Designberater.[676] Mangels einer aktuellen Institutionalisierung von integrierten Konfliktmanagementsystemen und außergerichtlichen Konfliktbeilegungsverfahren in deutschen Unternehmen und in Anbetracht der komplexen Aufgaben des Systemdesigns ist ein professioneller Designberater für die Unterstützung des Designteams unverzichtbar.[677] Während die Anzahl der auf das Systemdesign spezialisierten Berater in Deutschland im Vergleich zu den USA derzeit noch gering ist[678], spiegelt das steigende Angebot an Publikationen und Weiterbildungen auf dem Gebiet des Systemdesigns und Konfliktmanagementsystemen in Deutschland nicht nur das bestehende Interesse und den Bedarf nach Qualifizierung auf diesen Gebieten wider, sondern wird auch zukünftig mehr Spezialisten hervorbringen, die Unternehmen dabei unterstützen können, Systemdesign zu betreiben.

---

671 *Costantino/Merchant*, S. 166.
672 *Lipsky/Seeber/Fincher*, S. 250.
673 *Mazadoorian*, in: Wilkinson (Ed.), S. 205, 206: „Only by anticipating this opposition and being prepared to deal with it can the program be successful."
674 *Schoen*, S. 232 f.
675 Die US-amerikanische CIGNA Corp. hat eigens für das Designprojekt einen Syndikusanwalt des Unternehmens zum Projektleiter ernannt, siehe *Mazadoorian*, in: Fine/Plapinger (Eds.), S. 183, 184 f.
676 Ausführlicher dazu *Lipsky/Seeber/Fincher*, S. 233 ff. Zu den Erfahrungen des *Boulder Community Hospital* mit externen ADR-Beratern siehe *Lehrburger/Van Cleave*, 26 Colo. Law. 43, 44.
677 *Schoen*, S. 217 f.
678 *Schoen*, S. 219 schlussfolgert kritisch, dass Unternehmen daher auf interne Berater zurückgreifen müssten, die allerdings „die erfolgreiche Umsetzung eines umfassenden Konfliktmanagementsystems [...] eher behindern als fördern".

a) Aufgaben

Professionelle Systemdesigner unterstützen das Design-Team während des gesamten Designprozesses und beraten es bei der Wahrnehmung der vielfältigen Aufgaben des Systemdesigns.[679] Ein Designberater begleitet nicht nur die Konzeption und Implementierung des Konfliktmanagementsystems[680], sondern ist auch für die Planung, Koordinierung und Supervision des Designprozesses sowie die Schulung des Designteams und der Stakeholder verantwortlich und kann die Effizienz des Designprozesses insgesamt steigern.[681] In die Sprache der alternativen Streitbeilegung übersetzt, ist der Designberater „Mediator des Designprozesses"[682]. Einem Mediator vergleichbar, hat der Designer keinerlei Entscheidungsmacht. Er hat nicht die Autorität, der Organisation sein System aufzuerlegen.[683] Seine Aufgabe ist es vielmehr, das Unternehmen und Designteam durch die einzelnen Phasen des Designprozess zu führen.[684] Er informiert die Parteien über die Art und Bedeutung von Konflikten in Organisationen, veranschaulicht die unterschiedlichen Konfliktbearbeitungsmethoden und -verfahren und leitet die Parteien in der Anwendung der Designprinzipien. Er interpretiert die von den Beteiligten entwickelten Ideen und Optionen, weist auf Schwächen und Stärken hin, ohne selbst eine Option auszuwählen. Schließlich weist er auch auf Hindernisse in der praktischen Umsetzung des Designprozesses hin. Als Berater der Parteien prüft er alle Vorschläge, Ideen und Optionen der Parteien auf ihre Umsetzbarkeit in der Unternehmenspraxis.[685]

b) Qualifikation

Zu den idealtypischen Qualifikationen eines professionellen Systemdesigners zählen neben Kenntnissen im Systemdesign und praktischen Erfahrungen mit Designprojekten in Unternehmen fundierte Kenntnisse des Konfliktmanagements, der gerichtlichen und außergerichtlichen Streitbeilegung sowie der damit verbundenen rechtli-

---

679 *Schoen*, S. 213 f. verortet diese Aufgabe auf der Ebene der Unternehmensleitung, die gemeinsam mit dem Unternehmenspersonal eine umfassende Strategie zur Konfliktbehandlung entwirft und sodann im Unternehmen umsetzt.
680 *Costantino/Merchant*, S. 82.
681 *Lipsky/Seeber/Fincher*, S. 234: „A competent system design consultant brings knowledge, expertise, process skills, and an understanding of the political barriers to effective implementation of a [...] system. These are crucial competencies that can save the design team time and money."
682 *Ury* in: Costantino/Merchant, S. ix beschreibt die Rolle des externen Systemdesigners als die eines Beraters und Mediators; ähnlich auch *Lipsky/Seeber/Fincher*, S. 234, nach denen ein professioneller Mediator als Designberater in Betracht kommt.
683 *Schoen*, S. 214: „Konfliktmanagementsysteme sind mithin nicht *für* ein Unternehmen, sondern *mit* dem Unternehmen und seinen Angestellten zu konzipieren."
684 Vgl. *Reilly/MacKenzie*, S. 66.
685 Sog. *reality check* bei *Costantino/Merchant*, S. 83 f.

chen Fragestellungen[686] und der Organisationsentwicklung.[687] Nur wenn er mit dem gesamten Spektrum und Zusammenspiel der gerichtlichen und außergerichtlichen Konfliktbeilegung vertraut ist, kann er das Unternehmen bei der Entwicklung eines integrierten Konfliktmanagementsystems beraten.

4. Road Map für den Designprozess

Legitimiert wird die Arbeit des Designteams durch eine Vereinbarung mit der Unternehmensführung.[688] Sie unterstreicht die Verantwortlichkeit und Unterstützung der Unternehmensführung, klärt Erwartungen und legt Art und Umfang der unternehmerischen Ressourcen für das Systemdesign fest.[689] Diese *Road Map* bestimmt im Überblick die Aufgaben des Designteams sowie den Ablauf und die Ausgestaltung des Designprozesses. Daneben regelt sie das Verhältnis zwischen Unternehmensführung und Designteam in Bezug auf die Ziele, Arbeitsschritte, Aufgaben und den Zeitplan, das Budget sowie die sonstigen Aufgaben und Pflichten während des Systemdesignprozesses.

IV. Projektplan

Nachdem die Unternehmensführung über das Konzept des Systemdesigns, seine Möglichkeiten und Grenzen informiert, daraufhin eine Entscheidung über seine Initiierung im Unternehmen gefällt und sich ein Designteam samt externem Berater konstituiert hat sowie schließlich zwischen der Unternehmensführung und dem Designteam eine *Road Map* vereinbart wurde, beginnt die eigentliche Arbeit des Designteams mit der unternehmensspezifischen Planung und Ausgestaltung des Prozesses und der Phasen des Systemdesigns. Als Instrument bietet sich dazu ein Projektplan an, wie er Unternehmen aus anderen Projekten bekannt ist.[690]

1. Funktion und Ausgestaltung

Detaillierter als in der *Road Map* sind im Projektplan die für ein erfolgreiches Systemdesign zu erfüllenden Aufgaben inklusive prognostizierter Dauer, erforderlicher

---

686 *Lipsky/Seeber/Fincher*, S. 234: „[...] system design has become highly complex and has many serious legal implications."
687 *Costantino/Merchant*, S. 76, 84.
688 *Lipsky/Seeber/Fincher*, S. 231 und *Costantino/Merchant*, S. 76 sprechen von einem *design contract*; vgl. den *design contract* des U.S. Department of the Interior bei *Lipsky/Seeber/Fincher*, S. 232.
689 *Costantino/Merchant*, S. 77.
690 *Lipsky/Seeber/Fincher*, S. 235 sprechen von *project or work plan*.

Ressourcen und verantwortlicher Personen festgelegt. Die wahrzunehmenden Aufgaben werden funktional und chronologisch in Designphasen zusammengefasst. Ein solcher Projektplan bereitet das Designteam auf die Bewältigung der komplexen Aufgabe des Systemdesigns vor und dient als Orientierung. Wenngleich ein solcher Plan nicht mehr als ein Planungsinstrument ist, kommt seiner sorgfältigen Ausarbeitung und kontinuierlichen Kontrolle grundlegende Bedeutung zu, weil er das Designteam diszipliniert, Zeit und Kosten des Systemdesigns realistisch zu prognostizieren, Verantwortlichkeiten verbindlich zu regeln und Kontrollmechanismen zu entwickeln.[691]

Regelmäßig entwickelt das Designteam bereits in einem frühen Stadium der Planungsphase einen umfassenden und detaillierten Plan für den gesamten Designprozess. Effektiver ist es hingegen, zunächst nur die Aufgaben für die anschließende Analysephase zu planen. Erst in einem zweiten Schritt sollten die Phasen der Konzeption, Implementierung und Evaluierung sorgfältig und umfassend inhaltlich gestaltet werden. Der Grund für diese Zweiteilung liegt im Folgenden: Erst wenn das Unternehmen ein klares Bild über sein aktuelles System des Konfliktmanagements samt seiner funktionalen und dysfunktionalen Elemente hat, ist es in einer informierten Position, zielgerichtet über Modifizierungen und Veränderungen oder gar eine Neuentwicklung zu entscheiden und die erforderlichen Ressourcen bereit zu stellen.

2. Definition der unternehmerischen Ziele des Systemdesigns

Inhaltlich von zentraler Bedeutung ist die Definition derjenigen Ziele des Unternehmens im Projektplan, die es mit dem neuen integrierten Konfliktmanagementsystem zu erreichen sucht. Das Unternehmen muss die Kriterien seiner neuen Konfliktmanagementstrategie definieren. Keinesfalls reicht es aus, vage zu formulieren, das Konfliktmanagement des Unternehmens solle effektiver und effizienter werden. Vielmehr muss das Unternehmen ein detailliertes Bild seines zukünftigen Konfliktmanagements zeichnen, so dass es mit den ursprünglich festgelegten Kriterien vergleichbar und somit nachprüfbar ist. Nur wenn die Ziele des neuen Konfliktmanagementsystems und die Beurteilungsmaßstäbe präzise und nachprüfbar festgelegt sind, ist nach denselben Kriterien und Maßstäben eine aussagekräftige und verlässliche Evaluierung der Zielerreichung möglich.[692] In der Praxis bedeutet die Definition von Unternehmenszielen für das Konfliktmanagement eine große Herausforderung, weil sich nur die wenigsten Unternehmen die Frage stellen, warum, wofür und wie sie Konfliktmanagement betreiben. Hinzu kommt, dass die einzelnen Mitglieder des Unternehmens mitunter divergierende Zielvorstellungen haben.[693] Gefördert durch Pauschalisierungen über die Kostenreduzierung alternativer Konfliktbearbeitungs-

---

691 Sog. Projektcontrolling; siehe dazu *Lechler*, S. 59.
692 *Lipsky/Seeber/Fincher*, S. 266: „If goals are poorly defined, it will be difficult to recognize success even if it occurs since it will be impossible to measure."
693 *Schoen*, S. 221.

verfahren verengen Unternehmen ihre Zieldefinition vorschnell auf Effizienzkriterien, anstatt ganzheitlich ein qualitativ hochwertigeres Konfliktmanagement im Unternehmen anzuvisieren. Die zu Beginn dieser Untersuchung herausgearbeiteten allgemeinen Qualitätskriterien und die identifizierten Erfolgsfaktoren dienen als Ausgangspunkt für die Definition unternehmensspezifischer Ziele. Das Unternehmen muss demnach nicht nur definieren, welche verschiedenen Verfahren und Instrumente der Konfliktbearbeitung im neuen System zu integrieren und auf welche internen und externen Konflikte sie anwendbar sind, sondern auch präzise Vorgaben machen hinsichtlich der genauen Anzahl der Verfahren, außergerichtlichen Konfliktbeilegungsquoten und der Kosten des Konfliktmanagements.

3. Prognostizierte Dauer des Systemdesignprozesses

Wie lange der Designprozess von der anfänglichen Planung bis zur unternehmensweiten Umsetzung des Konfliktmanagementsystems dauert, ist abhängig von vielzähligen Faktoren: Unternehmensgröße und Mitarbeiterzahl, Branche und Internationalisierungsgrad, Effizienz des bestehenden Konfliktmanagementsystems und Erfahrungen mit unterschiedlichen Konfliktbehandlungsmethoden sowie die Komplexität des neu zu entwickelnden Systems.[694] Der in der Praxis benötigte Zeitraum reicht von wenigen Wochen[695] über mehrere Monate[696] bis hin zu einem[697] oder sogar mehreren Jahren[698].

Auf den ersten Blick erscheint die Dauer so unterschiedlich zu sein, dass Orientierungswerte unmöglich sind. Erfahrungen aus US-amerikanischen Organisationen belegen, dass jedenfalls ein zu ehrgeizig – zu kurz – bemessener Designzeitraum den Erfolg des Konfliktmanagementsystems nachteilig beeinflusst.[699] Andererseits

---

694 *Stitt*, S.46 geht davon aus, dass allein die Komplexität des Systems kostenbestimmend ist. Diese Annahme erscheint wenig überzeugend. Ein simples System für ein kleines Unternehmen kostet weniger als ein simples System für ein großes Unternehmen, weil weniger Personal am Designprozess teilnimmt und die Konfliktbereiche zahlenmäßig geringer ausfallen. Entsprechendes gilt für die Dauer des Designprozesses.
695 Von nur wenigen Wochen geht *Stitt*, S. 3 und 47, aus.
696 Der Designprozess der CIGNA Corp. dauerte ca. 8 Monate, vgl. *Mazadoorian*, in: Fine/Plapinger (Eds.), S. 183, 183 und 188; der Designprozess der *The Travellers Companies* ca. 4 Monate bis zum Beginn der ersten Pilotprojekte, siehe dazu *Culler*, in: Fine/Plapinger (Eds.), S. 189, 190.
697 Ein Jahr dauerte das Systemdesign im Unternehmen Brown & Root, Inc., siehe dazu *Bedmann*, 6 ADR Currents 20, 22. Auch der *Contract-ADR Plan* der Stadt New York wurde innerhalb eines Jahres konzipiert und in die Praxis umgesetzt, siehe dazu CPR (Ed.), 9 Alternatives 50 f.
698 Im *Boulder Community Hospital* dauerte das Systemdesign von seiner Initiierung, über die Entwicklung eines Verfahrenssystems bis hin zu seiner Umsetzung ca. 2 Jahre, siehe dazu *Lehrburger/Van Cleave*, 26 Colo. Law. 43, 44 f.
699 Siehe dazu die Erfahrungen des *Montana Department of Natural Ressources and Conservation* bei *McKinney*, 8 Neg. J. 153, 157 f.

sind sich professionelle Designberater einig, dass sich bereits innerhalb von wenigen Monaten neue Verfahren und Prozesse institutionalisieren lassen, welche die dysfunktionalen Elemente des bestehenden Konfliktmanagements im Unternehmen ausräumen können.[700] Vor diesem Hintergrund sollte die Dauer eines Systemdesignprojekts konservativ prognostiziert werden.

4. Budget für das Systemdesign

Das Design eines Konfliktmanagementsystems erfordert über einen längeren Zeitraum den Einsatz von Ressourcen. Nur wenn auf der Basis aktueller Zahlen zukünftig mit einer Reduzierung der für das Konfliktmanagement des Unternehmens notwendigen finanziellen und personellen Ressourcen zu rechnen ist, wird das Unternehmen bereit sein, die erforderlichen Mittel in das Systemdesign zu investieren. Und nur wenn der kalkulierte Nutzen des neuen Konfliktmanagementsystems die eingesetzten Ressourcen mittelfristig amortisiert[701], wird ein Unternehmen den Designprozess überhaupt initiieren.

Mit Blick auf die praktische Entwicklung und Umsetzung eines Konfliktmanagementsystems ist es für Unternehmen von großer Bedeutung, die Kosten des Designprozesses zu kalkulieren.[702] Die wissenschaftliche und praktische Literatur hat sich bis jetzt nur rudimentär dieser Frage zugewandt.[703] Die folgenden Ausführungen basieren auf der Auswertung existierender Systeme in den USA und – vereinzelt – in Deutschland. Eine präzise Berechnung ist im Rahmen dieser Arbeit nicht möglich; vielmehr sollen Anhaltspunkte für die Berechnung erschlossen werden, die es dem einzelnen Unternehmen ermöglichen, den erforderlichen Ressourceneinsatz zu prognostizieren und Annäherungswerte zu definieren.

a) Kostenfaktoren

Ins Gewicht fallen sämtliche Kosten für die Planung, Entwicklung und Implementierung sowie die Unterhaltung und Anwendung des neuen Konfliktmanagementsystems. Zu diesen Kostenfaktoren zählen: die investierte Arbeitszeit der Unternehmensmitarbeiter in ihrer Funktion als Mitglieder des Designteams, als Laien-Dritte in unternehmensinternen Verfahren und als Teilnehmer der Schulungen und Trainings sowie als Laien-Verfahrensberater; daneben die Gesamtkosten der (neu einzu-

---

700 *Stitt*, S. 3 und 47.
701 *Costello*, S. 270, kalkuliert eine fünf- bis zehnjährige Amortisationszeit.
702 Ausführlicher zum „Financial Management" von ADR Programmen in Unternehmen *Costello*, S. 270 f.
703 Die Standardwerke zum Conflict Management Design, *Ury/Brett/Goldberg* und *Costantino/Merchant*, machen dazu keinerlei Ausführungen, andere liefern lediglich sehr vage Einschätzungen, so zum Beispiel *Stitt*, S. 3.

richtenden) unternehmensinternen Konfliktmanagementabteilung inklusive des Gehalts für den Unternehmensombudsmann und schließlich das Honorar des Designberaters.

Sobald die neue Konfliktmanagementordnung in die Unternehmenspraxis implementiert worden ist, bildet die Verteilung der Verfahrenskosten zwischen dem Unternehmen und den übrigen Anwendern des neuen Systems innerhalb und außerhalb des Unternehmens – inklusive des Honorars der Dritten und externen Rechtsanwälte – einen wesentlichen Kostenfaktor. Hinzu kommen die Kosten für das Marketing des neuen Konfliktmanagementsystems und die Kosten, die während der Transformation vom bestehenden zum neuen Konfliktmanagementsystem entstehen. In Anbetracht dieser vielfältigen Kostenfaktoren wird deutlich, dass der einen mehrmonatigen Zeitraum dauernde Prozess des Systemdesigns signifikante Kosten verursachen kann.[704]

Diese Kosten können auf die einzelnen Abteilungen des Unternehmens verteilt werden, in denen Konflikte verortet sind. Denkbar ist es auch, ein eigenes Konfliktmanagement-Budget aufzustellen, an dem alle Abteilungen des Unternehmens verhältnismäßig beteiligt sind und aus dem sämtliche Kosten des Systemdesigns und Konfliktmanagementsystems beglichen werden. Dies fördert eine gemeinsame Verantwortlichkeit und unterstreicht die Funktion eines integrierten Konfliktmanagementsystems als eigenständiges Untersystem im übergeordneten System des Unternehmens, welches mit den anderen Untersystemen (Rechts- bzw. jetzt Konfliktmanagementabteilung, Personalabteilung etc.) vernetzt ist. Ferner können die Kosten den Abteilungen zugerechnet werden, die am intensivsten in den Designprozess involviert sind.[705]

b) Prognostizierte Kosteneinsparungen durch das neue Konfliktmanagementsystem

Entscheidend ist weniger, wie viel die Entwicklung und Implementierung eines neuen Konfliktmanagementsystems isoliert betrachtet kostet, sondern wie hoch die Kosten des Unternehmens für sein Konfliktmanagement nach einem Vergleich des alten mit dem neuen System sind.[706]

Die erforderlichen Sach- und Finanzmittel für das Systemdesign im Unternehmen sind folglich gegenzurechnen mit den prognostizierten kurz-, mittel- und langfristigen Kosteneinsparungen infolge der Anwendung des neuen Konfliktmanagementsystems. Diese mittel- und langfristigen Einsparungen, die einzelne Unternehmen

---

704 Vgl. zu den Kosten des Systemdesigns auch *Bodine*, in: Brand (Ed.), S. 877, 901; *Costello*, S. 270.
705 *Costantino/Merchant*, S. 162.
706 *Costello*, S. 271: „The ultimate test, then, of the success of an ADR program is not how much it costs *per se* (although that should be carefully managed), but how much it costs compared to other available ways of resolving disputes." [Hervorhebung im Original]

erzielt haben[707], können derart in die Kalkulation einfließen, dass zumindest ein Teil der Kosten für den Unterhalt und die Anwendung des neuen integrierten Konfliktmanagementsystems durch erzielte Kosteneinsparungen refinanziert werden.[708] Idealerweise trägt sich das neue System ab einem bestimmten Zeitpunkt nach seiner Implementierung selbst.[709]

B. *Analysephase*

Die Entwicklung eines neuen Konfliktmanagementsystems knüpft immer an das bestehende Konfliktmanagement des Unternehmens an. Jedes Unternehmen verfügt als Organisation – bewusst oder unbewusst – über Verfahren und Instrumente, die bei der Bewältigung von unternehmensinternen und -externen Konflikten zum Einsatz kommen. Der Erfolg des neuen Systems und seiner Elemente hängt entscheidend davon ab, wie detailliert das Unternehmen über sein aktuelles Konfliktmanagementsystem informiert ist (I.). Der Prozess des Systemdesigns beginnt daher mit einer detaillierten Analyse der Entscheidungsfindungsprozesse des Unternehmens (II.), der unterschiedlichen unternehmensinternen und -externen Konflikte (III.) sowie der aktuell praktizierten Verfahren und Instrumente des Konfliktmanagements (IV.).[710] Erst auf der Grundlage der Analyseergebnisse kann das Unternehmen eine informierte und differenzierte Entscheidung über die Art und den Umfang des Systemdesigns treffen (V.).

I. Bedeutung und Methodik

Die Erhebung der relevanten Informationen über das aktuelle Konfliktmanagementsystem und ihre Auswertung bilden den Kern der Analysephase. Sie dient der umfassenden, lückenlosen Informationsgewinnung über das praktizierte Konfliktmanagement im Unternehmen, seine internen und externen, vergangenen, gegenwärtigen und zukünftigen Konflikte und Rechtsstreitigkeiten, die formellen und informellen, präventiven und kurativen Verfahren und Instrumente der Konfliktbehandlung samt investierter Zeit und Ressourcen sowie andere, den Umgang mit Konflikten beein-

---

707 *Bedmann*, 6 ADR Currents, 20, 23: „Although the total cost of the program is still being analyzed, the [Halliburton] company believes the program has succeeded in [...] substantially lowering transaction expenses and legal fees, and preserving employment relationships. Even now it is clear that the annual expense of running the program [...] is considerably less than the cost of a potentially large judgment and accompanying legal fees [...]."
708 Darauf weist auch *Stitt*, S. 48 hin.
709 Die jährlichen Kosten für die Administration des *Reversal Arbitration Board* beziffert Toyota auf $ 30.000, was weit weniger sei als die Kosten der Rechtsverfolgung oder -verteidigung in einem einzelnen vergleichbaren Rechtsstreit vor einem US-amerikanischen Zivilgericht; siehe dazu *Ellis/Ravindra/Vidmar/Davis*, 11 Alternatives 44, 44.
710 *Costantino/Merchant*, S. 26; *Lipsky/Seeber/Fincher*, S. 236; *Ury/Brett/Goldberg*, S. 20.

flussende Faktoren, wie etwa die Organisationsstrukturen, Entscheidungsfindungsprozesse und Konfliktmanagement-Kompetenz im Unternehmen.[711] Das Hauptaugenmerk liegt darin, herauszuarbeiten, auf welche Art und Weise, mit welcher Motivation und mit welchem Erfolg das Unternehmen aktuell Konflikte und Streitfälle managt.[712] Anhand einer solchen Bestandsaufnahme erhält das Unternehmen einen Überblick darüber, ob die eingesetzten Methoden und Instrumente effektiv und effizient sind und die an das Konfliktmanagement gesetzten Ziele tatsächlich erfüllen.

1. Bedeutung

Der Untersuchung des aktuell praktizierten Konfliktmanagements kommt herausragende Bedeutung zu, weil sich das Unternehmen dadurch ein umfassendes Bild über die funktionalen und dysfunktionalen Elemente seines gegenwärtigen Systems machen kann.[713] Dadurch können gezielt Aspekte des bestehenden Konfliktmanagements identifiziert werden, in denen Veränderungsbedarf besteht.[714] Solange sich das Designteam keinen Überblick über die Qualität des aktuellen Konfliktmanagementsystems verschafft, kann es auch keine konkreten Optionen für eine Verbesserung des Konfliktmanagements entwickeln. Je detaillierter die Informationen über das existierende System des Konfliktmanagements gesammelt und ausgewertet werden, desto gezielter kann es modifiziert und verändert werden, indem neue Module des Konfliktmanagements in das bestehende System integriert werden. Art und Umfang des Systemdesigns richten sich somit nach dem unternehmensindividuellen Bedarf nach Veränderungen des bestehenden Konfliktmanagements. Dieser Veränderungsbedarf ist in konkrete Ziele zu übersetzen, die das neue (modifizierte) Konfliktmanagementsystem zu erfüllen hat.

---

711 *Costantino/Merchant*, S. 96; siehe dazu den Report des CPR Securities Dispute Committee, zusammengefasst bei *CPR (Ed.)*, 9 Alternatives 161 ff.
712 *Lipsky/Seeber/Fincher*, S. 236: „This is a data-gathering and data assessment step. The core objectives of this step are to define current and anticipated sources of conflict, current and anticipated costs [...], and the ability of the existing conflict resolution practices to handle [...] disputes. [...] The data include softer analysis of employee turnover, loss of productivity, time spent by managers in conflict resolution, and costs arising from employee unrest, as well as information related to litigation costs." Vgl. auch *Ury/Brett/Goldberg*, S. 40.
713 Vergleichbar gestaltet sich die Analysephase, wenn ein Konfliktmanagementsystem für eine neue Organisation entwickelt wird. Anstelle von vorhandenen Konfliktbearbeitungsmethoden und -strukturen, werden zukünftige, typischerweise auftretende Konflikte und anzuwendende Verfahren zur Konfliktbewältigung antizipiert und diagnostiziert; dazu *Ury/Brett/Goldberg*, S. 39.
714 *Rahim*, S. 35.

2. Methodik der Analyse

Die Analyse des bestehenden Konfliktmanagementsystems erfolgt auf zwei Ebenen: dem Soll- und Ist-Zustand. Der Soll-Zustand des bestehenden Konfliktmanagements stellt die ursprünglich vom Unternehmen intendierte Art und Weise des Umgangs mit Konflikten im Unternehmen dar, während der Ist-Zustand das aktuell praktizierte Konfliktmanagement widerspiegelt.

Eine fundierte und differenzierte Auswertung des bestehenden Konfliktmanagementsystems erfordert den Zugang zu und die Verfügbarkeit von allen relevanten Informationen im Unternehmen. Selten sind sie zugänglich, geschweige denn vorhanden. Es ist nicht die Aufgabe des Designteams, sämtliche, relevante Informationen alleine zu beschaffen – ganz abgesehen davon, dass dies praktisch kaum zu bewerkstelligen sein dürfte. Vielmehr sind diejenigen Akteure innerhalb und außerhalb des Unternehmens zu identifizieren und zu konsultieren, die über die erforderlichen Daten und Informationen verfügen.[715] Je nach Art der Information kommen verschiedene quantitative und qualitative Erhebungsmethoden in Betracht. Die erforderlichen Informationen werden durch Aktenauswertung, Umfragen, Interviews, Einzel- und Gruppengespräche und andere partizipatorische Methoden gemeinsam mit den Stakeholdern gesammelt und dokumentiert[716], wobei kombinierte Methoden zum umfassendsten Informationsstand führen.[717] Da Unternehmen regelmäßig unbewusst Konfliktmanagement betreiben, sieht man einmal von den (schieds-) gerichtlichen Verfahren ab, fehlt im Unternehmen eine ausführliche Dokumentation, auf die zurückgegriffen werden kann. In diesem Fall sind die Verantwortlichen im Unternehmen mit Beginn des Designprozesses angehalten, aktuelle Konflikte sowie die formellen und informellen Verfahren der Konfliktbehandlung detailliert zu dokumentieren.[718] Besondere Bedeutung haben dabei die für das Konfliktmanagement eingesetzten Ressourcen.

II. Analyse der Entscheidungsfindungsprozesse im Unternehmen

Den Ausgangspunkt bildet die Analyse der unternehmerischen Entscheidungsfindung und Problemlösung. Das Konfliktverständnis, die Entscheidungsprozesse in Konflikten und das Problemlösungsverhalten sind zu untersuchen und zu dokumen-

---

715 Vgl. *Costantino/Merchant*, S. 80; *Reilly/MacKenzie*, S. 36.
716 *Ury/Brett/Goldberg*, S. 31; *Costantino/Merchant*, S. 26, 105 ff.; *Reilly/MacKenzie*, S. 36 nennen auch anonyme Telefon-Hotlines als Methode zur Gewinnung besonders diskreter und sensibler Informationen. Idealerweise wird das gesamte methodische Spektrum eingesetzt, um möglichst detailliertere Informationen zu sammeln, so zum Beispiel im Rahmen des Systemdesigns in den Unternehmen Brown & Root, Inc. und Shell Oil Co.; siehe dazu *Slaikeu/Hasson*, S. 68.
717 *Lipsky/Seeber/Fincher*, S. 236. Daneben eröffnen Telekommunikationsmittel (E-Mail, Internetforen und –chat) weitere Kommunikations- und Interaktionswege.
718 *Kolb/Silbey*, Neg. J. 297, 302; ausführlich *Costantino/Merchant*, S. 105 ff.

tieren.[719] Ihr Verständnis ist von kritischer Bedeutung, weil darin die grundsätzliche Ausrichtung des Unternehmens im Umgang mit seinen Konflikten zum Ausdruck kommt.[720] Die gewonnenen Erkenntnisse geben zudem Aufschluss über mögliche Widerstände und Hindernisse im Unternehmen gegen die Einführung eines neuen integrierten Konfliktmanagementsystems und helfen, Strategien für seine Implementierung zu entwickeln, die diese Widerstände ausräumen.[721]

1. Entscheidungsfindungs- und Problemlösungsprozesse des Unternehmens

Bewusst geht es hier allein um die Prozesse der Entscheidungsfindung und Problemlösung im Unternehmen und nicht um eine Analyse der Unternehmenskultur insgesamt.[722] Nicht nur das Unternehmen als Organisation, sondern auch seine Mitglieder haben eigene Konflikt- und Streitmuster. Ihre Art und Weise, Konflikte und Streitigkeiten zu bewältigen, mag der des Unternehmens entsprechen oder nicht. Die Diskrepanz zwischen intendierter und praktizierter Kultur der Entscheidungsfindung und Problemlösung im Unternehmen zeigt sich hier besonders deutlich. Es ist herauszuarbeiten, inwieweit das praktizierte Konfliktmanagement den Modus und die Ausrichtung der Entscheidungsfindung und Problemlösung des Unternehmens widerspiegelt. In der Art und Ausgestaltung der vom Unternehmen bislang eingesetzten Konfliktbearbeitungsmethoden kommt der bestehende Modus der Entscheidungsfindung und Problemlösung des Unternehmens anschaulich zum Ausdruck.[723]

2. Struktur der Entscheidungsprozesse

Zu denken ist in erster Linie an die unternehmerischen Strukturen der Entscheidungsfindung. Vor allem ist von Interesse auszuwerten, wer innerhalb und außerhalb der Organisation für die Auswahl einer bestimmten Konfliktbearbeitungsmethode, ihre Durchführung und Lösung eines Konflikts verantwortlich ist. Ein weiteres Element sind die Prozesse der Entscheidungsfindung, welche Ebenen und Stadien sie durchlaufen und wie Entscheidungskompetenzen im Unternehmen verteilt sind und delegiert werden. Aufschlussreich ist in diesem Zusammenhang ferner, ob und inwieweit die Unternehmensleitung eine bestimmte Kultur der Entscheidungsfindung und Problemlösung vorgibt und durch die Beförderungs- und Entlohnungspraxis die

---

719 *Costantino/Merchant*, S. 98; ähnlich *Schoen*, S. 211, der von den „Konfliktbehandlungsstrukturen eines Unternehmens" spricht.
720 Vgl. *Reilly/MacKenzie*, S. 31.
721 *Costantino/Merchant*, S. 98.
722 *Schoen*, S. 220 spricht dagegen allgemein von „Unternehmenskultur", die nach seiner Ansicht geprägt wird, „durch die Einstellung gegenüber der Konfliktbehandlung seitens des Unternehmens, seiner Leitung sowie der einzelnen Mitarbeiter."
723 *Ury/Brett/Goldberg*, S. 21; *Lipsky/Seeber/Fincher*, S. 19.

Mitarbeiter dazu motiviert bzw. diszipliniert, diese Vorgaben auch praktisch umzusetzen.[724] Der Grad an autonomer Entscheidungskompetenz, der den Mitarbeitern des Unternehmens eingeräumt wird, ist diesbezüglich ein wichtiger Indikator. Diese Entscheidungsprozesse nachzuvollziehen liefert zudem wertvolle Informationen über das Machtgefüge innerhalb des Unternehmens.[725]

Der Unternehmensstruktur zuzuordnen ist ferner der Innovationsgrad des Unternehmens. Die Offenheit des Unternehmens für Innovation, Kreativität und Veränderung gibt wichtige Hinweise auf die Dynamik des Unternehmens. Ob das Unternehmen bislang langsam oder schnell, behäbig oder dynamisch auf Veränderungen reagiert, gewährt Rückschlüsse auf die Veränderungsbereitschaft des Unternehmens für das Systemdesign. Relevant ist ferner die interne und externe Unternehmenskommunikation. Gemeint sind die verschiedenen Kommunikationswege, auf denen Informationen und Wissen im Unternehmen ausgetauscht und transportiert werden. Aufschluss darüber gibt der Grad an Transparenz und Zugänglichkeit von Informationen und Informationswegen. Im Hinblick auf die Entstehung und Beilegung von Konflikten und Streitfällen kommt dem Zugang und Austausch von Informationen tragende Bedeutung zu.

III. Analyse der unternehmensinternen und -externen Konflikte

Erfahrungsgemäß treten zahlreiche Konflikte aus der Vergangenheit in vergleichbarer Ausgestaltung auch in der Zukunft wieder auf – neben neue, bis dahin unbekannte Konflikte. Zu diesem Zweck müssen zunächst die vergangenen und aktuellen Konflikte analysiert und die zukünftigen Konflikte antizipiert werden. Zu den Kriterien, nach denen sich die Konflikte des Unternehmens ausdifferenzieren lassen, zählen die Parteien und sonstigen Beteiligten, der Eskalationsgrad sowie die Konflikt(behandlungs)gegenstände, ihre Frequenz sowie ihre Auswirkungen auf das Unternehmen.[726] Es empfiehlt sich, zunächst eine Aufstellung sämtlicher Konflikte vorzunehmen und dann diejenigen Konflikte detaillierter zu analysieren, deren Behandlung aus Sicht des Unternehmens aktuell besonders ineffektiv und ineffizient ist. Im Einzelnen sind folgende Elemente näher zu beleuchten.

1. Parteien und andere Beteiligte

Zu unterscheiden sind zunächst die Parteien und die übrigen Beteiligten der Konflikte. Die genaue Identifizierung der Verfahrensbeteiligten ist bedeutsam, um ein angemessenes Forum, ein adäquates Konfliktbewältigungsverfahren und Verantwort-

---
724 Vgl. *Schoen*, S. 221.
725 *Costantino/Merchant*, S. 103.
726 *Costantino/Merchant*, S. 100.

lichkeiten festzulegen.[727] Nicht alle, die in den Konflikt involviert sind, werden jedoch als Beteiligte im Verfahren mitwirken. Hinsichtlich der Konfliktparteien ist wie zu Beginn dieser Arbeit zwischen unternehmensinternen und -externen zu unterscheiden.[728]

2. Konfliktbehandlungsgegenstände und Konfliktthemen

In einem nächsten Schritt ist der individuelle Konfliktgegenstand zu analysieren.[729] Die Bedeutung dieses Aspekts der Analyse liegt darin begründet, dass je nach Kontext eines Konflikts unterschiedliche Verfahren und Instrumente des Konfliktmanagements vorzugswürdig sind. Der Konfliktbehandlungsgegenstand meint die Ausgangslage des Konflikts, auf die sich die Interessen der Parteien beziehen. Eine Typisierung nach den prägenden Elementen des Konflikts differenziert zwischen faktischen, emotionalen, rechtlichen und technischen Elementen.[730] Meist ist ein einzelner Konflikt jedoch durch seine vielzähligen Elemente geprägt, so dass eine strikte Differenzierung wenig praktikabel ist. Die inhaltlichen Interessen der Parteien lassen sich ferner von den Zielen der Parteien im Hinblick auf die Gestaltung des Konfliktgegenstandes in der Zukunft ableiten. Ebenso gilt es, die den einzelnen Konflikt betreffenden Risiken und Problempunkte herauszuarbeiten.[731] Ein weiterer Aspekt der Konfliktanalyse betrifft die Untersuchung möglicher Gravitationswirkungen eines Konflikts auf andere Konflikten[732], weil in vielen Konstellationen ein Konflikt auf andere ausstrahlt.

Ein weiteres Merkmal sind die Konfliktursachen. Häufig lässt sich eine Reihe von Aspekten identifizieren, die mit unterschiedlicher Gewichtung einen Konflikt verursachen. Diesen Ursachenzusammenhang gilt es nachzuvollziehen.[733] Entsprechend des hier vertretenen Konfliktverständnisses sind die Ursachen von den Auslösern zu unterscheiden. Wenn nur die den Konflikt auslösenden Momente adressiert werden, bleiben seine Ursachen erhalten und lösen eventuell in anderen Kontexten andere Konflikte aus.[734] Ferner ist die Häufigkeit der typisierten Konflikte festzustellen und

---

727 *Chinkin/Sadurska*, 7 Ohio St. J. on Disp. Resol. 39, 41.
728 *Stitt*, S. 54 plädiert gegen eine getrennte Betrachtung.
729 *CPR (Ed.)*, 9 Alternatives 161, 161: „What do the parties perceive as being at stake in a given dispute?"
730 *Ury/Brett/Goldberg*; S. 24, *Stitt*, S.55 ff.
731 Gerade rechtliche Streitfälle weisen unterschiedlichste prozessrechtliche Besonderheiten und Risiken (z.B. umfangreiche Beweisaufnahme in technologischen Fragen, etwa des gewerblichen Rechtsschutzes oder des Kartellrechts) auf. Diese zu identifizieren, erleichtert später die Auswahl des optimalen Streitbeilegungsverfahrens; vgl. *Cavenagh*, S. 14. Nach *Schoen*, S. 222 sind ferner Umweltbedingungen zu berücksichtigen, die sich, wie beispielsweise Gesetzesnovellen, auf Konflikte in der Zukunft auswirken können.
732 *CPR (Ed.)*, 9 Alternatives 161, 161.
733 *Dauer*, in: Fine/Plapinger (Eds.), S. 153, 155.
734 Nach *Ury/Brett/Goldberg*, S. 25 kann die Identifikation der Ursachen eines Konflikts dazu beitragen, dieselben bzw. vergleichbare Konflikte in der Zukunft zu vermeiden.

auszuwerten. Insbesondere sind diejenigen Faktoren zu identifizieren, welche die Frequenz der Konflikttypen beeinflussen. Die Häufigkeit von Konflikten in der Vergangenheit lässt Prognosen für die Zukunft zu[735], so dass sich wiederkehrende Konflikte antizipieren lassen.[736]

IV. Analyse der Verfahren und Instrumente des aktuellen Konfliktmanagements

Unternehmen setzen vielfältige Methoden zur Konfliktbehandlung ein, sei es parallel oder sequentiell. Will man die Praxis der Konfliktbehandlung im Unternehmen analysieren, so sind neben den formellen Verfahren mit Drittbeteiligung gerade auch die informellen Verfahren der Parteien zu identifizieren und zu analysieren. Neben der Art der eingesetzten Instrumente und Verfahren des bestehenden Konfliktmanagements ist ihr jeweiliger Ablauf von Interesse. Skizziert man den gewöhnlichen Verfahrensverlauf von seiner Einleitung bis zum Abschluss, lassen sich neben der Dauer der einzelnen Verfahrensschritte die verfahrensbeteiligten Personen, ihre Rollen sowie die akkumulierten Verfahrenskosten bestimmen und analysieren. Anhand des typischen Verfahrensverlaufs können ferner Schnittstellen identifiziert werden, an denen neue Instrumente und Verfahren integriert werden könnten.[737] Schließlich ist die Qualität der Verfahren und Instrumente der Konfliktbehandlung im Unternehmen auszuwerten.

1. Spektrum der Verfahren und Instrumente des Konfliktmanagements

Bevor der Ablauf und die Qualität der aktuell eingesetzten Verfahren untersucht werden kann, sind die im aktuellen System zur Anwendung kommenden Verfahren der Konfliktbehandlung zu identifizieren und detailliert zu dokumentieren. Besondere Aufmerksamkeit gilt streitpräventiven Maßnahmen des aktuellen Konfliktmanagements im Unternehmen, weil sie im Unterschied zu gerichtlichen und außergerichtlichen Verfahren der Streitbeilegung regelmäßig nur rudimentär vorhanden, wenn nicht insgesamt obsolet sind.

Zu unterscheiden sind die formellen von den informellen Verfahren der Konfliktbearbeitung. In der Praxis ersetzen und ergänzen letztere häufig das formale Konfliktbehandlungsspektrum.[738] Informelle Verfahren signalisieren, dass das bestehen-

---

735 *Ury/Brett/Goldberg*, S. 24; *Costantino/Merchant*, S. 100 f.
736 Die hochgerechneten Kosten für die Bewältigung dieser prognostizierten Dispute in der Zukunft nach den bisherigen Konfliktbearbeitungsprozessen lässt sich argumentativ für eine erforderliche Neuausrichtung des Systems nutzen.
737 Allgemein wird diesbezüglich von *Einigungsfenstern* gesprochen. Siehe zum Ansatz so genannter *mediation windows* im Schiedsgerichtsverfahren *Bühring-Uhle/Kirchhoff/Scherer*, S. 248 ff.
738 *Ury/Brett/Goldberg*, S. 27.

de formelle Verfahrensspektrum eine effektive und effiziente Konfliktbehandlung aus Sicht der Stakeholder nicht hinreichend gewährleistet.[739] Gerade in Konflikten, die (noch) nicht zu Rechtsstreitigkeiten eskaliert sind, etablieren sich im Unternehmen informelle Alternativverfahren, weil die traditionellen formellen gerichtlichen Verfahren untauglich sind, Konflikte beizulegen, die keine rechtlich fassbaren Aspekte beinhalten.

Herauszuarbeiten ist, ob und wie häufig das gesamte Spektrum an formellen und informellen Verfahren eingesetzt wird und ob bestimmte Methoden vermehrt oder gar nicht zur Anwendung kommen. Regelmäßig werden nämlich nicht alle zur Verfügung stehenden Verfahren und Instrumente eingesetzt oder sie werden frühzeitig abgebrochen, um zu anderen Methoden überzugehen.[740] Auch ist zu untersuchen, ob sich eine bestimmte Verfahrensabfolge in bestimmten Konflikttypen etabliert hat. Direkte Verhandlungen sind beispielsweise dahingehend zu untersuchen, welchen Verhandlungsstil die Parteien einsetzen, in welchem Stadium sie abgebrochen werden und warum.

Das Hauptaugenmerk liegt dabei auf der Analyse der Einigungsbarrieren und den Gründen für ihre Unüberwindbarkeit aus Sicht der Parteien. Entscheidender als die Frage, welche Konfliktbehandlungsverfahren ein Unternehmen einsetzt, ist die Frage, warum sie zur Anwendung kommen oder warum nicht.[741] Es ist zu untersuchen, in welchen Konflikten und aus welchen Gründen das Unternehmen entscheidet, ein bestimmtes Verfahren einzuleiten und durchzuführen bzw. auf seine Durchführung verzichtet. Ferner gilt es herauszuarbeiten, nach welchen Kriterien es Verfahrensinstitutionen, -ordnungen und Dritte im Verfahren auswählt und externe Rechtsanwälte mandatiert. Die Ursachen für die Art und Weise des praktizierten Konfliktmanagements im Unternehmen liegen regelmäßig in unternehmensinternen Faktoren begründet, zu denen die personellen und finanziellen Ressourcen und die Art und Weise der Koordinierung der verschiedenen Methoden des Konfliktmanagements zählen.[742] Hier geht es also um eine auf die Konfliktbehandlung konzentrierte Untersuchung der unternehmerischen Entscheidungsfindung und seiner Ursachen.

Im Hinblick auf die unterschiedlichen Instrumente und Verfahren der Konfliktbehandlung im System ist ferner von Bedeutung, die Anzahl der Konflikte in ihrem jeweiligen Eskalationsstadium zu dokumentieren. Diese Daten ermöglichen es herauszufinden, ob die eingesetzten Verfahren der Konflikt- und Streitbeilegung mit den verschiedenen Konfliktstufen korrespondieren. Denn häufig passt das Beilegungsverfahren nicht zum Eskalationsgrad des zu Grunde liegenden Konflikts.

---

739 *Schoen*, S. 224 mit Verweis auf *Ury/Brett/Goldberg*, S. 28 ff.: „Oftmals belegen die Abweichungen in der unternehmerischen Praxis gegenüber den betriebsinternen Vorgaben, daß bestimmte Verfahren durch die Belegschaft nicht akzeptiert werden oder aber, daß zusätzliche Verfahren benötigt werden, die das jetzige Konfliktmanagement überhaupt nicht zur Verfügung stellt."
740 *Ury/Brett/Goldberg*, S. 30.
741 So auch *Costantino/Merchant*, S. 104.
742 Ausführlicher dazu *Schoen*, S. 225 ff.

2. Qualität der Konfliktbehandlungsverfahren und -instrumente

Entscheidend und in einem zweiten Schritt zu analysieren ist, wie das Unternehmen und seine potentiellen Konfliktgegenparteien die Qualität der bislang eingesetzten Konfliktbehandlung bewerten. Die Qualität lässt sich quantitativ und qualitativ bestimmen anhand des Verfahrensverlaufs, der Verfahrensergebnisse sowie ihrer Auswirkungen auf das Unternehmen und die anderen Konfliktparteien.[743] Anhand des typischen Verlaufs der einzelnen Konfliktbehandlungsverfahren ist festzuhalten, welche Verfahrenselemente funktionieren und welche nicht, welche Konfliktpartei das Verfahren initiiert und mit wessen Hilfe.[744] Indikationswirkung für die Qualität der Konfliktbearbeitung hat daneben die durchschnittliche Verfahrensdauer bis zur endgültigen Konfliktbeilegung – differenziert zwischen den gerichtlichen und außergerichtlichen Konfliktbearbeitungsverfahren. Dem Unternehmen dienen die ermittelten Daten über die Qualität der aktuell praktizierten Konfliktbehandlung als Ausgangspunkt und Richtwert, an dem sich ein neu entwickeltes oder modifiziertes Konfliktmanagementsystem messen lassen muss. Das alte System ist somit die Messlatte für das neue System.

Zu untersuchen sind vor allem auch Kosten des unternehmerischen Konfliktmanagements. Die Kosten sollten einerseits separat für die verschiedenen Konfliktbehandlungsverfahren (Verhandlung, Mediation, Adjudication, Schieds- und Gerichtsverfahren) und andererseits pro Konflikt oder Streitfall berechnet und derjenigen Abteilung im Unternehmen zugeordnet werden, die als Partei im jeweiligen Verfahren involviert ist. Auf diese Weise lassen sich Anzahl und Kosten der Konfliktbehandlungsverfahren pro Abteilung darstellen. Weitere kostenbeeinflussende Faktoren sind die Zufriedenheit der Parteien mit dem Verfahrensergebnis, die Häufigkeit des Wiederauflebens desselben oder eines vergleichbaren Konflikts und die Auswirkungen des Verfahrens auf die Beziehung der Konfliktparteien.[745] Anhand der gesammelten Informationen über Typ und Häufigkeit von Konflikten sowie den Verlauf und die Dauer der unterschiedlichen Konfliktbehandlungsverfahren können auch die indirekten Kosten erfasst werden.

V. Entscheidung des Unternehmens über Art und Umfang des Systemdesigns

Am Ende der Analysephase trifft das Unternehmen eine verbindliche Entscheidung für oder gegen das Systemdesign. Entscheidet es sich dafür, den Designprozess fortzusetzen, beschließt es den Umfang des Systemdesignprojekts.

---

743 *Costantino/Merchant*, S. 10.
744 *Ury/Brett/Goldberg*, S. 27; *Costantino/Merchant*, S. 102; *Reilly/MacKenzie*, S. 68.
745 *Ury/Brett/Goldberg*, S. 31; *Costantino/Merchant*, S. 100.

1. Präsentation der Analyseergebnisse

Die Analysephase schließt mit der Präsentation ihrer Ergebnisse, welche die Entscheidungsgrundlage für die Unternehmensleitung beinhaltet, ob und, wenn ja, auf welche Art und Weise und in welchem Umfang das Unternehmen das Systemdesign initiiert.[746] Sämtliche Informationen, die während der Analyse gesammelt und ausgewertet worden sind, werden zusammengefasst und präsentiert. Zudem werden die Erkenntnisse der Analyse mitgeteilt, welche die Grundlage für Veränderungsvorschläge beinhalten. Neben den dysfunktionalen Aspekten des bestehenden Konfliktmanagementsystems sind auch die funktionalen hervorzuheben und konkrete Vorschläge zu unterbreiten, wie die dysfunktionalen funktionstüchtig gemacht und mit den funktionalen Elementen kombiniert werden können. Auf dieser Basis wird eine konkrete Veränderungsstrategie entwickelt. Im Rahmen der Präsentation ist insbesondere darauf einzugehen, inwieweit die Vorschläge die Ziele des Unternehmens fördern und welche Vorteile sie den Beteiligten innerhalb und außerhalb des Unternehmens bringen. Die Präsentation der Analyseergebnisse beinhaltet ferner eine detaillierte Kosten-Nutzen-Analyse des vorgeschlagenen neuen Konfliktmanagementsystems.

2. Feedback zu skizziertem Systemdesign

In einem nächsten Schritt ist die skizzierte Grundstruktur des neuen Konfliktmanagements auf die Erwartungen und Ziele des Unternehmens und der anderen Stakeholder innerhalb und außerhalb des Unternehmens abzustimmen. Zu diesem Zweck ist auch das Feedback durch die einzelnen Fokus-Gruppen einzuholen. So lassen sich aus Sicht der potentiellen Anwender die Anforderungen des Systems im Hinblick auf seine Praktikabilität, Handhabbarkeit und Fairness sowie Barrieren und Widerstände gegen das Konfliktmanagementsystem identifizieren.[747] Ein solcher erster Realitätstest des neu vorgestellten Systems ermöglicht es, Modifizierungen und Veränderungen zu diskutieren und vorzunehmen, bevor das neue Konfliktmanagementsystem detailliert konzipiert und in die Unternehmenspraxis implementiert wird. Je mehr Stakeholder Feedback zum präsentierten Modellsystem geben, umso mehr ist gewährleistet, dass seine Struktur stringent und praktisch umsetzbar ist und somit von den potentiellen Anwendern akzeptiert wird.

---

746 *Schoen*, S. 241 f.
747 *Lipsky/Seeber/Fincher*, S. 244 f.

3. Entscheidung der Unternehmensführung

Das überarbeitete Modellsystem wird schließlich der Unternehmensleitung zur Entscheidung über seine Konzeption und Implementierung präsentiert. Die Präsentation beinhaltet konkrete, an den Ergebnissen der aktuellen Systemauswertung orientierte Zielvorgaben samt Evaluierungsmethoden, nach denen der Erfolg des neuen Konfliktmanagementsystems ab dem Zeitpunkt seiner Implementierung in die Unternehmenspraxis zu messen ist und einen detaillierten Ablaufplan für die Systementwicklung.[748] Auf dieser Grundlage muss das Unternehmen zweierlei entscheiden: ob es den Prozess des Systemdesigns fortsetzen möchte und, wenn ja, in welchem Umfang.[749] Der Umfang meint einerseits die Komplexität des zu entwickelnden Konfliktmanagementsystems, andererseits die dafür notwendigen finanziellen und personellen Ressourcen während des Designprozesses. Notwendiger Bestandteil der Präsentation ist somit ein differenziertes Budget. Mit seiner Entscheidung erteilt das Unternehmen dem Designteam zum einen ein Mandat für die weitere Durchführung des Systemdesigns. Zum anderen signalisiert es nach innen und nach außen nicht nur die Bereitschaft, das bestehende Konfliktmanagement zu modifizieren, sondern sich auch für eine neue Strategie des Konfliktmanagements zu entscheiden.

4. Ausarbeitung eines detaillierten Modellsystems

Nachdem die Unternehmensführung eine verbindliche Entscheidung über Art und Umfang des Systemdesigns getroffen hat, sind Systemmodifikationen, die sich im Rahmen der Präsentation im Austausch mit der Unternehmensleitung ergeben haben, einzuarbeiten, bevor die praktische Konzeption des neuen Systems beginnt. Schließlich ist das von der Unternehmensleitung beschlossene Modellsystem schriftlich auszuarbeiten. In einer detaillierten Systembeschreibung[750] sind Gegenstand, Ziele und Struktur des Konfliktmanagementsystems ebenso darzustellen wie seine einzelnen Teilsysteme, Verfahrenskomponenten und Instrumente. Ferner sind die konkreten Abläufe der im System integrierten Konfliktbehandlungsverfahren samt ihrer Schnittstellen und der Rollen, welche die unterschiedlichen Verfahrensbeteiligten ausüben[751], zu beschreiben. Über die eigentliche Beschreibung der einzelnen Konfliktmanagementverfahren hinaus sind ferner die Anreize[752] schriftlich festzuhalten, welche die potentiellen Systemanwender motivieren sollen, in der Praxis auf das modifizierte (neue) Konfliktmanagementsystem zurückzugreifen.

---

748 *Lipsky/Seeber/Fincher*, S. 248.
749 Vgl. *Cavenagh*, S. 15; *Reilly/MacKenzie*, S. 62 f.
750 In der US-amerikanischen Literatur wird der Begriff der *summary plan description* verwendet; vgl. *Lipsky/Seeber/Fincher*, S. 251.
751 Dazu *Slaikeu/Hasson*, S. 92 ff.; *Lipsky/Seeber*, S. 22 f.
752 Ausführlich dazu *Schoen*, S. 280 ff.

Diese detaillierte Systembeschreibung ermöglicht es allen potentiellen Anwendern, Verständnisschwierigkeiten, Unklarheiten und Regelungslücken sowie Widersprüche im System und Designprozess zu identifizieren und in Rücksprache mit dem Designteam zu klären. Anhand dieses umfassenden Feedbacks ist gewährleistet, dass das ausgearbeitete Modellsystem von der Unternehmensführung und den anderen Stakeholdern legitimiert ist.

C. Implementierungsphase

Nach der Planungs-, Analyse- und Konzeptionsphase folgt nun in einem nächsten Schritt die praktische Umsetzung des neuen Konfliktmanagementsystems im Unternehmen. Nun gilt es, das neue System in die komplexe Struktur des Unternehmens zu integrieren.[753] Die Implementierung des neuen Systems löst die eigentlichen Veränderungen des Konfliktmanagements im Unternehmen aus. Sie ist die kritischste Phase des Designprozesses, weil einerseits die Ergebnisse der Analysephase auf den Prüfstand gestellt werden und andererseits der Erfolg oder Misserfolg des neuen Systems im ersten Konfliktfall wegweisend für seine Akzeptanz und Anwendung in der Zukunft sind. Für die Implementierung des Systems bieten sich verschiedene Methoden und Maßnahmen an, die sich auch bei anderen Veränderungsprozessen in Unternehmen etabliert haben.[754] Nachdem das neue Konfliktmanagementsystem im Unternehmen vorgestellt und eingeführt worden ist (I.), wird es in ausgewählten Konflikten des Unternehmens pilotiert (II.) und schließlich unternehmensweit umgesetzt (III.).

I. Einführung des neuen Konfliktmanagementsystems im Unternehmen

Für die Implementierung ist es erfolgskritisch, dass unter den potentiellen Systemanwendern bereits Akzeptanz für das neue System besteht. Sie werden das zu implementierende System nämlich nur akzeptieren und internalisieren, wenn sie bereits vorher adäquat darüber informiert, im Umgang mit seinen Instrumenten und Verfahren geschult und motiviert sind, Konflikte dem neuen System zuzuführen.[755]

---

753 *Lipsky/Seeber/Fincher*, S. 252 sprechen vom *launching* des Systems: „Launching the [...] system refers to the integrated actions required to implement the system in a professional manner. [...] Experience has demonstrated that the best [...] system will not achieve its goals if the launch is poorly handled by the organization."
754 Auch hier lassen sich die Methoden der Organisationsentwicklung, insbesondere des Change Management, nutzbar machen. Die Bedeutung der Organisationsentwicklung in dieser Phase des Systemdesigns betonen auch *Lipsky/Seeber/Fincher*, S. 252: "Launching is a multilayered organizational development intervention."
755 Zu der Herausforderung der Motivierung der Gegenseite siehe *Schoen*, S. 287.

1. Marketing des neuen Konfliktmanagementsystems

So wie Produkte neu in den Markt eingeführt werden, bedarf auch das neue Konfliktmanagementsystem einer Einführung in die alltägliche Geschäftspraxis des Unternehmens. Wie ein neues Produkt des Unternehmens kann und muss es beworben werden.[756] Die Verantwortung dafür liegt beim Designteam. Das Marketing beinhaltet Informationen über und Anreize für die Anwendung des neuen Konfliktmanagementsystems.[757] Bereits während der vorausgegangenen Phasen des Systemdesigns wurden die Stakeholder kontinuierlich über das System, seine Funktionsweise und Komponenten informiert. Diese Maßnahmen sind nun zu intensivieren und auf mehrere Informationskanäle auszuweiten. Dazu bieten sich neben persönlichen Informationsveranstaltungen auch Newsletter an, die den Nutzen des neuen Systems herausstellen sowie Fragen, Vorbehalte und Widerstände aufgreifen und beantworten. Ferner können erste Erfahrungen mit dem System in Konflikten kommuniziert werden.

2. Gezielte Schulungen, Trainings und Anwendungsanreize

Gezielte Schulungen und Trainings der Systemkoordinatoren, Konfliktberater, internen Mediatoren und der sonstigen Verfahrensbeteiligten und Dritter ergänzen die bestehenden, kontinuierlich angebotenen Trainingsmaßnahmen für alle potentiellen Systemanwender.[758] Empfehlenswert sind insbesondere gemeinsame Trainings mit Mitgliedern aus dem Unternehmen und aus Kooperationsunternehmen, die eine längerfristige Geschäftsbeziehung verbindet. Gerade die externen Konfliktgegenparteien dürfen nicht im Rahmen der Implementierung des Konfliktmanagementsystems vernachlässigt werden. Sie zur gemeinsamen Durchführung der im System integrierten Konfliktbehandlungsverfahren zu motivieren, erweist sich in der Praxis schwieriger, als unternehmensintern die Syndikusanwälte und Mitarbeiter sowie die externen Rechtsanwälte für das Konfliktmanagementsystem zu gewinnen.[759]

II. Erprobung des neuen Konfliktmanagementsystems in Pilotprojekten

Der anfängliche Erfolg ist entscheidend für die weitere unternehmensweite Unterstützung des Designprojekts.[760] Vordringlichstes Ziel eines Pilotprojekts ist es, die Wahrscheinlichkeit des Systemerfolgs zu maximieren. Schon im Pilotprojekt muss

---

756 Ausführlicher zum Marketing eines neuen Konfliktmanagementsystems siehe *Elcano /Hallberlin*, 6 ADR Currents 6 ff.
757 Dieser Aspekt des Systemdesign wird regelmäßig vernachlässigt; siehe dazu *Lipsky /Seeber /Fincher*, S. 253 f.
758 Dazu *Lipsky/Seeber/Fincher*, S. 255 f.
759 Ausführlich zur Frage der Motivation der Konfliktparteien *Schoen*, S. 280 ff.
760 Vgl. *Reilly/MacKenzie*, S. 39.

das Unternehmen ausreichende Ressourcen zur Verfügung stellen. In personeller Hinsicht bedarf es insbesondere eines Verantwortlichen für die Koordinierung und Implementierung des Probevorhabens. Bei der Gestaltung der Pilotprojekte sollte ein professioneller Designberater dem Designteam beratend zur Seite stehen. Er ist Ansprechpartner und Informationsvermittler und delegiert die weiteren Aufgaben an die Beteiligten des Testvorhabens.

1. Bedeutung von Pilotprojekten

Fraglich ist, ob das neue Konfliktmanagementsystem zunächst in Pilotprojekten erprobt oder unmittelbar für alle Konflikte im Unternehmen umgesetzt werden sollte.[761] Für die Durchführung eines Pilotprojektes spricht Folgendes[762]: Das Designteam, die Unternehmensführung und die am System Beteiligten testen die Verlässlichkeit der gesammelten und ausgewerteten Informationen, des Designs und der Planung.[763] Notwendige Veränderungen und Modifizierungen am System im Laufe des Pilotprojekts sind wahrscheinlich.[764] Sie lassen sich kostengünstiger und risikoärmer im Kleinen als im Großen realisieren. Ein Probevorhaben lässt sich besser steuern und detaillierter auswerten – erhöht also die Chancen seines Erfolges. In Pilotprojekten lässt sich das entwickelte Konfliktmanagementsystem einem Realitätstest unterziehen und untersuchen, ob das neue System so funktioniert wie ursprünglich geplant. Pilotprojekte bieten dem Unternehmen damit die Gelegenheit, das neu entwickelte Konfliktmanagementsystem auf „Herz und Nieren" zu testen und die Testergebnisse mit den definierten Zielen zu vergleichen. Ferner ermöglicht es, dysfunktionale Elemente des neuen Konfliktmanagementsystems zu erkennen und die erforderlichen Schritte zur Modifizierung und Korrektur des Systems einzuleiten[765] – und zwar bereits während des Pilotprojekts und nicht erst nach Ausdehnung des Systems auf weitere Unternehmensbereiche.[766] Im Ergebnis dient eine zeitlich begrenzte Probephase damit dem Konfliktmanagementsystem als Ganzes.[767]

---

761 Ausführlich dazu *Costantino/Merchant*, S. 150 ff.; *Lipsky/Seeber/Fincher*, S. 246 ff.; *Reilly/MacKenzie*, S. 75 f.; *Schoen*, S. 246 ff.
762 Auch *Schoen*, S. 248 empfiehlt den Einsatz von Pilotprojekten in deutschen Unternehmen.
763 *Costantino/Merchant*, S. 153.
764 Darauf weisen auch *Lipsky/Seeber/Fincher*, S. 248 hin, kommen allerdings zu der Schlussfolgerung, dass demnach ein Pilotprojekt insgesamt nicht notwendig sei: „[...] all systems are expected to evolve [...] If the first design has problems, the system is expected to modify itself." mit Verweis auf *CPR (Ed.)*, ADR in Industries, S. 41.
765 Beispielsweise unzureichende Schulungen und Personal oder unpraktikable Verfahren und Verfahrensabfolgen; vgl. dazu *Reilly/MacKenzie*, S. 77.
766 *McKinney*, 8 Neg. J. 153, 161.
767 Ablehnend bewerten *Lipsky/Seeber/Fincher*, S. 248 dagegen Pilotprojekte: „One problem is the loss of synergy in implementing with a limited population of employees. A second is that it is more expensive to launch a system twice and incur the additional transactional and managerial costs. A third is gaining sufficient data on which to base the assessment at the end of the pilot period. [...] Thus, a pilot project should not be necessary."

2. Auswahl von Test-Konflikten

Das Designteam muss geeignete Konflikte auswählen, die dem neuen System versuchsweise zugeführt werden. Die Erfolgsaussichten des Pilotprojekts steigen, wenn ein Konflikt ausgesucht wird, der aus Sicht der Beteiligten dringend einem anderen Konfliktbearbeitungsverfahren als bisher zugeführt werden müsste[768]; oder aber ein Konflikt, der vergleichsweise neu ist und bei dem sich noch keine bestimmten Konfliktbehandlungsverfahren etabliert haben. Geht es dem Unternehmen jedoch primär um die Senkung der Kosten für die Konfliktbearbeitung, so sollte ein kostenintensiver Konflikt ausgewählt werden. Schließlich kann ein Konfliktbereich danach ausgewählt werden, ob er auch für das Unternehmen insgesamt bedeutsam ist. Denn nur dann hat er Modellcharakter.

Eine aussagekräftige Anzahl der Testkonflikte ist notwendig, um aus der Auswertung der Konflikte unternehmens- und systemweite Schlussfolgerungen ziehen zu können. Förderlich ist zudem, das Konfliktmanagementsystem sowohl in unternehmensinternen als auch externen Konflikten zu testen, weil ihre unterschiedlichen Charakteristika wertvolle Rückschlüsse darüber geben, inwieweit das System beiden Konfliktbereichen gerecht wird.

3. Dauer der Erprobungsphase

Der Zeitraum der Pilotprojekte muss realistisch, nicht optimistisch bemessen sein. Er sollte so lange andauern, bis eine detaillierte Auswertung einer hinreichenden Zahl von unterschiedlichen Konflikten möglich ist. Pilotprojekte in US-amerikanischen Unternehmen haben mindestens sechs, überwiegend zwischen zwölf und achtzehn Monaten angedauert.[769]

4. Evaluierung der Pilotprojekte und Rejustierung des neuen Systems

Anhand der Auswertung der Pilotprojekte lässt sich ablesen, ob das neue Konfliktmanagementsystem in den Testkonflikten effektiver und effizienter funktioniert als das bisherige. Das Pilotprojekt eignet sich dazu, Zwischenergebnisse des Konfliktmanagementsystems zu dokumentieren und zu analysieren. Eine derartige Zwischenauswertung kann verhindern, dass das fehlerhafte System an einen Punkt gelangt, an dem es enttäuschende Ergebnisse liefert und dadurch Akzeptanz unter den Beteiligten verliert oder empfindliche Kosten akkumuliert.[770] Ohne eine umfassende Evaluierung der Pilotprojekte lässt sich dies nicht realisieren. Sie ist Teil der Pilot-

---

768 Dafür plädieren *Reilly/MacKenzie*, S. 40.
769 *Costantino/Merchant*, S. 163; *Lipsky/Seeber/Fincher*, S. 246.
770 *Costantino/Merchant*, S. 183.

projekte. Nur so lässt sich überprüfen, ob das Pilot-Konfliktmanagementsystem die ursprünglich definierten Ziele erfüllt.

Da sich nur anhand von Vergleichswerten der Erfolg oder Misserfolg des Pilotprojekts messen lässt, müssen sowohl die quantitativen und qualitativen Ziele des Pilotprojekts als auch Vergleichswerte definiert werden. Als Vergleichswert können die ausgewerteten Daten für den Pilotkonflikt nach dem bestehenden Konfliktmanagement herangezogen werden. Ebenso aussagekräftig sind Interviews und Gespräche mit den Beteiligten nach der Durchführung der Probevorhaben.[771] Hilfreich ist in diesem Zusammenhang die paralelle Durchführung einer zufälligen Testphase.[772] In dieser Phase werden die im Konfliktmanagementsystem integrierten Konfliktbeilegungsverfahren parallel zum Pilotprojekt nach dem Zufallsprinzip einem Konflikt zugeordnet und durchgeführt. Die Ergebnisse dieser Konfliktbeilegungsverfahren werden anschließend mit denen des Pilotprojekts verglichen. Auf diese Weise kann das neue Konfliktmanagementsystem dahingehend begutachtet werden, ob die unternehmensspezifischen Parameter der Verfahrensauswahl adäquat und effizient sind.

III. Unternehmensweite Umsetzung des neuen Konfliktmanagementsystems

Will das Unternehmen die positiven Testergebnisse konservieren, sollte es das System zunächst auf weitere Konflikttypen oder den gesamten Unternehmensbereich ausdehnen, in dem die Testkonflikte verortet waren. Erst im Anschluss an die detaillierte Auswertung des Pilotprojekts wird das neue Konfliktmanagementsystem zunächst in einem ausgewählten Unternehmensbereich und schließlich unternehmensweit implementiert.

Nach Auswertung der ersten Pilotprojekte kann das System parallel modifiziert und einer zweiten Probephase unterzogen werden, weil sich selbst ein sorgfältig konzipiertes und in Pilotprojekten erprobtes Konfliktmanagementsystem nicht ohne Anpassungen und Modifizierungen unternehmensweit implementieren lässt.[773] Zu beachten ist ferner, dass das neue Konfliktmanagementsystem in der Form, die es im Stadium der Pilotprojekte hat, nicht automatisch geeignet ist für alle Konflikte des Unternehmens. Es muss vielmehr sukzessive auf die unterschiedlichen Konflikttypen des Unternehmens angepasst werden.[774] Allerdings sollten Modifizierungen nicht ad hoc und einseitig durch das Designteam erfolgen, sondern in Rücksprache mit den Test-Anwendern des Systems. Die potentiellen Konfliktparteien und sonstigen Beteiligten müssen aktiv an der Anpassung und Weiterentwicklung des Kon-

---

771 Diesbezüglich eignet sich ein Fallauswertungssystem, sog. *case tracking system*; vgl. dazu *Costantino/Merchant*, S. 160, 162.
772 Siehe dazu *Cole*, Sec. 6:16 zitiert bei *Goldberg/Sander/Rogers/Cole*, S. 318.
773 *Lipsky/Seeber/Fincher*, S. 260: „No [...] system is perfectly crafted the first time, and systems often need to be tweaked as the organization evolves."
774 *Costantino/Merchant*, S. 165.

fliktmanagementsystems mitwirken. Nur so werden auch Rejustierungen am System von ihnen getragen. Und nur auf diese Weise ist sichergestellt, dass das Konfliktmanagementsystem unternehmensspezifisch optimiert ist, bevor es unternehmensweit eingesetzt wird.

C. Evaluierungsphase

Die Erwartungen an die Qualität und Effizienz des neuen Konfliktmanagementsystems sind am Ende des Designprozesses sehr hoch, denn über Monate wurden Zeit, Geld und Arbeitskraft investiert, Mitarbeiter geschult und Pilotprojekte durchgeführt. Ohne nachweisbare und aussagekräftige Daten über die Effektivität und Effizienz des neuen Konfliktmanagementsystems wird sich kein Unternehmen dazu entschließen, es weiter zu betreiben. Es bedarf daher neben der kontinuierlichen Evaluierung während des gesamten Designprozesses einer Gesamtevaluierung des neuen Systems nach seiner Institutionalisierung im Unternehmen. So relevant dieser Aspekt ist, so wenig ist er in Wissenschaft und Praxis bislang behandelt[775] (I.). Dies gilt vor allem für die Methoden der Systemevaluierung (II.).

I. Bedeutung

Die Gesamtevaluierung des neuen Konfliktmanagementsystems bildet die abschließende Phase des Designprozesses. Da die Implementierung eines Konfliktmanagementsystems zu großen Veränderungen im Unternehmen führt und ein Umdenken im Umgang mit Konflikten erfordert, ist es für die fortwährende Unterstützung des Systems durch die Beteiligten innerhalb und außerhalb des Unternehmens essentiell, dass das neue System in quantitativer wie qualitativer Hinsicht messbare Ergebnisse liefert. Es gilt daher herauszufinden, ob das System die in der Analysephase definierten und in der Pilotphase überprüften Ziele erfüllt.[776]

1. Integraler Bestandteil des Designprozesses

Wenngleich die umfassende Auswertung des neuen Systems am Ende eines intensiven und aufwendigen Designprozesses erfolgt, ist ihre Bedeutung für das gesamte

---

[775] *Lipsky/Seeber/Fincher*, S. 264: „Academics are constantly urging organizations to submit themselves to external scrutiny and pleading for more research on conflict management systems. [...] Practitioners have fundamental information questions about the effectiveness and efficiency of conflict management systems, and they are often frustrated at the type of research that has been conducted on these questions."
[776] *Cavenagh*, S. 16; *Lipsky/Seeber/Fincher*, S. 263: „[...] the entire point of evaluation is to measure whether the goals of the program have been met."

integrierte Konfliktmanagementsystem und seine Handhabung in der Zukunft nicht zu unterschätzen. Mit Hilfe einer nach definierten Kriterien durchzuführenden Auswertung lässt sich das Konfliktmanagementsystem jederzeit flexibel anpassen, modifizieren und weiterentwickeln.[777] Weiterhin ermöglicht die kontinuierliche Evaluation, auftretende Probleme während des Designprozesses aufzudecken sowie umgehend und flexibel zu beheben.[778] Evaluierungselemente in den Designprozess zu integrieren, erhöht zudem die Wahrscheinlichkeit, dass der Designprozess zu jeder Zeit darauf ausgerichtet ist, die zu Beginn des Designprozesses definierten Ziele des Konfliktmanagementsystems für das Unternehmen zu erreichen. Die Evaluierung des neuen Systems ist damit keine Einmal-Aktion am Ende des Designprozesses, sondern – ähnlich wie die Schulung und Ausbildung der Beteiligten – ein kontinuierlicher, das Systemdesign von Anfang an begleitender Prozess.[779]

2. Gesamtevaluierung des neuen Konfliktmanagementsystems

Nach der unternehmensweiten Implementierung erfolgt die eigentliche Gesamtevaluierung des neuen Konfliktmanagementsystems.[780] Was den Zeitpunkt der Gesamtevaluierung betrifft, liegt es nahe, sie am Ende des Designprozesses nach der erfolgreichen unternehmensweiten Implementierung des neuen Systems durchzuführen. Erst dann lässt sich ein abschließendes, fundiertes Bild über die Qualität des neuen integrierten Konfliktmanagementsystems im Vergleich zum alten gewinnen. Im Rahmen der Gesamtevaluierung werden die Daten des neuen mit denen des alten Systems und den definierten Zielen verglichen. Dieser Systemvergleich gibt Aufschluss darüber, ob es wie geplant funktioniert und auch die gesteckten Zielvorgaben erfüllt. Daneben bietet die Gesamtevaluierung eine Basis, auf der das neue System in der Zukunft kontinuierlich angepasst, modifiziert und weiterentwickelt wird.

3. Gründe für eine mangelnde Auswertung in der Praxis

Die Mehrzahl der Unternehmen vernachlässigt die vorbeschriebene Auswertung. Obwohl es offenkundig von Nutzen für das Unternehmen ist zu erfahren, ob das System die zu Beginn der Designinitiative prognostizierten Effektivitäts- und Effi-

---

777 *Reilly/MacKenzie*, S. 77.
778 *Costantino/Merchant*, S. 169; anders dagegen die Praxis nach *Lipsky/Seeber/Fincher*, S. 265: „Most often, the question of evaluation has such a low priority that it is not considered until very late in the system design process, perhaps even into implementation."
779 *Costantino/Merchant*, S. 167; *Lipsky/Seeber/Fincher*, S. 266: „It is [...] important for the designers to see evaluation not as a one-time event but rather a standard, routine, and continuous."
780 *Lipsky/Seeber/Fincher*, S. 259 plädieren für eine jährliche Gesamtauswertung des Konfliktmanagementsystems.

zienzziele erreicht hat, evaluieren Unternehmen ihre Konfliktmanagementsysteme nur oberflächlich oder überhaupt nicht.[781]

Neben dem Aufwand und den Kosten, die mit einer Auswertung verbunden sind, sind es auch die mangelnde Zielbestimmung zu Beginn des Designprozesses und die Sorge vor den Ergebnissen der Evaluierung, die Unternehmen davon abhalten, das ursprünglich geplante mit dem tatsächlich umgesetzten System zu vergleichen. Die mangelnde Auswertung des neuen Konfliktmanagementsystems in Unternehmen liegt ferner in methodischen Schwierigkeiten begründet, überhaupt verlässliche Daten miteinander zu vergleichen – sieht man einmal von der Dauer und den Transaktionskosten der Konfliktbearbeitungsverfahren vor und nach der Anwendung des neuen Systems ab. Es fehlen verlässliche Methoden, die einen Vergleich des alten mit dem neuen Konfliktmanagementsystem ermöglichen.[782] Dies ist wenig überraschend: Es ist sehr schwierig, das Verfahren und Resultat eines Konflikts nach dem alten mit dem Verfahren und Resultat eines Konflikts nach dem neuen Konfliktmanagement miteinander zu vergleichen, denn es gibt keine identischen Konflikte, geschweige denn identische Umwelt- und Unternehmensbedingungen, in denen sich ein Konflikt entfaltet.

II. Methoden zur Evaluierung des Systemdesigns

Der Erfolg des neuen integrierten Konfliktmanagementsystems bemisst sich danach, inwieweit die im Hinblick auf den Umgang mit Konflikten zu Beginn des Systemdesignprojekts definierten Ziele des Unternehmens realisiert werden. Ob und in welchem Umfang dies der Fall ist, lässt sich anhand von unterschiedlichen Beurteilungskriterien evaluieren. So unterschiedlich die Unternehmensziele sind, so unterschiedlich sind auch die Auswertungskriterien und -methoden, die bereits während der Planungsphase festzulegen sind. Die Evaluierungskriterien müssen die Unternehmensziele des Konfliktmanagements widerspiegeln.[783] Nur so lässt sich bestimmen, nach welchen Methoden das Erreichen der Konfliktmanagementziele des Unternehmens bemessen wird. Jedem Unternehmensziel sind zunächst Kriterien zur Evaluierung zuzuordnen. In einem nächsten Schritt müssen Maßnahmen zur Messung der einzelnen Auswertungskriterien bestimmt werden.[784] Je detaillierter die Kriterien zur Messung der angestrebten Ziele sind, umso differenzierter lässt sich das neue Konfliktmanagementsystem auswerten. Im Hinblick auf die Auswertungs-

---

781 *Lipsky/Seeber/Fincher*, S. 265: „ [...] evaluation is an afterthought that does not receive the attention it deserves. [...] many organizations choose not to evaluate their own systems or stop at a very rudimentary level of analysis."
782 *Lipsky/Seeber/Fincher*, S. 268: „No agreement has yet emerged on the best way to measure and evaluate conflict management systems. There is no consensus, for example, on the critical dependent variables to be measured [...]. In the end, the few evaluation studies that exist are mostly comparing apples to oranges."
783 *Costantino/Merchant*, S. 170.
784 Vgl. Übersichten bei *Costantino/Merchant*, S. 171 und 175.

methodik[785] ist zwischen der Evaluierung der praktischen Anwendung der Konfliktmanagementordnung einerseits sowie seiner Administration und Handhabung durch die Konfliktmanagementabteilung andererseits zu unterscheiden.

Die Ergebnisse der Auswertung des neuen Konfliktmanagementsystems sind allein nur bedingt aussagekräftig. Um verlässliche Daten über den Erfolg oder Misserfolg des neuen Systems zu erhalten, müssen sie mit denen des alten Systems verglichen werden. Dies setzt voraus, dass das Unternehmen überhaupt auswertbare Daten über das alte System besitzt. In den seltensten Fällen ist dies der Fall. Nur die allerwenigsten Rechtsabteilungen und externen Anwälte praktizieren ein Fall-Management, in dem Verfahrensdaten wie etwa Kosten, Dauer, investierte Arbeitszeit der verfahrensbetreuenden Mitarbeiter sowie andere finanzielle und personelle Ressourcen dokumentiert und mit anderen Verfahren verglichen werden. Informationen und Daten über das alte Konfliktmanagementsystem müssen zu Beginn und während des Designprozesses gesammelt und ausgewertet werden. Das Ziel ist, umfassende, detaillierte und damit aussagekräftige Daten zu gewinnen. Partizipatorische Methoden wie persönliche Interviews und Gespräche mit den unternehmensinternen und -externen[786] Anwendern des neuen Konfliktmanagementsystems eignen sich ebenso wie Fragebögen.

---

785 Vgl. *Cavenagh*, S. 16.
786 Demgegenüber sind nach *Schoen*, S. 293 nur die unternehmensinternen Anwender des Systems, die Mitarbeiter des Unternehmens, bei der Evaluierung zu beteiligen.

Kapitel 5
Die Module und Komponenten eines integrierten Konfliktmanagemensystems

Während das Systemdesign bislang abstrakt als Prozess der Konzeption und Implementierung eines integrierten Konfliktmanagementsystems beschrieben wurde, soll im Folgenden veranschaulicht werden, wie ein System in der Praxis ausgestaltet, aus welchen konkreten Modulen und Komponenten es zusammengefügt ist. Das hier dargestellte Modell eines integrierten Konfliktmanagementsystems dient als Orientierung, nicht als Schablone für das Systemdesign, weil die Module und Komponenten des Systems immer nur unternehmensspezifisch auf die Ziele, Ressourcen und Kultur des betreffenden Unternehmens zu konfigurieren sind.[787]

Die analysierten Daten und Informationen über das bestehende System des Konfliktmanagements, seine Verfahren und Instrumente, die Entscheidungsfindungs- und Problemlösungskompetenz sowie die Konfliktmanagementziele des Unternehmens bilden die Grundlage für das Design des neuen integrierten Konfliktmanagementsystems. Regelmäßig muss das bestehende System nicht gänzlich neugestaltet werden. Zu Beginn reicht es aus, diejenigen Elemente der Verfahren und Instrumente zu modifizieren, die sich aufgrund der durchgeführten Analyse als besonders dysfunktional und ineffizient erweisen. Sukzessive werden dann neue Module hinzugefügt, insbesondere präventive und konsensuale Verfahren und streitpräventive Instrumente. Der Vorteil einer solchen modularen Struktur liegt in ihrer Flexibilität und Variabilität, schrittweise und unternehmensspezifisch das bestehende Konfliktmanagementsystem neu zu konfigurieren.[788] Auf diese Weise evoluiert das alte zum neuen Konfliktmanagementsystem.

Die Module und Komponenten eines integrierten Konfliktmanagementsystems lassen sich von der Grundidee des Systemdesigns ableiten, im Unternehmen Verfahren, Instrumente, Regeln Kompetenzen und Strukturen zu installieren, die das Unternehmen und seine Konfliktgegenparteien darin unterstützen, autonom und konsensual auftretende Konflikte frühestmöglich beizulegen, anstatt sie durch passives Ausweichen und den vorschnellen Einsatz gerichtlicher Verfahren zu Rechtsstreitigkeiten eskalieren zu lassen.[789]

Die zu designenden Komponenten eines Konfliktmanagementsystems erschöpfen sich folgerichtig nicht in einer mehrstufigen Verfahrensordnung, in der gerichtliche und alternative Konfliktbearbeitungsverfahren integriert sind. Die komplementären Verfahren werden vielmehr mit Instrumenten der Streitprävention und Konfliktde-

---

787 Vgl. dazu *Costantino/Merchant*, S. 297; *Lipsky/Seeber/Fincher*, S. 197.
788 *Schoen*, S. 217 f. begründet einen schrittweisen Aufbau damit, dass Unternehmen nur selten bereit sein dürften, „ihr gesamtes Konfliktmanagement umzustellen."
789 *Slaikeu/Hasson*, S. xii.

eskalation kombiniert und bilden zusammen eine unternehmensspezifische Konfliktmanagementordnung (A.). Als Bindeglied zwischen den unternehmensinternen und -externen Konfliktparteien und der Konfliktmanagementordnung fungiert eine Konfliktmanagementabteilung im Unternehmen, die für das Fallmanagement und die Administration der Konfliktmanagementordnung sowie die Beratung der Konfliktparteien verantwortlich ist. Als unternehmensinterner Dienstleister unterstützt sie das Unternehmen und seine Konfliktgegenparteien bei der Konfliktanalyse, der Verfahrensauswahl und der individuellen Ausgestaltung der Verfahren (B.). Die Verankerung des Systems im Unternehmen gewährleisten systemunterstützende Strukturen und Mechanismen in der Unternehmensorganisation, ohne die eine erfolgreiche Anwendung des neuen Systems in der Unternehmenspraxis unmöglich ist (C.).

A. Unternehmensspezifische Konfliktmanagementordnung

Das Herzstück eines integrierten Konfliktmanagementsystems ist die nachfolgend als Konfliktmanagementordnung bezeichnete unternehmensspezifische, mehrstufige Verfahrensordnung (I.). Je nachdem, wie detailliert und differenziert die Konfliktmanagementordnung ausgestaltet ist, enthält sie einzelne oder mehrere Verfahren und Instrumente, die nach bestimmten Kriterien in einer bestimmten Abfolge – Ordnung – aufeinander abgestimmt sind (II.). Für die praktische Anwendung dieser unternehmensspezifischen Konfliktmanagementordnung ist aus Sicht der Konfliktparteien ein weiter Anwendungsbereich (III.) ebenso entscheidend, wie die Einhaltung elementarer Verfahrensgrundsätze (IV.).

I. Funktion

In der Konfliktmanagementordnung sind interessen- und rechtsbasierte Verfahren der Konfliktbearbeitung sowie streitpräventive und -deeskalierende Instrumente enthalten, aufeinander abgestimmt und ihrem Ablauf und ihrer Ausgestaltung nach auf das Unternehmen maßgeschneidert.[790] Damit stellt sich die Konfliktmanagementordnung als eine unternehmensspezifische, mehrstufige Verfahrensordnung dar.[791] Vergleichbar mit nationalen Zivilprozessordnungen sowie institutionellen Mediations- und Schiedsverfahrensordnungen beinhaltet sie Regelungen über den Ablauf und die Verknüpfungen der im System integrierten Verfahren und Instrumente des Konfliktmanagements.[792] Ferner enthält die Konfliktmanagementordnung ein Rege-

---

790 *Goldberg/Sander/Rogers/Cole*, S. 7.
791 Siehe zu vergleichbaren Eskalationsklauseln in Verträgen *Berger*, in: Bachmann /Breidenbach /Coester-Waltjen /Heß /Nelle /Wolf (Hrsg.), S. 19 ff.
792 *Birner*, S. 248 spricht von einer „Symbiose zwischen gerichtlichen und außergerichtlichen Verfahren" in der gerichtlichen Institution des Multi-Door-Courthouses.

lungsgefüge, das auf den Umgang mit Konflikten Anwendung findet.[793] Die Regeln unterstützen die potentiellen Parteien darin, aktuelle und zukünftige Kon-flikte zu identifizieren, zu analysieren und sie systematisch einem geeigneten Verfahren der Konfliktbeilegung zuzuführen.[794] Sie regeln die Anwendung der Verfahren und Instrumente des Konfliktmanagements, ihren Ablauf und ihre Ausgestaltung. Die Regelungen betreffen unter anderem die Statthaftigkeit der Verfahren, ihre allgemeinen und besonderen Verfahrensvoraussetzungen, den Verfahrensort, die Auswahl und Funktionen des Dritten und der Verfahrensbevollmächtigten, Fristen und Beweismittel sowie sonstige Aspekte über ihren Ablauf und ihre Ausgestaltung. Die Regelungen institutioneller Mediations-, Adjudication- und Schiedsordnungen dienen dabei als Orientierung und Arbeitsgrundlage[795], weil sie sich praktisch und rechtlich bewährt haben.[796] Das Unternehmen muss für seine Konfliktmanagementordnung also „nicht das Rad neu erfinden", sondern vielmehr die richtigen „Räder" entwickeln, auswählen und aus den etablierten privaten Verfahrensordnungen eine unternehmensspezifische Ordnung konzipieren.[797]

Zwei Aufgaben sind in dieser Konzeptionsphase, dem Systemdesign im eigentlichen Sinne, gedanklich voneinander zu trennen: zum einen sind Verfahren und Instrumente des Konfliktmanagements auszuwählen und in einem System anzuordnen; zum anderen ist ihr jeweiliger Verfahrensablauf auf die unternehmerischen Konflikte und Rahmenbedingungen sowie die konfliktmanagementspezifischen Unternehmensziele Maß zu schneidern.[798] In der Konzeptionsphase verschmelzen somit Systemdesign und Verfahrensdesign.

II. Ordnung der Instrumente und Verfahren des Konfliktmanagements

Wenn je nach Eskalationsgrad eines Konflikts verschiedene Verfahren der Konfliktbearbeitung sowie Instrumente der (Rechts-)Streitprävention zur Verfügung stehen, nach welchen Prinzipien und Ansätzen lassen sie sich ordnen und in einem System der Konfliktbehandlung integrieren?

---

793 *Duve/Eidenmüller/Hacke*, S. 309 f.
794 Vgl. *Duve/Eidenmüller/Hacke*, S. 310; *Costantino/Merchant*, S. 24 ff, 31.
795 *Rau/Sherman/Peppet*, S. 943: „These various mediation and arbitration rules can either be adopted intact or modified to meet spezial needs of the parties."
796 Vgl. zu den institutionellen Schiedsverfahrensordnungen *Redfern/Hunter et al.*, 1-100: „Rules laid down by establishes arbitral institutions (and most notably those of the ICC, ICSID or the LCIA) will generally have proved to work well in practice; and they will have undergone periodic revision in consultation with experienced practitioners to take account of new developments in the law [...]."
797 *Redfern/Hunter et al.*, 1-98 sprechen von „tailor-made rules of procedure".
798 *Lipsky/Seeber/Fincher*, S. 244: „The proposed system [...] must be aligned with the organization's culture, mission and values." Voraussetzung ist, dass das Unternehmen seine allgemeinen Werte und Ziele – seine Unternehmenskultur – überhaupt definiert und mit der praktizierten Unternehmenskultur in Einklang gebracht hat.

Die vielfältigen Optionen an Verfahren und Instrumenten des Konfliktmanagements machen es für das Unternehmen und die anderen Konfliktparteien erforderlich, Kriterien für die Auswahl der für die unternehmerische Konfliktmanagementordnung geeigneten Optionen und ihr Zusammenspiel zu entwickeln.[799] Die Kunst des Systemdesigns liegt vor diesem Hintergrund darin, eine Abfolge von streitpräventiven Instrumenten sowie gerichtlichen und alternativen Konfliktbearbeitungsverfahren zu entwickeln[800], in der die einzelnen Methoden Stufen einer „Konfliktmanagement-Treppe"[801] bilden, die nicht erst nach der Entfaltung eines konkreten Konflikts konstruiert wird, sondern fest im Unternehmen installiert ist, bevor klärungsbedürftige Konflikte die „Treppenstufen hinaufsteigen". Das Ziel des nun folgenden Abschnitts ist es, eine (An-)Ordnung der Instrumente und Verfahren herzuleiten.

1. Konflikttatbestände statt individueller Konflikte

Selbst wenn ein individueller Konflikt optimal gemanagt wurde, sind vergleichbare Konflikte in der Zukunft sehr wahrscheinlich, wenn nicht gar unausweichlich.[802] Analysiert man Konflikte aus der Vergangenheit, so zeigt sich, dass bestimmte Konflikte, denen ein vergleichbarer Lebenssachverhalt zu Grunde liegt, zwar wiederholt auftreten, aber einen unterschiedlichen Verlauf nehmen je nach dem, wie ihr Entwicklungsprozess gestaltet wird.[803]

Will man dem Anspruch des Konfliktmanagements, den Entwicklungsprozess eines individuellen Konflikts optimal zu gestalten, gerecht werden, bedürfte es eines konfliktindividuellen Designs eines Verfahrenssystems. Je nach Eskalationsgrad des Konflikts und seinem zu Grunde liegenden Lebenssachverhalt müsste ex post ein konfliktspezifisches Verfahrenssystem entwickelt und sodann das konfliktadäquateste Eingangsverfahren des Systems ermittelt werden. Der damit verbundene Aufwand wäre offenkundig immens. Die Frage ist daher, ob es nicht eine alternative Methode gibt, nach der einerseits den Spezifika eines individuellen Konflikts Rechnung getragen werden kann, das Verfahrenssystem andererseits aber auch vor Auftreten eines Konflikts zur Verfügung steht, damit ihm auftretende Konflikte unver-

---

799 *Sander*, 70 F.R.D. 79, 111, 118; *Sander/Goldberg*, 10 Neg. J. 49, 51 ff.; *Goldberg /Sanders / Rogers /Cole*, S. 439 f.
800 *Costantino/Merchant*, S. 159.
801 Vgl. in diesem Zusammenhang auch *Berger*, RIW 2000, 1, 12; Risse, § 3 Rdnr. 49 zum Einsatz von mehrstufigen Streitbeilegungsklauseln. In den USA werden sog. NEMA-Klauseln eingesetzt: NEMA steht für *NEgotiation, Mediation and Arbitration*; siehe dazu *Costello*, S. 186.
802 *Goldberg/Brett/Ury,* in: Wilkinson (Ed.), S. 38 ff.: „It is not enough to settle one of those disputes [...] because more are likely to come."
803 Ähnlich *Glasl*, S. 49 mit „der Beobachtung, dass sich Konflikte auf sehr verschiedene Arten entwickeln können, auch wenn ihnen ein und dieselbe Ursache bzw. dieselbe Veranlassung und ein identischer Konfliktgegenstand zugrunde liegen."; vgl. auch Schoen, S. 29.

züglich zugeführt werden können. Ideal wäre es für das Unternehmen, wenn es seine unternehmensinternen und -externen Konflikte derart typisieren könnte, dass sich davon praktische Schlüsse für die Anordnung und Konfiguration der Instrumente und Verfahren in der Konfliktmanagementordnung und ihre praktische Durchführung ableiten ließen.[804]

Die Innovation eines systemischen Ansatzes des Konfliktmanagements liegt darin, dass sich das Design eines integrierten Konfliktmanagementsystems nicht an den individuellen Konflikten des Unternehmens ausrichtet, sondern an aus vergleichbaren, individuellen Konflikten abgeleiteten Konflikttatbeständen[805], unter die sich eine Vielzahl von konkret-individuellen Konflikten subsumieren lassen.[806]

a) Unternehmen als Repeat Player in Konflikten

Ein Unternehmen ist wiederholt als Partei in Konflikte involviert. Es ist ein *Repeat Player* in Konfliktbeilegungsverfahren.[807] Indem das Unternehmen sein Konfliktmanagementsystem nicht für individuelle Konflikte, sondern für Konflikttatbestände konzipiert, kann es seine Vorteile als *Repeat Player* in der Konfliktbearbeitung operationalisieren.[808]

Aufgrund der Analyse und Evaluierung seiner Konfliktbeilegungsverfahren ist ein Unternehmen in der Lage, aus vergangenen Konflikten und ihren Beilegungsverfahren zu lernen und dieses Wissen für vergleichbare Konflikte und ihre Beilegungsprozesse in der Zukunft nutzbar zu machen.[809] Auf diese Weise vermag das Unternehmen sämtliche Aspekte der wiederkehrenden Konflikte und Konfliktgattungen bereits im Vorfeld zu erfassen, Antworten auf typische Konflikt- und Verfahrensfragen zu entwickeln und infolgedessen die mit dem Konfliktmanagement verbundenen Kosten zu reduzieren.[810]

Die Ausrichtung des Systemdesigns auf Konflikttatbestände und die *Repeat-Player*-Eigenschaft eines Unternehmens wirken sich zudem positiv auf die Bedeutung der Resultate am Ende der Konfliktbeilegungsverfahren aus. Akteure, die nur unregelmäßig Partei eines einzelnen Konfliktbehandlungsverfahrens sind (so ge-

---

804 *Glasl*, S. 54 ff. spricht vom „Handlungsorientierten Blickwinkel" der Typologie von Konflikten.
805 *Ury/Brett/Goldberg*, 5 Neg. J. 357.
806 *Ury/Brett/Goldberg*, S. xvii; *Costantino/Merchant*, S. 24.
807 *Galanter*, 9 Law & Soc'y Rev. 95, 98.
808 Ausführlich zu den Vorteilen der Repeat Players in Streitbeilegungsverfahren *Galanter*, 9 Law & Soc'y Rev. 95, 98 ff.
809 Ähnlich *Schoen*, ZKM 2004, 19, 19.
810 *Galanter*, 9 Law & Soc'y Rev. 95, 98: „They [repeat players] enjoy economies of scale and have low start-up costs for any case."

nannte *one shooters* im Gegensatz zu *repeat players*[811]), sind am unmittelbaren Ergebnis des jeweiligen Verfahrens interessiert. Demgegenüber können Unternehmen aufgrund ihrer Stellung als *Repeat Player* die Resultate aktueller und zukünftiger Verfahren in Beziehung zueinander setzen und miteinander „verrechnen": Nicht das erzielte Ergebnis in einem einzelnen Verfahren ist relevant, sondern die Summe der Ergebnisse in Verfahren, die denselben Konflikttatbestand betreffen.[812] Das Unternehmen kann mithin prognostizieren, wie ein mögliches Ergebnis in einem aktuellen Konflikt(-tatbestand) zukünftige Verfahrensresultate beeinflussen wird. Jedes einzelne Verfahrensergebnis, das die Ergebnisse zukünftiger Verfahren zum Vorteil des Unternehmens beeinflusst, ist somit ein positives – die übergeordneten Unternehmensziele förderndes – Ergebnis.[813]

Die Bildung von Konflikttatbeständen birgt allerdings auch Probleme in sich.[814] Denn die damit verbundene Standardisierung der unternehmerischen Konflikte vermag nicht die Vielschichtigkeit eines individuellen Konflikts zu erfassen, weil es seine Komplexität reduziert. Ein konflikttatbestandliches System tritt damit auf den ersten Blick in Widerspruch zu einer konfliktindividuellen Konfliktbehandlung. Auf den zweiten Blick löst sich dieser Widerspruch indes auf. Die Komplexität eines Konflikts wird zwar auf seine Grundstruktur – Tatbestandsmerkmale – reduziert. Der Standardisierungsgrad des Systems reicht aber nicht so weit, dass eine konfliktspezifische und parteiindividuelle Gestaltung der Konfliktmanagementordnung und der in ihr integrierten Verfahrensabfolge unmöglich wird. Die Typisierung der Konflikte erfolgt nämlich allein zum Zwecke der Anordnung der gerichtlichen und alternativen Konfliktbearbeitungsverfahren. Die Konfliktmanagementordnung spiegelt nur den aus Unternehmenssicht ideal-typischen Weg eines Konflikts über die „Verfahrenstreppe" wider und fungiert somit als prozessualer Rahmen, innerhalb dessen die Parteien flexibel und individuell ihren Konflikt beilegen können. Die Ordnung der Verfahren ist also kein starres System, sondern bildet eine flexible Grundstruktur, an der sich die Parteien für ihre selbstbestimmte Verfahrensauswahl im Konflikt orientieren können und die eine konfliktspezifische Ausgestaltung und Durchführung der Verfahren gewährleistet. Die Parteien können im konkreten Konflikt von der Abfolge der Verfahrensordnung abweichen, zwischen den verschiedenen Verfahren im System hin- und herzuwechseln sowie die Ausgestaltung der einzelnen Verfahren konfliktindividuell modifizieren.

---

811 *Galanter*, 9 Law & Soc'y Rev. 95, 97 unterscheidet zwei Partei-Typen: „ [...] those claimants who have only occasional recourse to the courts (one-shooters or OS) and repeat players (RP) who are engaged in many similar litigations over time."
812 *AAA (Ed.)*, S. 3 bezeichnet dies als „portfolio approach".
813 *Galanter*, 9 Law & Soc'y Rev. 95, 100: „[...] anything that will favorably influence the outcomes of future cases is a worthwhile result."
814 Zu dem vergleichbaren Problem im Rahmen des Multi-Door-Courthouses siehe *Birner*, S. 138 ff., 173 und 248.

b) Merkmale der unternehmensinternen und -externen Konflikttatbestände

Das Systemdesign beinhaltet danach methodisch zunächst die Bildung von unternehmerischen Konflikttatbeständen, indem die vielfältigen Konflikte des Unternehmens im Hinblick auf die Vergleichbarkeit ihrer kennzeichnenden Faktoren typisiert werden.[815]

aa) Differenzierung nach sozialen und justiziablen Konfliktbehandlungsgegenständen

Wie die Ausführungen über das Konfliktspektrum in Unternehmen veranschaulicht haben, entfalten sich in den unternehmensinternen und -externen Beziehungen des Unternehmens nicht nur solche Konflikte, deren Lebenssachverhalte sich rechtlich erfassen lassen und damit justiziabel sind, sondern auch soziale Konflikte.[816] Dies gilt insbesondere für zahlreiche unternehmensinterne Konflikte am Arbeitsplatz, „für die das Recht gerade keine Lösung bereit hält"[817], während unternehmensexterne Konflikte regelmäßig aus vertraglichen und damit über das Recht beurteilbaren Austauschbeziehungen resultieren. In der Konfliktmanagementordnung ist demnach aus folgenden Gründen zwischen sozialen und justiziablen Konflikttatbeständen zu differenzieren.[818]

Zum einen ist die jeweilige Zielrichtung des Konfliktmanagements unterschiedlich. Während Verfahren und Instrumente der Bearbeitung von sozialen Konflikten darauf abzielen, ein Verrechtlichen[819] des Konfliktgegenstandes zu vermeiden, zielen die Maßnahmen zur Beilegung von justiziablen Konflikten darauf ab, eine Fokussierung allein auf die rechtlichen Aspekte des Konflikts zu vermeiden. Es geht folglich darum, den jeweiligen Kernaspekt des Konflikts zu behandeln.

Zum anderen hat die Unterscheidung grundlegende Implikationen für das konfliktadäquate Konfliktbearbeitungsverfahren. Ist der Konflikt seinem Gegenstand nach im Kern ein sozialer Konflikt, kann er allein in interessenbasierten Verfahren adäquat bearbeitet werden, weil sich ein sozialer Konfliktgegenstand in einem rechtsbasierten Verfahren zu einem justiziablen Streitgegenstand verlagern, mutie-

---

815 Die Typisierung der unternehmerischen Konflikte erfolgt zunächst nach den Tatbestandsmerkmalen der unternehmerischen Konflikte und nicht individuell nach ihren spezifischen Charakteristika; siehe zu diesen beiden Formen der Konflikttypisierung *Lubet,* 4 J. Disp. Res. 235, 238 ff.
816 Die Bedeutung der Definition eines Konflikts verdeutlicht *Breidenbach,* S. 48.
817 *Breidenbach,* S. 49.
818 In der anglo-amerikanischen Literatur wird terminologisch ein *conflict* von einem *dispute* unterschieden. *Breidenbach,* S. 52 - mit Verweis auf *Blankenburg,* in: Blankenburg/Kaupen, S. 231, 245 - unterscheidet das Rechtsproblem vom Sozialproblem.
819 Verrechtlichen bedeutet in sozialen Konflikten, den - soweit vorhandenen - justiziablen Aspekt des Konflikt zu betonen bzw. - wenn nicht vorhanden - künstlich zu erschaffen; siehe dazu *Breidenbach,* S. 50 f. und 52.

ren würde. Im rechtsbasierten Verfahren wäre also ein anderer als der ursprüngliche soziale Konflikt Verfahrensgegenstand. Ist der Konflikt hingegen justiziabel, gilt es die Parteien darin zu unterstützen, den Konfliktgegenstand in seiner Bandbreite zu erfassen und nicht nur die rechtlichen Aspekte wahrzunehmen, damit die Konfliktbehandlung eine Bearbeitung des Konflikts durch die Parteien selbst beinhaltet und nicht auf eine Entscheidung seiner rechtlich fassbaren Gegenstände durch einen (gerichtlichen) Dritten reduziert wird.

bb) Differenzierung nach den Eskalationsstufen Konflikt und Rechtsstreit

Eine weitere Differenzierung nach den Eskalationsgraden der unternehmerischen Konflikte erlaubt es, die jeweils konfliktadäquaten Verfahren und Instrumente aus der Konfliktmanagementordnung des Unternehmens näher einzugrenzen. Solange ein sozialer oder justiziabler Konflikt noch nicht den Eskalationsgrad eines Rechtsstreits erreicht hat, sollten alle in der Konfliktmanagementordnung integrierten interessenbasierten Konfliktbearbeitungsverfahren ausgeschöpft werden, anstatt den Konflikt durch die Auswahl und Initiierung eines rechtsbasierten Konfliktentscheidungsverfahrens künstlich zu einem Rechtsstreit eskalieren zu lassen.[820] Hat ein Konflikt indes bereits das Stadium eines Rechtsstreits erlangt, sollten ebenfalls zunächst interessenbasierte Verfahren durchgeführt werden, die es ermöglichen, den Konfliktkern zu entrechtlichen, so dass die Konfliktbearbeitung auch diejenigen Aspekte erfassen kann, die über die justiziablen hinausgehen[821]. Nur diejenigen Aspekte des Konflikts, die nicht interessenorientiert bearbeitet werden können oder sollen, sind als ultima ratio der rechtsbasierten (schieds-)gerichtlichen Entscheidung zuzuführen.

Das Ziel des unternehmerischen Konfliktmanagements ist es danach, längstmöglich eine Konfliktbearbeitung über Interessen zu ermöglichen, so dass die Parteien nicht auf eine Konfliktentscheidung über Recht ausweichen müssen. Gleichzeitig haben die Parteien jederzeit die Kontrolle darüber, die interessen- mit der rechtsba-

---

[820] Ähnlich *Breidenbach*, S. 48: „Sie [die Definition des Konflikts] beeinflusst die Wahl einer ihr entsprechenden fachlichen Beratung – soziale Beratungsstelle oder Rechtsberatung. Diese wiederum wird tendenziell die Aspekte betonen, die in ihrem fachlichen Kompetenzbereich liegen. Ist schließlich das Gericht eingeschaltet, konzentriert sich die Behandlung des Konflikts noch mehr auf den [...] zivilprozessualen Streitgegenstand."
[821] *Breidenbach*, S. 55 spricht nicht von Konfliktgegenstand, sondern unterscheidet begrifflich zwischen dem Streitbehandlungsgegenstand und dem traditionellen Streit(entscheidungs)gegenstand: „Der weitere Streitbehandlungsgegenstand, der zunächst der Konfliktbehandlung zugrunde zu legen ist, hält den Konflikt für über das Recht hinaus gehende Aspekte, insbesondere eine Interessenlösung offen, während der Streitgegenstand auf die Thematisierung von Recht begrenzt ist."

sierten Konfliktbehandlung zu kombinieren oder aber von der einen zur anderen zu wechseln.[822]

2. Fokus auf konfliktdeeskalierende und streitpräventive Instrumente

Ausgehend vom verfahrensrechtlichen Risikomanagement bildet die Prävention von Rechtsstreitigkeiten die Grundausrichtung eines Konfliktmanagementsystems.[823] Entscheidend ist nicht, Konflikte als solche zu vermeiden, sondern eine Verrechtlichung des Konflikts wider die Interessen der Parteien zu vermeiden. Es geht also darum, die Dynamik der Konfliktentwicklung in einer Weise zu gestalten, dass die Eskalationsstufe des Rechtsstreits ausschließlich in Fällen erreicht wird, in denen dies den prozessualen und materiellen Interessen der Parteien entspricht.[824]

Die Streitprävention zielt demnach darauf ab, die Konfliktentwicklung zu deeskalieren, bevor eine der Parteien einzig und allein die Option der Konfliktbearbeitung über das Recht als interessensfördernd bewertet. Aus diesem Grunde stellt das Konfliktmanagementsystem stellt den Parteien multiple streitpräventive Instrumente des Konfliktmanagements zur Verfügung, die – ausgerichtet an den Interessen und Zielen der Parteien im Konflikt – ein Ausweichen auf rechtsbasierte Verfahren entbehrlich machen.

3. Betonung informeller Verfahren ohne Drittbeteiligung

Das Systemdesign orchestriert daneben die formellen Konfliktbeilegungsverfahren mit Drittbeteiligung (Mediation, Adjudication, Schieds- und Gerichtsverfahren). Oftmals praktizieren die Akteure allerdings informelle Verfahren, um ihre bestehenden Konflikte selbst beizulegen.[825] Diese substituieren nicht die Konfliktbeilegungsverfahren mit Drittbeteiligung, sondern sind ihnen vorgeschaltet und ergänzen sie.[826] Analysiert man das Konfliktmanagement in einem Unternehmen, sind es gerade die informellen Verfahren, die funktionieren. Vor diesem Hintergrund ist es Aufgabe des Systemdesigns, die etablierten und funktionierenden informellen Verfahren und Instrumente des Konfliktmanagements im Unternehmen mit den formellen zu ver-

---

822 *Breidenbach*, S. 53: „Es kann also nicht darum gehen, Verrechtlichung oder Entrechtlichung als solche abzulehnen, sondern es ist eine dem jeweiligen Konflikt entsprechende Wahl des Weges zu treffen." Ferner *Breidenbach*, S. 54: „[...] eine Tendenz – Verrechtlichung oder Entrechtlichung – sollte während der Konfliktbehandlung umkehrbar sein."
823 *Costantino/Merchant*, S. 125; *Sands*, 10 St. John's J. Leg. Comment. 603, 604 f.
824 *Schoen*, S. 166 spricht von adäquatem Konfliktmanagement.
825 *Slaikeu/Hasson*, S. 62 sprechen von „self-help".
826 Ähnlich *Costello*, S. 191: „The program must supplement (not replace) normal communication as a method of settling workplace difficulties."

knüpfen und aufeinander abzustimmen.[827] Im Rahmen des Systemdesigns gilt es, den informellen Verfahren Raum zu geben und die Parteien darin zu unterstützen, auch weiterhin Konflikte eigenständig und ohne die Beteiligung Dritter beizulegen[828] und auf diese Weise einer weiteren Eskalation ihrer Konflikte entgegenzuwirken.[829]

4. Vorrang von interessen- gegenüber rechtsbasierten Konfliktbearbeitungsverfahren mit Drittbeteiligung

In einem weiteren Schritt sind die gerichtlichen und außergerichtlichen Verfahren mit Drittbeteiligung auszuwählen[830] und ihr Zusammenspiel in einer unternehmensspezifischen Konfliktmanagementordnung zu konfigurieren. Die Frage ist, nach welchen Kriterien sich eine Ordnung der komplementären Konflikt- und Streitbeilegungsverfahren designen lässt. In der Wissenschaft und Praxis sind unterschiedliche Ansätze der Systembildung gebräuchlich, die jeweils aus einem bestimmten Beurteilungsmaßstab heraus die Verfahren in einer bestimmten Abfolge anordnen.[831] Die nun folgende Analyse der unterschiedlichen Systembildungsansätze orientiert sich zunächst an wirtschaftlichen Erwägungen und anschließend am interessenorientierten Gestaltungsspielraum der Parteien in den gerichtlichen und alternativen Konfliktbearbeitungsverfahren.

a) Ökonomische Verfahrensanalyse

Für die Entscheidung, welches Konfliktbeilegungsverfahren durchzuführen ist, spielen die mit seiner Durchführung verbundenen direkten und indirekten Kosten eine gewichtige Rolle. Idealerweise werden die gerichtlichen und alternativen Verfahren nach ihren jeweiligen Kosten vom kostengünstigsten zum kostenintensivsten angeordnet. Für diese Ordnung sprechen auf den ersten Blick zwei Gründe: Zum einen reduziert die Durchführung kostengünstiger Konfliktbearbeitungsverfahren die Ausgaben des Unternehmens für sein Konfliktmanagement. Zum anderen schaffen niedrige Verfahrenskosten für die Konfliktparteien einen finanziellen Anreiz, primär die

---

827 Auf dieses Schnittstellenproblem weist auch *Murray*, 5 Neg. J. 365, 371 hin: „A theory of dispute systems design should stress linkage of new procedures to existing ones."
828 *Bedmann*, 6 ADR Currents 20, 22.
829 *Slaikeu/Hasson*, S. 54 nennen dies *site-based resolution*.
830 Die Auswahl der außergerichtlichen Verfahren für die Konfliktmanagementordnung des Unternehmens sollte dabei folgende Faktoren berücksichtigen: ihre Etablierung in der Konfliktbearbeitungspraxis, die Verfügbarkeit von Verfahrensspezialisten und das Vorhandensein einer Verfahrensinfrastruktur.
831 Grundlegend *Ury/Brett/Goldberg*, S. 32; *Breidenbach*, in: Gottwald (Hrsg.), S. 117, 125 ff.

kosteneffizienten Verfahren durchzuführen. Denn je niedriger die Kosten für die Parteien sind, um so leichter ist der Zugang zum Konfliktbearbeitungsverfahren.[832]

aa) Vergleichende Modellberechnungen der Kosten gerichtlicher und alternativer Konfliktbearbeitungsverfahren

Das Ziel von Unternehmen, im Wege des Systemdesigns möglichst viele Konflikte und Rechtsstreitigkeiten in ADR-Verfahren beizulegen und damit die Anzahl der Zivilprozesse vor staatlichen Gerichten zu reduzieren hat einen wirtschaftlichen Hintergrund: Alternative Konfliktbearbeitungsverfahren gelten gemeinhin als kostengünstiger als (schieds-)gerichtliche Verfahren.[833] Diese Pauschalisierung wird durch vergleichende Modellberechnungen der Kosten rechts- und interessenbasierter Verfahren unterstrichen. Danach gilt der Zivilprozess ab einem bestimmten Streitwert gegenüber dem privaten Schiedsgerichtsverfahren und der Mediation als das mit Abstand ressourcenintensivste Konfliktbehandlungsverfahren und das ADR-Verfahren der Mediation als vergleichsweise ressourceneffizientestes Verfahren.[834] Modellhafte Kostenvergleiche, wie die vorstehenden, sind allerdings mit Zurückhaltung zu bewerten, weil diverse Faktoren für die Höhe der Kosten ausschlaggebend sind, die in den Berechnungen nicht berücksichtigt werden können.

bb) Eingeschränkte Bedeutung der Modellberechnungen für die Praxis

Die Modellberechnungen vergleichen regelmäßig nicht die gesamten Kosten des jeweiligen Konfliktbehandlungsverfahrens, sondern allein die Gerichtskosten mit den Verfahrenskosten eines Schiedsgerichts- und Mediationsverfahrens. Im Zivilprozess etwa ist neben der Anzahl der Instanzen relevant, ob die Kosten der eigenen Anwälte über den erstattungsfähigen Gebühren und Auslagen liegen[835], ob die Parteien rechtsschutzversichert sind, oder ob sie die außergerichtlichen Verhandlungen, das Schieds- oder Gerichtsverfahren durch eine Prozessfinanzierungsgesellschaft fremd-

---

832 Vgl. *Dimde*, S. 38 ff. zum Einfluss der Kosten eines Rechtsstreits auf den Rechtsschutzzugang.
833 Vgl. nur *Lipsky/Seeber/Fincher*, S. 185 – allerdings ohne Nachweis: „A major advantage of mediation [...] is cost (primarily in attorney fees and court costs), because mediation cases [...] are settled within a day. [...] The mediation sessions can typically be arranged within sixty days of the request."
834 Vgl. den Kostenvergleich bei *Eidenmüller*, S. 67 f. Siehe auch *Gräfin von Hardenberg*, IDR 2004, 25, 26: „Der Kostenaufwand für ein Mediationsverfahren liegt bei ca. 50 % bis 70 % der Kosten eines Schiedsverfahrens und in der Regel bei ca. 15 % bis 50 % der Kosten eines Gerichtsverfahrens."
835 Gemäß § 4 RVG sind alle gesetzlichen Gebühren und Auslagen des Rechtsanwalts nach dem RVG erstattungsfähig, nicht aber das darüber hinaus gezahlte Honorar.

finanzieren[836]. Im Schiedsgerichtsverfahren ist es für die Höhe der Kosten darüber hinaus erheblich, ob die Parteien ein institutionelles Schiedsverfahren durchführen, welche Schiedsinstitution das Verfahren administriert und ob ein oder drei Schiedsrichter beteiligt sind. Auch in dem außergerichtlichen Verfahren der Mediation wirkt es sich auf die Höhe der Verfahrenskosten aus, ob die Parteien ein von einer Mediationsinstitution[837] administriertes Verfahren durchführen oder ob sie das Verfahren selbst organisieren, wie hoch das Honorar des Mediators[838] ist und ob die Parteien im Verfahren anwaltlich vertreten sind – ganz abgesehen von dem gewichtigen Umstand, ob das außergerichtliche Verfahren zu einer Einigung führt oder ob ein anschließendes (schieds-) gerichtliches Verfahren zur endgültigen Konfliktbeilegung erforderlich ist. Sofern die Parteien eine außergerichtliche Einigung erzielen, stellt sich ferner die praktische Frage, ob und inwieweit das Verfahrensergebnis von den Parteien freiwillig befolgt oder seine rechtliche Durchsetzung erforderlich wird.[839] Die meisten Modellberechnungen unterstellen diesbezüglich, dass die Mediation erfolgreich ist, während die betreffende Partei im Schiedsverfahren und in zwei Instanzen im Gerichtsverfahren vollständig unterliegt.[840] Nach Schätzungen führt indes eine Mediation in ca. 20 bis 50 Prozent der Fälle nicht zu einer Einigung[841], so dass im Anschluss an durchschnittlich etwa jede dritte Mediation eine (schieds-) gerichtliche Streitentscheidung notwendig wird.

In den Modellberechnungen werden ferner nicht die in Abhängigkeit zur Verfahrensdauer entstehenden Kosten einkalkuliert. Die Dauer eines Konfliktbeilegungsverfahrens, von seiner Initiierung bis zum endgültigen Ergebnis, beeinflusst insbesondere die Ressourcen, welche die Parteien investieren müssen, um den Konflikt „im Verfahren zu halten". Die im internationalen Vergleich diesbezüglich hohe Attraktivität der deutschen Justiz[842] teilen deutsche Unternehmen nur eingeschränkt: Mehr als die Hälfte haben in einer Umfrage angegeben, mit der Verfahrensdauer vor deutschen Gerichten nicht zufrieden zu sein.[843] Tatsächlich dauert jeder fünfte erstinstanzliche Zivilprozess vor den Landgerichten länger als zwölf Monate.[844] Rechnet man die Dauer des Verfahrens in zweiter Instanz vor den Oberlandesgerichten hinzu, so dauert jedes dritte Verfahren ab der ersten Instanz insgesamt länger als 24

---

836 Vgl. zur Prozessfinanzierung *Frechen/Kochheim*, NJW 2004, 1213.
837 Siehe die Kostengegenüberstellung verschiedener Mediationsinstitutionen bei *Gräfin von Hardenberg*, IDR 2004, 25, 28.
838 Nach *Eidenmüller*, S. 5 sind Stundensätze zwischen 100 und 300 Euro („zwischen DM 200 und DM 600) üblich.
839 *Eidenmüller*, S. 6 – allerdings ohne nähere Begründung: „Sie [Konsensuale Lösungen] werden auch wesentlich häufiger befolgt als eine Gerichtsurteil oder Schiedsspruch."
840 Vgl. *Gräfin von Hardenberg*, IDR 2004, 25, 26.
841 *Eidenmüller*, S. 5 mit Verweis auf *Duve/Ponschab*, Konsens 1999, 263, 266 ff.
842 International wird die Qualität der deutschen Justiz als Wettbewerbsvorteil bewertet; ausführlich dazu *Stock*, in: Gottwald/Strempel (Hrsg.), S. 113, 119 f.
843 *Schoen*, S. 80 f. Nach *PricewaterhouseCoopers*, S. 16 f. ordneten lediglich 4% der Teilnehmer der Befragung dem Gerichtsverfahren eine vorteilhafte Verfahrensdauer zu.
844 *Statistisches Bundesamt*, S. 7.

Monate[845]. Nicht zum Ausdruck kommt in diesen Durchschnittswerten die weitaus längere Verfahrensdauer komplexer nationaler und internationaler Wirtschaftsstreitigkeiten.[846] Eine Mediation kann dagegen nur wenige Monate, je nach Administration und Ablauf des Verfahrens auch wesentlich kürzer andauern.[847] Die eigentlichen Mediationssitzungen nehmen nach Schätzungen im Durchschnitt maximal 40 Stunden in Anspruch.[848]

Wiederholt kritisieren manche Autoren, dass ein Mediationsverfahren, sofern es ohne Erfolg bleibt, den Prozess der Konfliktbeilegung verlängert.[849] In diesem Fall müssten die Parteien nämlich ein weiteres (schieds- oder gerichtliches) Verfahren durchführen, um den Konflikt durch eine endgültige und bindende Drittentscheidung zu erledigen. Dieser Ansicht ist insoweit zuzustimmen, als es in der konsensualen Natur der Mediation liegt, ein kontradiktorisches Verfahren nicht zu substituieren, sondern vorgeschaltet zu ergänzen. Insoweit mag ein erfolglos durchgeführtes Mediationsverfahren die Konfliktbearbeitung im Einzelfall tatsächlich verzögern.

Gleichwohl vermag diese Ansicht aus einem anderen Grunde nicht zu überzeugen: Dem Zivilprozess und dem Schiedsgerichtsverfahren sind ohnehin in den allermeisten Fällen direkte Verhandlungen vorgeschaltet – im gegenseitigen Bestreben der Parteien, den Konflikt außergerichtlich beizulegen, bevor eine (schieds-) gerichtliche Drittentscheidung notwendig wird. Genaugenommnen müsste also die Dauer der erfolglosen Verhandlungen ebenfalls zu der Dauer der (Schieds-) Gerichtsverfahren addiert werden. Begreift man die Mediation als drittunterstützte Verhandlung, so wird die Mediation nicht zwischen die erfolglosen Verhandlungen und die Klageerhebung zwischengeschaltet, sondern substituiert die direkten Verhandlungen der Parteien, sobald sie aufgrund von Einigungsbarrieren ins Stocken geraten. Selbst wenn die Mediation anschließend scheitern sollte, wäre faktisch keine Zeit verloren, weil die gleiche Zeit für erfolglos geführte direkte Verhandlungen hätte aufgewendet werden müssen. Mit anderen Worten: Die Zeit, die die Parteien in ineffiziente direkte Verhandlungen investieren, können sie stattdessen (sinnvoller) in eine Mediation investieren. Voraussetzung dafür ist allerdings, dass die Parteien ein Gespür dafür haben, ab welchem Zeitpunkt die Hinzuziehung eines Mediators zur Unterstützung ihrer Verhandlungen sinnvoll ist. Dass außergerichtliche Konsensverfahren kürzer als schieds- und gerichtliche und schiedsgerichtliche wiederum kürzer als staatsge-

---

845 *Statistisches Bundesamt*, S. 8. Nach *Stürner*, in: Gilles (Hrsg.), S. 1, 14, ist dies dem gestiegenen Stellenwert richterlicher Vergleichsbemühung zu verdanken; danach komme auf zwei Urteile etwa ein Vergleich (Zahlen aus 1987).
846 Darauf weist auch *Schoen*, S. 74 hin.
847 Nach den Erfahrungen US-amerikanischer Unternehmen beträgt die durchschnittliche Dauer außergerichtlicher Konsensverfahren von der Einleitung des Verfahrens bis zu seinem Abschluss circa 90 Tage. ADR Verfahren im Rahmen des ADR Programms von *The Traveler Companies* dauern zwischen 60 und 150 Tagen, die eigentliche mündliche Verhandlung dauert dagegen nur wenige Stunden bis hin zu einem halben Tag; siehe dazu *Culler*, in: Fine/Plapinger (Eds.), S. 189, 190 f.
848 *Eidenmüller*, S. 5 mit Verweis auf *Duve/Ponschab*, Konsens 1999, 263, 266 ff.
849 *Eidenmüller*, S. 68 addiert daher in seiner Beispielsrechnung zu den Kosten einer Mediation in 1/3 aller Fälle die Kosten eines nachfolgenden Schieds- oder Gerichtsverfahrens.

richtliche Verfahren dauern können[850], sollte vor diesem Hintergrund nicht verallgemeinernd bewertet werden.[851]

Auch die Anwaltskosten werden in den Modellrechnungen nicht hinreichend einkalkuliert, obwohl sie ein bedeutender Kostenfaktor sind. Während sich die Parteien vor den Landgerichten durch einen zugelassenen Anwalt vertreten lassen müssen[852], besteht ein solcher Anwaltszwang zwar nicht im Schiedsgerichtsverfahren, die anwaltliche Vertretung ist aber Usus. In Mediationsverfahren sind die Parteien jedenfalls in Rechtsstreitigkeiten überwiegend anwaltlich vertreten, auch wenn sie unter Umständen nicht persönlich den Mediationssitzungen beiwohnen, sondern ihren Mandanten in der Mediation nur beratend zur Seite stehen. Unberücksichtigt bleiben bei den vorgenannten Modellberechnungen ferner die indirekten Kosten der jeweiligen Konfliktbehandlungsverfahren, zu denen vor allem die Auswirkungen des Verfahrens auf bestehende (Geschäfts-)Beziehungen[853] zwischen den Konfliktparteien und die investierte (Arbeits-)Zeit der am Verfahren teilnehmenden Parteien zu rechnen sind.[854]

Daneben ist es entscheidend, ob die Parteien ein bestimmtes Verfahren der Konfliktbearbeitung vereinbaren, bevor ein Konflikt auftritt (z.B. im Wege einer Mediations- oder Schiedsklausel im Vertrag) oder erst danach. Nur wenn sich die Parteien vor dem Auftreten eines Konflikts auf ein Verfahren verständigen, haben sie die Gelegenheit, die Vor- und Nachteile der in Betracht kommenden Konfliktbearbeitungsverfahren, ihre Kosten-Nutzen-Effekte und ihr Verhalten bis zur Konfliktentfaltung[855] zu berücksichtigen. Einigen sie sich erst nachdem ein Konflikt aufgetreten ist, können sie lediglich eine Auswahl nach den prognostizierten Verfahrenskosten treffen.

Daraus folgt zusammenfassend, dass entgegen allgemeiner Ansicht und modellhafter Kostenvergleiche ADR-Verfahren nicht per se effizienter sind als Schieds-

---

850 Nach einer Studie von *Seeber/Schmidle/Smith*, S. 8 verkürzte sich die Verfahrensdauer durchschnittlich um vier Monate. Auf die vergleichsweise kurze Verfahrensdauer weist auch *Goll*, BRAK-Mitt. 2000, 4, 4 hin.
851 Dazu *Lipsky/Seeber/Fincher*, S. 278: „Reports on the time to settlement through the litigation process are available, but those measures are not fair comparisons to time to settlement in conflict management systems because many of those cases would not have reached litigation."
852 § 78 Absatz 1 ZPO.
853 *Eidenmüller*, S. 6.
854 *Eidenmüller*, S. 68: „Der Kostenvorteil der Mediation steigt noch, wenn man auch die *indirekten Verfahrenskosten* in die Betrachtung einbezieht. Dazu gehören alle Kosten, die mittelbar durch ein bestimmtes Verfahren der Konfliktbewältigung ausgelöst werden (beispielsweise die Beanspruchung von Managementzeit in einem an dem Konflikt beteiligten Unternehmen). Da eine Mediation regelmäßig viel schneller durchgeführt werden kann als ein Schieds- oder Gerichtsverfahren, sind auch die indirekten Verfahrenskosten viel kleiner [...]." [Hervorhebung im Original]
855 Vgl. dazu *Shavell*, 24 J. Legal Stud. 1, 1: „Ex post ADR agreements are somewhat different, in part because parties do not take into account how such agreements will affect their prior behavior. Hence, the agreements do not necessarily advance parties welfare [...]."

und Gerichtsverfahren, sondern im Einzelfall kostengünstiger sein können.[856] Dieser Befund darf aber in der praktischen Anwendung der Verfahren nicht zu einem Automatismus führen, dass alternative Verfahren immer (schieds-)gerichtlichen vorzuziehen sind. Vielmehr sind die direkten und indirekten Kosten der gerichtlichen und außergerichtlichen Verfahren im Einzelfall zu prognostizieren und gegenüberzustellen. Wenngleich sich eine ökonomische Analyse der gerichtlichen und außergerichtlichen Konflikt- und Streitbeilegungsverfahren als wenig tauglich erwiesen hat, eine allgemeingültige Abfolge der alternativen und gerichtlichen Verfahren herzuleiten, hat sie gleichwohl einen wichtigen Aspekt für das Systemdesign offenbart: Entscheidend ist, dass die Parteien ihren Gestaltungsspielraum gerade auch in Hinblick auf die Steuerung der mit der Konfliktbearbeitung verbundenen Kosten erkennen und im Wege des Verfahrensdesigns ausüben.

b) Verfahrensanordnung nach dem Grad des Gestaltungsspielraums der Parteien

Während sich ein ökonomischer Vergleich der gerichtlichen und alternativen Konfliktbearbeitungsverfahren als ungeeignet erwiesen hat, eine allgemeine Verfahrensabfolge herzuleiten, bilden nunmehr die Parteiinteressen den Maßstab für die Entwicklung einer Verfahrensordnung.[857] Die Anordnung der Konfliktbeilegungsverfahren im System orientiert sich nachfolgend an der Eignung der jeweiligen Verfahren, die prozessualen und materiellen Interessen des Unternehmens und der anderen Parteien im Konflikt zu realisieren.[858] Denn je nach dem, welche spezifischen Interessen die Parteien im konkreten Konflikt verfolgen, sind bestimmte Verfahren für die Konfliktbearbeitung geeigneter als andere. Ein Konfliktbearbeitungsverfahren ist – abstrakt formuliert – ausschließlich dann durchzuführen, wenn seine Charakteristika die prozessualen und materiellen Interessen der Parteien erfüllen.[859]

aa) Realisierung der prozessualen und materiellen Interessen der Parteien

Maßstab der Verfahrensanordnung ist damit der Eignungsgrad eines Konfliktbearbeitungsverfahrens, die Interessen des Unternehmens und der anderen Konfliktpar-

---

856 *Slaikeu/Hasson*, S. 46, 49; *Ury/Brett/Goldberg*, S. 15. Nach *Culler*, in: Fine/Plapinger (Eds.), S. 189, 192 spart *The Travelers Companies* durch sein ADR Programm $ 1000 Transaktionskosten pro Rechtsstreit.
857 *Sander/Goldberg*, 10 Neg. J. 49 ff.
858 *Trakmann*, 2001 Wis. L. Rev. 919, 922: „The determing feature of appropriate conflict management is whether the applicable management is *appropriate* in resolving a dispute, not whether it serves as an *"alternative"* to any other process." [Hervorhebung durch den Verfasser]
859 *Sander/Goldberg*, 10 Neg. J. 49, 50: „[...] what are the client's goals, and what dispute resolution procedure is most likely to achieve those goals."

teien im Hinblick auf das Verfahren und Ergebnis zu erfüllen.[860] Nur eine umfassende Analyse sämtlicher Interessen der Parteien im Konflikt sowie der Eigenschaften der verschiedenen Konfliktbearbeitungsverfahren gewährleistet, dass beide bestmöglich im Konflikt korrespondieren. Bislang widmen nur die wenigsten Unternehmen einer solchen interessenorientierten Verfahrensanalyse hinreichende Aufmerksamkeit.

Die Interessen der Parteien im Konflikt beinhalten sämtliche Kriterien, die hinsichtlich des Ablaufs und der Ausgestaltung des Verfahrens und hinsichtlich entwickelter Lösungsoption zu berücksichtigen sind, damit sich die Ziele der Parteien bestmöglich in den Konfliktfolgen realisieren.[861] Hinter den Interessen der Parteien im Konflikt stehen folglich die Interessen im Hinblick auf den Prozess und die inhaltliche Gestaltung der Konfliktbearbeitung.[862] Die Parteiinteressen sind nicht nur zu identifizieren, sondern auch zu priorisieren. Von der priorisierten Rangfolge der Parteiinteressen lässt sich eine Rangfolge der alternativen und (schieds-) gerichtlichen Konfliktbeilegungsverfahren ableiten, welche die Anordnung der Verfahren in der unternehmerischen Konfliktmanagementordnung determiniert.

Die prozessualen Interessen meinen die von den Parteien identifizierten und priorisierten Eigenschaften der unterschiedlichen Konfliktbearbeitungsverfahren.[863] Die Anordnung der Verfahren im System orientiert sich danach an dem Korrespondierungsgrad zwischen den Verfahrenseigenschaften und den Verfahrensinteressen der Parteien. Die materiellen Interessen spiegeln sich wider in den herausgearbeiteten Optionen der Konfliktbeilegung und der Auswahl einer Option als Verfahrensergebnis.[864] Je größer die Übereinstimmung zwischen dem Ergebnis der Konfliktbearbeitung und den materiellen Parteiinteressen ist, umso qualitativ hochwertiger ist das Verfahren. Dasjenige Verfahren, welches die meisten Verfahrensinteressen der Parteien zu erfüllen vermag, bildet das Eingangsverfahren. Das Ziel ist es daher aus

---

860 Auch die Anordnung der interessen- und rechtsbasierten Konfliktbearbeitungsverfahren nach den Kriterien „transaction costs, satisfaction with outcomes, effect on the relationship, and recurrence of disputes", die *Ury/Brett/Goldberg*, S. 11 ff. zum Maßstab der Verfahrensanalyse machen, ist im Kern nichts anderes als eine Analyse der Verfahren nach der Realisierbarkeit der prozessualen und materiellen Interessen der Parteien, denn die vier genannten Kriterien lassen sich übersetzen in vier Interessen der Parteien: „low transaction costs, high satisfaction with outcomes, maintain relationship, and no recurrence of disputes".
861 *Gläßer/Kirchhoff*, ZKM 2005, 130, 131 definieren Interessen „im Sinne des Mediationsverständnisses [...] als die *im Einzelfall relevanten Kriterien, die in einer Konfliktlösung berücksichtigt werden müssen*, damit diese im Ergebnis für die Parteien umfassend befriedigt ist." [Hervorhebung durch den Verfasser]
862 *Birner*, S. 141 ff. unterscheidet zwischen konfliktbezogenen und verfahrensbezogenen Interessen.
863 Vgl. auch die prozeduralen Analysekriterien bei *Sander/Goldberg*, 10 Neg. J. 49 ff. sowie *Birner*, S. 153: „Zwar betonen *Sander/Goldberg*, daß sie die Interessen der Parteien bei der Bestimmung des Streitbeilegungsverfahrens in den Vordergrund gestellt haben, eine genauere Betrachtung der Zusammenstellung der Kriterien läßt jedoch erkennen, daß es sich hierbei hauptsächlich um *verfahrensbezogene* Interessen handelt." [Hervorhebung im Original]
864 Ausführlich zur Bedeutung der Interessen in der inhaltlichen Konfliktbearbeitung in der Mediation *Duve/Eidenmüller/Hacke*, S. 158 ff.; *Gläßer/Kirchhoff*, ZKM 2005, 130, 132.

Parteisicht nur einem solchen Verfahrensergebnis zuzustimmen, das ihre Interessen (bestmöglich) umfassend erfüllt.[865]

Zu berücksichtigen ist allerdings, dass an einem Konflikt mindestens zwei Parteien beteiligt sind, die jeweils eigene Interessen im Konflikt haben, die nicht deckungsgleich sind mit den Interessen der anderen Partei. Daher ist es notwendig, die Interessen aller Konfliktparteien zu berücksichtigen.[866] Für die Praxis bedeutet dies, dass jede Partei zunächst eine eigene interessenorientierte Verfahrensanalyse durchführt, die Analyseergebnisse mit denen der anderen Konfliktpartei vergleicht und schließlich in einer gemeinsamen Verfahrensanalyse einen Interessenausgleich herstellt, so dass die Anordnung der Verfahren im System ausgleichend die Interessen aller Parteien im Konflikt adäquat berücksichtigt.[867] Als Instrument bietet sich hierfür eine Verfahrenskonferenz[868] an, die an anderer Stelle erläutert wird.

bb) Interessenorientierter Gestaltungsspielraum

Ob und inwieweit die Parteien im jeweiligen Verfahren der Konfliktbearbeitung ihre prozessualen und materiellen Interessen realisieren können, ist abhängig von dem Grad der Gestaltungsmöglichkeiten der Parteien, der zwischen den gerichtlichen und alternativen Konfliktbeilegungsverfahren variiert.

Die Anordnung der gerichtlichen und alternativen Verfahren in der Konfliktmanagementordnung des Unternehmens orientiert sich mithin am Grad des prozessualen und materiellen Gestaltungsspielraums der Parteien im Konflikt: Das Verfahren, welches den Parteien den größten prozessualen und materiellen Gestaltungsspielraum offeriert, bildet die erste, das Verfahren, in dem ihr Gestaltungsspielraum am geringsten ist, die letzte Verfahrensstufe. Der prozessuale Gestaltungsspielraum bemisst sich danach, inwieweit die Parteien das Verfahren und seinen Ablauf gestalten können. Der materielle Gestaltungsspielraum bemisst sich danach, inwieweit die Parteien selbstbestimmt vielfältige, ihre materiellen Interessen erfüllende Lösungsoptionen entwickeln und autonom eine Option als Ergebnis auswählen können.[869]

---

865 In gerichtlichen Verfahren wird immer ein Ergebnis (Streiterledigung) erzielt, im Zweifel durch die Entscheidung des Gerichts oder Schiedsgerichts. Im konsensualen Verfahren der Mediation kommt es in 60 bis 80 % der Fälle in den USA zu einer Parteivereinbarung, vgl. etwa die Ergebnisse der Studie von *Brett/Barsness/Goldberg*, 12 Neg. J. 259 ff.
866 Auch *Schoen*, S. 212, betont, dass „die Interessen aller Konfliktbeteiligten – insbesondere die der Mitarbeiter des Unternehmens, die die Konflikte tatsächlich behandeln – hinreichend zu berücksichtigen" sind.
867 *Gläßer/Kirchhoff*, ZKM 2005, 130, 131 heben ebenfalls die Bedeutung des Abgleichs der Interessen aller Parteien hervor.
868 In Anlehnung an eine Vergleichskonferenz und die *convening conference* bei *Slaikeu/Hasson*, S. 60 ff.; vgl. auch das Modell eines Verhandlungshelfers bei *Matschke*, AnwBl. 1993, 259.
869 *Breidenbach*, Mediation, S. 188: „Inhaltliche Qualität läßt sich nur [...] über den Gedanken der *Privatautonomie* gewinnen." [Hervorhebung im Original]

Die bloße Gestaltungsmöglichkeit in einem Verfahren ist jedoch nicht ausreichend. Die Konfliktparteien müssen nämlich auch willens und befähigt sein, den ihnen gebotenen Gestaltungsspielraum im Konflikt auszuüben. Hierfür ist auch die Eskalationsstufe des Konflikts ausschlaggebend: Je weiter ein Konflikt eskaliert ist, umso weiter entfernt er sich vom ursprünglich zugrundeliegenden Konfliktgegenstand und verengt sich zum rechtlichen Streitgegenstand.[870] Je früher ein Konflikt einer aktiven Konfliktgestaltung zugeführt wird, umso niedriger sind die Barrieren gegen die Ausübung des eröffneten Gestaltungsspielraums durch die Parteien.

Wählen die Parteien ein kontradiktorisches Verfahren vor einem staatlichen oder privaten (Schieds-)Gericht engen sie – bewusst oder unbewusst – ihren Gestaltungsspielraum und die Optionen der Konfliktfolgen ein, weil das (Schieds-)Gericht auf der Grundlage des geltenden anwendbaren Rechts nur über die in den Anträgen der Parteien gestellten rechtlichen Ansprüche und Gegenansprüche entscheidet.[871] Die potentiellen Konfliktfolgen sind somit auf die Rechtsfolgen der dem Grunde nach vorliegenden vertraglichen und gesetzlichen Anspruchsgrundlagen beschränkt.[872] Dass in der Praxis so viele Konflikte im gerichtlichen Zivilprozess erledigt werden, liegt vor allem daran, dass die Konfliktparteien nicht von ihrem autonomen Gestaltungsspielraum im Konflikt Gebrauch machen, ein anderes Verfahren auszuwählen, konfliktspezifisch zu designen und schließlich durchzuführen.[873]

In interessenbasierten Verfahren hingegen stehen den Parteien nicht nur die Rechtsfolgen der Anspruchsgrundlagen als Optionen eines Verfahrensergebnisses zur Verfügung, sondern darüber hinaus jede realisierbare Lösungsoption. Die Parteien können in interessenorientierten Verfahren Lösungsoptionen entwickeln, die über die nach der Rechtsordnung vorgegebenen Optionen hinausgehen.[874] Sie – nicht ein Dritter – wählen autonom und gemeinsam eine oder mehrere Optionen als Verfahrensergebnis aus. Die Parteien delegieren folglich in rechtsbasierten Verfahren nicht nur den Inhalt der Konfliktbearbeitung, sondern zudem ihre Entscheidungsfreiheit an einen Dritten.

Die Stärke des Verhandelns und der ADR-Verfahren liegt hinsichtlich der prozessualen Interessen der Parteien ferner darin, dass sie variabler sind als die (schieds-)gerichtlichen Streitbeilegungsverfahren. Im Hinblick auf den prozessualen Gestaltungsspielraum und die damit verbundene Eignung, die prozessualen Interessen der

---

870 *Ponschab/Dendorfer*, in: Haft/Schliefen (Hrsg.), § 39 Rdnr. 40.
871 Ähnlich *Schoen*, S. 117: „Durch die Bindung des Richters an das Gesetz und die Verengung der Lösungsmöglichkeiten auf die von der Rechtsordnung vorgesehenen Alternativen wird die Möglichkeit zur Entwicklung eigenständiger, kreativer Lösungen nicht wahrgenommen."; mit Verweis auf *Henry/Liebermann*, 53 U. Chi. L. Rev. 424, 429.
872 *Breidenbach*, S. 68: „Ihre (mögliche) Lösung [der Parteien], die sich an eigenen Wertungen und Prioritäten orientiert, weicht einer vom objektiven Recht bestimmten, bewußt gerade andere Faktoren ausklammernden Verfahrenstendenz."
873 So ist es denn auch diesem Phänomen zuzuschreiben, dass ursprünglich der Begriff der alternativen Streitbeilegung andere Konfliktprozesse als den Zivilprozess beinhaltete.
874 *Schoen*, S. 95 betont, dass die Parteien im Falle des Scheiterns einer Einigung auf die Lösungsvarianten der Rechtsordnung zurückgreifen können.

Parteien zu erfüllen, sind die ADR- den (schieds-)gerichtlichen Verfahren überlegen. Die Parteien können den Ablauf und die Ausgestaltung ihrer Verhandlungen und ADR-Verfahren umfassend selbstbestimmt gestalten, während demgegenüber die Ausgestaltung des Zivilprozesses auf diejenigen Aspekte begrenzt ist, die prozessvertraglich zwischen den Parteien vereinbart werden können. Der Grad des prozessualen Gestaltungsspielraums der Parteien nimmt somit von dem Verhandeln, der Mediation und der Adjudication über das private Schiedsverfahren bis hin zum staatlichen Gerichtsverfahren sukzessive ab. Daraus folgt für die Anordnung der konsensualen und kontradiktorischen Verfahren in der Konfliktmanagementordnung des Unternehmens, dass interessen- vor rechtsbasierten Verfahren durchzuführen sind.

5. Zusammenfassung

Zusammenfassend bedeutet die herausgebildete Verfahrensabfolge von Verhandeln, über Mediation und Adjudication als ADR-Verfahren bis hin zum Schiedsgerichts- und Gerichtsverfahren für das Systemdesign zweierlei. Erstens müssen die potentiellen Konfliktparteien motiviert werden, zunächst interessenbasierte Verfahren einzusetzen und nur im Falle ihres Scheiterns auf rechtsbasierte zurückzugreifen. Im Konfliktmanagementsystem sind vor diesem Hintergrund insbesondere auch solche Methoden zu integrieren, die Hindernisse und Barrieren gegen eine interessenbasierte Konfliktbeilegung ausräumen.[875] Es gilt also, nicht die Eskalation des Konflikts bis zum Rechtsstreit passiv abzuwarten oder sogar aktiv voranzutreiben, sondern frühestmöglich den Konflikt beizulegen, bevor der auf einen rechtlichen Streitgegenstand reduzierte Konflikt ohne Einflussnahme der Parteien und ohne die Berücksichtigung ihrer über die Rechtspositionen hinausgehenden Interessen durch einen Dritten endgültig und rechtlich bindend entschieden wird.

Die staatliche Gerichtsbarkeit verliert damit ihre Monopolstellung als Konfliktbeilegungsforum. Sie reiht sich ein in ein System, in dem die komplementären Verfahren nach den Interessen des Unternehmens und anderer Konfliktparteien priorisiert sind. Zweitens sind die Rahmenbedingungen und Strukturen im Unternehmen, in Geschäftsbeziehungen und Transaktionen so zu gestalten, dass die Parteien befähigt sind und unterstützt werden, interessenbasierte Verfahren selbstbestimmt durchzuführen und die einen Interessenausgleich hindernden Faktoren zu überwinden.[876]

---

875 *Birner*, S. 173 ff. Eingehend zu Einigungsbarrieren bzw. -hindernissen *Breidenbach*, S. 84 ff. und *Schoen*, S. 33 ff.
876 *Schoen*, S. 228: „Da in der deutschen unternehmerischen Praxis neben direkten Verhandlungen und Zivilprozessen Alternativverfahren zur Streitbeilegung bislang kaum zum Einsatz kommen, sind die Untersuchungen dabei insbesondere darauf zu richten, welche Hindernisse einer mehr interessenorientierten Streitbeilegung bislang entgegenstehen und welche Kräfte einer Einführung und Umsetzung interessenorientierter Verfahren zukünftig entgegenstehen stehen werden." *Schoen*, S. 38 spricht von strukturellen Einigungshindernissen mit Verweis

In einer Konfliktmanagementordnung stehen den Konfliktparteien damit in jeder Entwicklungsstufe des Konflikts interessenbasierte Verfahrensoptionen zur Verfügung, die den Konfliktparteien eine konfliktnahe und konsensuale Konfliktbearbeitung ermöglichen, bevor der zugrundeliegende Konflikt die Stufe eines (ver-) rechtlichen Konflikts erreicht.[877] Denn ab diesem Eskalationsgrad ist es schwieriger, Anreize zu schaffen und Einigungsbarrieren auszuräumen, damit die Parteien unter Verfahrensoptionen ein interessenbasiertes Konfliktbehandlungsverfahren auswählen und durchführen.

B. Konfliktmanagementabteilung im Unternehmen

Organisatorisches Herzstück eines integrierten Konfliktmanagementsystems ist die „Konfliktmanagementabteilung" des Unternehmens.[878] Zur Integration des Systems in die Unternehmenspraxis bedarf es einer Verknüpfung mit den Abteilungen und Funktionsträgern im Unternehmen sowie den potentiellen unternehmensinternen und -externen Konfliktparteien. Je mehr Schnittstellen existieren, desto enger ist die Integration des Systems. Die Aufgabe der Konfliktmanagementabteilung ist es, diese Schnittstellen auf verschiedenen Ebenen einzurichten und zu unterhalten. Funktional ist die Konfliktmanagementabteilung gleichsam das Bindeglied zwischen der Konfliktmanagementordnung, dem Unternehmen und seinen unternehmensinternen und -externen Konfliktgegenparteien als Systemanwender (I.). Die Aufgabe der Konfliktmanagementabteilung erstreckt sich während des Systemdesignprozesses auf die verantwortliche Begleitung und Führung des Designprojekts; nachdem das neue System erfolgreich im Unternehmen implementiert worden ist, agiert die Konfliktmanagementabteilung als Systemkoordinator, Verfahrensberater der Parteien und als Verfahrensdesigner des Unternehmens (II.).

I. Von der Rechtsabteilung zur Konfliktmanagementabteilung

Mit der Bezeichnung „Konfliktmanagementabteilung" kommt begrifflich zum Ausdruck, dass die traditionelle Rechtsabteilung eines Unternehmens im Rahmen des Systemdesigns eine konzeptionelle und inhaltliche Neuausrichtung erfährt. Sie ist interdisziplinär besetzt, pflegt eine enge Zusammenarbeit mit der Führungsebene und den operativen Abteilungen des Unternehmens und wird nach den gleichen

---

auf *Duve*, S. 158. *Schoen*, S. 43: „Auch die strukturellen Einigungshindernisse lassen sich grundsätzlich durch ein umfassendes Konfliktmanagement mindern oder sogar beseitigen."
[877] Auch nach *Birner*, S. 137 muss der Konflikt „in einem sehr frühen Stadium vor seiner Verrechtlichung betrachtet werden" mit Verweis auf den von *Falke/Gessner* in: Blankenburg/Gottwald/Strempel (Hrsg.), S. 289, 300 entwickelten Ansatz der Konfliktnähe.
[878] In Anlehnung an die Vision eines „Dispute Resolution Centers" von *Sander*, 70 F.R.D. 79, 111, 131.

Rentabilitätsmaßstäben wie andere Unternehmensabteilungen geführt. Mittelfristig wird die hier visionierte Konfliktmanagementabteilung die klassische Rechtsabteilung im Unternehmen ersetzen[879] und als unternehmensinterner Dienstleister in Konflikten und anderen Entscheidungsfindungsprozessen des Unternehmens und seiner Mitglieder agieren. Studien aus den USA belegen, dass die Ausrichtung und Konfiguration der Rechtsabteilung maßgeblich dafür sind, wie kompetent und effizient Unternehmen ihre Konflikte managt.[880]

1. Interdisziplinäre Zusammenarbeit

Rechtsabteilungen in deutschen Unternehmen führen im Vergleich zu anderen Abteilungen ein Sonderdasein. Anders als das Marketing, der Vertrieb oder die Produktion sind sie regelmäßig keine For-Profit-Abteilungen und nicht am Unternehmensziel der Gewinnmaximierung ausgerichtet. Die Kosten der Rechtsabteilung sind unvermeidbare Ausgaben, nicht aber Investitionen, deren Wert nach einer betriebswirtschaftlichen Kosten-Nutzen-Rechnung berechnet wird.[881] Dies gilt zumindest für die überwiegende Anzahl der Rechtsabteilungen in deutschen Unternehmen. Diese Sonderrolle der Rechtsabteilung führt in der Praxis dazu, dass auch kein enger Austausch zwischen den unternehmensleitenden Managern und den Mitarbeitern der Rechtsabteilung besteht, obwohl in Unternehmen der Wunsch nach verstärkter Zusammenarbeit sehr häufig geäußert wird.[882] Studien aus den USA zeigen, dass diejenigen Unternehmen besonders erfolgreich Konfliktmanagement betreiben, in deren Rechtsabteilungen die Unternehmensjuristen eng vertraut sind mit den wirtschaftlichen Problemstellungen des Unternehmens.[883]

---

[879] Das US-amerikanische Telekommunikationsunternehmen Sprint Inc. hat entsprechend seine Rechtsabteilung umstrukturiert und seine neue Funktion und Aufgaben im Unternehmen durch eine Namensänderung unterstrichen: anstatt „Law Department" heißt die Rechtsabteilung nunmehr „Law and Dispute Resolution"; dazu *Chaykin*, zitiert nach *Cronin-Harris*, 59 Alb. L. Rev. 847, 874.

[880] *AAA (Ed.)*, S. 6.

[881] *Schoen*, S. 194: „Traditionell wurde die Beilegung von Rechtsstreitigkeiten als Aufgabe der Rechtsabteilung angesehen, welche insoweit als notwendiges Übel innerhalb der Unternehmensstruktur hingenommen wurde. Mit der Übergabe der Angelegenheit an die Rechtsabteilung schwand zumeist auch die direkte Zuständigkeit des Managements für die Streitbeilegung. Im Ergebnis nahm die Rechtsabteilung somit einen von der übrigen Unternehmenstätigkeit losgelösten Funktionsbereich wahr."

[882] *PricewaterhouseCoopers* (Hrsg.), S. 5: „In deutschen Unternehmen besteht ein deutlicher Wunsch nach verstärkter Zusammenarbeit zwischen Management und Rechtsabteilung bei der Auswahl und Steuerung von Konfliktbearbeitungsverfahren." Die Entscheidung über die Auswahl eines Konfliktbehandlungsverfahrens fällt häufig die Rechtsabteilung und nur hin und wieder die Unternehmensleitung; vgl. auch *PricewaterhouseCoopers* (Hrsg.), S. 14 und 19 f.

[883] *AAA (Ed.)*, S. 6: The „legal group [of a dispute-wise company] is more likely to be understanding of the broader business issues facing its company and industry".

Die Möglichkeiten für eine engere Kooperation zwischen dem Management und den Unternehmensjuristen sind vielfältig und gehen über eine aktive Teilnahme der Unternehmensleitung in außergerichtlichen Konsensverfahren hinaus[884]. Voraussetzung dafür ist zunächst einmal, dass die Manager und Juristen mit den Methoden und Kategorien der jeweils anderen Disziplin hinreichend vertraut sind.[885] Eine juristisch-betriebswirtschaftliche Ausrichtung der Rechtsabteilung lässt sich durch ihre Besetzung mit Mitarbeitern aus verschiedenen Disziplinen realisieren. In einer visionierten Konfliktmanagementabteilung bearbeiten Manager und Rechtsanwälte gemeinsam auftretende Konflikte und begleiten die unternehmerischen Entscheidungsprozesse.[886] Daneben wird die inhaltliche Arbeit der Konfliktmanagementabteilung ausdifferenziert und damit eine Spezialisierung der verantwortlichen Mitarbeiter gefördert.[887] So können einzelne Mitarbeiter spezialisiert sein auf die gerichtliche, schiedsgerichtliche und alternative Konfliktbearbeitung. Im Zuge der Umstrukturierung der klassischen Rechtsabteilung wird die Position eines Konfliktmanagers eingerichtet, dessen Aufgabe und Verantwortung darin liegt, den Konflikt oder Rechtsstreit zu analysieren und sodann einem der oben genannten Verfahrensexperten zur weiteren Bearbeitung zuzuführen. In der Konfliktmanagementabteilung arbeiten danach Manager, Rechtsanwälte und Experten auf dem Gebiet des unternehmerischen Konfliktmanagements Hand in Hand zusammen.

2. „Collaborative Lawyering" als Ansatz der Konfliktmanagementabteilung

Neben der Zusammensetzung der Rechtsabteilung erfährt auch ihre inhaltliche Ausgestaltung in einem integrierten Konfliktmanagementsystem eine Neuausrichtung. Der Ansatz des Konfliktmanagements, die Konfliktbearbeitung und Entscheidungsfindung im Unternehmen interessenorientiert und konsensual zu gestalten, findet auch in der Konfliktmanagementabteilung seine Entsprechung. Die Mitarbeiter der Rechtsabteilung sind nicht mehr nur Rechtsberater des Unternehmens, sondern beraten und unterstützen das Unternehmen in Entscheidungsfindungs- und Problemlösungsprozessen, zu denen auch die Beilegung von Konflikten und Rechtsstreitigkeiten gehört. Unter dem Stichwort *Collaborative Law*[888] bzw. *Collaborative Lawye-*

---

884 Dazu *Schoen*, S. 193 f.
885 *Siedel*, J. Disp. Resol. 107, 122: „[...] managers must be educted about litigation, and corporate attorneys must be knowledgeable about budgetary systems."
886 *Schoen*, S. 194.
887 *PricewaterhouseCoopers* (Hrsg.), S. 23 formulieren folgende Hypothese: „Aufgrund der mit steigender Unternehmensgröße zunehmenden innerbetrieblichen Arbeitsteilung nimmt mit der Unternehmensgröße auch der Grad an Spezialisierung und Systematisierung in der Konfliktbearbeitung zu. Dies ermöglicht wiederum eine Differenzierung und Optimierung in der Nutzung des gesamten zur Verfügung stehenden Verfahrensspektrums."
888 *Rau/Sherman/Peppet*, S. 334.

ring[889] werden in den USA sämtliche Ansätze der Integration der konsensualen Entscheidungsfindung und Problemlösung in die anwaltliche Tätigkeit zusammengefasst.[890] Das *Collaborative Lawyering* betrifft, wie der Begriff nahe legt, die Art und Weise, wie der Unternehmensjurist als Rechtsanwalt des Unternehmens insbesondere in direkten Verhandlungen und anderen Konsensverfahren des Unternehmens mit anderen (Konflikt-)Parteien agiert.[891]

Der Ansatz des *Collaborative Lawyering* hat verfahrensgestaltende und strukturelle Elemente. In struktureller Hinsicht ist die Tätigkeit des Unternehmensjuristen beschränkt auf die Vertretung und Beratung des Unternehmens in interessen- oder rechtsbasierten Konfliktbehandlungsverfahren. Er vertritt und berät das Unternehmen also nicht im gesamten Verfahrenskontinuum. Scheitern beispielsweise direkte Verhandlungen oder eine Mediation so vertritt der Anwalt das Unternehmen nicht auch im anschließenden (schieds-)gerichtlichen Verfahren.[892] Vielmehr nimmt in diesem Fall ein anderer Anwalt seine Tätigkeit als Prozessbevollmächtigter auf. Auf diese Weise wird jeweils der Verfahrensexperte tätig. Ihre Tätigkeit ist darauf konzentriert, das Unternehmen und die andere Partei frühestmöglich zu einem gemeinsamen Austausch zusammenzuführen, laufende Verhandlungen aufrechtzuerhalten, das Unternehmen über die Rechtslage sowie Stärken und Schwächen von Lösungsoptionen zu unterrichten und bei der Entwicklung von interessengerechten Optionen zu unterstützen, welche die übergeordneten Unternehmensziele zu fördern vermögen.[893]

Aus diesen Aspekten wird ersichtlich, dass das *Collaborative Lawyering* das Ziel verfolgt, eine konsensuale Konfliktbearbeitung zwischen den Parteien zu ermöglichen und eine (schieds-) gerichtliche Streitentscheidung insgesamt entbehrlich zu machen. Die Funktion der Unternehmensjuristen und externen Rechtsanwälte wandelt sich vom (schieds-) gerichtlichen Prozessbevollmächtigten zum Unternehmensberater mit prozess- und materiellrechtlichem Expertenwissen. Die Mitarbeiter der Rechtsabteilung werden zu Konfliktmanagern des Unternehmens.

II. Funktion und Aufgaben

Die Mitarbeiter der Konfliktmanagementabteilung nehmen bereits während der Ausführung des Systemdesign-Projekts vielfältige Aufgaben wahr. Während des De-

---

889 *Arnold*, 16 American L. Inst. & A.B.A., Course of Study Materials, S. 379; *Rack*, Disp. Resol. Mag.1998, 8.
890 Siehe dazu auch *Leiss*, S. 151 ff. Für die Etablierung eines solchen interessenorientierten Beratungsansatz der Anwaltschaft sprechen sich auch *Neuenhahn/Neuenhahn*, NJW 2007, 1851 ff. aus, die für die „Erweiterung der anwaltlichen Dienstleistung um das Segment eines systematischen Konfliktmanagements" plädieren.
891 Vgl. die Integration von mediativen Elementen in die anwaltliche Vergleichskonferenz bei *Breidenbach*, S. 303 ff..
892 *Leiss*, S. 150.
893 *Leiss*, S. 151.

signprozesses fungieren sie als Mitglieder des innerbetrieblichen Design-Teams, in dessen Verantwortungsbereich die Konzeption, Implementierung und Evaluierung des Konfliktmanagementsystems im Unternehmen fällt.[894] Nach erfolgreicher Durchführung des Systemdesign-Projekts sind sie verantwortlich für die Ausbildung und Schulung der unternehmensinternen und -externen Konfliktparteien, für die Administrierung und Koordinierung des neuen Systems sowie für die Unterstützung der Konfliktparteien in der Konflikt- und Verfahrensanalyse einschließlich des Verfahrensdesigns.

1. Ausbildung und Training

Entscheidende Bedeutung für die Anwendung des Konfliktmanagementsystems hat seine Akzeptanz unter den Mitarbeitern des Unternehmens und allen anderen potentiellen Konfliktgegenparteien des Unternehmens. Akzeptanz wird zum einen geschaffen durch Informationsvermittlung über das System und seine Funktionsweise samt der darin angebotenen Konfliktbehandlungsverfahren, zum anderen durch kontinuierliche Schulungen und Trainings über die Anwendung und Handhabung des Konfliktmanagementsystems in der Praxis.[895] All diese Aufgaben nimmt die Konfliktmanagementabteilung vor und parallel zum eigentlichen Prozess des Systemdesigns wahr. Daneben gehören die Verfahrensorganisation und -betreuung zu den Aufgaben der Konfliktmanagementabteilung.[896]

2. Administration und Koordinierung

Zwei Aspekte werden in der Unternehmenspraxis im Vertrauen auf eine Selbststeuerung des Konfliktmanagementsystems häufig vernachlässigt: die Administration und Koordinierung des implementierten Systems.[897] Beide Aufgaben sind essentiell für das Funktionieren des neuen Konfliktmanagementsystems und zielen darauf ab, seine Anwendung zu gewährleisten und das neue System kontinuierlich weiterzuentwickeln. Diese zentralen Aufgaben für die erfolgreiche Anwendung des neuen Konfliktmanagementsystems nimmt ebenfalls die Konfliktmanagementabteilung wahr.

---

[894] Die Aufgaben des Design-Teams beinhalten darüber hinaus die Schulung und das Training der Mitarbeiter in ADR, die Entwicklung von Fall-Evaluierungen und die Einbeziehung aller Konfliktbeteiligten; siehe dazu *Cronin-Harris*, 59 Alb. L. Rev. 847, 866; *Mazadoorian*, in: Wilkinson (Ed.), S. 205, 207.

[895] Die Bedeutung der Information der potentiellen Konfliktaparteien betonen auch *Goldberg/Sander/Rogers*, S. 426: „In the long run, the most effective way of [overcoming the unfamiliarity with ADR-processes] is thorough education – [...] of the general public."

[896] Vgl. zum Beispiel die Aufgaben des *Dispute Resolution Program Administrator* der amerikanischen Anheuser-Bush Corporation, abgedruckt bei *Lipsky/Seeber/Fincher*, S. 246.

[897] *Lipsky/Seeber/Fincher*, S. 245: „Some organizations simply delegate ownership of the system to the human resource function or law department and think nothing more of it."

3. Konfliktanalyse und Verfahrensberatung

Die Konfliktmanagementabteilung gewährleistet darüber hinaus die Systemanwendung, indem sie die klärungsbereiten Parteien darin unterstützt, das Konfliktmanagementsystem in ihren konkreten Konflikten einzusetzen.[898] Die Konfliktmanagementabteilung fungiert quasi als unternehmensinterne Konfliktberatungsstelle[899] mit folgendem Leistungsangebot: Konfliktanalyse, Verfahrensberatung[900] und -auswahl sowie eine konfliktspezifische Organisation und Ausgestaltung der ausgewählten Konfliktbeilegungsverfahren im Wege des Verfahrensdesigns.

Der Verfahrensberatung kommt dabei eine besondere Bedeutung zu. Sie ist entscheidend für die Anwendungsakzeptanz des Konfliktmanagementsystems, weil die Parteien erst nach ausführlicher Analyse ihres klärungsbedürftigen Konflikts und einer umfassenden Information und Beratung über potentielle Konfliktbearbeitungsverfahren ein geeignetes (Eingangs-) Verfahren für die Konfliktbearbeitung auswählen können.[901] Denn die Auswahl eines ungeeigneten Verfahrens kann schnell zu Frustrationen der Parteien mit einzelnen Verfahren und dem Konfliktmanagementsystem insgesamt führen. Bleibt das ausgewählte Konsensverfahren erfolglos oder ist es gar inadäquat, greifen die Beteiligten vorschnell auf herkömmliche – kontradiktorische – Verfahren der gerichtlichen Streitentscheidung zurück. Die Folge ist eine mangelnde Akzeptanz der Parteien für das neue integrierte Konfliktmanagementsystem.

Die Konfliktmanagementabteilung unterstützt und berät die Konfliktparteien daher, dasjenige Verfahren auszuwählen, welches dem zugrundeliegenden Konflikt, ihrem subjektiven Konfliktverhalten, ihren materiellen und prozessualen Zielen sowie ihrer Risikotoleranz und ihrer Beziehung zueinander entspricht. Die Rolle des Konflikt- und Verfahrensberaters ist mit der eines Mediators vergleichbar: Ohne Entscheidungsmacht, ein Verfahren für die Parteien auszuwählen, unterstützt er die Parteien darin, konfliktspezifisch ein an ihren Interessen orientiertes Konfliktbeilegungsverfahren auszuwählen, indem er ein Forum für den gemeinsamen Austausch

---

[898] *Slaikeu/Hasson*, S. 54: „Every organization should provide internal mechanisms to assist parties in selecting and using available conflict management options. Best practice calls for every organization to have access to an independent and confidential source of assistance to which any party can go for help in reviewing available options and then using them."

[899] *Breidenbach*, in: Gottwald (Hrsg.), S. 117, 129 visioniert zur Steuerung des Zusammenspiels gerichtlicher und außergerichtlicher Verfahren ein virtuelles Multi-Door-Dispute-Processing-House als Konfliktstelle für Bürger. Ähnlich ist die Funktion eines Multi-Door-Courthouses nach *Birner*, S. 43: „Eine zentrale Anlaufstelle für jegliche Art von Konflikten [...] erleichtert auch den Ratsuchenden bei der zunehmenden Angebotsvielfalt an [...] Streitbeilegungsverfahren eine erste Orientierung."

[900] Zur Bedeutung der Verfahrensberatung siehe auch *Birner*, S. 39: „Die Konfrontation mit einer Vielzahl von Angeboten ohne *Hilfestellung bei der Auswahl* wird Ratlosigkeit verursachen." [Hervorhebung durch den Verfasser]

[901] *Costantino/Merchant*, S. 118 f., 121; *Reilly/MacKenzie*, S. 41 ff.

bietet.[902] Die Beratung kann derart flexibel gestaltet werden, dass sie nahtlos in Vergleichsverhandlungen zwischen den Parteien übergeht. Mit Ermächtigung der Parteien fungiert der Konfliktberater dann als Mediator.[903]

In Konflikten des Unternehmens mit externen Parteien wählt die Konfliktmanagementabteilung demgegenüber das geeignete Eingangsverfahren stellvertretend für das Unternehmen aus. Fällt die Wahl nicht auf ein Konsensverfahren, ist der zuständige Mitarbeiter der Konfliktmanagementabteilung verpflichtet, dem Abteilungsleiter gegenüber die Gründe für die Nichtwahl eines ADR-Verfahrens (als Eingangsverfahren) schriftlich darzulegen.[904] Dieses Prozedere unterstreicht den Grundansatz eines Konfliktmanagementsystems, dass interessenbasierte Verfahren grundsätzlich in jedem Konflikt (auch Rechtsstreit) geeignet sein können und schafft zudem innerhalb der Konfliktmanagementabteilung einen Anreiz, diesem Grundsatz auch in der Praxis zu folgen.[905]

Entscheidend für die Akzeptanz der Konfliktmanagementabteilung – und ihrer Mitarbeiter – ist ihre Allparteilichkeit gegenüber den unternehmensinternen Konfliktgegenparteien des Unternehmens. Da die Abteilung im Unternehmen selbst angesiedelt ist und mit Mitteln des Unternehmens finanziert wird, könnten die organisatorische Nähe und finanzielle Abhängigkeit ihre Neutralität und Unabhängigkeit in Frage stellen. Die Mitarbeiter der Konfliktmanagementabteilung haben jedoch keinerlei Entscheidungsmacht; sie agieren lediglich beratend und empfehlend. Die Parteien behalten folglich die maximale Kontrolle über die Wahl der Konfliktbearbeitungsmethode und seine Ausgestaltung. Insofern dürfte die Allparteilichkeit der Konfliktmanagementabteilung und ihrer Mitarbeiter in unternehmensinternen Konflikten hinreichend gewährleistet sein.

4. Verfahrensdesign

Das Design einer Konfliktmanagementordnung ist nur der erste von zwei Schritten des Systemdesigns. Von gleicher Relevanz ist das Design der einzelnen, in der Ordnung integrierten Verfahren.[906] Wertet man bestehende Konfliktmanagementsysteme in Unternehmen aus, so fällt auf, dass zwar regelmäßig eine unternehmensspezifische Konfliktmanagementordnung existiert. Es fehlt aber an einem ebenso unter-

---

902 So auch *Birner*, S. 170 f.: „[...] der Beginn einer screening conference ähnelt dem Eröffnungsverfahren einer Mediation."
903 Vgl. diesen Rollenwechsel des *screening officers* am Multi-Door-Courthouse in Cambridge, MA, bei *Birner*, S. 171.
904 Eine vergleichbare Bestimmung enthält der ADR Plan von The Home Insurance Company; siehe *CPR (Ed.)*, 9 Alternatives 33, 47.
905 *Cronin-Harris*, 59 Alb. L. Rev. 847, 868 ff.
906 Vgl. *Breidenbach*, Mediation, S. 3: „Schließlich eröffnen die Elemente einer so verstandenen integrierten Verfahrenslehre auch die Möglichkeit, neue Verfahren – Alternativen – besser zu konzipieren. Streit*behandlungslehre* ist die Grundlage von Verfahrens*design*." [Hervorhebung im Original]

nehmensspezifischen Design der integrierten Verfahren. Die Unternehmen wissen, welche Verfahren sie in welcher Reihenfolge durchführen, aber sie wissen nicht, wie die einzelnen Verfahren optimal auszugestalten sind.

a) Bedeutung

Während im Zuge des Systemdesigns im engeren Sinne eine unternehmensspezifische Konfliktmanagementordnung konzipiert wird, in der die verschiedenen Verfahren der Konfliktbearbeitung in einer Abfolge integriert sind, können die Parteien anhand des Verfahrensdesigns den jeweiligen Verfahrensablauf konfliktspezifisch im Hinblick auf ihre prozessualen Interessen maßschneidern[907] und das Verfahren damit auf ihren Konflikt anpassen. Würde man hingegen den Konflikt auf das Verfahren anpassen, so wäre nicht der ursprüngliche Konflikt, sondern ein anderer Konflikt Verfahrensgegenstand. Der ursprüngliche Konflikt bliebe damit unbearbeitet. Auch in der Praxis werden teilweise bestimmte Konflikte auf ihre Eignung für ein bestimmtes Verfahren hin überprüft[908], anstatt das Verfahren dahingehend zu überprüfen, inwieweit es auf den zu behandelnden Konflikt maßzuschneidern ist.

Das Verfahrensdesign muss die unterschiedlichen Interessen aller Konfliktparteien berücksichtigen und widerspiegeln. Anderenfalls besteht die Gefahr, dass ein Verfahren in einer Weise gestaltet wird, die inkongruent mit den im Konflikt verfolgten Interessen des Unternehmens und der anderen Konfliktparteien ist.[909] Verfahrensdesign ist insoweit aus der gemeinsamen Perspektive der Systemanwender zu betreiben.[910]

b) Funktion

Das Verfahrensdesign zielt auf die Optimierung der Verfahren im System. Im Rahmen des Verfahrensdesigns werden die Verfahren somit einerseits ihrem Ablauf und ihren Eigenschaften nach auf den zugrundeliegenden Konflikt und seine Parteien maßgeschneidert, andererseits aufeinander abgestimmt und koordiniert. Das jeweilige (Einzel-)Verfahren ist so zu designen, dass es einerseits auf den zugrundeliegenden Konflikt in seinem aktuellen Eskalationsstadium, andererseits auch auf seinen

---

907 Vgl. *Stitt*, S. 9: „ADR systems design is an attempt to match the appropriate dispute resolution process with the type of dispute and with the culture of the organization"; ferner *Reilly/MacKenzie*, S. 8; *Ury/Brett/Goldberg*, S. 24 und *Costantino/Merchant*, S. 100.
908 Vgl. *Duve*, in: Henssler/Koch (Hrsg.), § 5 Rdnr. 25 ff.
909 *Ury/Brett/Goldberg*, S. 27; ähnlich *Costantino/Merchant*, S. 99.
910 Wie im Produktdesign gehe es im Systemdesign darum, die Bedürfnisse der Kunden als potentielle Anwender des Systems zu erfüllen; vgl. in diesem Sinne *Rowe*, 5 Neg J. 149, 152; *Shaw*, A.L.I.-A.B.A. 447, 454 f.

dynamischen Verlauf in der Zukunft nach Einleitung des Verfahrens angepasst ist.[911] Die Parteien können im Verfahrensdesign entweder ein bestehendes Konfliktbeilegungsverfahren auswählen und auf ihren Konflikt maßschneidern oder ein neues Verfahren entwickeln, indem sie die Elemente etablierter Verfahren miteinander kombinieren, aufeinander abstimmen und so zu einem konfliktindividuellen Konfliktbearbeitungsverfahren integrieren. Hier wird deutlich, dass das Verfahrensdesign von den Parteien eine präzise Ausdifferenzierung der Grundmodelle der verschiedenen Konfliktbearbeitungsverfahren erfordert: nur wenn die Parteien die Profile der Grundverfahren (Verhandeln, Mediation und Zivilprozess) voneinander abgrenzen können, ist ihr Verfahrensverständnis so fortgeschritten, dass sie ihre eigenen konfliktspezifischen Verfahren designen können. Das Verfahrensdesign hat ferner die Funktion, die Verfahren dergestalt aufeinander abzustimmen, dass nicht nur jedes Einzelverfahren leicht zugänglich und handhabbar und eine qualitativ hochwertige Konfliktbeilegung ermöglicht[912], sondern dass darüber hinaus ein nahtloser Übergang von einem zum nächsten Verfahren gewährleistet ist. Dies erfordert eine Abstimmung der Schnittstellen zwischen den verschiedenen interessen- und rechtsbasierten Konfliktbeilegungsverfahren.

c) Kreative Gestaltung der Verfahrenskosten

Auch die Verfahrenskosten können die Parteien gemeinsam gestalten und steuern, wie die nachfolgenden Ausführen zeigen werden. Der Maßstab ist dabei, das jeweilige Verfahren nicht zulasten seiner Qualität kosteneffizient zu designen.

aa) Dritte und Sachverständige

Zu den wesentlichen Verfahrenskosten zählen die Honorare der externen Dritten (Mediator, Adjudicator und Schiedsrichter) samt ihrer Reisekosten und sonstigen Auslagen.[913] Hinzu kommen die Kosten und Auslagen für Sachverständige und andere vom Dritten in Anspruch genommene Unterstützung.[914] Das Honorar basiert auf vereinbarten Stunden- oder Tagessätzen, die nach den verschiedenen nationalen und internationalen Verfahrensordnungen sehr unterschiedlich bemessen werden.[915] Die Honorare lassen sich teilweise signifikant reduzieren, indem die Parteien sich darüber verständigen, grundsätzlich nur eine Person als Dritten zu benennen (Einzelmediator statt Co-Mediatoren, ein Adjudicator statt eines Drei-Personen-Boards

---

911 *Birner*, S. 38.
912 *CPR (Ed.)*, 9 Alternatives, 161, 162 f. skizzieren Faktoren des Verfahrensdesigns.
913 Vgl. Art. 38 Absatz 1 Nr. a) und b) Swiss Rules.
914 Vgl. Art. 38 Absatz 1 Nr. c) Swiss Rules.
915 Es ist üblich ab einer terminierten Sitzungsdauer von mehr als fünf Stunden die Tätigkeit des Mediators nach Tagessätzen zu honorieren.

und ein Einzel-Schiedsrichter statt eines Dreier-Schiedsgerichts).[916] Neben reduziertem Honorar kann eine solche Vereinbarung auch das Verfahren beschleunigen, weil der organisatorische Aufwand geringer ist.[917] Die Co-Mediation und ein Drei-Personen-Adjudication Board sind auf Ausnahmefälle zu beschränken, weil die damit verbundenen zusätzlichen Kosten nicht per se zu einer entsprechenden Steigerung der Verfahrensqualität führen.

bb) Kosten der Verfahrensadministration

Im Einzelfall ist sorgfältig zu prüfen, ob die Konfliktmanagementabteilung des Unternehmens oder eine externe ADR-Institution das Verfahren administriert. Letztere erhebt für ihre Dienstleistungen eine pauschale Verwaltungsgebühr[918] sowie Kosten für die Verwaltung des jeweiligen Konfliktbearbeitungsverfahrens[919], die sich in der Regel nach dem Streitwert richten und ebenfalls beträchtlich unter den verschiedenen nationalen und internationalen Verfahrensinstitutionen variieren.[920] In unternehmensinternen Konflikten dürfte es ausreichen und die Verfahrensqualität nicht mindern, wenn die Konfliktmanagementabteilung des Unternehmens das jeweilige Konfliktbearbeitungsverfahren selbst administriert. In geeigneten Fällen ist zu erwägen, ob der Dritte (Mediator, Adjudicator, Schiedsrichter) nicht zusätzlich gegen ein entsprechendes Entgelt mit der Administration des Verfahrens beauftragt wird. Nur wenn der Fall eine besondere Komplexität aufweist, mehr als ein Mediator oder Schiedsrichter involviert ist oder wenn der Fall eine grenzüberschreitende Anknüpfung hat, sollte eine externe Verfahrensinstitution zur administrativen Unterstützung herangezogen werden.

---

916 Nach Art. 39 Absatz 3 Swiss Rules werden die Honorare der Schiedsrichter eines Dreierschiedsgerichts grundsätzlich prozentual verteilt: Der Vorsitzende erhält zwischen 40 % und 50 % und jeder Mitschiedsrichter zwischen 25 % und 30 % des Gesamthonorars des Schiedsgerichts.
917 *Carver/Vondra*, Harv. Bus. Rev. 1994, 120, 127 bezeichnen dies als „streamline the proceedings".
918 Vgl. ICC-ADR-Regeln, Anhang, ADR-Kostenübersicht A.
919 Die meisten Mediationsordnungen berechnen diese Verwaltungskosten nach dem Streitwert, vgl. die Kostentabelle im Anhang der ICC-ADR-Regeln. Diese Art der Berechnung eignet sich allerdings nur in monetär quantifizierbaren Streitwerten.
920 Vgl. Art. 38 Absatz 1 Nr. f) i.V.m. Appendix B Swiss Rules.

C. Systemunterstützende Strukturen und Instrumente in der Unternehmensorganisation

Zusätzlich zur Einrichtung einer Konfliktmanagementabteilung sind systemunterstützende Maßnahmen im Unternehmen erforderlich[921], die darauf ausgerichtet sind, im Unternehmen einen kooperativen und interessenorientierten Konfliktmanagement-Modus zu etablieren (I.).[922] Mit systemunterstützenden Maßnahmen sind Strukturen, Prozesse und Instrumente gemeint, die die Konfliktmanagementordnung und -abteilung in der operativen Praxis und Organisation des Unternehmens verankert und somit den Anwendungsgrad der Konfliktmanagementsordnung unter den potentiellen Konfliktparteien innerhalb und außerhalb des Unternehmens fördert.[923] Zu diesem Zweck ist es erforderlich, die Konfliktmanagementordnung vertraglich in die unternehmensinternen und -externen Arbeits- und Geschäftsabläufe einzubeziehen (II.). Unterstützend wirken ferner konfliktdeeskalierende und streitpräventive Instrumente (III.).

I. Konfliktmanagement-Modus eines Unternehmens

Wenngleich die Relevanz der aktuell praktizierten Kultur, Philosophie oder Wirklichkeit des Unternehmens für das Systemdesign immer wieder betont wird[924], mangelt es bislang an Instrumenten, die erforderliche Kongruenz zwischen Konfliktmanagementsystem und dem Konfliktmanagement-Modus herzustellen.

Aus zweierlei Gründen wird hier nicht von Unternehmenskultur, sondern von dem Konfliktmanagement-Modus eines Unternehmens gesprochen. Zum einen wird der Begriff der Unternehmenskultur sehr uneinheitlich verwendet.[925] Zum anderen ist für die Beziehung zwischen dem Konfliktmanagement und der Disposition eines Unternehmens nicht die Definition der Unternehmenskultur ausschlaggebend, sondern die Frage nach den konfliktmanagementrelevanten Aspekten in der Organisati-

---

[921] *Lynch*, im Internet abrufbar unter http://mediate.com/articles/systemsedit3.cfm, spricht von „Fostering and Sustaining Enviroment".

[922] *Schoen*, S. 165.

[923] *Slaikeu/Hasson*, S. 77 ff. Empirische Untersuchungen des Konfliktmanagements in deutschen Unternehmen deuten darauf hin, dass vor allem der Anwendungsgrad außergerichtlicher Konsensverfahren auf strukturelle Faktoren im Unternehmen zurückzuführen ist. Siehe dazu *PricewaterhouseCoopers* (Hrsg.), S. 23. *Lipsky/Seeber/Fincher*, S. 125: „In sum, the decision to adopt a particular conflict management strategy is strongly influenced by the environmental factors [...], but the organization's actaul choice of strategy is ultimately determined by organizational motivation."

[924] Vgl. den Aufsatztitel „Culture: The Missing Link in Dispute Systems Design" von *Bendersky*, 14 Neg. J. 307; ferner *Lipsky/Seeber/Fincher*, S. 134: „It seems obvious to us that there is a close relationship between the culture of an organization and the nature of its choice of conflict management strategy."

[925] Zu dem Problem, den Begriff „Unternehmenskultur" zu definieren, siehe zusammenfassend *Schmidt*, S. 27 ff.

on und den Strukturen eines Unternehmens. Der Fokus der Betrachtung liegt hier auf dem Konfliktmanagement-Modus[926], verstanden als die Art und Weise der Entscheidungsfindung, Problemlösung und des Managements von Konflikten.[927]

Er ist der wohl am schwersten zu gestaltende Faktor im Systemdesignprozess. Die Problematik liegt in Folgendem: Geht man davon aus, dass der unternehmerische Modus der Entscheidungsfindung und Problemlösung die praktizierte Strategie des Konfliktmanagements determiniert, so wird regelmäßig eine große Diskrepanz zwischen der bestehenden und der im Zuge des Systemdesigns novellierten Konfliktmanagementstrategie des Unternehmens bestehen. Betrachtet man das Verhältnis zwischen Systemdesign und unternehmerischem Konfliktmanagement-Modus näher, zeigen sich Schwierigkeiten bei der Herstellung der notwendigen Kongruenz. Das Systemdesign basiert auf den Attributen der Privatautonomie und der Gestaltungsfreiheit sowie der Interessenorientierung und des Konsens. Es selbst legt einen bestimmten Rahmen samt Spielregeln zu Grunde, innerhalb dessen die Parteien ihre Konflikte gestalten. Sofern die bestehenden Attribute des Konfliktmanagement-Modus des Unternehmens von denen des Systemdesigns abweichen, insbesondere wenn er aktuell hierarchisch und autoritativ geprägt ist und Entscheidungen des Unternehmens regelmäßig über das Recht und die Macht[928], anstatt über die Parteieninteressen getroffen werden, bleibt das Systemdesign ohne Erfolg, weil sie nicht deckungsgleich sind und nicht harmonieren. Mit anderen Worten: Wollte man das neue System in Einklang mit dem aktuellen Modus der Entscheidungsfindung und Problemlösung bringen, bliebe von dem neuen Konfliktmanagementsystem nicht viel übrig. Wollte man dagegen den bestehenden Konfliktmanagement-Modus des Unternehmens auf das neue integrierte Konfliktmanagementsystem ausrichten, bedürfte es im Rahmen des Systemdesigns einer umfassenden Anpassung bzw. Veränderung des im Unternehmen aktuell praktizierten Modus der Entscheidungsfindung und Problemlösung an das neue Konfliktmanagementsystem. Die Herausforderung und zugleich zentrale Aufgabe des Systemdesignprozesses liegt darin, den Konfliktmanagement-Modus des Unternehmens parallel zu der Konzeption einer Konfliktmanagementordnung zu optimieren[929] und den im Unternehmen praktizierten Modus der Entscheidungsfindung und Problemlösung auf das zu entwickelnde integrierte Konfliktmanagementsystem anzupassen[930].

---

926 Teilweise wird diesbezüglich der Begriff der Konflikt- bzw. Streitkultur verwendet, so etwa *Birner*, S. 249.
927 Aufbauend auf *Schmidt*, S. 10, 13 ff. und 108 ff., der die Unternehmenskultur als „das Problemlösungsprogramm von Unternehmen" qualifiziert; dazu auch *Schmidt*, S. 10: „Der Grundgedanke [...] lautet, dass die Kultur eines Unternehmens nicht als ein Bereich oder eine Komponente betrachtet werden sollte, sondern dass ein Unternehmen nur dann überhaupt existiert und funktioniert, wenn es über ein konsistentes *Programm* der Selbststeuerung bzw. *der Lösung* [...] *seiner Probleme* verfügt." [Hervorhebung durch den Verfasser]
928 Zu den Auswirkungen von Machtstrukturen in Unternehmen auf Konsensverfahren siehe *Budde*, Konsens 1999, 31, 34 f.; *Dendorfer*, FA-Spezial 9/2000, 12, 14 f.
929 *Shariff*, 8 Harv. Neg. L. Rev. 133, 143: „[...] enhance the problem solving and conflict management character of an institution."
930 *Lipsky/Seeber/Fincher*, S. 167.

Insofern muss nicht das neue System den bestehenden Modus des Konfliktmanagements im Unternehmen unterstützen und legitimieren, sondern der praktizierte Konfliktmanagement-Modus muss das neue Konfliktmanagementsystem unterstützen und legitimieren.[931] Das Systemdesign zielt daher inhärent darauf ab, einen (neuen) systemunterstützenden Modus des Konfliktmanagements im Unternehmen zu entwickeln[932] bzw. den praktizierten Modus systemunterstützend zu reprogrammieren. Bevor ein neues integriertes Konfliktmanagementsystem konzipiert und in das Unternehmen implementiert werden kann, bedarf es daher zunächst einmal der Analyse des bestehenden und der Entwicklung eines systemunterstützenden Konfliktmanagement-Modus im Unternehmen. Systemdesign ist folglich immer auch Unternehmensdesign und -entwicklung.

Für die weiteren Überlegungen sind daher die Charakteristika der Unternehmensorganisation und -struktur herauszuarbeiten, die notwendig und förderlich sind für die Unterstützung des in dem neuen Konfliktmanagementsystem zum Ausdruck kommenden Modus der Entscheidungsfindung und Problemlösung. Entscheidend sind dabei die praktizierten, nicht bloß intendierten Problemlösungs- und Entscheidungsfindungsprozesse im Unternehmen.[933] Empirische Untersuchungen aus den USA zeigen, dass Unternehmen, die erfolgreich Systemdesign betrieben haben, spezifische Charakteristika aufweisen.[934] Daraus lässt sich die These ableiten, dass der Erfolg eines integrierten Konfliktmanagementsystems durch das Vorliegen bestimmter Eigenschaften und Strukturen im Unternehmen gefördert wird. Viele dieser Eigenschaften korrespondieren mit den bereits dargestellten idealtypischen Charakteristika eines integrierten Konfliktmanagementsystems. Sofern ein Unternehmen nicht über vergleichbare Eigenschaften verfügt, wird selbst ein ideal-typisch konzipiertes Konfliktmanagementsystem ohne Erfolg bleiben. Es mangelt, zugegeben bildhaft gesprochen, an fruchtbarem Boden, in den das System eingepflanzt wird.

Zu den konfliktmanagementfördernden Charakteristika der Organisation und Strukturen eines Unternehmens zählen neben dem bereits ausgeführten Engagement des Unternehmens für den Systemdesignprozess und den unternehmerischen Anreizen für die Anwendung der neuen Konfliktmanagementordnung folgende Aspekte[935]: Partizipation und Teilhabe, der Zentralisierungsgrad im Unternehmen sowie

---

[931] *Manring*, 9 Neg. J. 13, 20: „The culture of the organization needs to accommodate and truly legitimize the more participative management style inherent in [alternative] dispute resolution processes." Siehe auch *Sciamanda*, in: Fine/Plapinger (Eds.), S. 161, 168.

[932] So offenbar *Lynch*, 17 Neg. J. 203, 213: „[...] healthy [conflict management] systems *create* an athmosphere and *culture* where all conflict may be safely raised and where persons will feel confident that their concerns will be heard, respected, and acted upon, with support provided. The "default reaction" changes from one shrugging off or escalating conflict, to accepting it positively and encouraging early, low-level solutions."

[933] Ähnlich *McKinney*, 8 Neg. J. 153, 153: „Finally, the relationship of the dispute resolution system to *existing decision-making channnels* must be carefully considered and mapped out." [Hervorhebung durch den Verfasser]

[934] *Lipsky/Seeber/Fincher*, S. 18 f.

[935] Nach *Shariff*, 8 Harv. Neg. L. Rev. 133, 135 und 141 ff. mit Verweis auf *Koremenos/Lipson/Snidal*, 55 Int'l Org. 761, 770 ff.

die Kontrolle über die Entscheidungsfindung und die Variabilität und Flexibilität der Unternehmensorganisation. Konstitutiv für die Konfliktmanagementkompetenz eines Unternehmens ist es, sämtliche Mitglieder, die von den Entscheidungen des Unternehmens tangiert sind, in die Hierarchie und sonstigen Strukturen der unternehmerischen Entscheidungsfindungs- und Problemlösungsprozesse zu integrieren und ihnen adäquate Teilhabe zu gewähren.[936] In diesem Zusammenhang ist vor allem von Bedeutung, wer im Unternehmen die Entscheidungsfindung kontrolliert. Damit ist gemeint, welche Personen bzw. welche Organe für die Entscheidungsfindung und ihre Exekution verantwortlich sind.[937]

Der Grad der Zentralisierung betrifft die Verortung der Entscheidungsfindungsprozesse im Unternehmen.[938] Während in manchen Unternehmen die Prozesse der Entscheidungsfindung zentralisiert an einer Stelle zusammenlaufen, finden die Entscheidungsfindungsprozesse in anderen Unternehmen dezentral auf lokaler Ebene der jeweiligen Unternehmensmitglieder statt. Die Kontrolle über und die Verantwortung für Entscheidungen des Unternehmens sollte also nicht hierarchisch, sondern adressatenorientiert, egalitaristisch und flexibel sein: Entscheidungen des Unternehmens treffen diejenigen Mitglieder des Unternehmens, deren Interessen vom Inhalt der Entscheidung am gravierendsten tangiert sind.[939] Dies bedeutet nicht, dass sie allein die Entscheidungen treffen. Vielmehr sollten sie am Prozess der Entscheidungsfindung partizipieren. Durch ihre Partizipation legitimieren sie zugleich die Entscheidung. Untersuchungen in US-amerikanischen Unternehmen deuten darauf hin, dass egalitaristisch organisierte Unternehmen erwartungsgemäß eher ein integriertes Konfliktmanagementsystem einführen werden als hierarchisch strukturierte.[940]

Die Flexibilität eines Unternehmens meint vor allem seine Bereitschaft und Fähigkeit, sich an veränderte Bedingungen innerhalb und außerhalb des Unternehmens anzupassen.[941] Vergegenwärtigt man sich den Systemcharakter einer Unternehmensorganisation, in der mannigfaltige Strukturen, Prozesse und Interaktionen zwischen dem Unternehmen, seinen Mitgliedern und externen Akteuren integriert sind, die sich nicht starr, sondern dynamisch entfalten und ablaufen, so wird deutlich, dass ein Unternehmen entsprechend dynamisch organisiert sein muss. Die Flexibilität einer Unternehmung ist daher keine künstliche Anforderung an die Organisation und Struktur des Unternehmens, sondern vielmehr Spiegelbild der dynamischen Abläufe innerhalb und außerhalb des Unternehmens. Die Innovationsfreudigkeit eines Unternehmens und flache hierarchische Strukturen begünstigen innerorganisatorische

---

936 *Shariff*, 8 Harv. Neg. L. Rev. 133, 143: „For an institution to solve problems robustly, it must posess an institutional capacity for involving all stakeholders in its structures."
937 *Koremenos/Lipson/Snidal*, 55 Int'l Org. 761, 772.
938 *Koremenos/Lipson/Snidal*, 55 Int'l Org. 761, 771 f.
939 *Shariff*, 8 Harv. Neg. L. Rev. 133, 152: „Institutions should vest control over decisions in those most interested and affected by them."
940 *Lipsky/Seeber/Fincher*, S. 134: „We hypothesize that conflict management systems are more likely to emerge in egalitarian organizations than in hierarchical ones."
941 *Koremenos/Lipson/Snidal*, 55 Int'l Org. 761, 773.

Initiativen, mit neuen Verfahren und Instrumenten der Entscheidungsfindung, Problemlösung und schließlich der Konfliktbeilegung zu experimentieren.[942] Bezogen auf das Konfliktmanagement sind vor allem die Prozesse der Entscheidungsfindung und Problemlösung insofern flexibel auszugestalten, als sie nicht nach einem Muster, sondern angepasst auf das jeweilige Problem und die zu treffende Entscheidung sowie die sie beeinflussenden Rahmenbedingungen gestaltet werden sowie den jeweils für die Entscheidung und Problemlösung Verantwortlichen und von ihr Betroffenen autonome Gestaltungsfreiheit einräumen. Dieses Prinzip der Flexibilität und situationsadäquaten Anpassung reflektiert auch die gleichermaßen flexible Struktur des neuen Konfliktmanagementsystems im Unternehmen.

Da für den Prozess der Entscheidungsfindung und Problemlösung die Verfügbarkeit und das Vorhandensein aller entscheidungsrelevanten Informationen erforderlich ist, sollte ein Unternehmen ferner Informationsmanagement betreiben und in seiner Organisationsstruktur zentrale Stellen einrichten, in denen sämtliche relevanten Informationen zusammenlaufen und für die Unternehmensmitglieder in angemessener Weise verfügbar sind.[943] Zudem beinhaltet das Informationsmanagement die gemeinsame Sammlung und Auswertung von Informationen sowie einen Informationsaustausch zwischen den Mitgliedern des Unternehmens.[944]

II. Einbeziehung der Konfliktmanagementordnung in die Unternehmenspraxis

Will man das neu entwickelte Konfliktmanagementsystem zur praktischen Anwendung bringen, bedarf es seiner Einbeziehung in die Unternehmenspraxis. Im Folgenden werden daher die verschiedenen „Hebel" dargestellt, mit denen die Konfliktmanagementordnung des Unternehmens Bestandteil der (Geschäfts-)Beziehungen mit den unternehmensinternern und -externen Parteien wird.[945]

1. Konfliktmanagementvereinbarungen mit externen Parteien

Verschiedene Anknüpfungspunkte bieten sich als Optionen für eine Konfliktmanagementvereinbarung mit externen Parteien an. Sie reichen von Selbstbindungsmechanismen über Rahmenverträge bis hin zu individuellen Vereinbarungen.

---

942 Vgl. *McKinney*, 8 Neg. J. 153, 160: „[...] for a dispute resolution system to be considered seriously, the existing decision-making authorities must be willing to experiment with new wazs of solving problems and resolving disputes."
943 *Shariff*, 8 Harv. Neg. L. Rev. 133, 148: „Institutions should seek to build cental sources of information gathering and dissemination."
944 *Shariff*, 8 Harv. Neg. L. Rev. 133, 148 ff.; *Ehrmann/Stinsor*, in: Susskind/McKearnan/Thomas-Larmer (Eds.), S. 375, 377 ff.
945 *Schoen*, S. 195 ff.; *Slaikeu/Hasson*, S. 80 und 108 ff.

a) Selbstbindungsmechanismen

In der US-amerikanischen Wirtschaft sind sogenannte *ADR Pledges* verbreitet. Darin vereinbaren Unternehmen nicht rechtsverbindlich die Durchführung eines außergerichtlichen Konflikt- oder Streitbeilegungsverfahrens, sondern erklären lediglich ihre Absicht, im Konfliktfall vor (schieds-)gerichtlichen interessenbasierte Alternativverfahren ernsthaft in Betracht zu ziehen.[946] Zahlreiche Unternehmen, zu denen auch die amerikanischen Tochterunternehmen deutscher Unternehmen zählen[947], haben etwa den branchenübergreifende *ADR Pledge* des *CPR Institute for Dispute Resolution* unterzeichnet.[948] Diese Absichtserklärungen verfolgen zwei Ziele: zum einen signalisieren sie, dass außergerichtliche Konsensverfahren integraler Bestandteil des Spektrums der Konfliktbearbeitungsverfahren sind, zum anderen erleichtern sie im Konfliktfall den Verständigungsprozess der Parteien, sich auf die Durchführung eines außergerichtlichen Verfahrens zu einigen.[949]

Ein Aspekt ist für den Erfolg der vorbeschriebenen ADR-Absichtserklärungen von besonderer Bedeutung: Will die Erklärung über ein Lippenbekenntnis hinaus tatsächlich die Konfliktbehandlung unter den Wirtschaftsunternehmen auf außergerichtliche Konsensverfahren ausrichten, reicht es nicht aus, allein die Unternehmen als potentielle Konfliktparteien zur Unterzeichnung eines *ADR Pledges* zu motivieren. Zusätzlich müssen die in Konflikten zwischen Wirtschaftsunternehmen beauftragten externen Rechtsanwälte einbezogen werden. Der Erfolg und die weite Verbreitung des *CPR Pledges* gründet sich nicht allein in der großen Anzahl der beigetretenen Unternehmen, sondern in der Tatsache, dass gerade auch in den USA tätige Kanzleien eine entsprechende Absichtserklärung unterzeichnet haben und sich verpflichten, mit ihren Mandanten – den Unternehmen – die Durchführung von ADR-Verfahren zu diskutieren.[950] Auch in Deutschland gibt es aktuell Initiativen, vergleichbare Selbstbindungsmechanismen in Industriezweigen zusammen mit der Anwaltschaft zu etablieren.[951]

b) Rahmenvertrag über das Konfliktmanagement

Über bloße Absichtserklärungen hinaus schließen Unternehmen bestimmter Industrie- und Wirtschaftsbranchen vermehrt Rahmenvereinbarungen ab, nach denen sich die Parteien verpflichten, nicht nur aus einzelnen Verträgen resultierende, sondern in

---

946 *Duve/Eidenmüller/Hacke*, S. 313 ff.; *Friedrich*, S. 117.
947 So gehört etwa Daimler Chrysler, Inc., Volkswagen USA und Siemens USA zu den Unterzeichnerunternehmen.
948 Nach *Mazadoorian*, 222 N.Y. L. J. S3 hatten bereits bis Mitte 1999 insgesamt 800 Unternehmen samt ihrer 3.200 Tochterunternehmen diesen ADR Pledge unterzeichnet.
949 Vgl. auch *Schoen*, S. 253 f.
950 *CPR Law Firm Policy Statement on Alternatives to Litigation*, abgedruckt bei *Duve/Eidenmüller/Hacke*, S. 315.
951 *Klowait/Hill*, SchiedsVZ 2007, 83.

der gesamten Geschäftsbeziehung auftretende Konflikte in außergerichtlichen Konsensverfahren beizulegen.[952] Mit einer solchen Rahmenvereinbarung signalisieren die Unternehmen zweierlei: Sie stellen die Geschäftsbeziehung in den Mittelpunkt und bringen ihr Bewusstsein zum Ausdruck, dass Konflikte integraler Bestandteil dieser Geschäftsbeziehung sind.[953] Darüber hinaus unterstreichen sie, dass sie auftretende Konflikte professionell managen werden und der Überzeugung sind, dass außergerichtliche Konsensverfahren die Geschäftsbeziehung weniger tangieren als eine (schieds-)gerichtliche Streitentscheidung. Aus Sicht des Vertragsmanagements bietet ein Rahmenvertrag den Vorteil, dass nicht in jeden Einzelvertrag einer Geschäftsbeziehung eine detaillierte Konfliktmanagementvereinbarung aufgenommen werden muss, sondern dass die Einzelverträge im Hinblick auf das Konfliktmanagement auf den Rahmenvertrag verweisen. Je nach dem, wie ausdifferenziert der Rahmenvertrag formuliert ist, beinhaltet er eine mehrstufige Verfahrensabfolge oder gar konkrete Regelungen über den jeweiligen Ablauf der einzelnen Konfliktbearbeitungsverfahren.[954]

c) Individualvertragliche Vereinbarung

Weitaus häufiger als Rahmenverträge vereinbaren die Parteien einen individuellen Konfliktmanagementvertrag.[955] Während Gerichtsstandsklauseln regelmäßig und Schiedsklauseln des öfteren Bestandteil von Verträgen sind, fristen Mediations- und andere ADR-Klauseln (noch) ein Schattendasein.[956] Vergleichbar einer mehrstufigen Konfliktbearbeitungsklausel wird die Konfliktmanagementordnung des Unternehmens in einem gesonderten Dokument durch eigenhändige Unterschrift der Vertragsparteien vereinbart, auf die im Hauptvertrag verwiesen wird. Unabhängig von der im Einzelnen streitigen Frage, ob dieses Formerfordernis zwingend ist[957], ist es schon zu Beweiszwecken geboten, die Geltung der Konfliktmanagementordnung schriftlich in einem separaten Konfliktmanagementvertrag[958] zu vereinbaren.[959] Im

---

952 Vgl. die Rahmenvereinbarung von zehn US-amerikanischen Lebensmittelunternehmen bei *CPR (Ed.)*, 11 Alternatives 58, 58.
953 Siehe das *Conflict Resolution Agreement* zwischen Bombardier und Alstom, abgedruckt bei *Duve/Eidenmüller/Hacke*, S. 319.
954 Siehe dazu *Schoen*, S. 255.
955 *Duve/Eidenmüller/Hacke*, S. 313; *Friedrich*, S. 208.
956 *Risse*, § 3 Rdnr. 4: „In Deutschland enthält kaum ein Vertrag eine Mediationsklausel". Diesen Befund bestätigt eine Studie von *PricewaterhouseCoopers*, S. 7, nach der die Mediation in Konflikten zwischen Unternehmen bislang nur selten bzw. überhaupt nicht zum Einsatz kommt.
957 Für eine analoge Anwendung des § 1031 ZPO auf (mehrstufige) Mediations- und ADR-Vereinbarungen argumentieren *Risse*, § 13 Rdnr. 14 mit Verweis auf *Wagner*, Beil. 2 zu BB 2001, 30, 31; dagegen spricht sich *Eidenmüller*, S. 11 aus.
958 Eingehend zu materiell- und prozessrechtlichen Fragen von ADR-Verträgen und Mediationsvereinbarungen *Eidenmüller*; *Heß/Sharma*, in: Haft/Schlieffen (Hrsg.), § 26; *Hacke*, S. 31 ff.

Übrigen bewahrt diese Form die Parteien, insbesondere Verbraucher, vor einer übereilten Vereinbarung der Konfliktmanagementordnung.[960]

2. Innerbetriebliche Konfliktmanagementvereinbarung

Im Hinblick auf die Einbeziehung der Konfliktmanagementordnung innerhalb des Unternehmens bieten sich zwei Hebel an: eine Kollektiv- und eine Individualvereinbarung.

a) Betriebsvereinbarung

Im Betriebsverfassungsgesetz sind zwei Instrumente normiert, die in den verschiedenen Konfliktkonstellationen zwischen Arbeitgeber, Arbeitnehmer und Betriebsrat eingreifen. Zur Beilegung von Konflikten zwischen dem Unternehmen als Arbeitgeber und dem Betriebsrat können beide eine Einigungsstelle einrichten, deren Ausgestaltung und Verfahrensablauf in den §§ 76 ff. BetrVG näher geregelt ist. Der Beilegung von Konflikten eines Arbeitnehmers dient das in §§ 84, 85 BetrVG geregelte Beschwerdeverfahren.

Durch eine Betriebsvereinbarung, die auf freiwilliger Basis zwischen dem Unternehmen und dem Betriebsrat geschlossen wird, können die Parteien das Beschwerdeverfahren und das Verfahren vor der Einigungsstelle auf der Grundlage der unternehmerischen Konfliktmanagementordnung regeln.[961] Denn § 86 BetrVG ermächtigt die Parteien nicht nur, im Wege einer Betriebsvereinbarung die Einzelheiten des Beschwerdeverfahrens festzulegen[962], sondern auch die Einigungsstelle durch eine betriebliche Beschwerdestelle zu ersetzen und ihr Verfahren auszugestalten[963]. Die Konfliktmanagementordnung des Unternehmens fungiert dann als mehrstufiges Beschwerdeverfahren und die Konfliktmanagementabteilung ersetzt als betriebliche Beschwerdestelle die klassische Einigungsstelle. Diese Idee einer Konfliktmanage-

---

959 Zur Frage der Einbeziehung einer ADR-Verfahrensordnung in Allgemeine Geschäftsbedingungen siehe *Eidenmüller*, S. 16 ff.; *Heß/Sharma*, in: Haft/Schlieffen (Hrsg.), § 26 Rdnr. 21; *Hacke*, S. 123 ff.; *Wagner*, Beil. 2 zu BB 2001, 30, 31
960 Vgl. auch den Rechtsgedanken des Übereilungsschutzes beim Abschluss einer Schiedsvereinbarung in § 1031 Abs. 5 ZPO; *Lachmann/Lachmann*, BB 2000, 1633.
961 *Albrecht*, S. 92 kritisiert, dass eine Betriebsvereinbarung für den Arbeitnehmer unmittelbar und wegen § 77 Abs. 4 Satz 1 BetrVG zwingend gelte und dadurch die Freiwilligkeit der Teilnahme an der Mediation und anderen Konsensverfahren – hier: Adjudication – umgangen werde. Dieser Einwand greift indes nach m.E. nur, wenn in der Betriebsvereinbarung normiert ist, dass die Konsenverfahren zwingend durchzuführen sind, was nach der hier entwickelten Konfliktmanagementordnung aber gerade nicht der Fall ist.
962 § 86 Satz 1 BetrVG.
963 § 86 Satz 2 BetrVG.

ment-Betriebsvereinbarung[964] im weitesten Sinne haben in Deutschland zahlreiche Unternehmen aufgegriffen und in die Tat umgesetzt – von Ford über Fraport und Jenoptik bis hin zu Opel und VW.[965]

b) Individualvereinbarung zwischen Arbeitgeber und Arbeitnehmer

Alternativ kann das Unternehmen mit jedem Arbeitnehmer individuell die Geltung der Konfliktmanagementordnung vereinbaren.[966] Hier gelten die obigen Ausführungen über die individualvertragliche Vereinbarung entsprechend.[967]

III. Maßnahmen zur Förderung der Systemanwendung

Zur Förderung einer konsensualen Konfliktbeilegung sollten die Parteien prozedurale und finanzielle Anreize schaffen, welche die Konfliktgegenparteien des Unternehmens motivieren, ihre Konflikte dem neuen Konfliktmanagementsystem und seinen alternativen Konfliktbearbeitungsverfahren (Mediation und Adjudication) zuzuführen. Ebenso wichtig ist es, die Bereitschaft der eigenen Syndikusanwälte zu fördern, entsprechend der Konfliktmanagementordnung des Unternehmens zu agieren und primär alternative Verfahren der Konfliktbearbeitung durchzuführen. Nicht zu unterschätzen ist schließlich, die Zusammenarbeit des Unternehmens mit seinen externen Rechtsanwälten auf die im Zuge des Systemdesigns novellierte Strategie des unternehmerischen Konfliktmanagements auszurichten.

1. Kreative Kostentragungsvereinbarungen

Kreative Kostentragungsvereinbarungen zwischen dem Unternehmen und seinen internen und externen Konfliktgegenparteien sollten sich an einer ausgewogenen Balance zwischen den Vor- und Nachteilen für alle Konfliktparteien orientieren.[968]

---

964 Eingehend *Budde*, Konsens 1999, 31, 31 f.; *Lembke/Schröder*, IDR 2004, 29, 32; kritisch *Schubert*, AiB 2000, 524, 528.
965 Beispiele teilweise nach *Lembke/Schröder*, IDR 2004, 29, 31. Weitere Betriebsvereinbarungen von deutschen Unternehmen sind im Internet abrufbar unter www.igmetall.de/cps/rde/xchg/SID-0A342C90-C1E26B92/internet/style.xsl/view_6681.htm.
966 *Duve/Eidenmüller/Hacke*, S. 324 ff.; *Altmann/Fiebiger/Müller*, S. 244 ff.; *Schubert*, AiB 2000, S. 524 ff.; *Budde*, Konsens 1999, S. 31 ff.; *Prütting*, in: Isenhardt/Preis (Hrsg.), S. 743 ff.
967 Siehe zur individualvertraglichen Verpflichtung des Arbeitnehmers, in Konflikten eine Mediation durchzuführen, *Albrecht*, S. 93 f.
968 *Costantino/Merchant*, S. 161.

a) Kostenanreize für interne Konfliktgegenparteien

Bei den Regelungsoptionen der Kostentragung ist zwischen innerbetrieblichen und externen Konflikten zu differenzieren. Der Grund für diese Unterscheidung liegt in den jeweiligen Verfahrenskosten begründet. Innerbetriebliche Konflikte werden regelmäßig zunächst unternehmensinternen Konfliktbehandlungsverfahren zugeführt. Das Fallmanagement übernehmen die Parteien mit Unterstützung der unternehmensinternen Konfliktmanagementabteilung. Die Dritten sind vielfach Mitglieder des Unternehmens; externe Rechtsanwälte und sonstige Verfahrensbevollmächtigte der Parteien sind nur ausnahmsweise beteiligt. Ressourcenintensiver sind demgegenüber Konflikte des Unternehmens mit externen Parteien. Aus Gründen der prozessualen Waffengleichheit der Parteien und der Verfahrensfairness, werden überwiegend professionelle externe Dritte in den Verfahren tätig. Je nach Konfliktgegenstand, Parteienkonstellation und ausgewähltem Konfliktbearbeitungsverfahren ist unter Umständen zusätzlich die Administration des Verfahrens durch eine externe Institution erforderlich. Nicht nur in Fällen, in denen ein Rechtsstreit Verfahrensgegenstand ist, werden die Parteien zudem durch professionelle Verfahrensbevollmächtigte beraten und vertreten.

In unternehmensinternen Konflikten ist danach zu differenzieren, ob das Unternehmen Partei des Verfahrens ist oder nicht. Ist das Unternehmen zugleich Konfliktpartei, reicht das Spektrum der Kostentragungsregeln in den ADR-Verfahren der unternehmerischen Konfliktmanagementordnung von der vollständigen Übernahme der gesamten Verfahrenskosten über eine geringe Verfahrenspauschale des Mitarbeiters[969] bis hin zur Übernahme des Honorars des Dritten durch das Unternehmen.[970] Durch diese zumindest anteilige Kostenübernahme schafft das Unternehmen unter seinen Mitgliedern und Mitarbeitern einen finanziellen Anreiz, zunächst auf die unternehmensintern durchgeführten Konfliktbearbeitungsverfahren zurückzugreifen.[971] Dies entspricht auch dem Ziel eines Konfliktmanagementsystems, Konflikte frühestmöglich intern zu behandeln, bevor sie zu Rechtsstreitigkeiten eskalieren. Die Befürchtung, durch diesen Anreiz würden die Mitarbeiter inflationär viele Verfahren einleiten, hat sich wider Erwarten in der Praxis US-amerikanischer Unternehmen nicht bestätigt.[972]

---

[969] Nach dem Dispute Resolution Programm von Halliburton, vormals Brown & Root, Inc., beträgt die Verfahrenspauschale des Mitarbeiters $ 50; siehe *Zinsser*, 12 Neg. J. 151, 157. Die Ratio einer Verfahrenspauschale beschreibt *Costello*, S. 194: „Strictly from a management point of view, requiring employees to bear some share of the program's costs is a simple way to prevent the ADR system from being abused."

[970] Vgl. die Kostentragungsregeln für das externe Mediationsverfahren im Konfliktmanagementsystem der Chevron Corporation: „The company will pay the cost of the mediator. If the complaint is resolved, the company will pay for any reasonable attorney fees you incur up to $ 1.500. If the matter is not resolved at mediation, you are responsible for your attorney's fees."

[971] *Lipsky/Seeber/Fincher*, S. 167: „In fact, it is very uncommon for employers to impose costs for an employee to use an internal feature of a workplace [conflict management] system."

[972] *Lipsky/Seeber/Fincher*, S. 166.

Fraglich ist demgegenüber, wie die Kostentragung in Verfahren zu verteilen ist, in denen das Unternehmen nicht unmittelbar als Partei, sondern lediglich mittelbar involviert ist, etwa in Konflikten zwischen seinen Mitarbeitern und/oder seinen Abteilungen und Profit Centern.[973] Abzuwägen sind der Nutzen und die Kosten unterschiedlicher Kostentragungsregelungen. Die (anteilige) Übernahme der Kosten durch das Unternehmen wirkt als Anreiz für die Mitarbeiter, die Verfahren der unternehmerischen Konfliktmanagementordnung auch tatsächlich im Konfliktfall anzuwenden, und unterstreicht zugleich die Konsensorientierung des Unternehmens. Diesem Nutzen steht zweifellos eine Belastung des Unternehmens mit den Verfahrenskosten gegenüber. Erfahrungen von US-amerikanischen Unternehmen zeigen, dass nur eine geringe

Anzahl von unternehmensinternen Konflikten der Behandlung in extern durchgeführten Konfliktbearbeitungsverfahren bedarf; die überwiegende Mehrzahl der Auseinandersetzungen wird bereits in den intern durchgeführten (und kosteneffektiveren) Verfahren (Mediation und Adjudication-Boards) beigelegt. In US-amerikanischen Unternehmen ist auch kein Missbrauch dieser Kostenregelung durch die Mitarbeiter zu konstatieren.[974] Vor diesem Hintergrund sprechen vorzugswürdige Argumente für eine Übernahme der Verfahrenskosten selbst in unternehmensinternen Konflikten, an denen das Unternehmen nicht als Partei beteiligt ist. Sinnvoll erscheint es allerdings in diesen Fällen, als Gegenleistung eine geringe Verfahrenspauschale oder einen niedrigen prozentualen Anteil an den gesamten Verfahrens-kosten von den unternehmensinternen Konfliktparteien zu erheben.

Nicht zu vernachlässigen sind die mit den Verfahren der unternehmerischen Konfliktmanagementordnung verbundenen Kosten der Parteien, die grundsätzlich nicht erstattungsfähig sind[975], sondern von jeder Partei selbst getragen werden.[976] Sie beinhalten, etwa in Rechtsstreitigkeiten, die Kosten der bevollmächtigten Rechtsanwälte, die Kosten für Zeugen, die die Parteien als Beweis in das Verfahren einführen[977] sowie die Zeit, die die Parteien für die Vorbereitung und Durchführung des Verfahrens investieren.

Die institutionellen Verfahrensordnungen regeln die Kostentragungspflicht der Parteien hinsichtlich der Kosten der Rechtsanwälte und anderer Berater unterschiedlich. Teilweise sehen sie vor, dass die unterlegene Partei auch die Anwaltskosten der obsiegenden Partei zu tragen hat[978], allerdings grundsätzlich nur in einer vom *Adjudication-Board* bzw. Schiedsgericht für angemessen erachteten Höhe.[979] Dahinter

---

973 Zu der diesbezüglichen Diskussion in amerikanischen Unternehmen siehe *Lipsky/Seeber/Fincher*, S. 194 ff.
974 *Lipsky/Seeber/Fincher*, S. 166.
975 Vgl. Art. 4 Absatz 6 ICC-ADR-Regeln; Art. 8.7 LCIA Mediation Procedure.
976 Siehe dazu § 8 Nr. 7 Satz 2 Hamburger MediationsO: „Ein späterer Kostenausgleich unter den Parteien aufgrund gerichtlicher Entscheidung oder vertraglicher Vereinbarung wird dadurch nicht ausgeschlossen."
977 Vgl. M-17 AAA Int'l Med. Rules.
978 Nach Art. 38 Absatz 1 Nr. e) Swiss Rules jedoch nur die Kosten der obsiegenden Partei.
979 Art. 38 Absatz 1 Nr. e) Swiss Rules; Art. 31 Nr. d) AAA Rules.

steht die Erwägung, dass die unterlegene Partei nicht mit exorbitanten Anwaltskosten der obsiegenden Partei belastet werden soll, weil dieser wesentliche Kostenfaktor außerhalb ihres Einflussbereiches liegt. Davon abweichend kann das Adjudication-Board bzw. Schiedsgericht teilweise auch eine nach seiner Sicht angemessene Quotelung der Anwaltskosten beschließen.[980] Nach anderen Regelungen, insbesondere in der Mediation, trägt jede Partei unabhängig vom Ausgang des Verfahrens ihre eigenen Anwalts- und sonstigen Kosten.

Eine kontroverse Diskussion betrifft in diesem Zusammenhang die Frage, ob Mitarbeitern in Konflikten mit dem Unternehmen zusätzlich die Kosten für die Rechtsberatung durch einen Rechtsanwalt ihrer Wahl von dem Unternehmen erstattet werden sollten.[981] In prominenten Konfliktmanagementsystemen US-amerikanischer Unternehmen ist ein sogenannter *Legal Consultation Plan* fester Bestandteil eines integrierten Konfliktmanagementsystems.[982] Danach hat ein Mitarbeiter entweder in sämtlichen Auseinandersetzungen mit dem Unternehmen oder nur in (Arbeits-) Rechtsstreitigkeiten, die jeweils den ADR-Verfahren der unternehmerischen Konfliktmanagementordnung zugeführt werden, einen Anspruch gegen das Unternehmen auf Rückerstattung seiner Anwaltskosten.[983] Dieser Anspruch entsteht erst nach der Inanspruchnahme der anwaltlichen Rechtsdienstleistungen und ist in der Höhe begrenzt, wobei der Mitarbeiter grundsätzlich eine geringe Selbstbeteiligung trägt.[984]

Erste Erfahrungen mit einer solchen „innerbetrieblichen Rechtsschutzversicherung" lassen zwar noch keine abschließende Bewertung dieser systemunterstützenden Komponente zu[985], zeigen allerdings, dass die Mitarbeiter sie nicht missbräuchlich nutzen.[986] Interessanterweise wird die überwiegende Mehrzahl der unternehmensinternen Konflikte nachweislich bereits in den Konsensverfahren der

---

980 Art. 40 Absatz 2 Swiss Rules, Artt. 28.3 und 28.4 LCIA Rules.
981 Ausführlich dazu *Slaikeu/Hasson*, S. 139 f., und *Lipsky/Seeber/Fincher*, S. 193 f.
982 *Slaikeu/Hasson*, S. 67 und 70 beschreiben den *Legal Consultation Plan* des *Halliburton Dispute Resolution Program* und des *Shell RESOLVE Program*.
983 Der *Legal Consultation Plan* des *Halliburton Dispute Resolution Program* gilt uneingeschränkt in sämtlichen Auseinandersetzungen und in jedem Entwicklungs- und Verfahrensstadium; vgl. *Zinsser*, 12 Neg. J. 151, 157.
984 Nach dem *Halliburton Dispute Resolution Program*, vormals Brown & Root, Inc., beträgt die Selbstbeteiligung pauschal $ 25 zuzüglich 10 % der gesamten Anwaltsgebühren; maximal übernimmt Halliburton Anwaltskosten nur bis zu einer Höhe von $ 2.500 pro Kalenderjahr; darüberhinausgehende Gebühren, Honorare und sonstige Kosten trägt der Mitarbeiter; siehe dazu *Zinsser*, 12 Neg. J. 151, 157.
985 Halliburton, vormals Brown & Root, Inc., hat innerhalb der ersten zwei Jahre seines Konfliktmanagementsystems 80 Mitarbeitern insgesamt $ 85.000 in Rechtsanwaltsgebühren zurückerstattet, pro Fall also ca. $ 1.060. Siehe dazu *Zinsser*, 12 Neg. J. 151, 157.
986 Nur in ca. 80 von 1.038 Fällen (weniger als 8 %), die dem *Halliburton Dispute Resolution Program*, vormals Brown & Root, zugeführt wurden, haben Mitarbeiter die Kostenübernahme beansprucht; siehe *Zinsser*, 12 Neg. J. 151, 157 und 160.

unternehmerischen Konfliktmanagementordnung beigelegt[987], in denen die Parteien nur in seltenen Fällen die Beratung und Vertretung durch einen Rechtsanwalt in Anspruch nehmen.[988] Unternehmen in den Vereinigten Staaten berichten darüber, dass ein *Legal Consultation Plan* nicht nur die Verfahrensdauer verkürzt, sondern auch die Fairness des gesamten Konfliktmanagementsystems von den Mitarbeitern positiver beurteilt wird[989], was seine innerbetriebliche Akzeptanz insgesamt fördert und zu einer höheren Frequenz des Rückgriffs auf die ADR-Verfahren der unternehmerischen Konfliktmanagementordnung führt.

b) Kostenanreize für externe Konfliktgegenparteien

In Konflikten mit externen Parteien sind Unternehmen ebenfalls bemüht, durch die Verteilung der Verfahrenskosten Anreize für die Durchführung der Mediation und Adjudication als außergerichtliche Verfahren der unternehmerischen Konfliktmanagementordnung zu schaffen. In Auseinandersetzungen mit ihren Kunden übernehmen US-amerikanische Unternehmen beispielsweise vermehrt die gesamten Kosten einer Mediation.[990] Aus wirtschaftlicher Sicht ist die teilweise Übernahme von Kosten des Konfliktgegners sinnvoll, solange die gesamten Kosten des Unternehmens in dem außergerichtlichen Verfahren unter den kalkulierten Kosten eines (schieds-)gerichtlichen Verfahrens bleiben. Während eine alleinige Kostentragung durch das Unternehmen nur ausnahmsweise in Betracht kommen dürfte, bietet es sich allerdings für das Unternehmen optional an, bestimmte Verfahrenskosten zu übernehmen und dem Konfliktgegner damit einen finanziellen Verfahrensanreiz zu offerieren. Daneben kann das Unternehmen dem Konfliktgegner etwa anbieten, auf verfahrensbevollmächtigte Rechtsanwälte zu verzichten, sofern auch er sich nicht anwaltlich beraten und vertreten lässt. Beispielsweise durch das Angebot, das Honorar des Mediators vollständig zu zahlen, kann das Unternehmen für die externe Konfliktgegenpartei einen Anreiz schaffen, überhaupt ein außergerichtliches Konsensverfahren in Betracht zu ziehen, sofern gewährleistet ist, dass durch die Bezahlung des Mediatorenhonorars nicht dessen Unabhängigkeit und Unparteilichkeit angezweifelt wird,

---

987 Nach Angaben der Shell Oil Corporation nutzen lediglich 20 % der Mitarbeiter diese Option des RESOLVE Konfliktmanagementsystems in Mediations- und Schiedsverfahren, wobei der Höchstbetrag fast nie ausgeschöpft wird; vgl. Angaben bei *Lipsky/Seeber/Fincher*, S. 193.
988 Nach *Bedmann*, 6 ADR Currents 20, 23 haben seit Bestehen des *Halliburton Dispute Resolution Program* im Jahre 1993 bis Mitte 2001 weniger als 10 % der Mitarbeiter einen externen Rechtsanwalt konsultiert, dessen Kosten Halliburton grundsätzlich trägt.
989 *Dunlop/Zack*, S. 75, 100 und 113; *Slaikeu/Hasson*, S. 140.
990 Vgl. etwa das *Consumer Mediation Program* von Kraft Foods, Inc. Das Mediationsverfahren führt das am Ort bzw. Bezirk des Kunden ansässige *Better Business Bureau* durch, eine den Kammern des deutschen Industrie- und Handelstages (IHK) vergleichbare Organisation. Siehe dazu *Cronin-Harris*, 59 Alb. L. Rev. 847, 876. Nach dem Product Liability Mediation Program von *Deere & Co.* trägt das Unternehmen die Verfahrenskosten nur selten in voller Höhe; siehe dazu *CPR (Ed.)*, 9 Alternatives 35, 36.

weil er finanziell im Lager des Unternehmens steht. Dieses Beispiel veranschaulicht das allgemeine Spannungsverhältnis zwischen der Gewährleistung der Verfahrensfairness und der Ausgestaltung der Kostentragung unter den Konfliktparteien.

2. Einbeziehung der Konfliktgegenparteien des Unternehmens in das Verfahrensdesign

Schwieriger gestaltet sich die Motivation der Konfliktgegenparteien des Unternehmens, die in dem Konfliktmanagementsystem integrierten Verfahren im Konfliktfall durchzuführen.[991] Während direkte Verhandlungen eine Selbstverständlichkeit in der Praxis der Konfliktbehandlung sind, mangelt es den Parteien (noch) häufig an der Bereitschaft, andere außergerichtliche Konsensverfahren als Konfliktbearbeitungsverfahren in Betracht zu ziehen bevor eine gerichtliche Streitentscheidung herbeigeführt wird.[992] Ursächlich dafür ist zum einen ein Informationsdefizit[993], welches durch die Einladung und Teilnahme der externen Konfliktgegenparteien an den Schulungen und Trainings des Unternehmens über ADR-Verfahren, Konfliktmanagement und Systemdesign ausgeglichen werden kann. Anreize für die Durchführung der Verfahrensabfolge der unternehmerischen Konfliktmanagementordnung lassen sich dadurch schaffen, dass das Unternehmen seinen potentiellen Konfliktgegenparteien ihren Gestaltungsspielraum im Wege des Verfahrensdesigns eröffnet und sie dazu einlädt, den Ablauf und die Ausgestaltung der Verfahren auf die gemeinsame Geschäftsbeziehung oder Transaktion maßzuschneidern. Die Verfahren der unternehmerischen Konfliktmanagementordnung werden den Konfliktgegenparteien des Unternehmens also nicht einseitig aufoktroyiert, sondern als Grundlage für ein kooperatives Verfahrensdesign angeboten. Ein gemeinsames Verfahrensdesign motiviert die Parteien nicht nur, die Verfahren kontextspezifisch mitzugestalten, sondern schafft auch einen Anreiz, die selbst gestalteten Verfahren im Konfliktfall tatsächlich anzuwenden. Als Instrument bietet sich gleichermaßen gegenüber internen und externen Konfliktparteien eine Verfahrenskonferenz an, auf die im weiteren Verlauf der Arbeit näher eingegangen wird.[994]

---

991 Ausführlich dazu *Schoen*, S. 287.
992 Für die USA vgl. *Lipsky/Seeber*, S. 26; für Deutschland vgl. *PricewaterhouseCoopers*, S. 7.
993 *Schoen*, S. 287: „Tatsächlich setzen noch immer viele Unternehmen alternative Streitbeilegungsverfahren mit der bindenden Schiedsgerichtsbarkeit gleich und schrecken daher aus Furcht vor dem Verlust des Rechtsweges vor Mediationsverfahren zurück."
994 Vgl. *Slaikeu/Hasson*, S. 60 ff.; *Cronin-Harris*, 59 Alb. L. Rev. 847; *Green*, in: CPR, S. MH-98.

3. Motivation der Unternehmensjuristen

Anreize für die Unternehmensjuristen zielen darauf ab, ihre Aufgaben und Zuständigkeiten von der reinen Rechtsberatung und -durchsetzung auf das Konfliktmanagement auszuweiten.[995] Neben Boni für die Durchführung außergerichtlicher Konsensverfahren und die Festlegung von Kostenbudgets kann das Unternehmen durch Negativanreize seine eigenen Juristen motivieren, in Konflikten des Unternehmens ein ADR-Verfahren als Eingangsverfahren auszuwählen.[996] Ein Beispiel dafür ist die Pflicht der Syndikusanwälte, die Nichtauswahl eines außergerichtlichen Konsensverfahrens und die damit regelmäßig verbundene Beauftragung eines externen Rechtsanwalts als Prozessbevollmächtigten schriftlich gegenüber dem Leiter der Konfliktmanagementabteilung zu begründen.[997]

4. Neuausrichtung der Rolle von externen Rechtsanwälten

Die Verlagerung der Konfliktbearbeitung von den gerichtlichen zu den außergerichtlichen Verfahren erfordert auch ein Umdenken des Unternehmens im Hinblick auf die Zusammenarbeit mit externen Rechtsanwälten, deren Tätigkeit schwerpunktmäßig und traditionell in der Prozessführung vor (Schieds-)Gerichten liegt.

a) Reduzierte Inanspruchnahme externer Rechtsdienstleistungen

Allgemein stellt sich für ein Unternehmen die Frage, ob aus ökonomischen Gesichtspunkten die Beauftragung eines Syndikus- oder eines externen Rechtsanwalts als Verfahrensvertreter und -berater vorzugswürdig ist. In der Praxis läuft diese Frage darauf hinaus, ob zusätzlich zum Tätigwerden der Rechtsabteilung ein externer Rechtsanwalt mandatiert werden sollte. Anstatt die Erbringung der Rechtsdienstleistungen umfänglich an externe Rechtsanwälte zu delegieren, kann es unter bestimmten Umständen vorzugswürdig sein, die Anzahl der festangestellten Syndizi aufzustocken und zugleich die Mandatierung von Rechtsanwälten zu reduzieren.[998] Für die Mandatierung eines unternehmensinternen Rechtsanwalts sprechen folgende Überlegungen: Zum einen kann das Unternehmen auf diese Weise die Rechtsdienst-

---

995 *McEwen*, 14 Ohio St. J. on Disp. Resol. 1, 26 spricht von „new roles as managers of disputes".
996 Die Ausbildung und Schulung der Unternehmensanwälte im Konfliktmanagement ist notwendige Voraussetzung; vgl. dazu die Erfahrungen und Ansätze in der Rechtsabteilung des *United States Postal Service* bei *Hallberlin*, 18 Hofstra Lab. & Emp. L.J. 375, 381.
997 Siehe zu diesem Anreizinstrument auch das ADR System von Motorola, Inc. Pointiert dazu der Chefsyndikus von Motorola, Inc., in CPR (Ed.), 10 Alternatives 29, 31: „Sometimes it's easier to just do it [use ADR] than to defend what they [in-house counsel] haven't done."
998 Ausführlich dazu *Micelli*, S. 178 ff. aus der Sicht eines Unternehmens als repeat-defendant.

leistungen in die übrigen Unternehmenstätigkeiten integrieren sowie seine betriebswirtschaftlichen und rechtlichen Interessen aufeinander abstimmen und koordinieren. Zum anderen können sich die unternehmensinternen Anwälte gezielt auf die Aufgaben und Tätigkeiten des Unternehmens spezialisieren.[999]

Schließlich spielen auch Kostengründe eine Rolle. Während nämlich die externen Anwaltskosten variabel sind je nach Anzahl und Umfang der erteilten Mandate, sind die Kosten der Syndikusanwälte aufgrund ihres monatlichen Gehalts fix. Daraus lässt sich formelhaft ableiten: Je höher die (variablen) externen Anwaltskosten und je niedriger die Kosten der Rechtsabteilung sind, desto finanziell vorteilhafter ist es für das Unternehmen, nur die unternehmensinternen Anwälte zu beauftragen und auf die zusätzliche Mandatierung externer Rechtsanwälte zu verzichten.[1000] Für das integrierte Konfliktmanagementsystem folgt daraus, die Rechtsabteilung kosteneffizient zu führen, die externen Anwaltskosten durch Vergütungsvereinbarungen möglichst fix zu gestalten bzw. die Mandatierung externer Rechtsanwälte auf diejenigen Rechtsdienstleistungen zu beschränken, die die eigene Rechtsabteilung nicht oder qualitativ nicht gleich effizient erbringen kann.

b) Kreative Vergütungsmodelle

Neben den eigenen Mitarbeitern und Syndikusanwälten müssen Unternehmen ihre externen Rechtsanwälte motivieren, entsprechend dem unternehmerischen Konfliktmanagementsystem primär außergerichtliche Konsensverfahren durchzuführen.[1001] Als Anknüpfungspunkt bietet sich eine modifizierte Vergütungspraxis an: Die Basis der Rechtsanwaltsvergütung bildet der nach der Prozessrisikoanalyse ermittelte Streitbeilegungswert des Falles. Gelingt es den externen Anwälten, einen außergerichtlichen (Verhandlungs- oder Mediations-)Vergleich unterhalb dieses Wertes zu erzielen, erhalten sie einen entsprechenden Bonus; liegt er darüber, wird ein entsprechender Betrag in Abzug gebracht.[1002]

c) Verfahrensspezifische Mandatierung

Zur Vermeidung von Interessenkonflikten bietet es sich an, unterschiedliche externe Rechtsanwälte bzw. Kanzleien in den verschiedenen Konfliktbearbeitungsverfahren zu mandatieren. So sollte das Unternehmen eine Kanzlei damit beauftragen, sie in außergerichtlichen Konsensverfahren zu beraten und zu vertreten, eine andere in privaten Schiedsgerichtsverfahren und eine dritte in der Prozessführung vor staatli-

---

999 *Micelli*, S. 178.
1000 *Micelli*, S. 180.
1001 *Cronin-Harris*, 59 Alb. L. Rev. 847, 873 f.
1002 *Cronin-Harris*, 59 Alb. L. Rev. 847, 876. Vgl. das Vergütungsmodell der *Whirlpool Corp.* bei *Kenagy*, 59 Alb. L. Rev. 895, 895.

chen Gerichten. Auf diese Weise lässt sich vermeiden, dass eine Kanzlei aus eigenen wirtschaftlichen Interessen Vergleichsverhandlungen oder eine Mediation nicht in Erwägung zieht oder gar zum Scheitern bringt und sodann die Beratung und Vertretung im (schieds-)gerichtlichen Verfahren in Rechnung stellt. So ist sichergestellt, dass das erzielte Ergebnis eine Lösung des Unternehmens und nicht der Rechtsanwälte ist. Neben finanziellen Anreizen sind es vor allem auch immaterielle Instrumente, mit denen externe Rechtsanwälte auf das neue Konfliktmanagementsystem konditioniert werden können. Zunächst sind sie in den Prozess des Systemdesigns aktiv zu integrieren und umfassend über das neue System zu informieren. Daneben sollte das Unternehmen anhand von Vorgaben bezüglich der Mandatsführung dafür Sorge tragen, dass die externen Rechtsanwälte nicht nur den akuten Rechtsstreit, sondern die allgemeine Konfliktmanagementstrategie des Unternehmens bei der Rechtsberatung berücksichtigen.[1003]

VI. Instrumente der Konfliktdeeskalation und Streitprävention

Im unternehmerischen Konfliktmanagement deutscher Unternehmen liegt der Schwerpunkt bislang eindeutig auf Verfahren der (Rechts-)Streitbeilegung. Demgegenüber sind deeskalierende und präventive Instrumente[1004] nur ausnahmsweise Bestandteil des Konfliktmanagements, sieht man einmal von Kundenbeschwerdestellen und Ombudsmännern in einzelnen Wirtschaftsbranchen[1005] und Unternehmen ab.

1. Funktion

Wenngleich beide Instrumente miteinander zusammenhängen, unterscheiden sie sich funktional. Deeskalierende greifen in den Prozess der Konfliktentwicklung ein und zielen darauf ab, der Eskalation der Konfliktentwicklung entgegenzuwirken; präventive sind darauf ausgerichtet, Rechtsstreitigkeiten zu vermeiden, indem der Konflikt beigelegt wird, bevor er die Qualität eines Rechtsstreits erreicht[1006]. Es ist zu betonen, dass weder die konfliktdeeskalierenden, noch die streitpräventiven Instrumente des Konfliktmanagements darauf abzielen, Konflikte als solche zu vermeiden oder ihre Entfaltung zu unterdrücken. Sie bezwecken vielmehr eine frühestmögliche Bearbeitung eines auftretenden Konfliktes durch die Parteien selbst. Sie fördern damit eine der jeweiligen Eskalationsstufe eines Konflikts entsprechende Konfliktbehandlung und entlasten die Konfliktbearbeitungsverfahren mit Drittbeteiligung insoweit, als sie nur in solchen Fällen zur Anwendung kommen, in denen die deeskalierenden

---

1003 Zum Beispiel eine obligatorische Prozessrisikoanalyse, Kostenbudgets etc.; siehe dazu Schoen, S. 285 f.
1004 Ausführlich zur präventiven Konfliktintervention Glasl, S. 289 f.
1005 Ombudsmann des Bundesverbandes Deutscher Banken und der Privaten Versicherungen.
1006 Ähnlich Schoen, S. 165 f.

und streitpräventiven Instrumente keine – die Parteieninteressen befriedigende – Konfliktbearbeitung ermöglicht haben.

2. Unternehmensinterne Konflikte

Konfliktdeeskalierende und streitpräventive Maßnahmen innerhalb der Unternehmensorganisation zielen in erster Linie auf die Schaffung einer transparenten, kooperativen und interessenorientierten Entscheidungsfindung und Problemlösung ab. Eine Politik der offenen Türen bezweckt direkte und unmittelbare Kommunikationsprozesse zwischen den Akteuren, die durch multimediale Kommunikationsinstrumente verstärkt werden können. Ein innerbetrieblicher Ombudsmann zielt darauf ab, für die Mitglieder des Unternehmens eine unmittelbar verfügbare und neutrale Kontaktperson in Konfliktfällen bereitzustellen, mit deren Unterstützung die Akteure ihre Konflikte autonom, informell und konfliktnah bewältigen können.

a) Open Door Policy

Als Ausdruck einer informellen und kooperativen Problemlösung praktizieren Unternehmen eine „Politik der offenen Türen". Ihr Nutzen wird sehr unterschiedlich bewertet. Kritiker bemängeln, dass Führungskräfte aus mangelnder Zeit und Kompetenz die Aufgabe des kooperativen Problemlösens mit Mitarbeitern nicht wahrnehmen, geschweige denn darin geschult sind; zudem sehen sich Mitarbeiter dem Risiko von Benachteiligungen ausgesetzt. Befürworter verweisen indes darauf, dass fast alle Probleme am Arbeitsplatz durch Verhandlungen, auf deren Förderung eine „Politik der offenen Türen" abziele, bewältigt werden.[1007]

Gerade an der „Politik der offenen Türen" zeigt sich die Diskrepanz zwischen der intendierten und praktizierten Konfliktmanagementkompetenz des Unternehmens: Praktizieren die Mitarbeiter des Unternehmen einen konsensualen und kooperativen Stil der Entscheidungsfindung und Problemlösung, bedarf es keiner expliziten „Politik der offenen Tür", praktizieren sie ihn nicht, wird auch eine nach außen sichtbare „Politik der offenen Tür" von den Mitgliedern des Unternehmens nicht angenommen und verbleibt somit ineffektiv[1008].

Wirkungsvoll ist die „Politik der offenen Tür" daher nur, wenn sie durch weitere Maßnahmen und Instrumente flankiert wird. Sie sollte Teil der Unternehmensphilosophie, schriftlich festgehalten und unternehmensweit verbindlich sein. Es ist essentiell, dass diejenigen Mitarbeiter, die die „Politik der offenen Türen" nutzen und in Konflikten unmittelbar das Gespräch mit dem Vorgesetzen oder Kollegen suchen,

---

1007 *Lipsky/Seeber/Fincher*, S. 169 geben – allerdings ohne Nachweis – eine Quote von über 90 % an.
1008 Vgl. die Erfahrungen des US-amerikanischen Unternehmens *Halliburton*, vormals *Brown & Root, Inc.*, bei *Slaikeu/Hasson*, S. 65 f.

keinerlei Repressalien und Benachteiligungen ausgesetzt sind.[1009] Erst durch diese Verknüpfung der „Politik der offenen Türen" mit anderen, im Konfliktmanagement des Unternehmens vorhandenen Instrumenten, können die Mitarbeiter ihre Konflikte autonom und informell in einem frühestmöglichen Zeitpunkt gestalten.[1010]

b) Multimedialer Zugang zum Konfliktmanagementsystem

Dass Mitarbeiter ihre Konflikte häufig zunächst anonym ansprechen möchten, greift ein Instrument auf, dass vermehrt in Unternehmen als Teil eines Konfliktmanagementsystems eingesetzt wird: „Konflikt-Hotlines" über das Telefon und/oder Internet. Die Idee einer Hotline ist nicht neu und wird schon seit langer Zeit vergleichbar in Kundentelefonen und Verbraucherbeschwerdestellen[1011] praktiziert. Dabei können Nachrichten auf einem Anrufbeantworter oder in einer E-Mail hinterlassen oder persönlich von einem Gesprächspartner aufgenommen werden, wobei der Nutzer im persönlichen Gespräch frei entscheidet, seine Kontaktdaten anzugeben oder anonym zu bleiben.[1012] Die anonyme Konfliktansprache wird indes auch kritisch bewertet, weil es zum einen die Sachverhaltsaufklärung erschwert, zum anderen einem offenen Umgang mit Konflikten im Unternehmen entgegenwirkt.[1013] Diese Bedenken sind insoweit zu relativieren, als eine zunächst anonyme Ansprache eines Konflikts nicht bedeutet, dass die Partei auch in der weiteren Behandlung des Konflikts anonym bleiben wird. Hotlines bereiten vielmehr ein barrierefreies Eingangsforum, Konflikte überhaupt zur Sprache zu bringen.

Je nach Unternehmensgröße fungieren der Ombudsmann, die Mitarbeiter der Konfliktmanagementabteilung oder anderer Abteilungen[1014] als Gesprächspartner. Ein solcher E-Mail- oder Telefonkontakt zur Unterstützung im Umgang mit Konflikten bietet neben dem persönlichen Gespräch eine konfliktnahe und leicht zugäng-

---

1009 Nach *Slaikeu/Hasson*, S. 66 wurde die *open door policy* von *Halliburton*, vormals *Brown & Root, Inc.*, anfänglich von den Mitarbeitern wie folgt beschrieben: „If you open that door be prepared to walk out the other door without a job."
1010 Dieser Ansatz kommt auch in den Konfliktmanagementsystemen der US-amerikanischen Unternehmen Halliburton und *Shell Oil Co.* zum Ausdruck, die *Slaikeu/Hasson*, S. 64 ff. und 68 ff. näher darstellen.
1011 *Schoen*, S. 174 ff.
1012 Bei Email-Hotlines bedarf es ob der grundsätzlichen Erkennbarkeit und Zuordnung des Absenders der Nachricht eines ausdrücklichen Hinweises der anonymen Behandlung des angesprochenen Missstandes.
1013 *Lipsky/Seeber/Fincher*, S. 173.
1014 Nach dem Dispute Resolution System von Halliburton haben die (Laien-)Mitarbeiter einen Bewerbungs- und Schulungsprozess durchlaufen, der eine Grundausbildung in Konfliktmanagement beinhaltet. Diese sog. „adviser" arbeiten auf freiwilliger Basis neben ihren eigentlichen Aufgaben im Unternehmen; siehe dazu kritisch *Zinsser*, 12 Neg. J. 151, 155, 160 sowie 163 f.

liche Ansprache von Organisations- und Arbeitsplatzkonflikten durch die Unternehmensmitglieder.[1015]

c) Ombudsmann

Wenngleich Ombudsmänner[1016] traditionell als Vermittler zwischen Bürger und Verwaltung agieren[1017], hat sich ihr Einsatz auch in Unternehmen etabliert.[1018] Die Aufgaben eines Ombudsmannes sind vielfältig und variieren je nach Unternehmen: Sie reichen vom informellen und vertraulichen Konfliktberater über den informellen Sachverhalts- und Konfliktvermittler[1019] bis hin zum Supervisor und Veränderungsmanager. Die Institutionalisierung eines Ombudsmannes in Unternehmen hat hingegen nachweislich eine Reduzierung von Auseinandersetzungen am Arbeitsplatz, gerichtlichen (Arbeits-) Rechtstreitigkeiten und Mitarbeiterfluktuation bewirkt und sich somit als effektives Instrument des Konfliktmanagements erwiesen.[1020]

Der Ombudsmann ist entweder eine externe Person oder ein Mitarbeiter des Unternehmens.[1021] Vereinzelt werden Vorbehalte gegen einen Mitarbeiter als Ombudsmann vorgetragen, weil die Mitglieder des Unternehmens ihre Anliegen nicht direkt mit einem Vertreter des Unternehmens führen wollen oder sollen. Daneben wird auf die Kosten eines zusätzlichen Mitarbeiters und mögliche Widerstände der Kollegen gegen Sachverhaltsermittlungen des Ombudsmanns hingewiesen.[1022] Auch

---

1015 Nach dem *Dispute Resolution Programm* des US-amerikanischen Unternehmens *Halliburton*, vormals *Brown & Root, Inc.* erfolgt nicht nur die Kontaktaufnahme, sondern im Bedarfsfall auch die Konfliktberatung telefonisch; siehe dazu *Slaikeu/Hasson*, S. 66.
1016 Ombudsmann meint „a neutral or impartial manager within an organization who may provide informal and confidential assistance to managers and employees in resolving work-related concerns; who may serve as a counselor, informal mediator, informal fact-finder, upward feedback mechanism, consultant, problem prevention device and change agent; whose office is located outside ordinary line management structures" nach *Rowe*, 1 Perspectives on Work 60.
1017 Vgl. auch den Ombudsmann der Europäischen Kommission.
1018 Nach Schätzungen der *Ombudsman Association* sind in den USA und Kanada mehr als 10.000 Ombudsmänner tätig. Als beispielhafte Unternehmen aus den USA seien hier nur *Shell Oil, Eastman Kodak, American Express* und *Lucent Technologies* genannt.
1019 Agiert der Ombudsmann als Dritter oder Berater in Verfahren der Konflikt- und Streitbeilegung, so ist durch rechtliche Gestaltung sicherzustellen, dass er oder sie nicht als Zeugen in formalen gerichtlichen Verfahren auftreten; vgl. *Ombudsman Association*, Code of Ethics: „The ombudsman should not testify in any formal judicial or administrative hearing about concerns brought to his/her attention."
1020 Vgl. Berichte der US-amerikanischen *Ombudsman Association* und *Slaikeu/Hasson*, S. 136; *Bedmann*, 6 ADR Currents 20, 22 beschreibt den Unternehmensombudsmann als das kosteneffektivste Instrument des *Halliburton Dispute Resolution Programm*.
1021 *Slaikeu/Hasson*, S. 54 f.: „[...] an ombudsman operates independently of the normal chain of command and provides confidential assistance. [...] he or she is not an agent of the organization or of any individual." Nach dem Shell RESOLVE Program berichtet der Ombudsmann direkt dem *Chief Executive Officer* der *Shell Oil Co.*; dazu *Slaikeu/Hasson*, S. 70.
1022 *Lipsky/Seeber/Fincher*, S. 171.

hier zeigt sich, dass nicht die Frage entscheidend ist, ob ein Ombudsmann im Unternehmen tätig ist, sondern wie – die Art und Weise der Gestaltung dieses Instruments.

3. Unternehmensexterne Konflikte

Während der Ombudsmann oder die Mitarbeiter der Konfliktmanagementabteilung des Unternehmens die Parteien innerhalb des Unternehmens unterstützen, ihre Konflikte autonom beizulegen, bereitet es in Konflikten des Unternehmens mit externen Parteien größere Schwierigkeiten, die Parteien gemeinsam an „einen Tisch" zu setzen und kooperativ Konfliktbearbeitungsoptionen zu diskutieren. In Konflikten zwischen Unternehmen bieten sich zu diesem Zweck zwei miteinander kombinierbare Instrumente an: das Partnering und ein Konfliktmanagementbeauftragter. Beide Instrumente zielen darauf ab, bereits mit Beginn einer Geschäftsbeziehung Strukturen und Zuständigkeiten zu vereinbaren, die den Parteien in der Zukunft ermöglichen, ihre Konflikte kooperativ und konfliktnah beizulegen.[1023] Die Konfliktmanagementordnung des Unternehmens fungiert dabei als Modellordnung, die von den Parteien auf ihre individuelle Geschäftsbeziehung angepasst werden kann.

a) Partnering

Vielzählige Transaktionen zwischen Unternehmen sind nicht nur von ihrem Gegenstand und ihrer zeitlichen Dauer komplex, sondern involvieren auch zahlreiche Parteien, die in unterschiedlichem Maße und Umfang an der Transaktion und ihrer erfolgreichen Durchführung beteiligt sind. Die aus diesem Beziehungsgeflecht resultierenden Konflikte spiegeln diese Komplexität wider, werden aber von den Parteien häufig nicht hinreichend beachtet. Dieses Defizit sucht das sogenannte Partnering auszugleichen, in dem es das Konfliktmanagement von Beginn an in die Transaktionen des Unternehmens integriert.

Unter Anleitung eines professionellen Konfliktmanagers, der inhaltlich mit der Transaktion vertraut ist, haben die Geschäftspartner während eines gemeinsamen Workshops nicht nur die Gelegenheit sich persönlich kennen zu lernen, sondern vor allem eine gemeinsame Basis zu schaffen im Hinblick auf die konkrete Durchführung ihres Projekts, ihre Erwartungen und Ziele sowie potentielle Konflikte.[1024] Der Konfliktmanager informiert in einem zweiten Schritt die Parteien über adäquate Verfahren und Instrumente des Konfliktmanagements. Im Zentrum dieser Veranstaltung steht die gemeinsame Vereinbarung eines zukünftigen modus operandi des

---

1023 Siehe auch *Rau/Sherman/Peppet*, S. 334 f. zu diesem Ansatz des *collaborative problemsolving.*

1024 *Duve/Eidenmüller/Hacke*, S. 63 betonen: „Das *partnering* trägt dem Umstand Rechnung, daß neben der Zusammenarbeit auf der Sachebene die Beziehungsebene von Bedeutung ist."

Konfliktmanagements, in dem die Verfahren und Instrumente der Konfliktbearbeitung samt ihrem Ablauf sowie ihrer Zuständigkeiten skizziert sind[1025]. Vorbildfunktion haben dabei, soweit sie denn existieren, die Konfliktmanagementordnungen der beteiligten Unternehmen.[1026] Im Anschluss an diese Auftaktveranstaltung finden in regelmäßigen Abständen während der Projektdurchführung Sitzungen der beteiligten Parteien statt, in denen der Projektverlauf, auftretende oder antizipierte Konflikte und ihre Bearbeitung diskutiert werden. Das Partnering bezieht auf diese Weise das Konfliktmanagement in das Projektmanagement ein und ermöglicht es, die Konfliktmanagementordnungen der involvierten Unternehmen in die Bearbeitung von Konflikten mit externen Unternehmen zu institutionalisieren.

b) Konfliktmanagementbeauftragter

Das vorbeschriebene Partnering lässt sich ideal mit der Benennung von Beauftragten für Konfliktmanagement durch die Parteien einer Geschäftsbeziehung kombinieren. Jede Partei nominiert einen festen Ansprechpartner für die andere Partei, an den sie sich wenden kann, wenn in der Durchführung einer Transaktion oder eines Projekts klärungsbedürftige Entscheidungen oder Konflikte zu Tage treten.[1027] Dieser persönliche Ansprechpartner, der nicht nur über die Sachkompetenz der Transaktion, sondern auch über Konfliktmanagementkompetenz verfügen sollte, fördert die Kommunikation zwischen den Parteien und legt zugleich die Zuständigkeiten im Konfliktfall fest. Sollte eine Konfliktbearbeitung erforderlich werden, sind die jeweiligen Konfliktmanagementbeauftragten der betroffenen Unternehmen verantwortlich für die Konfliktbearbeitung – von der Konfliktanalyse über die Durchführung informeller bis hin zu formeller Verfahren der Konfliktbehandlung. Auch hier bietet sich die Konfliktmanagementordnung des Unternehmens als Anknüpfungspunkt in der konkreten Konfliktbearbeitung an. Für das Unternehmen agieren vorzugsweise der Ombudsmann, die Mitarbeiter der Konfliktmanagementabteilung oder des Projektmanagements als Konfliktmanagementbeauftragte.

1025 Diese Konfliktmanagementvereinbarung kann in einem Protokoll schriftlich fixiert werden, wie *Schoen*, S. 171 f. ausführt.
1026 Nach *Pinnell*, 54 Disp. Resol. J. 17, 19 f. lässt sich das *partnering* in ein übergeordnetes Konfliktmanagementsystem – er spricht insoweit von einem „Dispute Management Program" – integrieren.
1027 *Schoen*, S. 172 f. bezeichnet diese Person, unter Verweis auf *Green*, 1 Ohio St. J. on Disp. Resol. 203, 227, als *corporate ambassador*.

Kapitel 6
Design einer unternehmensspezifischen Konfliktmanagementordnung

Die Konfliktmanagementordnung des Unternehmens beinhaltet eine vierstufige Verfahrensordnung: Das Eingangsverfahren bilden interessenorientierte Verhandlungen zwischen den Konfliktparteien (A.), an die sich im Falle ihres Abbruchs oder des teilweisen Nichtzustandekommens eines Verhandlungsvergleichs eine Mediation als interessenbasiertes Konsensverfahren mit Drittbeteiligung anschließt (B.). Konfliktthemen, welche die Parteien nicht in der Mediation abschließend bearbeiten können oder wollen, können sie anschließend einem Adjudication-Board zur grundsätzlich empfehlenden – die Parteien rechtlich nicht bindenden – Entscheidung vorlegen (C.). Entscheidet sich mindestens eine Partei gegen die freiwillige Erfüllung dieser Empfehlung, oder begehrt sie ihre gerichtliche Überprüfung, so stehen den Parteien die rechtlich bindenden und endgültigen Streitentscheidungsverfahren vor einem privaten Schiedsgericht oder einem staatlichen Gericht zur Wahl (D.).

A. *Verhandeln*

Die Eingangsstufe der Konfliktmanagementordnung des Unternehmens bildet das Verhandeln als informelles Verfahren, das die Parteien ohne die Unterstützung des Unternehmens oder Dritter durchführen können.[1028] Das Verhandeln zwischen den Konfliktparteien ist gewissermaßen das Standard-Verfahren der Konfliktbeilegung. Die nun folgenden Ausführungen beschreiben nicht en detail, wie die Parteien ihre Verhandlungen führen sollten – ein Unterfangen, dass nicht nur den Rahmen dieser Arbeit sprengen, sondern auch praxisfern unberücksichtigt ließe, dass Verhandlungen nicht schematisch, sondern konfliktspezifisch geführt werden. Vielmehr wird aufgezeigt, wie die Parteien den Prozess des Verhandelns strukturieren (I.) und durch die gezielte Einbeziehung von Experten (II.) optimieren können.

1028 *Slaikeu/Hasson*, S. 62: „The system emphasizes that the desired fist approach is for the parties to resolve their own conflict."

I. Strukturierung des Verhandlungsprozesses durch Verhandlungsmanagement

Im Wege des Verhandlungsmanagements[1029] können die Parteien den Verhandlungsprozess strukturieren mit dem Ziel, den Ablauf ihrer Verhandlungen und das verhandelte Ergebnis dadurch zu optimieren, dass für alle Konfliktparteien vorteilhafte Einigungsoptionen identifiziert und durch eine Reduzierung auftretender Einigungshindernisse realisiert werden können[1030]. Verhandlungen zwischen den Parteien lassen sich auf verschiedenen Ebenen managen. Zum einen lassen sie sich durch Vereinbarungen zwischen den Parteien über den Ablauf und Modus der Verhandlungen[1031] strukturieren, etwa durch eine gezielte Auswahl von wenigen Verhandlungsführern, die Festlegung einer thematischen und zeitlichen Agenda für die Verhandlungssitzungen sowie die Bestimmung eines gemeinsamen Verhandlungsstils.[1032] Zum anderen können die Parteien einen Dritten in den Verhandlungsprozess integrieren.[1033] Faktisch wandelt sich die direkte Verhandlung zu einem rechtsbasierten Vergleichsgespräch oder, im Falle der Mediation, zu einer drittunterstützten interessenorientierten Verhandlung.

Während in unternehmensinternen Konflikten zunächst informelle Verhandlungen direkt zwischen den Konfliktparteien zu führen sind, empfiehlt es sich in externen Konflikten des Unternehmens, andere Personen als Verhandlungsführer einzusetzen. Entweder sollten die für die Transaktion verantwortlichen Manager oder die hierarchisch nächsthöheren Führungskräfte der beteiligten Unternehmen die Verhandlungen führen, ohne dass weitere Personen (Syndikusanwälte etc.) den Verhandlungen persönlich beiwohnen.[1034] Die Manager auf Transaktions- bzw. Projektebene sind inhaltlich mit dem konfliktauslösenden Sachverhalt vertraut und verfügen regelmäßig über persönliche Kontakte zu den verantwortlichen Personen auf Seiten der Konfliktgegenpartei. Entscheidend ist, dass die Verhandlungsführer mit Vertretungsmacht verhandeln und ermächtigt sind, den zugrundeliegenden Konflikt verbindlich im Wege eines Vergleichs beizulegen. Es empfiehlt sich ferner, einen

---

[1029] *Eidenmüller*, in: Henssler/Koch (Hrsg.), § 2 Rdnr. 1. Handelt es sich um Vertragsverhandlungen so ist das Verhandlungsmanagement Teil des Vertragsmanagements, dazu *Heussen*, in: Heussen (Hrsg.), Einführung, Rdnr. 47 ff., 61 ff.
[1030] *Eidenmüller*, in: Henssler/Koch (Hrsg.), § 2, Rdnr. 15.
[1031] Siehe zu sogenannten Verhandlungsverträgen *Haft*, S. 119-121, 123 ff.
[1032] *Eidenmüller*, in: Henssler/Koch (Hrsg.), § 2, Rdnr. 17. Gerade der letztgenannte Aspekt des Verhandlungsstils bereitet in der Praxis Schwierigkeiten, weil es zum einen ein Bewusstsein der Verhandlungsführer über ihren eigenen Verhandlungsstil, zum anderen die Kenntnis und Fähigkeit, andere Verhandlungsstile einzusetzen, und schließlich die Vereinbarung eines gemeinsamen Stils erfordert.
[1033] Ausführlich dazu mit einem Schwerpunkt auf die Mediation als Verhandlungsmanagement durch Dritte *Eidenmüller*, in: Henssler/Koch (Hrsg.), § 2, Rdnr. 18 ff.
[1034] Im Rahmen des *Whirlpool Pre-litigation Negotiation Program* sind die verantwortlichen Manager gemeinsam mit Anwälten der Rechtsabteilung ermächtigt, die Verhandlungen für das Unternehmen zu führen. Scheitern diese Verhandlungen ernennt jede Konfliktpartei eine Person aus der Unternehmensführung, di nicht in die dem Konflikt zugrundeliegende Transaktion involviert ist, zum Verhandlungsführer; vgl. *Kenagy*, 59 Alb. L. Rev. 895, 901.

realistischen Zeitraum zu bestimmen, innerhalb dessen der Versuch einer Verhandlungslösung zu unternehmen ist.[1035]

Die Parteien sind verpflichtet, zumindest am ersten Verhandlungstermin teilzunehmen. Erst danach sind sie berechtigt, die Verhandlungen für gescheitert zu erklären und die nächste formelle Verfahrensstufe der unternehmerischen Konfliktmanagementordnung (Mediation oder Adjudication) einzuleiten. Vergleichen sich die Parteien nur über einen Teil des Konflikts oder bleiben die Verhandlungen insgesamt oder infolge Zeitablaufs (teilweise) ohne Erfolg, wird der (verbleibende) Konflikt ebenfalls der nächsten Verfahrensstufe zur Bearbeitung zugeführt.

In diesen Fällen der Überleitung in ein Verfahren mit Drittbeteiligung hat der betreffende Verhandlungsführer gegenüber der Unternehmensleitung Bericht zu erstatten, aus welchen Gründen er oder die Gegenseite die Verhandlungen erfolglos beendet haben. Diese Berichtspflicht schafft einen Anreiz, die direkten Verhandlungen so lange wie möglich konstruktiv zu führen.[1036] Anschließend wird der mit den Verhandlungen beauftragte Manager die Konfliktmanagementabteilung des Unternehmens konsultieren und gemeinsam analysieren, welches Verfahren mit Drittbeteiligung konfliktadäquat ist.

II. Einbeziehung von Experten in den Verhandlungsprozess

In zahlreichen Fällen kommen direkte Verhandlungen zum Stillstand, weil im Laufe des Verhandlungsprozesses Fragen tatsächlicher und/oder rechtlicher Natur auftauchen, die für die Fortführung der Verhandlung zwar entscheidend sind, aber von den Parteien – aus welchen Motiven und Gründen auch immer - nicht gemeinsam geklärt werden können. Es treten mithin Sachkonflikte auf, die einer Entscheidung bedürfen, damit weiterhin konstruktiv eine Verhandlungslösung erzielt werden kann. In aller Regel brechen die Parteien die Verhandlungen an diesem Punkt ab und delegieren die Entscheidung an einen Dritten, in aller Regel an das (Schieds-)Gericht. Dabei übersehen die Parteien allerdings in aller Regel, dass das Gericht nicht allein die von ihnen identifizierte Sachfrage entscheiden wird, sondern erschöpfend den

---

1035 Nach der ADR Vereinbarung zwischen Whirlpool Corp. und State Farm muss die Verhandlung innerhalb einer Frist von 90 Tagen ab Eintreten des Konflikts eröffnet werden. Führen die Verhandlungen nicht innerhalb von weiteren 90 Tagen ab Verhandlungsbeginn zu einem abschließenden Verhandlungsvergleich, wandelt sich die direkte Verhandlung in eine Mediation. Das gleiche gilt im Falle des Abbruchs der Verhandlung durch eine Partei. Dann muss die Mediation innerhalb von 30 Tagen ab Verhandlungsabbruch eröffnet werden. Siehe dazu insgesamt *Kenagy*, 59 Alb. L. Rev. 895, 897.
1036 Nach der mehrstufigen ADR Vereinbarung zwischen der belgischen Ion Beam Applications, S.A. und der amerikanischen C.T.I. PET Systems Inc. schließt sich an die gescheiterte *executive negotiation* eine *CEO negotiation* an, bei der die Vorstandsvorsitzenden der Unternehmen (Chief Executive Officers) die Verhandlungen führen; siehe dazu *CPR (Ed.)*, 8 Alternatives 80, 81: „Bumping an unresolved problem up to the chief executive officer is something his or her subordinates will usually be reluctant to do. Thus, this second step creates an incentive for the senior executives in step one to be successful in their negotiations."

(rechtlichen) Streitgegenstand.[1037] Der (Schieds-)Richter entscheidet somit entweder mehr als die Parteien ursprünglich entschieden wissen wollten oder er entscheidet etwas anderes, nämlich die zu einer Rechtsfrage verwandelte ursprüngliche Sachfrage.

An dieser Stelle greift nun ein Instrument ein, welches den Parteien ermöglicht, ausschließlich die Klärung ihrer Sachfrage durch einen neutralen Dritten herbeizuführen und zur Grundlage des ihres fortgesetzten Verhandlungsprozesses zu machen. Die Parteien beziehen einen Experten als unabhängigen und unparteilichen Gutachter in den Verhandlungsprozess ein. In den USA hat sich für dieses verhandlungsunterstützende Instrument der Begriff der *Early Neutral Evaluation*[1038] oder auch des *Fact Finding*[1039] etabliert.[1040] Der Experte wird je nach Sach- und/oder Rechtsfrage gemeinsam von den Parteien ausgewählt. In technischen Sachfragen empfiehlt sich die Beauftragung eines vereidigten Sachverständigen. Ist eine Rechtsfrage entscheidungsbedürftig, liegt es nahe, einen auf das jeweilige Rechtsgebiet spezialisierten Juristen zu engagieren. Die Auswahl eines auf dem jeweiligen Gebiet tätigen Richters gibt den Parteien eine realistische Einschätzung einer möglichen gerichtlichen Entscheidung, sofern sich die Parteien vorbehalten, die für den Verhandlungsprozess klärungsbedürftige Rechtsfrage in einem Rechtsstreit gerichtlich entscheiden zu lassen. Damit bietet die Entscheidung des Experten den Parteien nicht nur eine Entscheidungshilfe, sondern auch einen anschaulichen Realitätstest.[1041]

Der Ablauf dieser Verhandlung mit Expertenbeteiligung gestaltet sich wie folgt: Zunächst hört sich der Experte im Rahmen einer kurzen gemeinsamen Sitzung die von den Parteien – nicht ihrer Rechtsanwälte – präsentierten Tatsachen und Ansichten an. Danach befragt er sie detaillierter zu einzelnen klärungsbedürftigen und entscheidungsrelevanten Aspekten der Tatsachen- oder Rechtsfrage und identifiziert gemeinsam mit den Parteien die Übereinstimmungen und Differenzen sowie Stärken und Schwächen ihrer Positionen. Auf diese Weise initiiert er einen neuerlichen Verhandlungsprozess zwischen den Parteien, den er moderiert.[1042] Führt dieser unterstützte Verhandlungsprozess nicht zu einer Einigung der Parteien, zieht sich der Experte zurück und formuliert eine Entscheidung der Sachfrage in Form eines Sachverständigengutachtens[1043]. Bevor er den Parteien seine Entscheidung mitteilt, gibt

---

1037 *Schoen*, S. 141: „Durch die Beurteilung technischer Sachfragen kann es zu einer Klärung des für die Rechtsfindung entscheidenden Sachverhalts kommen, ohne daß zu diesem Zweck das gesamte Gerichtsverfahren durchlaufen werden muß."
1038 *Rau/Sherman/Peppet*, S. 549 f.; *Risse*, § 15 Rdnr. 49 ff. und *Schoen*, S. 140 f.
1039 *Kaskell*, in: Böckstiegel (Hrsg.), S. 105, 109.
1040 Eingehend *Kendall*.
1041 Auch *Risse*, § 15 Rdnr. 51 und *Schoen*, S. 141 betonen, dass die Expertenentscheidung einer überoptimistischen Einschätzung der Parteipositionen entgegenwirkt.
1042 Je nach seiner Qualifikation und Wahl der Parteien agiert der Experte nicht nur als Moderator, sondern als Mediator. Auf diese Weise geht die Verhandlung nahtlos über in eine Mediation.
1043 Zur Bedeutung von privaten Sachverständigengutachten in der aktuellen deutschen Streitbehandlungslandschaft siehe *Schoen*, S. 141 f.

er ihnen Gelegenheit, in Ansehung seines Gutachtens eine gemeinsame Entscheidung auszuhandeln.[1044] Sofern die Parteien keine gemeinsame Entscheidung vereinbaren können oder wollen, teilt er ihnen seine Entscheidung der Sachfrage samt einer kurzen Begründung mit[1045], die für die Parteien grundsätzlich nur empfehlend[1046] ist, aufgrund einer schriftlichen Vereinbarung der Parteien allerdings auch rechtlich bindend sein kann[1047]. Binden sich die Parteien an das Gutachten des Experten, beziehen sie es in ihren Verhandlungsprozess ein und führen die Verhandlungen anschließend fort. Je nach Komplexität des Verhandlungsgegenstandes wiederholen sie diesen Prozess der Einbeziehung eines Experten mit dem Ziel, längstmöglich kooperativ zu verhandeln und eine gemeinsame Verhandlungslösung zu erzielen.

B. Verfahrenskonferenz

Bleiben die soeben beschriebenen Verhandlungen (teilweise) erfolglos, stehen die Konfliktparteien vor der Herausforderung, aus dem Spektrum der gerichtlichen und außergerichtlichen Konfliktbearbeitungsverfahren das adäquateste Verfahren auszuwählen und durchzuführen. In der Praxis hat sich weniger die Bereithaltung von Verfahrensoptionen, als vielmehr eine gemeinsame Auswahl des geeigneten Konfliktbearbeitungsverfahrens als problematisch erwiesen.[1048] Mangelt es an Mechanismen zur Beilegung dieses prozeduralen Konflikts[1049], der regelmäßig zum bestehenden (materiellen) Konflikt zwischen den Parteien hinzutritt, landen die Parteien früher oder später im Monopolverfahren der gerichtlichen Streitentscheidung[1050], weil es hier möglich ist, die andere Partei „vor Gericht zu ziehen".

Die Idee einer Verfahrenskonferenz, deren Ablauf nun näher beschrieben wird (I.), knüpft an diesen Befund an und zielt auf ein Zusammenführen der Konfliktpar-

---

1044 Nach *Rau/Sherman/Peppet*, S. 550 gelingt den Parteien in diesem Verfahrensstadium eine Einigung in der Streitfrage, so dass das Gutachten des Experten unveröffentlicht bleibt; siehe zu diesem Aspekt auch *Risse*, § 15 Rdnr. 51.
1045 In der klassischen Early Neutral Evaluation am U.S. District Court for the Northern District of California entwickelt der Experte mit den Parteien zusammen auch einen Prozessführungsplan, mit dessen Hilfe die Parteien einen anschließenden Zivilprozess effektiv und effizient gestalten und durchführen können; eingehend dazu *Brazil/Kahn/Newman/Gold*, 69 Judicature 279 ff.
1046 *Sherman*, 46 Stan. L. Rev. 1553, 1572 f. mit Verweis auf eine von der A.B.A. konzipierten *meet and confer conference*.
1047 *Green*, 1 Ohio St. J. on Disp. Resol. 203, 246 ff.
1048 Dazu in Bezug auf ein internes Konfliktmanagementsystem am Arbeitsplatz *Lipsky/Seeber/Fincher*, S. 174: „Many organizations observe that employees would be able to resolve their own conflicts if they simply knew their options and could get together with the disputing party."
1049 *Slaikeu/Hasson*, S. 60: „Parties in disagreement with one another [...] will typically also disagree over which ADR process to use. [...] the failure to acknowledge this reality has been the Achilles' heel of the entire ADR movement [...]."
1050 *Slaikeu/Hasson*, S. 60.

teien zum Zwecke der Auswahl des konfliktadäquaten Konfliktbearbeitungsverfahrens. Während der Verfahrenskonferenz können die Parteien auf Instrumente zurückgreifen, die einen rationalen, konfliktspezifischen Auswahlprozess unterstützen (II.).

I. Funktion und Ablauf

Scheitern die direkten Verhandlungen zwischen den Konfliktparteien, wird zunächst ein Dritter zur Unterstützung der Parteien in der weiteren Konfliktbeilegung eingeschaltet – nicht als Dritter in einem formellen Konfliktbearbeitungsverfahren, sondern als professioneller Verfahrensberater der Parteien.[1051] In unternehmensinternen und -externen Konflikten gleichermaßen informiert, unterstützt und berät er die Parteien in der verfahrenbezogenen Konfliktanalyse und bei der Auswahl eines geeigneten Verfahrens mit Drittbeteiligung (Mediation, Adjudication, privates Schiedsgericht und staatliches Gericht). Der Vorteil einer Verfahrenskonferenz zwischen den Parteien und einem neutralen Verfahrensberater liegt darin, dass die Parteien die bestehende Konfliktmanagementordnung des Unternehmens konflikt- und interessenspezifisch modifizieren und maßschneidern können, indem sie einzelne Verfahrenskomponenten streichen, die Verfahrensabfolge ändern oder aber lediglich den Ablauf der jeweiligen Verfahren umgestalten. Die Konfliktmanagementordnung legt den Parteien also kein enges und starres Korsett an, sondern passt sich auf die Interessen der Parteien im Einzelfall an.

Mit den in der Verfahrenskonferenz tätig werdenden Verfahrensberatern sind unabhängige und unparteiliche Personen gemeint, die die klärungsbereiten Konfliktparteien zusammenführen, sie über die konfliktspezifischen Vor- und Nachteile der zur Verfügung stehenden Konfliktbeilegungsverfahren informieren und sie dabei unterstützen, gemeinsam ein adäquates Verfahren bzw. eine Verfahrensabfolge aus der Konfliktmanagementordnung des Unternehmens auszuwählen und den Verfahrensablauf konflikt- und parteispezifisch auszugestalten.[1052] Der Verfahrensberater[1053] mediiert gleichsam den Auswahlprozess eines geeigneten Konfliktbeile-

---

[1051] Siehe zum *convening Slaikeu/Hasson,* S. 60 ff. und *Slaikeu/Hasson,* 8 Neg. J. 331, 332 ff.; *Bodine,* in: Brand (Ed.), S. 878, 880 und 888. Siehe *Schoen,* S. 179 ff. zu *Case Assessment* und *Process Risk Analysis. Slaikeu/Hasson,* S. 71 beschreiben die externe Verfahrensberatung im Rahmen des *General Electric Model Early Dispute Resolution System.* Diese Konfliktberatung ist ferner vergleichbar mit der *screening conference* des Multi-Door-Courthouses in Cambridge, MA; vgl. dazu *Birner,* S. 47 f, 83 f., 115 ff. und 164 f.

[1052] *Slaikeu/Hasson,* S. 60 ff., 91, 101 bezeichnen diesen Dritten als *convenor; Lipsky/Seeber/Fincher,* S. 175 als *resolution facilitator.*

[1053] Nach *Lipsky/Seeber/Fincher,* S. 179 unterscheidet sich die Rolle eines Verfahrensberaters von der eines internen Verfahrensbegleiters (peer process advisor). Der Verfahrensbegleiter fungiert, ähnlich wie ein persönlicher Coach, als emotionaler und fachlicher Beistand im Verfahren. Er ist „Anwalt" der Partei und entsprechend geschult in den verschiedenen Konflikt- und Streitbeilegungsverfahren des Konfliktmanagementsystems.

gungsverfahrens zwischen den Parteien.[1054] Die Konfliktpartein bleiben somit auch weiterhin verantwortlich für die Beilegung ihres Konflikts. Als Verfahrensberater kommt meist entweder ein (Laien-)Unternehmensmitglied (*peer resolution facilitator*[1055]), der Ombudsmann des Unternehmens[1056] oder ein Mitarbeiter der unternehmenseigenen Konfliktmanagementabteilung in Betracht.[1057] Die Auswahl und Vereinbarung eines adäquaten Konfliktbehandlungsverfahrens zwischen den Parteien ist allerdings eine zu wichtige und komplexe Entscheidung, als dass die Parteien dabei durch einen Laien mit Basiswissen in Konfliktmanagement unterstützt werden sollten.[1058] Vorzugswürdiger ist daher die Variante eines externen oder internen Konfliktmanagement-Experten, zum Beispiel der Ombudsmann[1059] oder ein Mitarbeiter der Konfliktmanagementabteilung des Unternehmens. Je nach Komplexität und Wert der dem Konflikt zu Grunde liegenden Transaktion, beraten ein einzelner oder ein Mitarbeiter-Team der Konfliktmanagementabteilung die Konfliktparteien in der Verfahrenskonferenz.[1060]

Die Information der Parteien über die verfügbaren Konfliktbeilegungsverfahren ist unerlässlich, weil eine gemeinsame Entscheidung der Parteien, ihren Konflikt einem bestimmten Verfahren zuzuführen, nur getroffen werden kann, wenn die Parteien über die Verfahrensoptionen auf einem vergleichbaren Niveau informiert sind.[1061] Anderenfalls besteht die Gefahr, dass der Verfahrensberater das geeignete Verfahren für die Parteien auswählt, ohne sicherzustellen, dass sie mit seiner Funktion, Methodik und seinen Charakteristika vertraut sind. Danach erfolgt eine umfassende Fallanalyse und -evaluation. Soweit erforderlich werden hierzu Unternehmensjuristen

---

1054 *Slaikeu/Hasson*, S. 60: „In essence, the convenor mediates the selection of a dispute resolution process [...]."
1055 So *Lipsky/Seeber/Fincher*, S. 175: „Such a facilitator is one or a group of trained peers whose role is to facilitate the employee's needs through the [conflict management] system."
1056 Diese Variante bezeichnen *Lipsky/Seeber/Fincher*, S. 175 f. als *conference model*.
1057 Vgl. den *advisor* des *Halliburton Dispute Resolution Program Office*; dazu *Slaikeu/Hasson*, S. 66. Siehe auch *Lipsky/Seeber/Fincher*, S. 176: „The major difference between the resolution facilitator model and the conference model is the skill required of the consultant who is meeting with the employee. In the facilitator model, the person is a trained peer of the employee but not an expert on conflict resolution. In the conference model, the person hosting the conferende is a staff professional, such as a human resource executive or an ombudsperson."
1058 Darauf weisen auch *Lipsky/Seeber/Fincher*, S. 175 hin: „[...] issues are often more complex than this feature assumes, and because facilitators are employees and not full-time dispute resolution experts, they are not fully prepared to handle the complexity."
1059 Für diese Alternative plädieren *Slaikeu/Hasson*, S. 61.
1060 Nach dem *Early Dispute Resolution System* von General Electric formiert sich ein Team aus dem verantwortlichen Manager und Mitarbeitern der Rechtsabteilung; siehe *Slaikeu/Hasson*, S. 71.
1061 *Breidenbach*, in: Gottwald (Hrsg.), S. 117, 125: „Nur die über Verfahrensalternativen unterrichteten Konfliktparteien können sich angesichts ihrer Risikoeinschätzung, ihres Kostenbewußtseins, der Komplexität des Streits usw. für ein bestimmtes Verfahren entscheiden." Und *Hoffmann-Riem*, S.79: „Je mehr Möglichkeiten des Rechtsschutzes die Rechts- und Gesellschaftsordnung bereitstellt [...], desto wichtiger wird die Hilfe zur Orientierung."

und externe Rechtsanwälte beratend hinzugezogen. Die Parteien wählen schließlich selbstbestimmt dasjenige Verfahren aus der unternehmerischen Konfliktmanagementordnung aus, das ihnen im Hinblick auf ihre priorisierten Verfahrensinteressen und Ergebnisziele eine optimale Gestaltung ihres Konflikts ermöglicht. Ist das Unternehmen in unternehmensinternen Konflikten zugleich Partei, ist es an die Verfahrenswahl seiner Konfliktgegenpartei gebunden und verpflichtet, das von ihr ausgewählte Verfahren durchzuführen.

II. Instrumente

Während die Verfahrenkonferenz den prozeduralen Rahmen für die gemeinsame konfliktspezifische Verfahrensauswahl schafft, unterstützen die Instrumente der Prozessrisikoanalyse und so genannter *Case-Screens* den Verfahrensauswahlprozess der Parteien.

1. Prozessrisikoanalyse

Für die Verfahrensauswahl lässt sich ein Instrument operationalisieren, das in den USA[1062] und Deutschland[1063] von Unternehmen zumeist im Vorfeld der gerichtlichen Prozessführung eingesetzt wird: die Prozessrisikoanalyse.[1064] Anhand der Prozessrisikoanalyse lassen sich nicht nur aus Klägersicht die Erfolgsaussichten einer Klage im Gerichtsverfahren[1065], sondern auch aus Beklagtensicht das zivilprozessuale Risiko analysieren und kalkulieren.[1066] Hinter der Prozessrisikoanalyse steht die kombinierte Anwendung eines Entscheidungsbaumes[1067] und der Risikoberechnung[1068] zur Analyse des Prozessrisikos[1069], deren Funktion und praktische Durch-

---

[1062] Bereits in den 1980er Jahren hat *Victor*, 40 Bus. Law. 617 ff. die *Litigation Risk Analysis* beschrieben.
[1063] Ausweislich der von *Schoen* durchgeführten Unternehmensumfrage setzen ca. 80 % der deutschen Unternehmen die Prozessrisikoanalyse ein, siehe *Schoen*, S. 191. Demgegenüber führt *Eidenmüller*, ZZP 113, 5, 6 – ohne Nachweise – aus, dass die Prozessrisikoanalyse „in Deutschland bisweilen gar nicht und häufig nur in Form einer qualitativen Abschätzung der möglichen Konsequenzen einer Prozeßführung [...] durchgeführt" werde.
[1064] Siehe *Morawietz*, IDR 2004, 133, 133 zu den unterschiedlichen Begriffen.
[1065] *Morawietz*, IDR 2004, 133, 133.
[1066] *Risse*, § 9 Rdnr. 84: „Die Prozessrisikoanalyse ist eine juristisch-ökonomische Methode, die ermittelt, welchen aktuellen Geldwert die Möglichkeit hat, eine Forderung gerichtlich einzuklagen."
[1067] *Bühring-Uhle/Kirchhoff/Scherer*, S. 201; *Morawietz*, IDR 2004, 133, 134 ff.
[1068] *Bühring-Uhle/Kirchhoff/Scherer*, S. 201 f.; *Morawietz*, IDR 2004, 133, 136 ff.
[1069] Die Kombination von Entscheidungsbaum und Risikoanalyse verdeutlicht auch *Morawietz*, IDR 2004, 133, 136: „Um eine Risikoberechnung durchführen zu können, ist es nicht erforderlich, den Sachverhalt vorher mit einem Entscheidungsbaum aufzubereiten. Die Risikobe-

führung bereits an anderer Stelle ausführlich dargestellt worden ist.[1070] Der Anwendungsbereich dieses Analyseinstruments ist indes nicht auf das gerichtliche Prozessführungsmanagement beschränkt. Die (Prozess-)Risikoanalyse unterstützt vielmehr allgemein Entscheidungsfindungsprozesse: Entscheidungsbäume strukturieren und visualisieren den der Entscheidungsfindung zu Grunde liegenden Sachverhalt; die Risikoberechnung ermöglicht es, die potentiellen Resultate der Entscheidungsfindung zu quantifizieren und die Wahrscheinlichkeit ihrer Realisierung zu berechnen.[1071] Der Nutzen der Prozessrisikoanalyse liegt darin, Entscheidungsfindungsprozesse und die mit ihnen verbundenen Unsicherheiten transparent und sichtbar zu machen. Idealerweise sollte die Prozessrisikoanalyse im Rahmen des unternehmerischen Konfliktmanagements zweimal durchgeführt werden[1072]: zunächst im Auswahlprozess des geeigneten Konfliktbehandlungsverfahrens[1073] und anschließend in dem ausgewählten Verfahren selbst. In diesem Sinne ist begrifflich präziser von Verfahrensrisikoanalyse als von (Zivil-)Prozessrisikoanalyse zu sprechen.

Die Bedeutung der Prozessrisikoanalyse für die Verfahrenskonferenz liegt darin, dass sich das Risiko unterschiedlicher Konfliktbehandlungsverfahren kalkulieren und vergleichen lässt.[1074] Sie eliminiert nicht die Risiken der gerichtlichen und alternativen Verfahren, sondern sensibilisiert für die tatsächlichen Unsicherheiten, die mit den verschiedenen interessen- und rechtsbasierten Verfahren in einem spezifischen Konflikt verbunden sind. Mit Hilfe der Prozessrisikoanalyse können die Gesamterwartungswerte für die verschiedenen, als konfliktadäquat bewerteten Konfliktbearbeitungsverfahren berechnet werden. So lässt sich der kalkulierte Wert eines Konflikts in der Mediation, Adjudication und im (Schieds-)Gerichtsverfahren vergleichen und für die konfliktspezifische Verfahrensauswahl im Rahmen der Verfahrenskonferenz nutzbar machen.

---

rechnung wird durch einen Entscheidungsbaum allerdings hervorragend ergänzt und der Entscheidungsbaum erleichtert die quantitative Analyse."

1070 Grundlegend *Eidenmüller*, ZZP 113, 5 ff. Vgl. auch *Schoen*, S. 185 ff., sowie aus dem Bereich der Wirtschaftsmediation *Bühring-Uhle/Kirchhoff/Scherer*, S. 204 ff.; *Risse*, § 9 Rdnr. 83 ff.; *Morawietz*, IDR 2004, 133 ff.; *Neuenhahn*, ZKM 2002, 245 ff.

1071 *Whitworth/Lea/Victor/Glidden*, in: Haig (Ed.), Ch. 12 und in deutscher Sprache *Eidenmüller*, ZZP 113, 5, 6 f. In den USA und Deutschland existiert Computersoftware, die nach Eingabe der fallrelevanten Daten nicht nur eigenständig das Prozessrisiko analysiert, sondern auch den Korridor möglicher Vergleiche (zone of agreement) in Geld berechnet. Siehe dazu *CPR (Ed.)*, 10 Alternatives 29, 31.

1072 *Jones*, in: Fine/Plapinger (Eds.), S. 73, 82: „Decision analysis should be commenced *early* for the *additional* reason that it is a very effective case management tool." [Hervorhebung durch den Verfasser]

1073 Auch *Schoen*, S. 183 betont die Funktion der Prozessrisikoanalyse als Instrument der Verfahrensauswahl.

1074 Vgl. dazu *Koch*, in: Bachmann/Breidenbach/Coester-Waltjen/Heß/Nelle/Wolf (Hrsg.), S. 399, 404: „Schon die Frage, ob es überhaupt sinnvoll ist, vor dem Gang zum Gericht eine andere Lösung des Konflikts durch Mediation zu suchen, erfordert eine Risikoanalyse, mit der der voraussichtliche Ausgang eines Rechtsstreits einschließlich der damit verbundenen Belastungen eingeschätzt und gegen ein mögliches außergerichtliches Verständigungsergebnis gehalten wird."

2. Case-Screens

Mit Hilfe so genannter *ADR-Screens* kann die Eignung von außergerichtlichen Konsensverfahren zur Beilegung eines bestimmten Konflikts ermittelt werden.[1075] Art und Anzahl der Kriterien für die Verfahrensauswahl variieren stark.[1076] Die Kriterien legen nicht fest, wann ein bestimmtes gerichtliches oder alternatives Verfahren geeignet oder ungeeignet ist, sondern begründen Ausnahmen vom Grundsatz des integrierten Konfliktmanagementsystems, dass ADR-Verfahren zunächst auszuschöpfen sind, bevor rechtsbasierte Streitentscheidungsverfahren durchgeführt werden. Ferner definieren *Case-Screens* Kriterien, bei deren Vorliegen lediglich einzelne rechts- oder interessenbasierte Verfahren der unternehmerischen Konfliktmanagementordnung ausgeschlossen sind. So können beispielsweise bestimmte Streitgegenstände aufgrund gesetzlicher oder unternehmerischer Bestimmungen nicht in alternativen Verfahren bearbeitet werden.[1077]

C. Außergerichtliche Konfliktbearbeitungsverfahren

Die dritte Verfahrensstufe bilden die Mediation als drittunterstützte interessenbasierte Verhandlung zwischen den Parteien und die Adjudication als Verfahren der empfehlenden Experten-Entscheidung. Diese beiden Konfliktbearbeitungsverfahren für die unternehmerische Konfliktmanagementordnung auszuwählen, ist indes nicht ausreichend. Entscheidend für ihre erfolgreiche Durchführung sind praxistaugliche Regelungen über ihre Ausgestaltung und ihren Ablauf.[1078] Im Wege des Verfahrensdesigns gilt es daher nachfolgend, den Ablauf und die Ausgestaltung der Mediation (II.) und Adjudication (III.) auf die unternehmensexternen und -internen Konflikte des Unternehmens maßzuschneidern. Gleichsam vor die Klammer gezogen sind diejenigen Verfahrensfragen, die verfahrensübergreifend einer Regelung bedürfen (I.). Orientierung für das Verfahrensdesign bieten die Verfahrensordnungen nationaler und internationaler Streitbeilegungsorganisationen[1079], die als Material dienen und auf die Verfahrensinteressen der Parteien zu transferieren sind. Auf diese Weise entsteht eine unternehmensspezifische außergerichtliche Verfahrensordnung als Teil

---

1075 *Cronin-Harris*, 59 Alb. L. Rev. 847, 868 f.
1076 Nach dem ADR Programm von Motorola beispielsweise besteht für Streitwerte über $ 50,000 eine Vermutung für die ADR Eignung des Konflikts, welche die Rechtsabteilung nur durch einen formalen Vermerk widerlegen kann. ADR Verfahren wurden so zur Regel, gerichtliche Streitbeilegungsverfahren zur Ausnahmen. Aus dieser Zeit stammt auch Wandelung der Bedeutung von ADR zu Appropriate Dispute Resolution.
1077 Vgl. das *Case Classification System* des *Superior Court of the District of Columbia* in Washington, D.C. in: Goldberg/Sander/Rogers, S. 438; dazu ausführlich *Birner*, S. 158 ff.
1078 Ausführlich dazu, allerdings mit Schwerpunkt auf arbeitsrechtliche Schiedsgerichtsverfahren in den USA, *Adler*, in: Brand (Ed.), S. 791 ff.
1079 Vgl. die Verfahrensordnungen der internationalen Schieds- (und Mediations-)Organisationen ICC, LCIA, AAA, DIS.

der Konfliktmanagementordnung des Unternehmens. Das Ziel ist es, eine praxistaugliche Verfahrensordnung zu entwerfen, die sich gleichermaßen für interne und externe, nationale und internationale, soziale und rechtliche Konflikte von Unternehmen eignet.

Im Folgenden konzentriert sich die außergerichtliche Verfahrensordnung auf die wesentlichen Aspekte. Alle denkbaren Verfahrensfragen en detail zu regeln, würde nicht nur den Rahmen dieser Arbeit sprengen, sondern auch über den Zweck der Darstellung hinausgehen, das methodische Vorgehen im Verfahrensdesign zu veranschaulichen.

I. Allgemeine Verfahrensregeln

In einem allgemeinen Teil der Konfliktmanagementordnung sind einleitend Verfahrensaspekte geregelt, welche die Konfliktmanagementordnung insgesamt betreffen bzw. in den Verfahren der Mediation und Adjudication gleichermaßen klärungsbedürftig sind. Dazu zählen Formvorschriften und Fristen ebenso wie die Rolle von Rechtsanwälten und Verfahrensdritten bis hin zu Kostentragungsregelungen und der Frage, ob die Konfliktgegenparteien des Unternehmens das Recht oder die Pflicht haben, die außergerichtlichen Verfahren der unternehmerischen Konfliktmanagementordnung (Mediation und Adjudication) durchzuführen.

1. Option oder Pflicht zur Teilnahme an den ADR-Verfahren der Konfliktmanagementordnung

Die angestrebte Reduzierung der Kosten des Konfliktmanagements lässt sich nur erreichen, wenn der Konfliktmanagementordnung möglichst viele Konflikte des Unternehmens zugeführt werden. Aus diesem Grunde sind Unternehmen bestrebt, ihre internen und externen Konfliktgegner zu verpflichten, sich der Konfliktmanagementordnung des Unternehmens zu unterwerfen und im Konfliktfall nur die in ihr enthaltenen außergerichtlichen Konfliktbeilegungsverfahren in der vorgesehenen Verfahrensabfolge durchzuführen.[1080] Dies wirft die Frage auf, ob eine unternehmerische Konfliktmanagementordnung eine obligatorische Teilnahmeverpflichtung der Parteien enthalten sollte, oder ob die Parteien ihre Konflikte den Verfahren der un-

---

1080 Da nach dem US-amerikanischen Bundes- und Landesrecht die obligatorische und abschließende Verweisung eines Streitfalles an außergerichtliche Konfliktbeilegungsverfahren zulässig ist (vgl. Alternative Dispute Resolution Act of 1998, 28 U.S.C.A. § 652), werden die Konfliktgegner des Unternehmens häufig vertraglich verpflichtet, sich dem privaten Konfliktmanagementsystems des Unternehmens zu unterwerfen; siehe dazu auch *Lipsky/Seeber/Fincher*, S. 198 ff.

ternehmerischen Konfliktmanagementordnung ausschließlich auf freiwilliger Basis zuführen sollten.[1081]

Die Parteien können sich zwar schuldrechtlich verpflichten, an alternativen Konfliktbearbeitungsverfahren teilzunehmen. Diese Teilnahmeverpflichtung ist indes im Hinblick auf Art. 103 GG problematisch, wenn der Zugang zum Gericht nicht nur vorübergehend, sondern dauerhaft ausgeschlossen ist. Solange die außergerichtlichen Verfahren den Parteien allerdings die autonome Option erhalten, jederzeit das Verfahren zu beenden oder zur Überprüfung des außergerichtlich geschlossenen Vergleichs den Rechtsweg zu den staatlichen Gerichten einzuleiten, verstößt eine obligatorische Teilnahmeverpflichtung nicht gegen das Verfassungsrecht.[1082] Vorzugswürdig ist allerdings eine grundsätzlich fakultative Konfliktmanagementordnung, wonach die Parteien ihre Konflikte freiwillig den ADR-Verfahren der unternehmerischen Konfliktmanagementordnung zuführen.[1083] Auf diese Weise bewahren die Parteien ihre Autonomie, flexibel, konflikt- und interessenadäquat zu entscheiden, ob sie einen klärungsbedürftigen Konflikt den alternativen Konfliktbearbeitungsverfahren in der nach der Konfliktmanagementordnung empfohlenen Abfolge zuführen oder aber einzelne (ADR-)Verfahrensstufen überspringen.[1084]

In Konflikten des Unternehmens mit externen Parteien, insbesondere mit anderen Unternehmen als Kunden, Zulieferer oder Kooperationspartner, mag es ausnahmsweise angebracht sein, die Durchführung der ADR-Verfahren als zwingende Voraussetzung für ein (schieds-) gerichtliches Back-up-Streitentscheidungsverfahren vertraglich zu vereinbaren. Durch diese Vereinbarung wäre die (schieds-)klageweise Geltendmachung des Anspruchs vorübergehend im Sinne eines dilatorischen Klageverzichts gesperrt.[1085] Regelungsbedürftig ist in dieser Variante, unter welchen Voraussetzungen ein ADR-Verfahren der unternehmerischen Konfliktmanagementordnung als (erfolglos) durchgeführt gilt, so dass nunmehr der Rechtsweg zu den staatlichen Gerichten oder privaten Schiedsgerichten offen steht. Ausreichend sollte insoweit sein, dass zumindest eine Partei das ADR-Verfahren formell eingeleitet und damit konkludent zum Ausdruck gebracht hat, eine konsensuale Konfliktbearbeitung herbeizuführen. Zusätzliche Voraussetzung ist die schriftliche Mitteilung von nachvollziehbaren Gründen, warum die andere Partei eine Reaktion auf die Einleitungsanzeige unterlassen oder in anderer Weise die Mitwirkung an der Durchfüh-

---

1081 Siehe dazu *Risse*, § 3 Rdnr. 27, 76 ff.
1082 So auch *Birner*, S. 234: „Der verfassungsrechtlich garantierte Zugang zum Gericht ist durch außergerichtliche Verfahren nicht beeinträchtigt, solange sich die Parteien dem jeweiligen Verfahren freiwillig unterwerfen."; siehe dazu auch *Eidenmüller*, S. 39 f. und *Schwackenberg*, AnwBl. 1997, 524, 527.
1083 Das Unternehmen kann allerdings Anreize schaffen, die seine innerbetrieblichen und externen Konfliktgegenparteien motivieren, außergerichtliche Verfahren – zumindest als Eingangsverfahren – auszuwählen und durchzuführen.
1084 Auch *Berger*, in: Bachmann/Breidenbach/Coester-Waltjen/Heß/Nelle/Wolf (Hrsg.), S. 19, 24 plädiert für eine optionale Teilnahme an ADR-Verfahren.
1085 BGH, NJW 1999, 647, 648.

rung des ADR-Verfahrens verweigert hat.[1086] Diese niedrigen Anforderungen an das Scheitern vorgerichtlicher ADR-Verfahren bewahrt die Parteien beispielsweise davor, in offensichtlich ungeeigneten Konstellation – trotz einer ursprünglich vereinbarten Pflicht – an der ersten Mediationssitzung teilnehmen zu müssen und sodann die Mediation einseitig zu beenden.

2. Formvorschriften und Fristen

Im Verlauf eines Konfliktbearbeitungsverfahrens tauschen die Parteien zahlreiche Mitteilungen, Schriftsätze und andere Dokumente aus. Nicht zuletzt aus praktischen Gründen ist zu vereinbaren, in welcher Form diese Dokumente zu erstellen und zu übermitteln sind. Die Form der Dokumente sollte auf solche Medien beschränkt sein, deren Übermittlung zu Beweiszwecken nachweisbar ist.[1087] In Betracht kommen die Schriftform und Textform. Sämtliche Dokumente und Informationen sind in der gewählten Verfahrenssprache abzufassen und in so vielen Abschriften einzureichen, wie es Gegenparteien und Dritte im Verfahren (Mediator, Adjudicator und Schiedsrichter) gibt.[1088] Im Falle eines institutionalisierten Verfahrens ist ein zusätzliches Exemplar für die Verfahrensadministration beizufügen.[1089] Legt eine Partei dem Dritten Schriftstücke oder sonstige Informationen vor, muss sie diese auch der Gegenpartei bzw. ihrem Prozessbevollmächtigten übermitteln.[1090] In unternehmensinternen Konflikten ist es nicht unüblich, den Umfang der Anspruchsbegründung und -erwiderung nach Seitenzahlen zu begrenzen. Gerade in einfachgelagerten Fällen vermag es das Verfahren sinnvoll zu beschleunigen, wenn die Parteien verpflichtet sind, ihre tatsächlichen und rechtlichen Ausführungen zu konzentrieren.

Für einen zügigen Verfahrensablauf ist die Vereinbarung von Fristen empfehlenswert. Dies gilt einmal im Hinblick auf den Zeitraum, in dem das Verfahren durchzuführen ist[1091], zum anderen im Hinblick auf Erklärungsfristen der Parteien während des Verfahrens.[1092] Nach den gängigen institutionellen Verfahrensordnungen kann die Verfahrensadministration diese Fristen verlängern.[1093] Es empfiehlt sich allerdings, Höchstfristen zu vereinbaren, weil anderenfalls die Gefahr besteht, dass Fristverlängerungen – nicht zuletzt aus taktischen Erwägungen – wiederholt

---

1086 Ähnlich *Berger*, in: Bachmann/Breidenbach/Coester-Waltjen/Heß/Nelle/Wolf (Hrsg.), S. 19, 31, der verlangt, „dass die Parteien das betreffende [ADR-]Verfahren eingeleitet und eine einvernehmliche Beilegung ihres Streits versucht haben."
1087 Vgl. Art. 4.1 LCIA Rules.
1088 Vgl. Art. 1.2 und 2.2 LCIA Rules, § 4 DIS SchiedsO.
1089 Vgl. Art. 3 Swiss Rules.
1090 Vgl. Art. 13 Nr. 1 ICC DRB Rules.
1091 Nach der ADR Vereinbarung zwischen der Whirlpool Corp. und State Farm beträgt diese Frist 60 Tage; siehe *Kenagy*, 59 Alb. L. Rev. 895, 898.
1092 Nach der ADR Vereinbarung zwischen der Whirlpool Corp. und State Farm beträgt die Erklärungsfrist der Parteien 15 Tage; siehe *Kenagy*, 59 Alb. L. Rev. 895, 898.
1093 Vgl. Art. 2 Nr. 3 Swiss Rules.

beantragt und gewährt werden und das Verfahren unnötig in die Länge gezogen wird.[1094] Zum Zwecke eines zeitlich straffen Verfahrensablaufs empfiehlt es sich, eine Frist von mindestens 14 Tagen für Verfahrenshandlungen in Konflikten zwischen Parteien mit Wohnort oder Geschäftssitz in Deutschland, in Konflikten zwischen Parteien, von denen zumindest eine ihren Wohnort oder Geschäftssitz im Ausland hat, von mindestens 30 Tagen zu vereinbaren. Für die Berechnung der Fristen ist es erforderlich, den Beginn und das Ende einer Frist zu vereinbaren. Der Praktikabilität willen sollte der Zugang eines Dokuments das maßgebliche Ereignis sein. Die Frist beginnt am Tag, der dem Tag des Zugangs folgt[1095], und endet mit Ablauf des Tages, auf den das Ende der berechneten Frist fällt.[1096]

Die wenigsten Konflikte werden das gesamte Verfahrensspektrum durchlaufen, zugleich dürfte eine abschließende Konfliktbeilegung bereits im Eingangsverfahren der Konfliktmanagementordnung eher die Ausnahme als die Regel sein. Wahrscheinlicher ist es, dass ein Konflikt mindestens zwei verschiedene Verfahren des Systems durchläuft. Vor diesem Hintergrund stellt sich die Frage, wie die Schnittstellen zwischen den einzelnen Verfahren zu gestalten sind. Es bietet sich an, zwischen dem Abbruch des einen und der Einleitung des anderen Konfliktbeilegungsverfahrens den Prozess insgesamt für eine gewisse Zeit – mindestens einen Monat – ruhen zu lassen.[1097] Auf diese Weise erhalten die Parteien Gelegenheit, das weitere prozessuale Vorgehen zu eruieren, Verfahrensrisiken zu analysieren und Beilegungsoptionen zu entwickeln.

3. Prozessbevollmächtigte der Parteien

In sämtlichen Verfahren der Konfliktmanagementordnung des Unternehmens ist sicherzustellen, dass die Parteien jederzeit die Gelegenheit haben, einen Rechtsanwalt zu konsultieren, um sich über ihre Rechte und die Rechtslage zu informieren. Ergänzend sollte das Unternehmen seinen Mitarbeitern anbieten, sich kostenfrei von den Mitarbeitern der Konfliktmanagementabteilung (bzw. vom Ombudsmann des Unternehmens) beraten zu lassen.

Wenngleich in Schiedsgerichts- und ADR-Verfahren kein Anwaltszwang besteht, ist zumindest in unternehmensexternen Konflikten die anwaltliche Beratung und Vertretung der Parteien praktisch die Regel. In unternehmensinternen Konflikten ist danach zu differenzieren, ob Verfahrensgegenstand ein rechtlicher oder sozialer Konflikt ist. Während in unternehmensinternen (arbeits-)rechtlichen Konflikten die

---

1094 Die vereinbarten Höchstfristen können von dem Dritten nach freiem Ermessen verkürzt werden; vgl. Artt. 2.1, 4.7 LCIA Rules.
1095 Vgl. Art. 4.6 LCIA Rules.
1096 Arbeitsfreie Tage und staatliche Feiertage werden beim Beginn und Ende nicht, in den Lauf der Frist dagegen mitgerechnet.
1097 In den USA hat sich dafür der Terminus "cooling off period" oder „stadstill period" herausgebildet; vgl. etwa bei *CPR (Ed.)*, 8 Alternatives 80, 82.

Parteien anwaltlich vertreten werden sollten, bietet es sich in sozialen Konflikten an, der Gegenpartei des Unternehmens die Vertretung durch einen Rechtsanwalt im Verfahren zur Wahl zu stellen. Die „Waffengleichheit" der Parteien lässt sich folgendermaßen gewährleisten: Nur wenn die Gegenpartei einen verfahrensbevollmächtigten Rechtsanwalt wählt, wird auch das Unternehmen im Verfahren anwaltlich vertreten sein.[1098]

Für den Fall, dass die Parteien von einem Rechtsanwalt oder anderen Experten im Verfahren unterstützt werden, stellt sich die Frage nach seiner Rolle im Verfahren. Zu differenzieren ist nach den interessen- und den rechtsbasierten Verfahren der Konfliktmanagementordnung des Unternehmens. In den interessenorientierten Verfahren (Verhandlung, Mediation und Adjudication) sollten die Anwälte die Parteien lediglich beraten, ohne selbst aktiv am ADR-Verfahren teilzunehmen, es sei denn, dies würde im Ermessen des Dritten die Konfliktbeilegung fördern.[1099] Auf diese Weise ist sichergestellt, dass die Parteien jeweils ihre eigenen Interessen zur Geltung bringen und ein Interessenkonflikt mit dem Anwalt vermieden wird. In rechtsbasierten Verfahren (Schieds- und Gerichtsverfahren) liegt es dem gegenüber nahe, dass die Rechtsanwälte als Prozessbevollmächtigte der Parteien agieren.[1100] Soweit die Rechtsanwälte nur eine beratende Funktion ausüben, ist klärungsbedürftig, ob sie persönlich an den Sitzungen teilnehmen oder nicht. Diese Frage ist in den ADR-Verfahrensordnungen unterschiedlich geregelt.[1101] Da pauschale Regelungen wenig sachgerecht erscheinen, sollte der Dritte (Mediator, Adjudicator) als „Herr des Verfahrens" im Einzelfall unter Berücksichtigung der Interessen der Parteien entscheiden, ob die Rechtsanwälte der Parteien persönlich den Sitzungen beiwohnen.

4. Dritte in den Verfahren

Bei der Beantwortung der Frage, ob Mitarbeiter aus dem Unternehmen oder externe Personen als Mediatoren und Adjudicatoren fungieren sollten, ist danach zu differenzieren, ob ein interner oder externer Konflikt Verfahrensgegenstand ist. In Konflikten des Unternehmens mit externen Parteien sind Mediatoren aus der Mitte des

---

1098 Eine ähnliche Regelung findet sich in Nr. 10 AAA DB Hearing Rules: „If a party has not notified the others [...] that it intends to be accompanied by counsel or by an independent expert, but receives another party's notice that it will be so accompanied, the recipient party may then elect to be accompanied by counsel or independent expert if it notifies the other parties and the DRB [Dispute Resolution Board] [...]." Nach dem Dispute Resolution Program von Halliburton, vormals Brown & Root, Inc., gilt dies nur im schiedsrichterlichen Verfahren, siehe *Zinsser*, 12 Neg. J. 151, 157. Nach den *Toyota Reversal Arbitration Program Rules* dürfen die Parteien überhaupt nicht anwaltlich im Verfahren vertreten sein; siehe dazu *Ellis/Ravindra/Vidmar/Davis*, 11 Alternatives 44, 46.
1099 Vgl. Nr. 10 AAA DB Hearing Rules.
1100 Vgl. Art. 18.1 LCIA Rules; Art. 12 AAA Rules; § 26.1 Satz 4 DIS SchiedsO.
1101 Vgl. Nr. 6.3 DRB Operating Procedures des State Construction Office des Florida Department of Transportation: „Attorneys are generally discouraged from attending DRB [Dispute Review Board] Meetings or Hearings."; anders dagegen Nr. 12 AAA DB Hearing Rules.

Unternehmens dem Vorwurf mangelnder Neutralität und Objektivität gegenüber dem Unternehmen ausgesetzt. Es empfiehlt sich daher, ausschließlich externe Mediatoren einzusetzen.

In unternehmensinterne Konflikte mag die Einbeziehung eigener Mitarbeiter des Unternehmens auf den ersten Blick kostengünstiger sein, weil sie einen Teil ihrer regulären Arbeitszeit aufwenden. Unternehmensinterne Laien-Mediatoren eignen sich gegenüber externen allerdings nur, wenn sie von ihren Kollegen als allparteilich angesehen werden und ausreichend qualifiziert sind. Sie müssen folglich intensiv ausgebildet werden, bevor sie in innerbetrieblichen Konflikten als Laien-Dritte eingesetzt werden können. Die Kosten ihrer Ausbildung egalisieren sich erst im Laufe der Zeit gegenüber den entstehenden Kosten für externe professionelle Mediatoren. Aus diesen Gründen mag es effektiver sein, nur im konkreten Konfliktfall einen externen Mediator zu beauftragen, anstatt eine Vielzahl von Mitarbeitern des Unternehmens intensiv in der Mediation auszubilden. Professionelle externe Mediatoren sind als Spezialisten gegenüber unternehmensinternen Laien-Mediatoren zudem in der Regel qualifizierter und erfahrener und werden von den Konfliktparteien als unabhängig und unparteilich beurteilt.[1102] Demgegenüber sind unternehmensinterne Mediatoren vertrauter mit dem Unternehmen, seinen Strukturen und Entscheidungsprozessen.

Die angesprochenen Vor- und Nachteile beider Varianten lassen sich folgendermaßen ausgleichen: In der Anfangszeit empfiehlt sich der Einsatz externer Dritter, wobei gleichzeitig interne ausgebildet werden. Diese werden mittelfristig als Co-Dritte dem Externen zur Seite gestellt und in die Verfahren integriert. Langfristig zieht sich der Externe dann aus den Verfahren zurück, so dass der dann ausgebildete Interne allein als Dritter agiert.[1103] Auch bei der Besetzung des Adjudication-Boards bieten sich Kombinationen aus internen und externen sowie professionellen und Laien-Dritten an.[1104] So könnte beispielsweise ein innerbetriebliches Adjudication-Board mit drei Mitgliedern besetzt werden, von denen jeweils eines aus der Belegschaft und dem Management stammt und der Vorsitzende ein professioneller externer Adjudicator ist.

Die dargestellten Varianten sollten als Optionen für die Konfliktparteien verstanden werden und nicht als verbindliche Regelungen über die Person und das Profil des Dritten. Denn maßgeblich ist, ob die Konfliktparteien den Dritten als kompetent und allparteilich wahrnehmen. Die Parteien müssen im Einzelfall selbst darüber entscheiden, ob sie einen internen Laien-Dritten, einen externen professionellen Dritten oder Co-Dritte bevorzugen. Regelungen über die Person und das Profil des Dritten sind daher lediglich empfehlend und dispositiv zu formulieren.

Haben die Parteien einvernehmlich ein persönliches und fachliches Anforderungsprofil für den Dritten erstellt und geeignete Kandidaten identifiziert, bedarf es schließlich der Auswahl des oder der Dritten. Unterschiedliche Modi der Auswahl

---

1102 *Lipsky/Seeber/Fincher*, S. 183.
1103 Die Möglichkeit der Co-Mediation bleibt als Parteienoption erhalten.
1104 Siehe dazu *CPR (Ed.)*, 11 Alternatives 58, 60.

werden praktiziert. In unternehmensinternen Konflikten, in denen das Unternehmen Konfliktpartei ist, sollte die Konfliktgegenpartei des Unternehmens das Recht haben, den Dritten auszuwählen. In diesem Fall ist das Unternehmen an die Wahl gebunden, hat allerdings das Recht, die Rüge der Befangenheit zu erheben.[1105]

In unternehmensexternen Konflikten müssen sich das Unternehmen und die andere Partei auf einen Dritten einigen. Sie können sich die Auswahl erleichtern, indem sie auf die Pools und Listen von Verfahrensinstitutionen zurückgreifen.[1106] Je nach konfliktspezifischem Anforderungsprofil erstellt die Organisation im Auftrag der Parteien eine Liste geeigneter und verfügbarer Dritter, aus der die Konfliktparteien auswählen können. Nach Maßgabe eines von den Parteien gemeinsam erstellten Qualifikationsprofils kann die Verfahrensinstitution beispielsweise eine Liste mit drei geeigneten und verfügbaren Dritten (Mediator, Adjudicator) erstellen, die jede Partei individuell nach einem Punktesystem priorisiert. Den Zuschlag erhält dann derjenige, der kumuliert die meisten Punkte erhält; der Dritte mit den zweitmeisten Punkten fungiert als Ersatz für den Fall, dass der Ausgewählte kurzfristig nicht zur Verfügung steht oder während des Verfahrens ausscheidet. Bei Stimmengleichheit entscheidet die Verfahrensinstitution.

5. Vertraulichkeit

Die Sicherung der Vertraulichkeit ist die Achillesferse der alternativen Konfliktbearbeitungsverfahren. Nur wenn die Vertraulichkeit des Verfahrens gesichert ist, werden die Parteien bereit sein, sich offen über den zu Grunde liegenden Lebenssachverhalt, ihre Interessen und mögliche Lösungsoptionen austauschen. Insbesondere das Mediationsverfahren lebt von der vertrauensvollen und offenen Kommunikation der Parteien untereinander und mit dem Mediator. Vertraulichkeit bedeutet, dass die Kommunikation während des Verfahrens nicht an Dritte dringt, in ein nachfolgendes oder paralleles Konfliktbearbeitungsverfahren eingeführt wird und der Mediator Informationen aus Einzelgesprächen mit einer Partei nicht ohne ihre ausdrückliche Einwilligung an die andere Partei weitergibt.[1107] Die Vertraulichkeitsregeln in den institutionellen Verfahrensordnungen und nationalen Prozessordnungen variieren und sollten in jedem Fall durch eine separate Vertraulichkeitsvereinbarung[1108] ergänzt werden, die eine prozessual wirkende Vortrags- und Beweismittel-

---

1105 Vgl. die Bestimmungen bei *Brown*, 86 Ill. B.J. 432, 434.
1106 Vgl. Rules of ICC as Appointing Authority in UNCITRAL or other Ad Hoc Arbitration Proceedings. Die US-amerikanische *CIGNA Corp.* arbeitet mit einem einzelnen ADR Provider zusammen; siehe *Mazadoorian*, in: Fine/Plapinger (Eds.), S. 183, 185 f.; gleiches gilt für *Deere & Co.*, siehe *CPR (Ed.)*, 9 Alternatives 35, 35.
1107 Vgl. Art. 5.3 LCIA Mediation Procedure.
1108 Vgl. *Rau/Sherman/Peppet*, S. 935 und 943. Siehe zum Beispiel die §§ 16 bis 20 CEDR Model Mediation Procedure. Im Hinblick auf materiellrechtliche Sanktionen ist zu unterscheiden, ob innerhalb oder außerhalb eines staatsgerichtlichen Konfliktbeilegungsverfahrens gegen die prozessvertraglichen Vortrags- und Beweismittelbeschränkungen verstoßen wird. In ei-

beschränkung in einem nachfolgenden (gerichtlichen) Konfliktbearbeitungsverfahren beinhaltet.[1109]

Danach verpflichtet sich jede Partei, über alle von der anderen Partei im Rahmen des außergerichtlichen Konfliktbearbeitungsverfahrens bekannt gewordenen Informationen Stillschweigen zu bewahren, insbesondere nicht in ein nachfolgendes Konfliktbeilegungsverfahren einzuführen oder sich darauf zu berufen, die „nicht in anderer Weise zum Gemeingut gehören"[1110], „nicht allgemein zugänglich sind"[1111] oder ausschließlich durch das Verfahren und nicht bereits vorher zur Kenntnis der anderen Partei gelangt sind[1112]. Diese Vertraulichkeitsverpflichtung besteht ausnahmsweise nicht in Fällen, in denen entweder die Offenlegung der Informationen zur Erfüllung der rechtlichen Verpflichtungen einer Partei notwendig ist, zur Umsetzung bzw. Durchsetzung der Einigung vom anwendbaren Recht vorgeschrieben ist[1113], um Rechtsansprüche zu schützen, zu verfolgen oder um einen Schiedsspruch in einem staatlichen Gerichtsverfahren zu vollstrecken oder aufzuheben[1114].

Die Konfliktparteien verpflichten sich darüber hinaus, den Dritten (Mediator, Adjudicator etc.) nicht in einem parallelen oder anschließenden Konfliktbearbeitungsverfahren als Zeugen für Tatsachen zu benennen, die ihm während des Verfahrens offenbart wurden, es sei denn er ist dazu gesetzlich verpflichtet oder die Parteien haben dies schriftlich vereinbart.[1115] Der Dritte verpflichtet sich seinerseits gegenüber den Parteien, zur umfassenden Verschwiegenheit und bestehende gesetzliche Zeugnisverweigerungsrechte in Anspruch zu nehmen. Sofern die Parteien schriftlich nichts anderes vereinbart haben, darf er nicht als Richter, Schiedsrichter, Sachverständiger, Vertreter oder Berater einer Partei in einem parallelen oder anschließenden (schieds-) gerichtlichen Verfahren mitwirken, das den Gegenstand des ADR-Verfahrens betrifft.[1116] Die Parteien und der Dritte sollten bei Bedarf ergänzend vereinbaren, den Inhalt der Verfahrenssitzungen nicht aufzuzeichnen oder zu protokollieren.[1117]

---

nem Zivilprozess ist ein materiellrechtlicher Schadensersatzanspruch regelmäßig wertlos, weil die prozessvertragliche Vortrags- und Beweismittelbeschränkung schon auf Einrede vom Gericht zu beachten ist, so dass ein zu ersetzender Schaden schon nicht entstehen kann. Anders dagegen, wenn der Verstoß außerhalb eines Gerichtsverfahrens erfolgt. Vgl. dazu *Wagner*, S. 255, 261 ff.; *Leipold* in *Stein/Jonas*, ZPO, vor § 128 Rdnr. 247; anschauliches Beispiel bei *Eidenmüller*, S. 817 f.

1109 Vgl. *Wagner*, S. 424 ff.; *Wagner*, NJW 2001, 1398 ff.; *Prütting*, in: Briner (Hrsg.), S. 629, 638 f.
1110 Vgl. Art. 43 Absatz 1 Satz 1 Swiss Rules.
1111 Vgl. Art. 30.1 LCIA Rules.
1112 Vgl. Art. 7 Absatz 2 a) ICC-ADR-Regeln.
1113 Vgl. Art. 7 Absatz 2 a) ICC-ADR-Regeln.
1114 Vgl. Art. 30.1 letzter Halbsatz LCIA Rules.
1115 Art. 7 Absatz 4 ICC-ADR-Regeln.
1116 Art. 7 Absatz 3 ICC-ADR-Regeln.
1117 Vgl. Art. 10.5 LCIA Mediation Procedure; M-13 AAA Int'l Med. Rules; § 11 CEDR Model Mediation Procedure. Gemäß § 6 Nr. 3 Hamburger MediationsO geben die Parteien sogar nach Abschluss des Mediationsverfahrens alle wechselseitig überlassenen Unterlagen zurück

6. Weitere Verfahrensregeln

Versäumt eine Partei unentschuldigt die Einhaltung einer Frist, stellt sich die Frage, welche Konsequenzen dies für das Verfahren hat. Es ist danach zu differenzieren, in welchem Verfahrensstadium eine Partei säumig ist. Kommt eine Partei ihrer Verpflichtung nicht nach, mit der Einleitungsanzeige den Nachweis der Zahlung der Verfahrensgebühr zu erbringen, gilt die Anzeige als nicht zugegangen und das Verfahren als nicht eingeleitet[1118], mit der praktischen Folge, dass die Verjährung des verfahrensgegenständlichen Anspruchs nicht gehemmt wird. Benennt eine Partei nicht oder nicht fristgerecht einen Dritten, so bedeutet dies den unwiderruflichen Verzicht dieser Partei auf das Nominierungsrecht.[1119] In diesem Fall benennt ihn die Verfahrensinstitution bzw. die unternehmerische Konfliktmanagementabteilung. Solange die Parteien die Kostenvorschüsse nicht vollständig an die Verfahrensadministration oder den Dritten geleistet haben, wird kein Dritter bestellt und kein Konfliktbearbeitungsverfahren eröffnet.[1120]

Übermittelt die andere Partei nicht oder nicht fristgerecht die Einleitungsantwort, ist sie nicht daran gehindert, in der Adjudication eine Anspruchserwiderung oder eine eigene Anspruchsbegründung zu erheben.[1121] Reicht die Partei nicht innerhalb der maßgeblichen Frist die Anspruchsbegründung ein, ohne dafür ausreichende Gründe vorzubringen, so stellt das Adjudication-Board das Verfahren durch Beschluss ein, mit der Folge, dass die säumige Partei alle bis dahin entstandenen Verfahrenskosten zu tragen hat. Kommt die andere Partei unentschuldigt ihrer Verpflichtung nicht nach, fristgerecht die Anspruchserwiderung einzureichen[1122] oder erscheint eine ordnungsgemäß geladene Partei unentschuldigt nicht zur mündlichen Verhandlung[1123], wird die Adjudication fortgesetzt. Legen die Parteien nach ordnungsgemäßer Aufforderung durch das Adjudication-Board unentschuldigt Beweise nicht vor, kann es ebenfalls das Verfahren fortsetzen und die Entscheidung auf der Basis der ihm vorliegenden Beweisergebnisse erlassen.[1124]

Sobald eine Partei Kenntnis davon erlangt, dass eine Bestimmung oder ein Erfordernis der Konfliktmanagementordnung nicht eingehalten wurde, hat sie diesen Verstoß unverzüglich zu rügen. Setzt sie das Verfahren gleichwohl ohne Rüge fort, so gilt dies als Verzicht auf das Rügerecht der Partei.[1125] Die Sanktionen wegen Verlet-

---

und vernichten die während der Mediation angefertigten Aufzeichnungen und Kopien, sofern die Parteien schriftlich nichts anderes vereinbart haben.
1118 Ähnlich § 7.2 DIS SchiedsO.
1119 Vgl. Art. 2.3 Satz 2 LCIA Rules.
1120 Vgl. Art. 8.4 LCIA Mediation Procedure; § 16 DIS SchlichtungsO.
1121 Vgl. Art. 2.3 Satz 1 LCIA Rules.
1122 Vgl. §§ 30.1 und 30.3 Satz 1 DIS SchiedsO.
1123 Vgl. Art. 28 Absatz 2 Swiss Rules.
1124 Vgl. Art. 28 Absatz 3 Swiss Rules; Art. 23 Absatz 3 AAA Rules; § 30.2 DIS SchiedsO.
1125 Vgl. Art. 30 Swiss Rules; Art. 32.1 LCIA Rules; § 41 DIS SchiedsO.

zung der Bestimmungen der Konfliktmanagementordnung[1126] sollten in einer Weise ausgestaltet sein, dass sie sich auf nachgelagerte Verfahren auswirken, sei es auf ein anschließendes privates Schieds- oder staatliches Gerichtsverfahren. Auf diese Weise kann die Motivation der Partei, die Regelungen der unternehmerischen Konfliktmanagementordnung zu verletzen, eingedämmt werden, weil sich die Konsequenzen unmittelbar auf ihre Position in den nachfolgenden Konfliktbeilegungsverfahren auswirken.

II. Regelungen über das Verhältnis zwischen den ADR-Verfahren der Konfliktmanagementordnung und den gerichtlichen Verfahren

Regelungsbedürftig ist ferner das Verhältnis zwischen den ADR-Verfahren der unternehmerischen Konfliktmanagementordnung und den (schieds-)gerichtlichen Verfahren. Die Parteien können und werden die Mediation und Adjudication nur ernsthaft und konstruktiv betreiben, wenn diese Verfahren nicht durch parallele Gerichtsverfahren obstruiert werden oder zu einem Rechtsverlust in einem anschließenden (Schieds-)Gerichtsverfahren führen.

1. Abschirmung der ADR-Verfahren vor parallelen gerichtlichen Verfahren

Die erfolgreiche Durchführung einer Mediation oder Adjudication kann durch eine parallele Rechtsverfolgung in (schieds-)gerichtlichen Verfahren behindert werden. Aus diesem Grund gilt nach der Konfliktmanagementordnung zwischen den Parteien als vereinbart, dass für die Dauer der ADR-Verfahren der Konfliktmanagementordnung die Anrufung eines (Schieds-) Gerichts ausgeschlossen ist (pactum de non pretendo).[1127] Die gegebenenfalls parallel beklagte Partei kann danach der Zulässig-

---

1126 Zum Beispiel die Umgehung prozessvertraglicher ADR-Verfahrensabreden mit dem Ziel, den Konflikt von einem staatlichen Gericht entscheiden zu lassen, oder die endlose Durchführung außergerichtlicher Verfahren mit dem Ziel, ein nachgeordnetes kontradiktorisches Verfahren längstmöglich hinauszuzögern. Beispiele nach *Abramson*, 4 ILSA J. Int'l & Comp. L. 323, 324.
1127 Vgl. § 7 Nr. 1 Hamburger MediationsO. Eingehend zu dieser prozessvertraglichen Vereinbarung im Sinne eines dilatorischen Klageverzichts *Hacke*, S. 116 ff.

keit der Klage eine Prozesseinrede entgegenhalten[1128], mit der Folge dass die Klage durch Prozessurteil als zurzeit unzulässig abgewiesen wird.[1129]

In Konflikten mit grenzüberschreitender Anknüpfung obliegt es dem nach der lex fori (parallel zum alternativen Verfahren) zuständigen staatlichen Gericht, diesen vereinbarten dilatorischen Klageverzicht auf Einrede der beklagten Partei zu beachten. Gleiches gilt für Vortrags- oder Beweismittelbeschränkungen im potentiell nachfolgenden Gerichtsverfahren. Die Parteien können allerdings durch Gerichtsstandsvereinbarungen im Hauptvertrag „ADR-freundliche" Gerichte und Zivilprozessordnungen wählen[1130], welche die in der Konfliktmanagementordnung enthaltenen Bestimmungen beachten und vor parallelen oder sequenziellen Gerichtsverfahren schützen.

Sofern ein einstweiliges Verfügungsverfahren in das gerichtliche Hauptverfahren übergeht, gilt ergänzend zwischen den Parteien vereinbart, dass seine Aussetzung für die Dauer der Mediation oder Adjudication beantragt wird. Beginnen die Parteien während eines (schieds-) gerichtlichen Verfahrens ein ADR-Verfahren, so gilt zwischen den Parteien als vereinbart, dass sie für die Dauer des ADR-Verfahrens der Aussetzung des (Schieds-)Gerichtsverfahrens zustimmen.[1131]

2. Hemmung der Verjährung von Rechtsansprüchen und weitere Abreden

Aus Sicht der Konfliktparteien notwendig ist der Schutz der Verjährung der vertraglichen und gesetzlichen Ansprüche während der Mediation und der Adjudication. Alternative Konfliktbeilegungsverfahren würden nicht durchgeführt werden, wenn ihre zeitliche Dauer dazu führte, dass eine Partei ihre Ansprüche infolge der Verjährung anschließend nicht mehr gerichtlich durchsetzen könnte. Nicht nur der Beginn des schiedsrichterlichen Verfahrens, sondern auch schwebende Verhandlungen zwischen Schuldner und Gläubiger über den Anspruch hemmen die Verjährung des Anspruchs.[1132] Da der Begriff der Verhandlung weit auszulegen ist[1133], dürften darunter sowohl direkte Verhandlungen der Parteien als auch die Mediation und die Adjudi-

---

1128 *Eidenmüller*, S. 12 ff.; *Heß/Sharma*, in: Haft/Schlieffen (Hrsg.), § 26 Rdnr. 55. Maßnahmen des einstweiligen Rechtsschutzes bleiben davon jedoch unberührt. Nach § 7 Nr. 1 Satz 2 Hamburger MediationsO soll vor der Inanspruchnahme gerichtlicher Maßnahmen des einstweiligen Rechtsschutzes durch eine Partei darüber in einer kurzfristig anzuberaumenden Mediationssitzung gesprochen werden. BGH, NJW 1999, 647, 648; Berger, in: Bachmann/Breidenbach/Coester-Waltjen/Heß/Nelle/Wolf (Hrsg.), S. 19, 25.
1129 BGH, NJW 1999, 647, 648; *Berger*, in: Bachmann/Breidenbach/Coester-Waltjen/Heß/Nelle/Wolf (Hrsg.), S. 19, 25.
1130 Vgl. *Eidenmüller*, S. 45, 91.
1131 *Heß/Sharma*, in: Haft/Schlieffen (Hrsg.), § 26 Rdnr. 12.
1132 Vgl. §§ 203, 204 Abs. 1 Nr. 11 BGB.
1133 Vgl. BGH, NJW 1983, 2075.

cation fallen.[1134] Nach der Konfliktmanagementordnung des Unternehmens endet die Hemmung zwei Monate nach der Beendigung eines ADR-Verfahrens.[1135]

Neben dem Schutz vor Verjährung sollten die Parteien für die Dauer der ADR-Verfahren vereinbaren, dass die streitgegenständlichen Ansprüche gestundet sind und das Recht zur Aufrechnung mit der streitgegenständlichen Forderung ausgeschlossen ist.[1136] Ein weiterer Regelungsaspekt betrifft das Recht der Parteien, das ADR-Verfahren einseitig – durch Kündigung – zu beenden.[1137] Es obliegt den Parteien, die Gründe zu vereinbaren, die zur außerordentlichen[1138] Kündigung berechtigen. Regelmäßig verpflichten sich die Parteien zumindest zur Teilnahme an der ersten ADR-Sitzung[1139], bevor ihnen ein Kündigungsrecht zusteht.[1140]

3. Rechtsweg zu den staatlichen Gerichten

Für das Verfahrensdesign bedarf es der Klärung, ob die Parteien einen erzielten ADR-Vergleich in einem nachfolgenden gerichtlichen Verfahren überprüfen[1141] bzw. im Falle des Scheiterns eines ADR-Verfahrens (schieds-)gerichtlichen Rechtsschutz in Anspruch nehmen können.

Zahlreiche Konfliktmanagementordnungen von US-amerikanischen Unternehmen sehen nach einer gescheiterten Mediation obligatorisch ein privates Schiedsgerichtsverfahren vor.[1142] Fraglich ist, ob allein der Zugang zu einem privaten Schiedsgericht als verfassungsrechtlich garantierter Rechtsweg ausreicht. Dagegen bestehen Bedenken, weil in diesem Fall der Rechtsweg zu den staatlichen Gerichten eingeschränkt, wenn nicht gar faktisch ausgeschlossen wäre. Denn der Inhalt und das Zustandekommen eines Schiedsspruchs sind nur sehr eingeschränkt von staatlichen Gerichten überprüfbar. Eine derartige „Zwangsschiedsgerichtsbarkeit" verstößt da-

---

1134 *Wagner*, ZKM 2002, 103 ff.; *Hacke*, S. 130.
1135 Vgl. § 7 Nr. 2 Hamburger MediationsO.
1136 Vgl. § 390 Satz 1 BGB. Siehe auch die interessante Abrede in Langzeitverträgen und anderen Dauerschuldverhältnissen bei *Costello*, S. 186: „Many dispute resolution clauses between organizations with ongoing relationships contain a provision that performance of the contract *will continue* despite the pendency of a dispute." [Hervorhebung im Original]
1137 Nach wohl h.M. bilden die materiellrechtlichen Abreden der Mediationsvereinbarung ein Dauerschuldverhältnis mit einem atypischen Inhalt nach § 305 BGB; so *Eidenmüller*, S. 45, 52, auf den auch *Heß/Sharma*, in: Haft/Schlieffen (Hrsg.), § 26 Rdnr. 23 f. verweisen. Nach *Eiholzer*, Rdnr. 481 ff. sind sie als BGB-Gesellschaft nach den §§ 705 ff. BGB zu qualifizieren
1138 Ausführlicher dazu mit Beispielen *Heß/Sharma*, in: Haft/Schlieffen (Hrsg.), § 26 Rdnr. 24.
1139 *Eidenmüller*, Vertrags- und Verfahrensrecht, S. 45, 52 f. mit Fn. 25; *Heß/Sharma*, in: Haft/Schlieffen (Hrsg.), § 26 Rdnr. 23 sprechen gar von einer „Verpflichtung der Parteien zur vertragsgetreuen Mitwirkung am Mediationsverfahren".
1140 Uneinheitlich wird die (konkludente) Annahme eines jederzeitigen Kündigungsrechts beurteilt; siehe dazu *Heß/Sharma*, in: Haft/Schlieffen (Hrsg.), § 26 Rdnr. 24.
1141 *Lipsky/Seeber/Fincher*, S. 167.
1142 Nach US-amerikanischem Bundes- und Landesrecht ist dies grundsätzlich zulässig; siehe dazu *Lipsky/Seeber/Fincher*, S. 198 ff.

her nach Auffassung der Europäischen Menschenrechtskommission gegen die Garantie des Zugangs zu den staatlichen Gerichten.[1143] Für die Konfliktmanagementordnung folgt daraus, dass ein am Ende einer Mediation oder Adjudication abgeschlossener außergerichtlicher Vergleich durch ein staatliches Gericht überprüfbar ist.

4. Durchsetzung und Vollstreckung von ADR-Vergleichen

Die Parteien werden außergerichtliche Formen der Konfliktbearbeitung nur dann als eine praxistaugliche und effiziente Optionen bewerten, wenn außergerichtliche Vergleiche eine Kernbedingung erfüllen: die rechtliche Durchsetzbarkeit der erarbeiteten Verfahrensergebnisse. Zu unterscheiden ist die materiell-rechtliche von der prozessrechtlichen Durchsetzbarkeit von ADR-Vergleichen. Die Entscheidungen staatlicher Gerichte sind eingebettet in ein differenziertes nationales und internationales[1144] Vollstreckungsregime. Gleiches gilt für inländische und internationale Schiedssprüche.[1145] Ein internationales Anerkennung- und Vollstreckungsregime wie das des NYÜ[1146] existiert indes nicht für ADR-Vergleiche. Ist im Folgenden von der internationalen Vollstreckbarkeit von ADR-Vergleichen die Rede, so ist zwischen der Vollstreckung innerhalb des Geltungsbereichs der EuGVVO und im übrigen Ausland sowie nach der Form des Titels zu differenzieren.

Nach dem deutschen Zivilprozessrecht bieten sich drei Vollstreckungstitel zur Sicherung der Vollstreckbarkeit außergerichtlicher ADR-Vergleiche: die notarielle Urkunde[1147], der Anwaltsvergleich[1148] und der Schiedsspruch mit vereinbartem Wortlaut[1149]. Je nach gewähltem Titel unterscheiden sich Art und Beachtlichkeit der Einwände gegen die Vergleichsregelung.[1150] Im Anwendungsbereich der EuGVVO sind Titel, die nach den Zivilprozessordnungen der Unterzeichnerstaaten vollstreck-

---

1143 *Schlosser* in *Stein/Jonas*, ZPO, Vorbem. § 1025 Rdnr. 5.
1144 Vgl. Verornung (EG) Nr. 44/2001 vom 22.12.2000 des Rates über die gerichtliche Zuständigkeit und die Anerkennung und Vollstreckung von Entscheidungen in Zivil- und Handelssachen (ABl. EG Nr. L 12 v. 16.1.2001, S. 1), kurz EuGVVO.
1145 Vgl. New Yorker UN-Übereinkommen über die Anerkennung und Vollstreckung ausländischer Schiedssprüche v. 10.6.1958, BGBl. 1961 II, S. 121 sowie das Europäische Übereinkommen über die internationale Handelsschiedsgerichtsbarkeit vom 21.4.1961, BGBl. 1964 II, S. 425.
1146 New Yorker UN-Übereinkommen über die Anerkennung und Vollstreckung ausländischer Schiedssprüche v. 10.6.1958, BGBl. 1961 II, S. 121.
1147 Vgl. § 794 Absatz 1 Nr. 5 ZPO; dazu *Wagner*, BB 1997, 53 ff.; *Schütze*, DZWir 1993, 133ff.; EuGH, EWS 1999, 268 ff. im Anschluss an BGH, EWS 1997, 359f.
1148 Vgl. § 794 Absatz 1 Nr. 4b i.V.m. §§ 796 a bis c ZPO; ausführlicher dazu *Nerlich*, MDR 1997, 416 ff.; siehe allgemein zum Anwaltsvergleich *Putzo* in *Thomas/Putzo*, § 796a Rdnr. 3 ff.; *Wolfsteiner* in *MüKo*, ZPO, § 796a Rdnr. 1.
1149 Vgl. § 794 Absatz 1 Nr. 4a i.V.m. §§ 1053, 1060 ZPO; ausführlicher dazu *Gottwald*, in *Breidenbach/Coester-Waltjen/Heß/Nelle/Wolf (Hrsg.)*, S. 31 ff.
1150 *Eidenmüller*, S. 46 ff. und 62.

bar sind, auch in den übrigen Jurisdiktionen der EU vollstreckbar, sofern sie die Form einer öffentlichen Urkunde i.S. des Art. 57 EuGVVO aufweisen. Dies ist für notarielle Urkunden im Sinne der ZPO zu bejahen, für den nach der ZPO für vollstreckbar erklärten Anwaltsvergleich dagegen nicht.[1151] Ebenso wenig ist der gerichtliche oder notarielle Beschluss über die Vollstreckbarerklärung des Anwaltsvergleichs nach der EuGVVO vollstreckbar, weil er keine Sachentscheidung i.S. von Art. 25 EuGVVO beinhaltet und demzufolge die Art. 33 ff. EuGVVO schon keine Anwendung finden.[1152] Als internationale Vollstreckungstitel bieten sich demnach nur der notariell beurkundete ADR-Vergleich und der Schiedsspruch mit vereinbartem Wortlaut an.

III. Mediation

Im Einklang mit dem Ziel des Systemdesigns, die Konfliktbeilegung auf interessenbasierte Verfahren zu fokussieren, hat sich die Mediation zur Beilegung der Konflikte von Unternehmen etabliert – sowohl in (sozialen) Konflikten am Arbeitsplatz einschließlich individual- und kollektivarbeitsrechtlicher Konflikte[1153], als auch in Konflikten zwischen Abteilungen, Profit Centern und konzernverbundenen Unternehmen sowie in Konflikten des Unternehmens mit externen Parteien[1154]. Damit stellt sich die Mediation als universales Konfliktbeilegungsverfahren in unternehmensinternen und -externen Konflikten dar[1155], dem in der unternehmerischen Konfliktmanagementordnung große praktische Bedeutung zukommt. Die Etablierung der Mediation als universales Konfliktbeilegungsverfahren bringen die unterschiedlichen Mediationsordnungen zum Ausdruck, die in den vergangenen Jahren private Verfahrensinstitutionen erlassen haben.[1156] Zusätzlich bieten zahlreiche nationale und internationale Verfahrensinstitutionen und ADR-Dienstleister den Parteien die Administration von Mediationen und Unterstützung bei der Auswahl eines Media-

---

1151 Vgl. EuGH, EWS 1999, 268 ff. im Anschluss an BGH, EWS 1997, 359f.
1152 Vgl. *Hüßtege* in *Thomas/Putzo*, ZPO, Art. 25 EuGVVO, Rdnr.1.
1153 Enger ist demgegenüber der Anwendungsbereich der ICC-ADR-Regeln. Nach der Präambel i.V.m. Art. 1 ICC-ADR-Regeln findet die Verfahrensordnung lediglich in nationalen und internationalen Streitigkeiten und Meinungsverschiedenheiten zwischen Wirtschaftsunternehmen Anwendung, nicht dagegen in arbeitsrechtlichen Konflikten; siehe auch den Leitfaden für ICC-ADR, Art. 1.
1154 Ein Praxisbeispiel für eine erfolgreiche Mediation in einem Konflikt zwischen Unternehmen veranschaulicht *Sick*, IDR 2004, 185 ff.
1155 Vgl. § 1 Nr. 1 Hamburger MediationsO und § 1 Nr. 1 Düsseldorfer MediationsO, wonach die Verfahrensordnung auf natürliche und juristische Personen und Personengesellschaften sowie deren Beschäftigte in Ausübung ihrer geschäftlichen Tätigkeit einschließlich innerbetrieblicher Konflikte anwendbar ist.
1156 Dabei standen die UNCITRAL Conciliation Rules (Resolution 35/52 adopted be the General Assembly on 4 December 1980) aus dem Jahre 1980 Pate für zahlreiche Verfahrensordnungen.

tors als Dienstleistung an.[1157] Konfliktspezifische Verfahrensabreden der Parteien können – und sollten – die vorhandenen Mediationsordnungen im Wege des Verfahrensdesigns ergänzen und modifizieren. Erforderlich ist insoweit eine Detailanalyse dieser Mediationsordnungen, um Regelungslücken zu identifizieren und ergänzende Regelungen zu entwerfen. Auf der Grundlage einer Analyse ausgewählter Verfahrensordnungen wird nachfolgend eine Mediationsordnung als Teil der unternehmerischen Konfliktmanagementordnung entwickelt, die gleichermaßen auf unternehmensinterne und -externe Konflikte mit nationaler und internationaler Anknüpfung anwendbar ist.

1. Initiierung

Regelungsbedürftig ist zunächst einmal die Art und Weise der Initiierung einer Mediation. Das Verfahren beginnt mit der Vereinbarung der Parteien – Einleitungsanzeige und -antwort –, ihren Konflikt mit Unterstützung eines Mediators beizulegen.

a) Einleitungsanzeige

Die Mediation wird durch eine schriftliche oder elektronisch übermittelte Anzeige der Partei, die die Durchführung einer Mediation wünscht, an die Gegenpartei eingeleitet. Diese Einleitungsanzeige ist zugleich der Verfahrensadministration zu übermitteln – in unternehmensinternen Konflikten der Konfliktmanagementabteilung des Unternehmens, in unternehmensexternen Konflikten der gewählten Mediationsorganisation.[1158]

Die Anzeige enthält die Daten der Konfliktpartei (und gegebenenfalls ihrer bevollmächtigten Vertreter), eine kurze Darstellung des klärungsbedürftigen Konflikts[1159] und eine Kopie der Mediationsvereinbarung der Parteien.[1160] Diese Angaben haben rein informativen Charakter. Sie ermöglichen der Gegenpartei und, sofern bereits nominiert und bestellt, dem Mediator (sowie der Verfahrensadministration)

1157 Zu den unterschiedlichen Varianten der Auswahl des Dritten siehe *Lipsky/Seeber/Fincher*, S. 186.
1158 Haben sich die Parteien vor der Einleitung der Mediation auf einen Mediator geeinigt, fungiert dieser zugleich als Verfahrensadministrator bzw. Mediationsorganisation. Sofern das Mediationsverfahren durch eine externe Mediationsorganisation administriert wird, ist ihr gegenüber die Zahlung der pauschalen Mediationsgebühr nachzuweisen, weil sie den Eingang der Einleitungsanzeige erst bestätigen wird, wenn die Gebühr vollständig bezahlt worden ist. Vgl. Art. 2 A Absatz 1 e) und Art. 4 Absatz 1 Satz 2 ICC-ADR-Regeln; Art. 1.3 LCIA Mediation Procedure; § 3 Nr. 3 Hamburger MediationsO.
1159 Vgl. § 3 Nr. 1 S. 2 Hamburger MediationsO. Soweit möglich wird ferner der Streitwert angegeben, siehe dazu Art. 2 Absatz 1 b) ICC-ADR-Regeln.
1160 Vgl. Art. 2 Absatz 1 ICC-ADR-Regeln; Art. 1.1 LCIA Mediation Procedure.

eine erste Verortung und Analyse des Konflikts.[1161] Der tatsächliche Hintergrund des zu mediierenden Konflikts ist daher ohne eine (rechtliche) Bewertung, Anlage von Urkunden und sonstige Beweismittel darzustellen. Die Parteien können, insbesondere in einfach gelagerten Fällen, auf ein solches schriftliches Fallmemorandum verzichten.

Haben sich die Konfliktparteien bereits im Vorfeld auf die Person des Mediators verständigt, ist auch ihm die Einleitungsanzeige zu übermitteln. Ist er noch nicht nominiert, haben sich die Parteien jedoch vorher auf persönliche und fachliche Kriterien des Mediators geeinigt, ist diese Profilvereinbarung ebenfalls der Verfahrensadministration zu übermitteln, die sodann den Parteien auf dieser Grundlage geeignete und verfügbare Mediatoren vorschlagen wird.[1162] Anderenfalls fügt die Partei der Einleitungsanzeige ein eigenes Profil für den Mediator bei und schlägt, soweit möglich, einen oder mehrere entsprechend qualifizierte Mediatoren vor, die die Parteien anschließend gemeinsam – eventuell mit Unterstützung der Verfahrensadministration – auswählen und benennen.[1163]

b) Einleitungsantwort

Innerhalb einer Frist von 14 Tagen ab Zugang der Einleitungsanzeige bestätigt die Gegenpartei der anderen Partei, der Verfahrensadministration (sowie gegebenenfalls dem bereits nominierten Mediator) ebenfalls schriftlich die Teilnahme an der Mediation.[1164] Stimmt die Partei fristgerecht der Durchführung einer Mediation zu, so beginnt sie an dem Tag, an dem der anderen Partei die Einleitungsantwort zugeht.[1165] Sie kann ihrer Einleitungsantwort eine (ergänzende) Sachverhaltsdarstellung beifügen. Sofern sie den in der Einleitungsanzeige nominierten Mediator bzw. das vereinbarte Mediatorenprofil[1166] nicht bestätigt, teilt sie ihrerseits ein eigenes Profil und, soweit möglich, einen oder mehrere geeignete Mediatoren mit.[1167]

1161 Vgl. ICC (Hrsg.), ADR-Regeln und Leitfaden für ICC ADR, S. 23.
1162 Vgl. Art. 2 A Absatz 1 c) ICC-ADR-Regeln.
1163 Vgl. Art. 2 A Absatz 2 ICC-ADR-Regeln.
1164 Vgl. Art. 2.4 LCIA Mediation Procedure; § 3 DIS-SchlichtungsO. Nur im Falle des Fehlens einer schriftlichen Mediationsvereinbarung der Parteien führt die Ablehnung oder nicht fristgerechte Einleitungsantwort dazu, dass eine Mediation nicht stattfindet; vgl. Art. 2.3 b) LCIA Mediation Procedure.
1165 In Mehrparteienverfahren findet die Mediation nur zwischen den Parteien statt, die sich fristgerecht mittels schriftlicher Einleitungsantwort mit der Durchführung einer Mediation einverstanden erklärt haben. Vgl. § 6 Nr. 2 DIS-SchlichtungsO.
1166 Vgl. Art. 2 B Absatz 1 und 2 ICC-ADR-Regeln.
1167 Wird das Verfahren durch eine externe Mediationsorganisation administriert, weist die antwortende Partei ebenfalls die Zahlung der pauschalen Verfahrensgebühr nach.

2. Profil, Kompetenzen und Auswahl des Mediators

Die Qualität einer Mediation hängt wesentlich von der Qualität des Mediators ab. In ihrem eigenen Interesse sollten die Parteien sorgfältig vereinbaren, welches konfliktspezifische Anforderungsprofil der Mediator idealerweise erfüllen sollte. Er muss von allen Parteien gleichermaßen akzeptiert sein, so dass ein Prozedere für die gemeinsame Bestellung des Mediators unverzichtbar ist. Im Hinblick auf die konkrete Durchführung der Mediation empfiehlt es sich für die Parteien, bereits vorab gemeinsam die Rolle und Kompetenzen des Mediators als „Herren des Verfahrens" zu klären, festzulegen und zu Beginn des eigentlichen Verfahrens mit dem Mediator abzustimmen.

a) Profil des Mediators

Sofern die Parteien schriftlich nichts anderes vereinbart haben, unterstützt ein Mediator die Parteien in ihren Verhandlungen.[1168] Alternativ und nach Wahl der Parteien können auch zwei als Co-Mediatoren tätig werden. Der Mediator muss persönlich und fachlich kompetent sein, die Parteien darin zu unterstützen, ihren konkreten Konflikt beizulegen.

aa) Unabhängigkeit und Unparteilichkeit

Elementare Voraussetzung für die Tätigkeit des Mediators ist seine Unabhängigkeit und Unparteilichkeit. Der nominierte Mediator muss die Parteien (und die Verfahrensadministration) schriftlich vor seiner Bestellung über alle Tatsachen und Umstände informieren, die geeignet sein könnten, Zweifel an seiner Unabhängigkeit und Unparteilichkeit entstehen zu lassen.[1169] Begründen Umstände die Annahme, dass der Mediator nicht unabhängig und unparteilich ist, kann eine Partei ihm gegenüber schriftlich erklären, dass sie gleichwohl in Kenntnis dieser Umstände seine Bestellung und sein Tätigwerden wünscht.[1170]

1168 M-4 AAA Int'l Med. Rules: „Normally, a single mediator will be appointed unless the parties agree otherwise or the ICDR determines otherwise."
1169 Vgl. Art. 3 Absatz 2 ICC-ADR-Regeln; Art. 3.1 LCIA Mediation Procedure; § 5 Nr. 2 DIS-SchlichtungsO.
1170 ICC (Hrsg.), ADR-Regeln und Leitfaden für ICC ADR, S. 26.

bb) Qualifikation

Darüber hinaus ist es für die Qualität der Mediation unerlässlich, dass der Mediator über die persönliche und fachliche Kompetenz verfügt, die Parteien bei der Verhandlung ihrer Konfliktthemen zu unterstützen.[1171] Dies betrifft in erster Linie seine Verfahrenskompetenz. Je nach Konfliktthemen sollten die Parteien zudem Wert darauf legen, dass der Mediator darüber hinaus mit der Materie des Konflikts vertraut ist.[1172] Mindestanforderungen an die Qualifikation eines Mediators, wie sie etwa das österreichische Zivilrechtsmediationsgesetz (ZivMediatG)[1173] und einzelne institutionelle Mediationsordnungen[1174] vorsehen, sind indes allein ungeeignet, weil sie allenfalls die Verfahrenskompetenz nachweisen, nicht aber die persönliche und konfliktthemenspezifische Qualifikation, die in seiner Unabhängigkeit und Unparteilichkeit sowie seiner persönlichen und fachlichen Qualifikation zum Ausdruck kommt.

In unternehmensinternen Konflikten haben sich innerbetrieblich durchgeführte Laien-Mediationen (*peer mediation* oder *in-house mediation*)[1175] als effektiv und effizient erwiesen und als Verfahren des internen Konfliktmanagementsystems in US-amerikanischen und deutschen Unternehmen etabliert. Sie zeichnen sich dadurch aus, dass ausgebildete Mitarbeiter des Unternehmens Auseinandersetzungen zwischen Mitgliedern des Unternehmens (Mitarbeiter, Abteilungen, Organe etc.) mediieren.[1176] Der Einsatz von Führungskräften als Laien-Mediatoren in Konflikten zwischen Mitgliedern des Unternehmens (Managerial Mediation[1177]) bietet beispielsweise die Gelegenheit, Konflikte lokal und zeitnah zu behandeln, und unterstreicht die Kooperationsbereitschaft des Unternehmens. Indem die Führungskräfte im Konfliktmanagement und interessenbasierten Verfahren der Konfliktbehandlung geschult werden, sind sie zugleich befähigt, ihre Rolle im Rahmen der „Politik der offenen Türen" effektiver auszuüben. Zudem leben sie ihren Mitarbeitern kooperatives Konfliktmanagement vor.[1178]

Diese innerbetrieblichen Mediationsverfahren sind in ihrer Anwendung regelmäßig auf soziale Konflikte beschränkt und finden daher in (arbeits-)rechtlichen Konflikten nicht statt.[1179] Wenngleich US-amerikanische Unternehmen teilweise Laien-

---

1171 Nach Art. 3.1 LCIA Mediation Procedure hat der nominierte Mediator der Verfahrensadministration und den Parteien einen schriftlichen Lebenslauf zu übermitteln, aus dem seine berufliche (und idealerweise verfahrensbezogene) Qualifikation und Erfahrung hervorgeht.
1172 Vgl. ICC (Hrsg.), ADR-Regeln und Leitfaden für ICC ADR, S. 25.
1173 Siehe *Becker/Horn*, SchiedsVZ 2006, 270 zu notwendigen Regelungen eines potentiellen deutschen Mediationsgesetzes.
1174 Siehe etwa § 6 Düsseldorfer MediationsO.
1175 Ausführlich dazu *Simon/Sochynsky*, 21 Employee Rel. L. J. 29, 33 ff.
1176 Ausführlicher dazu *Sherman*, 50 Disp. Res. J. 48 ff.
1177 Dazu *Lipsky/Seeber/Fincher*, S. 174.
1178 *Lipsky/Seeber/Fincher*, S. 174 mit Verweis auf *Lipsky/Seeber*, S. 22 f.
1179 *Slaikeu/Hasson*, S. 57 skizzieren das „Mediation Team" in einem Krankenhaus, in dem Krankenpfleger, Ärzte, Sozialarbeiter und Psychologen als Laien-Mediatoren die Mitarbeiter

Mediation erfolgreich in sozialen Konflikten im Unternehmen einsetzen[1180], ist sie umstritten. Die Gründe für ein geteiltes Echo sind vielfältig und betreffen die Ausbildung und Qualifikation, die damit verbundenen Kosten für das Unternehmen sowie die Rolle der internen Laien-Mediatoren und die Administration der Verfahren.[1181]

Im Vergleich zum Einsatz professioneller externer Mediatoren wird allgemein das größere Vertrauen der Parteien zu internen (Kollegen-)Mediatoren und ihre Glaubwürdigkeit als vorteilhaft bewertet, weil sie aufgrund ihrer Nähe zum Unternehmen mit den Arbeitsabläufen und (Entscheidungs-)Prozessen im Unternehmen vertraut sind. Zudem rechtfertigt die hohe Anzahl unternehmensinterner Auseinandersetzungen den Einsatz vergleichsweise kostengünstiger Laien-Mediatoren.[1182] Die Qualität der unternehmensinternen Laien-Mediation hängt allerdings entscheidend vom Umfang und der Qualität der Mediationsausbildung ab.[1183] Die damit verbundenen Ausbildungskosten haben bislang viele Unternehmen von solchen Initiativen abgehalten. Regelmäßig ist die Ausbildung auf ein 40-Stunden-Basistraining beschränkt.[1184] Abgesehen von der Frage, ob dies eine Qualifizierung der Laien hinreichend gewährleistet – Unternehmen sind aus Kostengründen selten bereit, die Ausbildung umfassender zu gestalten –, stellt sich das praktische Problem, die erlernten Fähigkeiten in konkreten Fällen anzuwenden und aufrecht zu halten. Dies kann nur gelingen, wenn die ausgebildeten Mediatoren auch regelmäßig Fälle mediieren und praktische Erfahrungen sammeln. Zusätzlich müssen die Laien-Mediatoren auch zeitlich zur Verfügung stehen, was sich als schwierig erweist, weil die Mediationen während ihrer regulären Arbeitszeit im Unternehmen stattfinden. In Abwägung der Chancen und Risiken entscheiden sich mehr und mehr Unternehmen gegen interne Laien-Mediatoren und greifen stattdessen allein auf professionelle externe Mediatoren und Mediationsinstitutionen zurück.[1185] Andere Unternehmen halten die reine Laien-

---

des Krankenhaus unterstützen, Konflikte am Arbeitsplatz und Organisationskonflikte beizulegen.

1180 Vgl. das interne Mediationsprogramm Resolve der Stadtverwaltung Phoenix im Bundesstaat Arizona und das CORE Programm des U.S. Department of the Interior.

1181 Ausführlich dazu *Lipsky/Seeber/Fincher*, S. 177.

1182 Mittel- und langfristig gleichen sich die anfänglichen Kosten für Schulungen und Trainings der Dritten durch ersparte Aufwendungen für professionelle, externe Dritte aus; vgl. dazu aus den USA *Lipsky/Seeber/Fincher*, S. 177: „[...] using internal peer employees as mediators provides significant credibility to the disputing parties, and [...] the volume of internal claims going to mediation justifies the initial and ongoing expense."

1183 Vgl. die Bestimmung im Dispute Resolution Program Policy Statement des Unternehmens Anheuser-Bush: „In addition to not having any financial or personal interest in the result of the mediation, mediators shall have a minimum of five years experience in the practice of employment law or in the mediation of employment claims or comparable experience."

1184 Dies ist der Mindestumfang einer Mediationsausbildung, um bei den Gerichten in zahlreichen amerikanischen Bundesstaaten als Mediator zugelassen zu werden.

1185 *Lipsky/Seeber/Fincher*, S. 177; vgl. exemplarisch das externe Mediationsverfahren im Rahmen des *Shell RESOLVE Program* bei *Slaikeu/Hasson*, S. 70. Die American Arbitration Association administriert sämtliche externen Mediationen und Schiedsverfahren für Halliburton im Rahmen ihres *Dispute Resolution Program*; siehe dazu *Slaikeu/Hasson*, S. 66.

Mediation lediglich als informelles Eingangsverfahren bereit.[1186] Als Alternative bietet sich an, nur wenige, ausgewählte Mitarbeiter zu Mediatoren auszubilden und in innerbetrieblichen Konflikten einzusetzen.[1187] Dies erlaubt es, die interessierten Mitarbeiter intensiver auszubilden und sie regelmäßig als Mediatoren (als Teil ihrer Aufgaben als Mitarbeiter des Unternehmens) einzusetzen. Ferner könnte der Ombudsmann als interner professioneller Mediator diese Aufgabe wahrnehmen. Alternativ können ein professioneller externer und ein innerbetrieblicher Laien-Mediator als Co-Mediatoren agieren. In jedem Fall sollten die unternehmensinternen Konfliktparteien die Wahl zwischen einem innerbetrieblichen Laien-Mediator und einem professionellen externen Mediator haben.[1188]

b) Rolle, Kompetenzen und Pflichten

Bedeutsam, aber in der Praxis vernachlässigt, ist eine Vereinbarung der Parteien über die Rolle und Kompetenzen des Mediators.[1189] Mangels national oder international angeerkannten Leitbildes liegt der Mediation kein allgemeingültiges Verfahrensverständnis zu Grunde. Darin liegen Risiko und Chance zugleich: Risiko, weil der Begriff der Mediation unter den Konfliktparteien divergierende Erwartungen an den Ablauf des Verfahrens und die Rolle des Mediators weckt – Chance, weil die Parteien den Stil der Mediation einvernehmlich und konfliktspezifisch vereinbaren können, indem sie die Aufgaben und Funktionen des Mediators im Verfahren definieren.[1190]

Zur Vermeidung von Überraschungen und Unklarheiten sollten sich die Parteien daher im Vorfeld über ihr Verfahrensverständnis austauschen und verständigen.[1191] Kommt eine Vereinbarung vor einem Konflikt nicht zustande, können sie zu Beginn der Mediation Stil und Durchführung der Mediation sowie die Rolle des Mediators gemeinsam mit ihm festlegen oder aber dem ausgewählten Mediator die entsprechende Auswahl überlassen.[1192] Ohne auf die unterschiedlichen, an anderer Stelle bereits ausführlich dargestellten Mediationsstile[1193] näher einzugehen, lassen sich zwei wesentliche Stilrichtungen der Mediation unterscheiden, die sich auf die Rolle

---

1186 Diese Variante ergänzt somit das Verfahrensspektrum auf der ersten, informellen Stufe des Konfliktmanagementsystems; siehe dazu die *Early Workplace Resolution* des *Shell RESOLVE Program* bei *Slaikeu/Hasson*, S. 68.
1187 Diese Variante wählte *Shell Oil Co.*; dazu *Slaikeu/Hasson*, S. 69 f.
1188 *Slaikeu/Hasson*, S. 57: „In no case are options [...] imposed on the parties. If parties choose to use an external rather than internal mediator, then the ombuds or other person directing the internal support resources will assist in exercising that choice."
1189 Dazu *Abramson*, 4 ILSA J. Int'l & Comp. L. 323, 324; *Reif*, 14 Fordham Intl. L.J., 578 ff.; *Dress*, 10 Loy. L.A. Int'l & Comp. L. J. 569 ff.
1190 Siehe dazu auch *Rau/Sherman/Peppet*, S. 943; *Heß/Sharma*, in: Haft/Schlieffen (Hrsg.), § 26 Rdnr. 9.
1191 So auch *Heß/Sharma*, in: Haft/Schlieffen (Hrsg.),§ 26 Rdnr. 9; *Rau/Sherman/Peppet*, S. 935.
1192 Dazu auch *Eidenmüller*, Vertrags- und Verfahrensrecht, S. 45, 73.
1193 *Riskin*, 1 Harv. Neg. L. Rev. 7 ff.; *Duve*, S. 220 ff.

und Kompetenzen des Mediators auswirken: die interessen- und rechtsbasierte Mediation. In der interessenbasierten Mediation konzentriert sich der Mediator auf die Unterstützung des Verhandlungsprozesses zwischen den Parteien; die Konfliktbeilegung findet nicht über das Recht, sondern über die Parteiinteressen statt.[1194] Die Parteien sind demnach bei der Entwicklung von Konfliktlösungsoptionen gerade nicht auf das materielle Recht beschränkt. Anders dagegen ist die anglo-amerikanische Mediationspraxis in Wirtschaftskonflikten. Nach der dort vorherrschenden rechtsbasierten Mediation ist das Verfahren einer moderierten gerichtlichen Güteverhandlung nach dem deutschen Zivilprozessrecht vergleichbar, bei der der Mediator den Parteien seine rechtliche Beurteilung des Streitgegenstandes mitteilt und die Parteien durch eine Evaluierung der Stärken und Schwächen ihrer Rechtspositionen zum Abschluss eines Vergleichs motiviert.[1195]

Die verschiedenen institutionellen Mediationsordnungen regeln die Rolle und Kompetenzen des Mediators zum Teil sehr unterschiedlich.[1196] Übereinstimmend liegt die Rolle des Mediators zumindest darin, die Parteien dabei zu unterstützen, eine einvernehmliche Beilegung ihres Konflikts zu erarbeiten. Uneinheitlich wird indes die Frage beurteilt, auf welche Art und Weise der Mediator seine Unterstützung im Verfahren ausübt. Zwar hat der Mediator keine Entscheidungsmacht – er ist also nicht ermächtigt, den Konflikt durch seine Entscheidung zu lösen –, sofern die Parteien aber nicht in der Lage sind, eine (Teil-)Einigung zu erzielen und den Mediator gemeinsam schriftlich autorisieren, kann er Beilegungsoptionen vorschlagen und unverbindlich den Inhalt einer Einigung empfehlen.[1197] Ist der Mediator als Rechtsanwalt zugelassen, kann er auf schriftliche Ermächtigung der Parteien hin ferner die Erfolgsaussichten eines gerichtlichen Verfahrens aus seiner Sicht beurteilen.[1198] Zudem kann der Mediator mit Zustimmung der Parteien einen unabhängigen Sachverständigen beauftragen, im Laufe der Mediation klärungsbedürftige Tatsachen- (und gegebenenfalls auch Rechts-)Fragen unverbindlich zu begutachten.

Klärungsbedürftig ist ferner, ob der Mediator mit den Parteien vertrauliche Einzelgespräche führen darf, deren Inhalt der anderen Partei anschließend nicht offengelegt wird. In der anglo-amerikanischen Mediationspraxis sind sie die überwiegende Regel; auch in der Wirtschaftsmediation in Deutschland sind Einzelgespräche ein

---

1194 *Heß/Sharma*, in: Haft/Schlieffen (Hrsg.), § 26 Rdnr. 15 sprechen insoweit von „Billigkeit". Nach ihrer Auffassung, aaO, bedarf es daher auch nicht der Vereinbarung des anwendbaren materiellen Rechts; a.A. *Gottwald*, in: Lüke (Hrsg.), S. 137, 151 f.
Anders dagegen in Mediationsfällen mit Auslandsbezug: nach *Heß/Sharma*, in: Haft/Schlieffen (Hrsg.), § 26 Rdnr. 15 mit Verweis auf Fn. 61 „sollte insbesondere das anwendbare materielle Sachrecht im Voraus [von den Parteien] festgelegt werden".
1195 Vgl. *Rau/Sherman/Peppet*, S. 335; *Breidenbach*, S. 17.
1196 Vgl. M-10. AAA Int'l Med. Rules; § 11 DIS-SchlichtungsO.
1197 Vgl. M-10. AAA Int'l Med. Rules: „The mediator is authorized [...] to make oral and written recommendations for settlement." Siehe auch § 12 CEDR Model Mediation Procedure; § 11 Nr. 3 DIS-SchlichtungsO. Diesbezüglich ist allerdings zu betonen, dass der Mediator nicht verpflichtet ist, einen Vorschlag zu unterbreiten. Er wird dies erwartungsgemäß unterlassen, wenn es seine Unparteilichkeit gefährden könnte.
1198 Vgl. § 4 Nr. 4 Hamburger MediationsO; § 4 Nr. 4 Düsseldorfer MediationsO.

etabliertes Verfahrensinstrument[1199]. Je nach dem, ob der Grundsatz der rechtlichen Gehörs auch in der Mediation gilt, wäre ein Mediationsvergleich, der durch die Unterstützung eines Mediators, der auch vertrauliche Einzelgespräche mit den Parteien geführt hat, gegebenenfalls nichtig.[1200] Zum Teil wird die Ansicht vertreten, der Mediator sei aufgrund des Zwecks und der Funktion des Verfahrens nicht verpflichtet, rechtliches Gehör im Sinne des Art. 103 GG zu gewähren, so dass er mit den Parteien vertrauliche Einzelgespräche führen dürfe.[1201] Denn anders als der Zivilprozess und das Schiedsgerichtsverfahren sei die Mediation kein kontradiktorisches Verfahren, an dessen Ende der Mediator wie ein Richter oder Schiedsrichter verpflichtet sei, rechtsverbindlich über den Streitgegenstand zu entscheiden.[1202] Nach anderer Ansicht gilt der Verfassungsgrundsatz der Gewährleistung rechtlichen Gehörs auch in der Medation.[1203] Rechtspraktisch dürften die unterschiedlichen Auffassungen geringe Relevanz haben, weil die Parteien über die (Nicht-) Anwendbarkeit dieses Verfahrensgrundsatzes frei verfügen und den Mediator materiellrechtlich von der Einhaltung der Gewährleistung rechtlichen Gehörs befreien können.[1204] Es ist daher ratsam, die Führung vertraulicher Einzelgespräche zwischen den Parteien und dem Mediator schriftlich zu vereinbaren.

Der verfassungsrechtliche Grundsatz des fairen Verfahrens gilt auch in der Mediation und anderen ADR-Verfahren der unternehmerischen Konfliktmanagementordnung.[1205] Dies bedeutet allerdings nicht, dass etwa der Mediator verpflichtet ist, die Parteien dahingehend in der Verhandlungsführung zu unterstützen, dass sie am Ende ein faires – im Sinne von: gerechtes – Verfahrensergebnis erzielen.[1206] Der Grundsatz des fairen Verfahrens in der Mediation verpflichtet ihn vielmehr, ein krasses Ungleichgewicht hinsichtlich der Verhandlungsmacht der Parteien auszugleichen,

---

1199 Siehe dazu ausführlich *Risse*, § 7 Rdnr. 86 ff.
1200 Art. 103 GG i.V.m. § 138 Abs. 1 BGB bzw. § 242 BGB.
1201 *Eidenmüller*, S. 39: „Der Zweck der Gewährleistung rechtlichen Gehörs trifft [...] auf ein Mediationsverfahren offensichtlich nicht zu." Ähnlich *Walter*, ZZP 103, 141, 161.
1202 *Eidenmüller*, S. 39 f.
1203 *Wagner*, S. 446; *Prütting*, JZ 1985, 261, 270; *Prütting*, Beilage 9 zu BB 1999, 7, 11 zitiert bei *Eidenmüller*, S. 39. Unklar *Heß/Sharma*, in: Haft/Schlieffen (Hrsg.), § 26 Rdnr. 48, die die Vereinbarkeit vertraulicher Einzelgespräche des Mediator mit den Anforderungen der Gewährleistung rechtlichen Gehörs bejahen, zugleich aber den Mediator verpflichten „wesentliche, beilegungsfördernde Ergebnisse [des vertraulichen Einzelgesprächs] der anderen Partei mitzuteilen".
1204 *Eidenmüller*, S. 40.
1205 Vgl. Art. 5 Absatz 3 Satz 2 ICC-ADR-Regeln.
1206 *Eidenmüller*, S. 39 der zu Recht darauf hinweist, dass die Identifikation eines damit implizierten „gerechten" Ergebnisses für den Mediator nicht möglich ist („nicht lösbares Problem").

indem er Ausgleichsprozesse anstößt und fördert.[1207] Als ultima ratio kann er seinerseits jederzeit die Mediation durch Niederlegung seines Mandats beenden.[1208]

c) Auswahl des Mediators

Die unterschiedlichen Rollen und Kompetenzen des Mediators verdeutlichen, warum der Person und seiner Qualifikation eine herausragende Bedeutung zukommt. Die Parteien sollten daher der sorgfältigen Auswahl des Mediators besondere Beachtung schenken.

aa) Gemeinsame Auswahl durch die Parteien

Die Parteien sollten einen Mediator und einen Ersatz-Mediator gemeinsam innerhalb von 14 Tagen[1209] nach Zugang der Einleitungsantwort bei der Partei, die die Einleitung der Mediation ursprünglich angezeigt hat, gemeinsam nominieren. Entscheiden sich die Parteien für eine Co-Mediation können sie mit dem gemeinsam benannten Mediator vereinbaren, dass er den Parteien nach seiner Wahl einen Mediator empfiehlt, mit dem er, das Einverständnis der Parteien vorausgesetzt, gemeinsam die Co-Mediation durchführen wird. Dies ist vorzugswürdig gegenüber dem Modus, dass jede Partei jeweils einen Mediator benennt, die dann gemeinsam als Co-Mediatoren agieren[1210]. Denn für die Qualität des Mediationsverfahrens ist es entscheidend, dass die Co-Mediatoren harmonieren. Anderenfalls erweckt die Auswahl den Eindruck, dass jede Partei „ihren" Mediator benennt und Anlass zum Zweifel an dessen Unparteilichkeiten entstehen.

Erklärt sich der nominierte Mediator mit der Durchführung der Mediation einverstanden, teilt er dies den Parteien und der Verfahrensadministration schriftlich und unter Beifügung seiner Unabhängigkeits- und Unparteilichkeitserklärung innerhalb von 14 Tagen mit. Steht er nicht zur Verfügung oder bestätigt er seine Nominierung nicht fristgerecht, kontaktieren die Parteien unverzüglich den Ersatz-Mediator, der innerhalb von 14 Tagen sein Einverständnis oder seine Ablehnung den Parteien (und der Verfahrensadministration) gegenüber schriftlich erklären muss.

1207 *Brieske*, in: Henssler/Koch (Hrsg.), S. 271, 282; *Hager*, S. 83; weitergehend *Eidenmüller*, S. 38: „Wenn eine Konfliktpartei sich anschickt, einem Lösungsvorschlag zuzustimmen, der sie in den Augen des Mediators schlechter stellt als ihre beste Nichteinigungsalternative, hat der Mediator [...] die betreffende Konfliktpartei über diesen Effekt *aufzuklären*, sofern die Schlechterstellung für ihn offensichtlich ist."
1208 So auch *Heß/Sharma*, in: Haft/Schlieffen (Hrsg.), § 26 Rdnr. 50.
1209 § 9 DIS-SchlichtungsO.
1210 Vgl. § 7 Nr. 2 Satz 1 DIS-SchlichtungsO.

bb) Unterstützung und Auswahl durch eine Verfahrensadministration

In unternehmensinternen Konflikten unterstützt und berät die Konfliktmanagementabteilung als Verfahrensadministration die Parteien bei der Auswahl und Nominierung eines geeigneten Mediators. Die gleiche Funktion hat, soweit erforderlich, eine externe ADR-Organisation in unternehmensexternen Konflikten.[1211] Können sich die Parteien nicht innerhalb einer Frist von 21 Tagen ab Zugang der Einleitungsantwort auf einen Mediator einigen oder erteilt keiner der nominierten Mediatoren sein Einverständnis, bestellt die Verfahrensadministration auf gemeinsamen schriftlichen Antrag der Parteien einen Mediator, wobei sie die von den Parteien genannten Profile zu berücksichtigen sucht.[1212] Die Verfahrensadministration sollte die Parteien unverzüglich über den bestellten Mediator informieren und ihnen dessen Unabhängigkeits- und Unparteilichkeitserklärung in Kopie übermitteln.[1213]

cc) Ablehnung des Mediators durch eine Partei

Jede Partei ist berechtigt, innerhalb von 14 Tagen ab Zugang der Mitteilung der Ernennung des Mediators Einwendungen gegen den Mediator zu erheben.[1214] Diese Einwendungen sind der anderen Partei und der Verfahrensadministration schriftlich und begründet zu übermitteln. In diesem Fall ernennt die Verfahrensadministration eine andere Person als Mediator. Zur Vermeidung eines Missbrauchs dieser Einwendung und einer Verzögerung des Verfahrens, gilt die Mediation als beendet, wenn nicht innerhalb einer Frist von acht Wochen ab Zugang der Einleitungsantwort bei der anderen Partei ein Mediator bestellt worden ist.[1215] Im Übrigen können die Parteien den nominierten oder bestellten Mediator jederzeit einvernehmlich von sei-

---

1211 Vgl. § 7 Nr. 4 DIS-SchlichtungsO; § 3 Nr. 4 Hamburger MediationsO. Die Verfahrensadministration wird erst nach Eingang der Zahlung des Vorschusses der Verfahrenskosten (Kosten der Administration sowie Honorar und Auslagen des Mediators) tätig; bis dahin kann sie das Verfahren aussetzen; vgl. dazu Art. 4 Absatz 2 und 3 ICC-ADR-Regeln. Das Board of the Arbitration and Alternative Dispute Resolution Institute of the Oslo Chamber of Commerce unterhält ein Liste qualifizierter MediatorInnen; vgl. Art. 40 Oslo Rules. Nach Art. 1.4 LCIA Mediation Procedure bestellt der LCIA Court den Mediator unter Berücksichtigung der gemeinsamen schriftlichen Nominierung eines Mediators durch die Parteien bzw. ihrer schriftlich vereinbarten Kriterien für die Person des Mediators.
1212 Vgl. Art. 3 Absatz 1 ICC-ADR-Regeln; M-4. AAA Int'l Med. Rules; § 8 DIS-SchlichtungsO. Nach § 10 DIS-SchlichtungsO i.V.m. Nr. 2 der Kostentabelle zur DIS-SchlichtungsO erhebt die DIS eine zusätzliche Gebühr für die Bestellung eines oder mehrerer Schlichter.
1213 Vgl. Art. 3 Absatz 2 S. 2 ICC-ADR-Regeln.
1214 Vgl. Art. 3 Absatz 3 ICC-ADR-Regeln.
1215 Ähnlich Art. 6 Absatz 1 g) ICC-ADR-Regeln. In diesem Fall haften die Parteien der Verfahrensadministration für die pauschale Verfahrensgebühr gesamtschuldnerisch.

nen Aufgaben entbinden und gemeinsam einen anderen Mediator auswählen und mit der Fortsetzung des Verfahrens beauftragen.[1216]

4. Verfahrensablauf

Nachdem der Mediator bestellt ist, beginnt das Mediationsverfahren im eigentlichen Sinne. Als „Herr des Verfahrens" führt der Mediator das Verfahren in der ihm geeignet erscheinenden Weise.[1217]

a) Vorverfahren und Verfahrensagenda

Der Mediator berücksichtigt die verfahrensbezogenen Interessen der Parteien, indem er gemeinsam mit ihnen die Rahmenbedingungen des Verfahrens, seine Organisation und seinen Ablauf auf den zu Grunde liegenden Konflikt maßschneidert und in einem Arbeitsbündnis festlegt.[1218] Für dieses Verfahrensdesign ist der eigentlichen Mediation je nach Bedarf und Komplexität des Falles eine vorbereitende Sitzung vorgeschaltet[1219], die nach Wahl der Parteien in einer persönlichen Verfahrensverhandlung oder mittels einer Telefon- bzw. Videokonferenz stattfindet.[1220]

Die Beteiligten vereinbaren in diesem Vorverfahren ferner den Termin und Ort der Mediationssitzungen und – in Konflikten mit einer ausländischen Partei – die Verfahrenssprache.[1221] Können sich die Parteien nicht auf eine Verfahrenssprache einigen, ist praxisnah die Sprache des Hauptvertrages zwischen den Parteien die Verfahrenssprache.[1222] Sofern die Parteien nichts anderes vereinbart haben, sollte der Verhandlungsort in unternehmensinternen Konflikten der Ort sein, an dem die Konfliktgegenpartei des Unternehmens seinen Arbeitsplatz oder Geschäftssitz[1223]

1216 Vgl. § 4 Nr. 9 Hamburger MediationsO. Die bis dahin erbrachte Tätigkeit des entlassenen Mediators ist selbstverständlich zu vergüten.
1217 Art. 5.1 LCIA Mediation Procedure: „The mediator may conduct the mediation in such manner as he or she sees fit, having in mind at all times the circumstances of the case and the wishes of the parties." Vgl. auch § 2 CEDR Model Mediation Procedure.
1218 Diese Arbeitsgrundlage geht über die in Art. 5 Absatz 1 ICC-ADR-Regeln vorgesehene Verhandlung über die geeignete Streitbeilegungsmethode hinaus.
1219 Vgl. dazu Art. 42 Oslo Rules.
1220 ICC (Hrsg.), ADR-Regeln und Leitfaden für ICC ADR, S. 28.
1221 Vgl. § 4 Nr. 1 Hamburger MediationsO.
1222 Vgl. M-18 AAA Int'l Med.Rules. Die Frage nach der Verfahrenssprache ist in Konflikten mit internationaler Anknüpfung bereits beim Profil und der Nominierung des Mediators von den Parteien zu berücksichtigen. Etwaige Übersetzerkosten tragen die Parteien je zur Hälfte gesamtschuldnerisch. Nach Art. 5.6 LCIA Mediation Procedure legt in diesem Fall der Mediator die Verfahrenssprache fest.
1223 In intrakorporativen Konflikten ist der Verhandlungsort entweder der Hauptsitz des Unternehmens (Konzernsitz) oder abwechselnd der Ort, an dem die Parteien ihren Geschäftssitz haben.

hat. In unternehmensexternen Konflikten empfiehlt sich ein neutraler Verhandlungsort, der für alle Parteien mit vergleichbarem Aufwand erreichbar ist. Alternativ kann die Mediation abwechselnd am Ort des Geschäftssitzes der Parteien stattfinden.[1224]

Die Parteien können mit dem Mediator zusätzlich vereinbaren, ihm jeweils spätestens sieben Tage vor der ersten Sitzung ergänzend zu der bereits erwähnten Einleitungsanzeige eine kurze schriftliche Zusammenfassung des klärungsbedürftigen Konflikts, seiner Themen und seines zu Grunde liegenden Sachverhalts zu übermitteln, ohne Angaben zu Art und Umfang von möglichen Rechtsansprüchen und Rechtsansichten zu machen.[1225] Dieses Kurzmemorandum, das sich insbesondere in komplexen (regelmäßig unternehmensexternen) Konflikten anbietet[1226], dient dem Mediator als Information über den tatsächlichen Hintergrund des Konflikts und gibt ihm Anhaltspunkte für die Organisation und Strukturierung des Mediationsverfahrens.

b) Mediationssitzungen

Die eigentliche Mediation beginnt nach Abschluss der vorbereitenden Sitzungen. Vor Beginn der ersten Mediationssitzung übersenden die Parteien dem Mediator eine schriftliche Erklärung, welche Personen an der Mediation teilnehmen werden und weisen nach, dass sie oder ihr Vertreter, dessen ordnungsgemäße Bevollmächtigung durch die Partei nachzuweisen ist, autorisiert ist, die Verhandlungen zu führen und eine Beilegung des Konflikts zu vereinbaren.[1227] Andere Personen als die Parteien, ihre bevollmächtigten Vertreter und der Mediator, dürfen den Sitzungen nur mit schriftlicher Erlaubnis der Parteien und der Zustimmung des Mediators beiwohnen.[1228]

Der praktische Ablauf der Mediation folgt keinem festen Plan, allenfalls einer flexiblen Struktur, für die der jeweilige Mediator in Absprache mit den Parteien verantwortlich ist. Insofern dürfen die beschriebenen Phasenmodelle[1229] der Mediation nicht als vorgegebener Ablaufplan missverstanden werden. Der Gang einer Mediation orientiert sich vielmehr konfliktspezifisch an einer Logik der konsensualen Konfliktbearbeitung: nach der Identifikation und Festlegung der in der Mediation klä-

---

1224 Nach Art. 5 Absatz 4 ICC-ADR-Rules legt der Neutrale (Mediator) den Verhandlungsort und die Verhandlungssprache fest, falls sich die Parteien hierauf nicht einigen können.
1225 Vgl. Art. 4.1 LCIA Mediation Procedure; M-9 AAA Int'l Med. Rules spricht von „[...] brief memorandum setting forth their position with regard to the issues that need to be resolved." Der Mediator legt den Umfang der Zusammenfassung seitenzahlenmäßig fest; vgl. § 8 CEDR Model Mediation Procedure.
1226 Eingehend dazu *Duve/Eidenmüller/Hacke*, S. 104 ff.
1227 Vgl. § 6 CEDR Model Mediation Procedure.
1228 Vgl. M-11. AAA Int'l Med. Rules.
1229 *Breidenbach/Falk*, in: Falk/Heintel/Krainz (Hrsg.), S. 259, 260 ff.; *Duve/Eidenmüller/Hacke*, S. 71 ff.

rungsbedürftigen Themen des Konflikts arbeiten die Parteien ihre Interessen heraus, die sie im Konflikt verfolgen und die sich, jedenfalls in Rechtsstreitigkeiten, hinter ihren Rechtsansichten und -positionen verbergen; anschließend entwickeln und bewerten sie gemeinsame Optionen für die Bearbeitung ihrer Konfliktthemen, die bestmöglich alle Interessen der Parteien zu realisieren vermögen; interessengerechte und realisierbare Optionen können die Parteien schließlich in eine Vereinbarung formen.

Der Mediator kann, auch auf Wunsch einer Partei, das Verfahren jederzeit unterbrechen, um den Parteien Gelegenheit zu geben, weitere Informationen einzuholen, Einigungsoptionen zu prüfen oder zu sonstigen Zwecken, die im Ermessen des Mediators die Durchführung des Verfahrens konstruktiv fördern.[1230] Mit Zustimmung der Parteien wird der Mediator das Verfahren fortsetzen. Sollte im Verlauf der Mediation eine Sachfrage auftauchen, die die Parteien – selbst mit Unterstützung des Mediators – nicht gemeinsam klären können, haben sie die Gelegenheit, ebenso wie bereits im Rahmen ihrer direkten Verhandlungen das Gutachten eines Experten einzuholen und in den Mediationsprozess zu integrieren. Entweder setzt der Mediator das Verfahren für die Dauer der *Neutral Evaluation* aus oder aber der Experte nimmt persönlich an den Mediationssitzungen teil.[1231]

5. Abschluss des Verfahrens

Die Mediation endet durch eine Einigung der Parteien oder durch den Abbruch des Verfahrens durch eine der Parteien oder den Mediator. Im zweiten Falle geht die Konfliktbeilegung in eine Adjudication oder in ein (Schieds-)Gerichtsverfahren über.

a) Einigung der Parteien

Die Mediation endet idealtypisch mit einer Einigung der Parteien, deren Inhalt zunächst summarisch schriftlich protokolliert und von den Parteien unterzeichnet wird.[1232] In unternehmensexternen Konflikten verpflichten sich die Parteien mit Unterzeichnung des (Mediations-)Vergleichs, an den Inhalt und die Bestimmungen ihrer Einigung schuldrechtlich gebunden zu sein.[1233] Darüber hinaus können die Parteien den Vergleich zum Inhalt eines Schiedsspruchs mit vereinbartem Wortlaut ma-

---

1230 Vgl. § 14 CEDR Model Mediation Procedure.
1231 Eingehend zur Einbeziehung eines Experten in die Mediation *Risse*, § 15 Rdnr. 52; *Neuvians/Hammes*, IDR 2004, 181 ff.
1232 Vgl. Art. 6 Absatz 1 a) ICC-ADR-Regeln; § 4 Nr. 8 Satz 1 Hamburger MediationsO.
1233 Vgl. Art. 7.2 LCIA Mediation Procedure.

chen und dadurch die nationale und internationale Vollstreckbarkeit des Vergleichs sichern.[1234]

In unternehmensinternen Konflikten, an denen das Unternehmen als Partei beteiligt ist, sollte indes nur das Unternehmen an einen Mediationsvergleich rechtlich gebunden sein. Der Konfliktgegenpartei (in erster Linie den Mitarbeitern des Unternehmens) steht es dagegen frei, den Vergleich einseitig zu widerrufen und anschließend ihren Konflikt dem Adjudication-Board oder (Schieds-)Gericht [1235] zur Entscheidung vorzulegen.[1236] Dahinter steht die Überlegung, die Fairness der unternehmerischen Konfliktmanagementordnung dadurch zu unterstreichen, dass die unternehmensinternen Konfliktgegenparteien autonom entscheiden, ob sie sich dem Mediationsvergleich rechtlich bindend unterwerfen wollen. Widerruft sie den Vergleich nicht, ist sie – ebenso wie das Unternehmen – an den Vergleich gebunden. Der unternehmensinterne Konfliktgegner des Unternehmens geht in dieser Konstellation keinerlei Risiken ein, da er freiwillig am Verfahren teilnimmt und nur nach seiner Wahl an einen Mediationsvergleich rechtlich gebunden ist.[1237]

b) Beendigung des Verfahrens auf andere Weise und Überleitung in ein nachfolgendes Konfliktbearbeitungsverfahren

Den Parteien und dem Mediator steht es jederzeit frei, die Mediation nach Beginn der ersten Verhandlungssitzung ohne Angabe von Gründen einseitig zu beenden[1238] und die anderen Verfahrensbeteiligten (Partei, Mediator und Verfahrensadministration) hiervon schriftlich in Kenntnis zu setzen.[1239]

Solange die Parteien keine Einigung erzielen und keiner der Beteiligten das Verfahren beendet, läuft die Mediation auf unbestimmte Zeit weiter. So wünschenswert eine längstmögliche Durchführung einer interessenbasierten Konfliktbearbeitung ist, so sehr besteht in der Praxis die Gefahr, dass eine Partei das Verfahren missbraucht

---

1234 *Eidenmüller*, S. 51 beurteilt die Form des Schiedsspruchs mit vereinbartem Wortlaut als „ausgewogenen Mittelweg", wobei er die Durchführung einer Mediation nach Einleitung des Schiedsverfahrens für den „rechtlich weniger problematischen" Weg hält, als das Schiedsverfahren erst nach Einigung der Konfliktparteien in der Mediation einzuleiten.

1235 Vgl. zu diesem Verfahrensdesign das Shell RESOLVE Program bei *Slaikeu/Hasson*, S. 70.

1236 Für den Fall, dass der Mitarbeiter ein Schiedsgerichtsverfahren einleitet, ist nach dem *Toyota Reversal Arbitration Board Program* wiederum nur das Unternehmen an den Schiedsspruch gebunden; vgl. *Ellis/Ravindra/Vidmar/Davis*, 11 Alternatives 44, 45.

1237 Nach *Ellis/Ravindra/Vidmar/Davis*, 11 Alternatives 44, 45 hat sich ein solcher einseitiger Widerrufsvorbehalt als wirksamer Anreiz erwiesen, Konfliktgegner des Unternehmens zur Durchführung einer Mediation und anderer ADR-Verfahren zu motivieren.

1238 Vgl. Art. 6 Absatz 1 b) und d) ICC-ADR-Regeln; hinsichtlich der Beendigung des Verfahrens durch den Mediator siehe auch M-10. AAA Int'l Med. Rules.

1239 Im Übrigen endet die Mediation frühestens 14 Tage nach Ablauf der Frist zur Zahlung des Kostenvorschusses durch schriftliche Mitteilung des Mediators (oder der Verfahrensadministration), in der die Nichtzahlung festgestellt wird. Vgl. dazu Art. 6 Absatz 1 f) ICC-ADR-Regeln.

oder paralysiert, indem sie eine Einigung oder den Abbruch des Verfahrens hinauszögert oder gar vereitelt. Zur Vermeidung einer missbräuchlichen Durchführung der Mediation empfiehlt es sich – über das Recht hinaus, das Verfahren jederzeit zu beenden – eine Frist zu vereinbaren, deren Ablauf die Beendigung der Mediation bedeutet[1240], sofern die Parteien nicht gemeinsam schriftlich gegenüber dem Mediator die Fortsetzung der Mediation beantragen.[1241] In unternehmensinternen Konflikten sollte diese Frist 30 Tage, in unternehmensexternen Konflikten 60 Tage betragen. Die Frist beginnt mit dem Tag, welcher dem Tag der ersten Mediationssitzung folgt.

Führt die Mediation zu keiner Einigung der Parteien oder bricht einer der Verfahrensbeteiligten das Verfahren ab, so können die Parteien schriftlich vereinbaren, dass ihr Konflikt einem anderen Verfahren zugeführt und die Konfliktbearbeitung somit fortgesetzt wird.[1242] Diesbezüglich enthalten die institutionellen Mediationsordnungen zum Teil Bestimmungen über die Überleitung der Mediation in ein Schiedsgerichtsverfahren.[1243] Nach der hier entwickelten Konfliktmanagementordnung geht die Mediation in diesen Fällen der Beendigung innerhalb einer Stillhaltephase von 30 Tagen demgegenüber zunächst in eine Adjudication über[1244], es sei denn die Parteien haben in der vorausgegangenen Verfahrenskonferenz eine abweichende Verfahrensabfolge vereinbart. Auf schriftlichen Antrag einer Partei wird eine weitere Verfahrenskonferenz mit dem Ziel durchgeführt, nach dem Scheitern der Mediation ein anderes Konfliktbearbeitungsverfahren auszuwählen, zu designen und durchzuführen.

IV. Adjudication

Die nächste Verfahrensstufe der unternehmerischen Konfliktmanagementordnung bildet das Verfahren der Adjudication. Für den Fall, dass eine Mediation erfolglos bleibt oder eine Partei die Überprüfung eines erzielten Mediationsvergleichs[1245] bzw. die Entscheidung eines Rechtsstreits begehrt[1246], können die Parteien ein unabhängi-

---

1240 Vgl. Art. 6 Absatz 1 c) ICC-ADR-Regeln.
1241 Vgl. Art. 6 d) LCIA Mediation Procedure.
1242 Erzielen die Parteien (nur) eine teilweise Einigung, steht es ihnen ebenfalls frei, die Konfliktthemen, bezüglich derer keine Einigung erzielt werden konnte, einem anderen (Anschluss-) Konfliktbearbeitungsverfahren zuzuführen.
1243 Vgl. § 14 DIS-SchlichtungsO.
1244 Vgl. zu dieser Art der mehrstufigen Konfliktbeilegungsvereinbarung ICC (Hrsg.), ADR-Regeln und Leitfaden für ICC ADR, S. 5.
1245 Regelmäßig kann nur der Konfliktgegner des Unternehmens die Überprüfung eines Vergleichs erwirken. So etwa auch im *Contract-ADR Plan* der Stadt New York; siehe dazu *CPR (Ed.)*, 9 Alternatives 50, 50.
1246 *Lipsky/Seeber/Fincher*, S. 180.

ges und unparteiliches Entscheidungsgremium, das Adjudication-Board[1247], anrufen.[1248]

1. Funktion in der Konfliktmanagementordnung

Die Adjudication ist ein innovatives ADR-Verfahren, das Elemente der *Neutral Evaluation*, des Schiedsgutachtens und der Schiedsgerichtsbarkeit in einem Hybridverfahren integriert.[1249] Die Adjudication ist damit ein anschauliches Paradebeispiel für innovatives Verfahrensdesign, welches konfliktspezifische Defizite eines privaten Schiedsgerichtsverfahrens auszugleichen sucht.

In zahlreichen unternehmensinternen Konflikten steht den Parteien die private Schiedsgerichtsbarkeit nicht als Forum der Konfliktbearbeitung zur Verfügung, weil etwa arbeitsrechtliche Streitigkeiten nur teilweise schiedsfähig sind.[1250] Die Parteien sind, was endgültige und rechtlich bindende Verfahren zur Beilegung von individualarbeitsrechtlichen Streitigkeiten anbelangt, auf die Verfahren vor den Arbeitsgerichten, betrieblichen Einigungsstellen nach den §§ 76 ff. BetrVerfG sowie in kollektivarbeitsrechtlichen Streitigkeiten zusätzlich auf das Schlichtungsverfahren nach dem Tarifvertragsgesetz beschränkt. In sozialen Konflikten am Arbeitsplatz ist das Forum der betrieblichen Einigungsstelle, wenn überhaupt anwendbar, inadäquat, weil der Konflikt verrechtlicht werden muss, bevor er in diesem rechtsbasierten Verfahren bearbeitet werden kann.

In intraorganisationellen Konflikten ist hingegen die private Schiedsgerichtsbarkeit ebenso wie die staatliche Gerichtsbarkeit ein verfügbares und, sofern die Konflikte rechtlicher Natur und justiziabel sind, auch ein geeignetes Konfliktbearbeitungsforum - zumindest auf den ersten Blick. Aus der Perspektive der konfliktspezifischen Verfahrensinteressen bestehen diesbezüglich allerdings Zweifel. Denn beispielsweise Profit-Center eines Unternehmens, die zwar wirtschaftlich unabhängig voneinander, rechtlich aber über das (Mutter-)Unternehmen verbunden sind, sind zwar an einer Konfliktbearbeitung interessiert, nicht aber daran, in einem (schieds-)gerichtlichen Verfahren zu Leistungen verurteilt zu werden, die mit staatlichen Zwangsmitteln durchsetzbar sind.[1251] Auch in unternehmensexternen Konflikten mit Verbrauchern erweist sich das private Schiedsgerichtsverfahren zwar als

---

1247 Die Bezeichnungen sind in den Unternehmen uneinheitlich verschieden; siehe etwa zum *Consensus Review Board* von Hughes Aircraft *Simon/Sochynsky*, 21 Employee Rel. L.J. 29, 44 ff.
1248 Vgl. nur das Peer Panel als Teil des ADR Process von Boeing Inc.; siehe dazu auch *Slaikeu/Hasson*, S. 55: „A complete set of internal options should also include an option for review or appeal of organizational decisions, independent of the normal chain of command [...] to a peer review panel or executive review board."
1249 Vgl. die Verknüpfung unterschiedlicher Konfliktbehandlungsverfahren in 7.2 CPR Minitrial Procedure und CPR Minitrial Procedure Commentary.
1250 §§ 101 ff. ArbGG.
1251 *Stubbe*, ZKM 2003, 32, 33.

rechtlich zulässig[1252], aber aus Verbraucherschutzgründen als wenig opportun[1253]. Auch hier bietet die Adjudication dem Unternehmen eine Verfahrensoption, die einem staatlichen Gerichtsverfahren vorgeschaltet ist.

Diese konfliktspezifischen Verfahrensinteressen, die nach einer schnellen, kurzfristig verfügbaren – und nur nach Wahl der Parteien rechtlich bindenden – Konfliktentscheidung verlangen, sucht das Verfahren der Adjudication zu erfüllen.

2. Initiierung

Sofern sich die Parteien in der Verfahrenskonferenz auf die Durchführung einer Adjudication (gegebenenfalls im Anschluss an eine erfolglose Mediation) verständigt haben, beginnt die Adjudication mit dem Zugang einer Einleitungsanzeige an die Konfliktgegenpartei und die Verfahrensadministration sowie, falls bereits konstituiert, an die Mitglieder des Adjudication-Boards.[1254]

a) Einleitungsanzeige

Inhaltlich enthält die Einleitungsanzeige die wesentlichen Angaben über den entscheidungsbedürftigen Konflikt, wie etwa das Begehren der Partei, den Sachverhalt, die Daten der Parteien und ihrer Prozessbevollmächtigten sowie den der Streitigkeit zu Grunde liegenden Vertrag und die Adjudication-Vereinbarung.[1255] Die Einleitungsanzeige kann, muss aber nicht bereits die Anspruchsbegründung und den zu benennenden Adjudicator enthalten.[1256]

Eine Frist für den Zugang der Einleitungsanzeige bei dem Konfliktgegner oder der Verfahrensadministration sollte in der Regel nicht bestehen. In Fällen, in denen vor der Initiierung der Adjudication eine Mediation erfolglos vorausgegangen ist, sollten die Parteien ausnahmsweise zur Beschleunigung der Konfliktbearbeitung eine Frist vereinbaren, innerhalb der die Einleitungsanzeige abzugeben ist. Empfehlenswert ist eine Parteivereinbarung, nach der die Adjudication nicht nur nach Ablauf einer Stillhaltephase im Anschluss an die erfolglos beendete Mediation einzuleiten[1257], sondern auch durchzuführen und abzuschließen ist[1258].

1252 *Schlosser* in Stein/Jonas, ZPO, § 1030 Rdnr. 4 beurteilt vermögensrechtliche Streitigkeiten mit Verbrauchern nach dem deutschen Schiedsverfahrensrecht für grundsätzlich schiedsfähig.
1253 Vgl. dazu *Mäsch*, in: Bachmann/Breidenbach/Coester-Waltjen/Heß/Nelle/Wolf (Hrsg.), S. 529, 538, 542 f.
1254 Vgl. Art. 17 Nr. 2 ICC DRB Rules.
1255 Vgl. Nr. 8 CIC Procedure; Nr. 2.1 ICE Procedure.
1256 Die Unvollständigkeit der Einleitungsanzeige berührt den Beginn des Verfahrens nicht, sofern die Ergänzung nach Kenntnis der Unvollständigkeit unverzüglich, spätestens innerhalb von drei Tagen erfolgt.
1257 Nach der ADR Vereinbarung zwischen der Whirlpool Corp. und State Farm beträgt diese Frist 30 Tage; siehe *Kenagy*, 59 Alb. L. Rev. 895, 899.

b) Einleitungsantwort

Ab Zugang der Einleitungsanzeige beim Anspruchsgegner muss dieser dem Anspruchssteller, dem Adjudication-Board und der Verfahrensadministration eine Antwort übermitteln, in der er zu der Einleitungsanzeige Stellung nimmt. Inhaltlich hat die Einleitungsantwort unter anderem die Einreden gegen die Durchführung einer Adjudication und eine Stellungnahme zu den Angaben der Einleitungsanzeige des Anspruchsstellers in tatsächlicher und rechtlicher Hinsicht, insbesondere das Begehren, zu enthalten. Die Einleitungsantwort sollte, muss aber nicht, zugleich die Anspruchserwiderung beinhalten. Anders als die Einleitungsanzeige ist die Einleitungsantwort fristgebunden. Die Frist sollte 14 Tage, in Konflikten mit internationaler Anknüpfung 30 Tage nicht überschreiten.

3. Besetzung, Konstituierung und Kompetenzen des Adjudication-Boards

Als privatem Konfliktentscheidungsverfahren kommt im Verfahren der Adjudication der Besetzung des Adjudication-Boards, dem Zeitpunkt und Modus seiner Konstituierung sowie seinen Kompetenzen große praktische Bedeutung zu.

a) Besetzung des Adjudication-Boards

Das Verfahren der Adjudication ermöglicht den Parteien, die Personen zu bestimmen, die über ihren Konflikt entscheiden sollen. Der Vorteil liegt auf der Hand: Die Parteien können Personen benennen, die aufgrund ihrer Qualifikation und Erfahrung geeignet sind, den Konflikt in qualitativ hochwertiger Weise zu entscheiden. Maßgeblich sind die fachlichen Kenntnisse, die neben juristischen[1259] auch konfliktthemenspezifische Kenntnisse umfassen sollten. Je nach Gegenstand und Themen des Konflikts, können die Parteien das Adjudication-Board mit Experten besetzen, die über die konfliktspezifische Kompetenz und Erfahrung verfügen. Die Parteien sollten demnach nicht nur das Verfahren konfliktspezifisch designen, sondern auch das Entscheidungsgremium konfliktspezifisch besetzen.

1258 So könnten die Parteien vereinbaren, die Einleitung der Adjudication frühestens innerhalb von 30 Tagen und spätestens innerhalb von 60 Tagen seit Beendigung des vorausgegangenen Konfliktbearbeitungsverfahrens anzuzeigen. Nach der ADR-Vereinbarung zwischen der Whirlpool Corp. und State Farm ist das Schiedsverfahren innerhalb von 120 Tagen ab Beendigung der Mediation abzuschließen; siehe *Kenagy*, 59 Alb. L. Rev. 895, 899.
1259 Vgl. § 2.2 DIS SchiedsO: „Soweit die Parteien nichts anderes vereinbart haben, muss der Vorsitzende des Schiedsgerichts oder der Einzelschiedsrichter Jurist sein."

aa) Ein-Personen- und Drei-Personen-Adjudication-Boards

Die Anzahl der Adjudicatoren variiert ebenso wie die Anzahl der Schiedsrichter eines Schiedsgerichts zwischen eins und drei – je nach Streitwert und Komplexität des Konflikts in tatsächlicher und rechtlicher Hinsicht. Während teilweise ein Drei-Personen-Board die Regel ist, weisen die institutionellen Verfahrensordnungen den Konflikt überwiegend einem Ein-Personen-Board zu.[1260] Die Verfahrensadministration wird daher im Falle eines von den Parteien ursprünglich vereinbarten Drei-Personen-Boards auf die Möglichkeit eines einzelnen Adjudicators hinweisen. Neben geringeren Verfahrenskosten kann das Ein-Personen-Board das Verfahren beschleunigen, weil die anderenfalls erforderliche Koordinierung der Zusammenarbeit der drei Adjudicatoren in zeitlicher und örtlicher Hinsicht entfällt. Der teilweise vorgebrachte Einwand, ein Drei-Personen-Board gewährleiste die Qualität und Neutralität des Boards insgesamt besser, mag im Einzelfall zutreffend sein, lässt sich allerdings durch eine sorgfältige Auswahl des einzelnen Adjudicators entkräften.

bb) Profil der Adjudicatoren

Die Unabhängigkeit und Unparteilichkeit der Adjudicatoren ist für das Verfahren von elementarer Bedeutung.[1261] Der Adjudicator hat daher vor seiner Nominierung und Bestellung den Parteien und der Verfahrensadministration schriftlich alle Umstände bekannt zu geben, die geeignet sind, Zweifel an seiner Unparteilichkeit und Unabhängigkeit aufkommen zu lassen.[1262] Liegen derartige Umstände vor, haben die Parteien Gelegenheit zur schriftlichen Stellungnahme. Ein Adjudicator kann von den Parteien oder der Verfahrensadministration mit schriftlichem Antrag[1263] abgelehnt werden, von der Partei, die diesen Adjudicator bestellt hat, allerdings nur aus Gründen, von denen sie erst nach der Bestellung Kenntnis erhalten hat. Über den Antrag einer Partei entscheidet die Verfahrensadministration nur, wenn nicht vorher der abgelehnte Adjudicator zurücktritt oder alle anderen Parteien der Ablehnung innerhalb von 14 Tagen nach Zugang des Antrags zustimmen. Lehnt hingegen die Verfahrensadministration einen von den Parteien benannten Adjudicator ab, weil er nach den Umständen nicht geeignet, nicht unabhängig oder nicht unparteilich ist, sollte die betreffende Partei innerhalb von 21 Tagen nach Zugang der Ablehnungsentscheidung einen Ersatz-Adjudicator benennen können.

1260 Vgl. Art. 7 Nr. 2 ICC DRB Rules.
1261 Vgl. Art. 8 Nr. 1 ICC DRB Rules.
1262 Vgl. Art. 8 Nr. 2 und 3 ICC DRB Rules. Diese Informationspflicht besteht auch nach seiner Nominierung und Bestellung während des Verfahrens fort.
1263 Der Ablehnungsantrag sollte schriftlich und innerhalb von 14 Tagen ab Kenntnis der Ablehnungsgründe gestellt werden und die Tatsachen enthalten, aus denen sich die Ablehnungsgründe ergeben. Vgl. dazu Art. 8 Nr. 4 ICC DRB Rules.

cc) Innerbetriebliches und externes Adjudication-Board

Die Parteien können jeweils nach ihrer Wahl einen Adjudicator benennen und in das Adjudication-Board entsenden. In unternehmensinternen Konflikten kommen Mitarbeiter, Manager oder Mitglieder der Unternehmensleitung [1264] als Laien-Adjudicatoren in Betracht, während in unternehmensexternen Konflikten in aller Regel Rechtsanwälte, Richter oder andere Experten berufen werden.

Das Verfahren der Laien- bzw. *Peer-Adjudication* wird in den USA kontrovers diskutiert.[1265] Befürworter argumentieren, zumindest unternehmensinterne Konflikte und Rechtsstreitigkeiten könnten in einem innerbetrieblichen Verfahren entschieden werden, was eine ebenso konfliktnahe wie kostengünstige Konfliktbeilegung ermögliche. Die innerbetrieblichen Laien-Adjudicatoren würden zudem Glaubwürdigkeit und Akzeptanz unter den unternehmensinternen Konfliktparteien genießen. Gerade letzterer Aspekt wird indes zum Teil in Zweifel gezogen: Parteien eines Konflikts, der soweit eskaliert ist, dass er einer Drittentscheidung bedarf, würden eher auf externe professionelle Adjudicatoren vertrauen, vor allem wenn die Entscheidung des Adjudication-Boards rechtlich bindend sei. Auch die Kosteneffizienz innerbetrieblicher Adjudication-Boards sei fraglich, weil die Laien-Adjudicatoren geschult und das Verfahren von dem Unternehmen administriert werden müsse.[1266] Vor diesem Hintergrund erscheint es sachgerecht, den Parteien die Entscheidung zu überlassen, ob sich das Adjudication-Board aus innerbetrieblichen Mitgliedern und/oder externen Experten zusammensetzt.

b) Konstituierung

Für die Bestellung eines Adjudicators kommen unterschiedliche Modi in Betracht, wobei danach zu differenzieren ist, ob ein Ein-Personen- oder Drei-Personen-Board vereinbart ist und wie viele Parteien am Verfahren beteiligt sind.

1264 Die Aufgabe des Adjudicators üben die ausgewählten und geschulten Mitarbeiter als Teil ihrer Arbeitszeit im Unternehmen aus. Ist das Peer Tribunal auch mit Managern besetzt, wird das Verfahren auch als *employee appeals board* bezeichnet; vgl. *Lipsky/Seeber/Fincher*, S. 181. Besteht das Tribunal ausschließlich aus Mitgliedern der Unternehmensleitung wird das Verfahren *executive panel* genannt; vgl. *Lipsky/Seeber/Fincher*, S. 182. Eine Doppelrolle üben die Laien-Mediatoren nach dem In-House Dispute Resolution System des *Boulder Community Hospital* aus: Sie fungieren als Mediatoren und, sofern die Mediation scheitert, als „Schiedsrichter" in einem anschließenden internen *Decision-Making Panel*; siehe dazu *Lehrburger/Van Cleave*, 26 Colo. Law. 43, 46.
1265 Zusammenfassend *Lipsky/Seeber/Fincher*, S. 180 ff.
1266 *Lipsky/Seeber/Fincher*, S. 181.

aa) Zeitpunkt

Zunächst stellt sich die Frage, zu welchem Zeitpunkt sich das Adjudication-Board konstituieren sollte. An unternehmensinternen Konflikten, gleich ob am Arbeitsplatz oder intraorganisationell, sind Parteien beteiligt, die in einer auf Dauer angelegten (Arbeits-)Beziehung zueinander stehen. Gleiches gilt für zahlreiche unternehmensexterne Konflikte, deren Parteien längerfristige (vertragliche) Geschäftsbeziehungen untereinander halten. In diesen Konstellationen kann das Adjudication-Board die Parteien ab Beginn ihrer Arbeits- oder Geschäftsbeziehung dabei unterstützen, sämtliche aus oder in Verbindung mit der Beziehung resultierende Konflikte zu bearbeiten.[1267] In dieser Variante ist das Adjudication-Board ein projektbegleitendes Konfliktentscheidungsgremium. Alternativ kann sich das Adjudication-Board, einem Schiedsgericht vergleichbar, erst im Konfliktfall ad hoc konstituieren.[1268] Die Nominierung der Adjudicatoren zu Beginn einer vertraglichen Arbeits- oder Geschäftsbeziehung bietet den Vorteil, dass sie im Konfliktfall einen Disput unter den Parteien über ihre Benennung vermeidet und die nominierten Adjudicatoren unverzüglich nach Verfahrenseinleitung tätig werden können. Benennen die Parteien die Adjudicatoren hingegen erst mit Einleitung des Verfahrens, können sie demgegenüber konfliktspezifisch geeignete Adjudicatoren auswählen. In Kombination beider Ansätze bietet es sich an, bereits mit Beginn der Geschäftsbeziehung die Adjudicatoren zu nominieren und zugleich den Konfliktparteien das Recht einzuräumen, im konkreten Konfliktfall mit Einleitung des Verfahrens den ursprünglich benannten Adjudicator durch einen anderen zu ersetzen.

bb) Modus

Bei der Nominierung der Mitglieder des Adjudication-Boards ist danach zu unterscheiden, ob zwei oder mehr Parteien an dem Konflikt beteiligt sind und ob das Board mit einem oder drei Adjudicatoren zu besetzen ist. In Zwei-Parteien-Verfahren empfiehlt sich folgender Modus: Im Falle eines einzelnen Adjudicators nominieren die Parteien ihn gemeinsam. Setzt sich das Adjudication-Board indes aus drei Mitgliedern zusammen, benennt jede Partei einen Adjudicator. Die Nominierungsfrist beträgt höchstens sieben Tage und beginnt an dem Tag, der dem Tag des Zugangs der Einleitungsanzeige folgt.[1269] Die nominierten Adjudicatoren müssen sodann unverzüglich, spätestens innerhalb von sieben Tagen ihre Bereitschaft und Verfügbarkeit schriftlich gegenüber den Parteien bestätigen.[1270] Steht ein nominierter Adjudicator nicht zur Verfügung, nominiert die betreffende Partei innerhalb von weiteren sieben Tagen, nachdem Sie davon Kenntnis erlangt hat, einen alterna-

---

1267 Vgl. Art. 3 ICC DRB Rules.
1268 Vgl. Nr. 3.2 ICE Procedure.
1269 Vgl. Nr. 10 CIC Procedure.
1270 Vgl. Nr. 31. ICE Procedure. Nach Nr. 10 CIC Procedure beträgt die Frist nur zwei Tage.

tiven Adjudicator. Innerhalb von weiteren 14 Tagen nach Bestätigung der Nominierung des zweiten Adjudicators benennen die beiden Adjudicatoren gemeinsam unter bestmöglicher Berücksichtigung des von den Parteien erstellten Profils einen Dritten als Vorsitzenden des Adjudication-Boards.[1271]

In Mehrparteienverfahren gibt es hinsichtlich der Bestellung des Einzel-Adjudicators keine Besonderheiten: die Parteien müssen ihn gemeinsam innerhalb einer Frist von 14 Tagen ab Zugang der Einleitungsanzeige auswählen.[1272] Bei einem Drei-Personen-Board müssen der oder die Anspruchssteller innerhalb von 14 Tagen nach Zugang der Einleitungsanzeige gemeinsam einen Adjudicator benennen; gleiches gilt für den oder die Anspruchsgegner. Für die Nominierung des Vorsitzenden gelten die obigen Ausführungen entsprechend. Bei Säumnis einer Partei oder Parteiengruppe, kann die Verfahrensadministration unter Bezeichnung des Vorsitzenden alle drei Adjudicatoren ernennen. Auch für diesen Fall ist es ratsam, das gewünschte Profil des (vorsitzenden) Adjudicators als Orientierung für die anderen Adjudicatoren bzw. die Verfahrensadministration näher zu bestimmen.[1273]

cc) Ersetzung eines Adjudicators

Ist ein Adjudicator zurückgetreten, erfolgreich abgelehnt, unverschuldet nicht mehr in der Lage, seinen Verpflichtungen nachzukommen oder anderweitig abberufen, setzt die Verfahrensadministration der Partei, welche den betreffenden Adjudicator ursprünglich benannt hat, eine Frist von 14 Tagen zur Ersatznominierung. Im Falle der Ersetzung des Vorsitzenden oder der Säumnis einer Partei ernennt die Verfahrensadministration den (vorsitzenden) Adjudicator. Nachdem ein neuer Adjudicator bestellt worden ist, wird das Verfahren fortgesetzt.

c) Kompetenzen des Adjudication-Boards

Auch im Adjudication-Verfahren sollten die Parteien im Vorfeld sorgfältig vereinbaren, welche Kompetenzen sie dem Adjudication-Board und den Adjudicatoren übertragen. Auch hier zeigt sich, dass die Adjudication flexibler als ein Schiedsgerichtverfahren ist, weil das Adjudication-Board, anders als ein Schiedsgericht, gerade keine Entscheidungsbefugnis mit Rechtskraftfolge und Vollstreckungszwang ausübt.

1271 Bei Säumnis einer Partei oder der beiden Adjudicatoren ernennt die Konfliktmanagementabteilung bzw. eine externe Verfahrensadministration auf Antrag einer Partei den (vorsitzenden) Adjudicator innerhalb von vier Tagen.
1272 Unterlässt eine der Parteien fristgemäß ihre Mitwirkungspflicht, wählen die anderen Parteien den Einzel-Adjudicator gemeinsam aus und benennen ihn innerhalb von weiteren fünf Tagen.
1273 Vgl. Art. 7 Nr. 8 ICC DRB Rules.

aa) Leitung des Verfahrens

Das Adjudication-Board bestimmt den Ablauf des Verfahren nach freiem Ermessen[1274], wobei der Einzel- bzw. vorsitzende Adjudicator das Verfahren leitet und über einzelne Verfahrensfragen allein entscheidet, im Falle eines Drei-Personen-Boards allerdings nur, wenn ihn die anderen Adjudicatoren oder die Parteien schriftlich dazu ermächtigt haben.[1275]

Bei mehreren Adjudicatoren besteht die Gefahr, dass der Ablauf des Verfahrens durch die Weigerung oder Säumnis eines Adjudicators, am Verfahren mitzuwirken, obstruiert wird. Zur Vermeidung der Paralysierung des Verfahrens sind die beiden anderen Adjudicatoren befugt, das Verfahren ungeachtet der Abwesenheit des dritten Adjudicators fortzusetzen und Entscheidungen zu erlassen, nachdem sie den Parteien, dem dritten Adjudicator sowie der Konfliktmanagementabteilung bzw. externen Verfahrensadministration dessen Weigerung oder Säumnis schriftlich angezeigt haben.[1276] Entschließen sich die beiden verbleibenden Adjudicatoren hingegen, das Verfahren nicht ohne die Mitwirkung des dritten Adjudicators fortzusetzen, zeigen sie dies den Parteien (und der Verfahrensadministration) ebenfalls schriftlich an. In diesem Fall können die beiden Adjudicatoren und die Parteien den Widerruf der Bestellung des dritten Adjudicators und dessen Ersetzung beantragen.

bb) Förderung einer interessenbasierten Konfliktbearbeitung

Was für Schieds- und Gerichtsverfahren gilt, gilt auch für die Adjudication: Eine große Zahl der Verfahren endet durch eine vergleichsweise Einigung der Parteien. Die Gründe für diese hohe Einigungsquote sind vielfältig und beruhen nicht zuletzt auf einer vergleichsfördernden Verfahrensleitung des Adjudication-Boards.[1277]

Das Ziel der unternehmerischen Konfliktmanagementordnung, den Parteien zu ermöglichen, eine konsensuale Konfliktbeilegung zu erzielen, lässt sich dadurch in der Adjudication erreichen, dass die Parteien jederzeit gemeinsam die Adjudication aussetzen und in direkte oder drittunterstützte Verhandlungen zurückgehen können

---

1274 Vgl. auch die Verfahrenskompetenzen eines *Dispute Boards* nach Art. 15 ICC DRB Rules.
1275 Siehe die vergleichbare Regelungen in den unterschiedlichen Schiedsordnungen: Artt. 24.1 Satz 2, 24.3 und 24.4 DIS SchiedsO; Art. 26 Absatz 2 AAA Rules. Nach Art. 31 Absatz 2 Swiss Rules und nach Art. 14.3 LCIA Rules kann das Schiedsgericht den Vorsitzenden dazu ermächtigen, Verfahrensfragen allein zu entscheiden.
1276 Bei sämtlichen Entscheidungen, die die beiden Adjudicatoren ohne Mitwirkung des dritten Adjudicators treffen, sind die Gründe für die Fortsetzung des Verfahrens den Parteien gegenüber schriftlich darzulegen.
1277 Vgl. nur Art. 16 ICC DRB Rules unter der Überschrift „Informal Assistance with Disagreements" Zum Teil enthalten institutionelle Schiedsordnungen sogar Bestimmungen über die Unterstützung einer konsensualen Konfliktbearbeitung. Exemplarisch dazu § 32.1 DIS SchiedsO: „Das Schiedsgericht soll in jeder Lage des Verfahrens auf eine einvernehmliche Beilegung des Streits oder einzelner Streitpunkte bedacht sein."

(loop-back). Die Rolle des Adjudication-Boards zielt darauf ab, das Verfahren so parteiorientiert und flexibel zu gestalten, dass es den Konfliktparteien jederzeit ein Verhandlungsforum eröffnet, ohne jedoch aktiv in die Verhandlung involviert zu sein.[1278] Das Adjudication-Board sollte insoweit ermächtigt sein, den Parteien die Rückkehr an den Verhandlungstisch jederzeit zu ermöglichen und Vergleichsverhandlungen anzuregen[1279], ohne jedoch eigene Vergleichsvorschläge zu unterbreiten oder als Mediator zu agieren.[1280] In unternehmensinternen Konflikten trägt vielmehr die Konfliktmanagementabteilung, in externen institutionellen Verfahren die Verfahrensorganisation dafür Sorge, dass den Parteien bei Bedarf kurzfristig ein qualifizierter Mediator zur Verfügung steht.[1281] Aus diesen Gründen ist es für die Parteien empfehlenswert, in der Einleitungsanzeige bzw. -antwort nicht nur einen Adjudicator, sondern zugleich auch einen (Stand-by-) Mediator[1282] zu nominieren.

cc) Adjudicator als Schiedsrichter in einem nachfolgenden schiedsrichterlichen Verfahren

Schwierig gestaltet sich die Frage, ob ein Adjudicator bezüglich desselben Konfliktgegenstandes in einem späteren Schiedsgerichtsverfahren als Schiedsrichter agieren darf. Die Antwort auf diese Fragen ist davon abhängig, ob das Adjudication-Board über eine empfehlende Entscheidung hinaus eine endgültige und rechtlich bindende Entscheidung des Konflikts in Form eines Schiedsspruchs erlassen darf. In dieser Verfahrensvariante wandelte sich das Adjudication-Board funktional in ein Schiedsgericht um: die ursprünglichen Adjudicatoren würden nunmehr als Schiedsrichter den Konflikt endgültig und bindend entscheiden. Ein ähnlicher Rollentausch wird unter Praktikern und Wissenschaftlern unter dem Stichwort *Med-Arb-* bzw. *Arb-Med*-Verfahren kontrovers diskutiert.[1283] Allerdings ist der Rollentausch im gestuften Adjudication-Arbitration-Verfahren weniger gravierend, weil hier nicht von einem interessenbasierten in ein rechtsbasiertes Verfahren gewechselt wird, sondern allein die rechtliche Qualität der Entscheidung am Ende des Verfahrens variiert.

Die gleichwohl bestehenden funktionalen und prozeduralen Unterschiede zwischen der Adjudication und dem Schiedsgerichtsverfahren lassen sich bewahren, in-

---

1278 *Horvath*, SchiedsVZ 2005, 292, 294 spricht – aus Sicht des Schiedsgerichtsverfahrens – vom „Vergleichshelfer".
1279 Das Adjudication-Board kann, sofern die Parteien es dazu gemeinsam ermächtigt haben, eine vorläufige Fall-Evaluierung mitteilen, welche die Grundlage für die anschließenden Vergleichsverhandlungen zwischen den Parteien bildet. Vgl. dazu auch – für das Schiedsverfahren – *Raeschke-Kessler*, 6 VJ 2002, 254.
1280 Vgl. Nr. 15 CEDR Adjudication Rules: „The Adjudicator shall not act as the mediator."
1281 Diese Variante bezeichnen *Bühring-Uhle/Kirchhof/Scherer*, S. 120, 122 und 240 ff. als *mediation window*.
1282 Vgl. zur Variante des *stand-by mediators* im laufenden Schiedsgerichtsverfahren *Bühring-Uhle/Kirchhoff/Scherer*, S. 250.
1283 Ausführlich dazu *Schoen*, S. 152 ff.

dem ein Wandel von der Rolle und Funktion eines Adjudicators zu der eines Schiedsrichters allein unter folgenden Voraussetzungen zulässig ist. Nur der Vorsitzende eines Drei-Personen-Adjudication-Boards, also der Adjudicator, der nicht direkt von den Parteien benannt wird, darf als Schiedsrichter im selben Konflikt agieren, wenn der Gegenstand des Verfahrens schiedsfähig ist und die Parteien ihn gemeinsam schriftlich dazu ermächtigten.[1284] Für den Ablauf der Adjudication bedeutet dies, dass die Parteien die Entscheidung des Adjudication-Boards in einem schriftlichen Vergleich protokollieren, den der Vorsitzende anschließend in einem Schiedsspruch mit vereinbartem Wortlaut erlässt.

4. Anspruchsbegründung und -erwiderung

Nachdem das Adjudication-Board sich konstituiert hat, beginnt das Hauptverfahren mit der Einreichung einer Anspruchsbegründung der Partei, die die Durchführung des Verfahrens ursprünglich angezeigt hat. Die nachfolgenden Ausführungen dienen als Orientierung für den Inhalt der Anspruchsbegründung und -erwiderung sowie den Zeitpunkt ihrer Einreichung.

a) Inhalt

Die Anspruchsbegründung muss mindestens die folgenden Angaben enthalten: eine Darstellung des Sachverhalts, aus dem sich Gegenstand und Hintergrund des Konflikts ergeben mitsamt aller Beweisangebote, eine Liste der entscheidungsbedürftigen Konfliktthemen, gegebenenfalls eine kurze rechtliche Würdigung des Sachverhalts, das Entscheidungsbegehren sowie unter Umständen zusätzlich die Gründe, warum ausnahmsweise eine rechtlich bindende Entscheidung des Adjudication-Boards beantragt wird.[1285]

In der Anspruchserwiderung ist zu der Einleitungsanzeige und Anspruchsbegründung substantiiert Stellung zu nehmen. Im Falle der Einrede gegen die Zuständigkeit oder Bestellung des Adjudication-Boards sind zudem die tatsächlichen und rechtlichen Grundlagen der Einrede darzustellen. Die Parteien können ihre Anspruchsbegründung und -erwiderung während des Verfahrens ergänzen, ändern und zu diesem Zweck weitere Schriftsätze einreichen. Im Hinblick auf einen zügigen Ablauf des Verfahrens sollten die Parteien vereinbaren, die Anzahl weiterer Schriftsätze zu begrenzen.[1286]

1284 Ähnlich Nr. 32 CIC Procedure. In allen anderen Konstellationen gilt Art. 9 Nr. 3 ICC DRB Rules.
1285 Vgl. Art. 17 Nr. 1 ICC DRB Rules; Nr. 8 AAA DB Hearing Rules; Nr. 14 CIC Procedure.
1286 Das Adjudication-Board entscheidet nach freiem Ermessen über die Erforderlichkeit weiteren Vortrags.

b) Frist

Regelmäßig setzt das Adjudication-Board dem Anspruchssteller nach freiem Ermessen eine Frist zur Einreichung seiner Anspruchsbegründung. Sinnvoll erscheint es, nicht nur die Frist, sondern auch ihren Beginn festzulegen. Die Frist zur Anspruchsbegründung beginnt an dem Tag, der dem Tag der Konstituierung des Adjudication-Boards folgt. Die Dauer der Frist ist unter Berücksichtigung der besonderen Umstände des Einzelfalles, etwa seiner Komplexität in tatsächlicher und rechtlicher Hinsicht oder der Höhe des Streitwertes zu bestimmen. Eine Frist von maximal einem Monat erscheint angemessen, die das Adjudication-Board ohne Zustimmung der anderen Partei um die Hälfte, in begründeten Ausnahmefällen und mit Zustimmung der anderen Partei um die gleiche Frist einmalig verlängern kann.[1287] In der Praxis führen die Fristen häufig zu unterschiedlichen Vorbereitungszeiten von Anspruchssteller und Anspruchsgegner.[1288] Im Hinblick auf die Gewährung der prozessualen Waffengleichheit zwischen den Parteien sollten daher eine einheitliche Frist für die Anspruchsbegründung und -erwiderung gelten. Die dem Anspruchssteller gewährte Frist gilt folglich auch für die Frist, innerhalb derer der Anspruchsgegner seine Anspruchserwiderung einreichen muss.[1289]

5. Hauptverfahren

Das Adjudication-Board gestaltet und leitet das Verfahren nach freiem Ermessen.[1290] Wenngleich eine flexible, informelle und auf die Besonderheiten des zu entscheidenden Konflikts eingehende Verfahrensgestaltung wünschenswert ist, lassen sich gleichwohl einzelne Aspekte des Verfahrens identifizieren, deren nähere Regelung für einen reibungslosen Ablauf hilfreich sind. Dazu zählen neben der Vereinbarung von Ort und Sprache des Verfahrens die Festlegung einer inhaltlichen und zeitlichen Verfahrensagenda, der Ablauf des schriftlichen Verfahrens und der mündlichen Verhandlung sowie die Klärung der Frage, nach welchem Prozedere das Adjudication-Board den Konflikt entscheidet.

a) Ort und Sprache des Verfahrens

Relevant ist der Verfahrensort für die Beratungen des Adjudication-Boards und die mündliche Verhandlung vor dem Adjudication-Board. Nach den gängigen Verfahrensordnungen können die Parteien den Verfahrensort nach ihrer Wahl festlegen. In

---

1287 Nr. 4.1 ICE Procedure sieht eine Frist von zwei Tagen vor.
1288 Auf diesen Aspekt gehen auch *Stevenson/Chapman*, S. 33 ein.
1289 Diesen Gedanken berücksichtigt auch Nr. 5.4 ICE Procedure. Die Frist beginnt mit dem Zugang der Anspruchsbegründung beim Anspruchsgegner.
1290 Nr. 17 CIC Procedure; 5.5 ICE Procedure; Nr. 19 TeCSA Rules.

unternehmensinternen Konflikten findet die mündliche Verhandlung am Sitz des Unternehmens statt, es sei denn die Konfliktgegenpartei des Unternehmens hat einen anderen Ort ausgewählt. In unternehmensexternen Konflikten findet die mündliche Verhandlung abwechselnd am Sitz des Unternehmens und des Konfliktgegners statt[1291], es sei denn mindestens eine Partei wünscht einen neutralen Verfahrensort, den entweder die Parteien sodann gemeinsam vereinbaren[1292] oder den das Adjudication-Board nach Rücksprache mit den Parteien festlegt.

In Fällen mit zumindest einer ausländischen Konfliktpartei ist die Verfahrenssprache von den Parteien gemeinsam festzulegen. Ihre Auswahl ist nicht nur für die mündliche Verhandlung, sondern auch für alle Dokumente, Schriftsätze, Sachverständigengutachten und die Entscheidungen des Adjudication-Boards maßgeblich. Fehlt eine Vereinbarung der Parteien oder ist sie ambivalent, sollte das Adjudication-Board die Verfahrenssprache unter Berücksichtigung der Umstände des Einzelfalles, insbesondere der Sprache des Hauptvertrages bzw. der selbstständigen Konfliktmanagementvereinbarung beschließen.

b) Verfahrensagenda

Nach seiner Konstituierung hält das Adjudication-Board gemeinsam mit den Parteien und ihren Vertretern eine Sitzung – auf Wunsch der Parteien via Telefon- oder Videokonferenz – ab, in der zum Zwecke der Organisation der Adjudication eine Verfahrensagenda über den zeitlichen und inhaltlichen Ablauf des Verfahrens vereinbart wird.[1293]

c) Sachverhaltsermittlung und Beweisführung

Die Adjudicatoren haben das Recht, die entscheidungsrelevanten Tatsachen selbst zu ermitteln.[1294] Sie können daher nach ihrem freien Ermessen Zeugen und Sachverständige befragen, die Vorlage von Urkunden anordnen und sonstige Anordnungen treffen.[1295] Den Sachverständigen haben die Parteien auf Aufforderung des Adjudication-Boards jede sachliche Auskunft zu erteilen sowie alle notwendigen Schriftstücke und Sachen zugänglich zu machen. Ferner können die Adjudicatoren auch

---

1291 *Ellis/Ravindra/Vidmar/Davis*, 11 Alternatives 44, 46.
1292 Können sich die Parteien nicht auf einen neutralen Verfahrensort verständigen oder ist seine Bezeichnung unklar bzw. unvollständig, bestimmt ihn das Adjudication-Board. Ähnlich Art. 16 Absatz 1 Swiss Rules; Art. 16.1 Satz 2 LCIA Rules, § 21.1 DIS SchiedsO.
1293 Vgl. Nr. 6 AAA DB Hearing Rules; Nr. 18 TeCSA Rules. Den Nutzen dieser Vorgespräche – im Schiedsgerichtsverfahren – betont auch *Böckstiegel*, in: Bachmann/Breidenbach/Coester-Waltjen/Heß/Nelle/Wolf (Hrsg.), S. 49, 57 f.
1294 Vgl. Nr. 3 CIC Procedure.
1295 Vgl. Nr. 17 und 19 CIC Procedure; 5.5 und 5.6 ICE Procedure.

Ortstermine wahrnehmen und die Entwicklung von Projekten in Augenschein nehmen.[1296]

Die Parteien sollten sich, vor allem in unternehmensexternen Konflikten mit internationaler Anknüpfung, auf eine Regelung über die Beweisführung verständigen, die ausgewogen die unterschiedlichen prozessrechtlichen Usancen der Parteien reflektiert. Die internationalen institutionellen Verfahrensordnungen regeln das Beweisverfahren vergleichsweise rudimentär, indem sie sich auf Regelungen über die Beweislastverteilung und Beweismittel beschränken. Ausführlicher sind die *IBA Rules on the Taking of Evidence in International Commercial Arbitration*, welche die Parteien als verbindliche Beweisregeln vereinbaren können.[1297]

d) Schriftliches Verfahren

Sofern es die Verfahrensqualität nach Auffassung der Parteien nicht nachteilig tangiert, können sie schriftlich vereinbaren, dass die Adjudication ausschließlich im schriftlichen Verfahren durchzuführen und der Konfliktgegenstand ohne eine mündliche Verhandlung zu entscheiden ist. In diesem Fall erörtern die Parteien die für die Entscheidung des Konfliktgegenstandes relevanten tatsächlichen und rechtlichen Fragen allein in Schriftsätzen und Urkunden als Beweismittel, wobei auch schriftliche eidesstattliche Zeugenaussagen zulässige Beweismittel sein sollten. Das Adjudication-Board stellt sicher, dass alle Schriftstücke, die ihm von einer Partei übermittelt werden, auch der anderen Partei zur Kenntnis gelangen.[1298]

Art und Umfang der Schriftsätze sind so zu bemessen, dass das Adjudication-Board umfassend über den Konflikt, seinen Hintergrund und die Beurteilung der Sachlage durch die Parteien informiert ist. Die Anzahl der einzureichenden Schriftsätze ist über die Anspruchsbegründung und -erwiderung hinaus im Ermessen des Adjudication-Boards auf eine Replik zu beschränken. Nur wenn das Adjudication-Board weiteren Sachvortrag der Parteien für entscheidungserforderlich erachtet, kann es die Parteien auffordern, innerhalb einer festzulegenden Frist von nicht mehr als 21 Tagen, einen weiteren Schriftsatz einzureichen. Macht eine Partei von ihrem Recht zu replizieren keinen Gebrauch oder versäumt eine Partei, den aufgeforderten Schriftsatz zu übermitteln, kann das Adjudication-Board dessen ungeachtet das Verfahren fortsetzen und eine Entscheidung erlassen.

1296 Vgl. Art. 12 ICC DRB Rules zum Ablauf und der Frequenz von Ortsterminen.
1297 Auf diese Praxis in internationalen Schiedsgerichtsverfahren weist auch *Böckstiegel*, in: Bachmann/Breidenbach/Coester-Waltjen/Heß/Nelle/Wolf (Hrsg.), S. 49, 55 hin. Eine deutsche Übersetzung der *IBA Rules* findet sich in SchiedsVZ 2007, 40.
1298 Vgl. Nr. 21 TeCSA Procedure.

e) Mündliche Verhandlung

Auf Verlangen einer Partei ist eine mündliche Verhandlung unverzüglich, spätestens innerhalb eines Monats in unternehmensinternen bzw. innerhalb von zwei Monaten in unternehmensexternen Konflikten ab Zugang des letzten Schriftsatzes beim vorsitzenden Adjudicator abzuhalten. In der Regel wird nur ein Tag, in Ausnahmefällen werden maximal drei, soweit praktikabel, aufeinanderfolgende Tage für die mündliche Verhandlung angesetzt. Sie wird nach Wahl des Konfliktgegners des Unternehmens persönlich oder mittels einer Telefon- oder Videokonferenz geführt. Das Board teilt den Parteien spätestens 14 Tage im Voraus schriftlich Datum, Zeit und Ort der mündlichen Verhandlung mit und übermittelt ihnen zugleich eine Agenda, die einen zeitlichen und inhaltlichen Ablaufplan[1299] und eine Liste mit Fragen enthält, deren Beantwortung durch die Parteien Gegenstand der mündlichen Verhandlung sein wird. Das persönliche Erscheinen der Parteien ist grundsätzlich vom Adjudication-Board anzuordnen; die Parteien können sich allerdings durch eine ordnungsgemäß und zur endgültigen Beilegung des Konflikts bevollmächtigte Person vertreten lassen.[1300] Spätestens sieben Tage vor dem Termin der mündlichen Verhandlung übersendet jede Partei den Adjudicatoren und der anderen Partei eine Liste der Urkunden und Augenscheinsobjekte, die sie in die mündliche Verhandlung einzuführen beabsichtigt.[1301] Auf Verlangen einer Partei oder soweit das Adjudication-Board es für erforderlich hält, haben Sachverständige an der mündlichen Verhandlung teilzunehmen. Die Parteien können dem Sachverständigen des Adjudication-Boards Fragen stellen und eigene Sachverständige aussagen lassen. Das Adjudication-Board erklärt die mündliche Verhandlung am Ende der Beweisaufnahme für geschlossen, wenn der Sachverhalt nach der freien Überzeugung des Adjudication-Boards entscheidungsreif ermittelt ist, insbesondere wenn die Parteien auf Nachfrage erklären, keine weiteren Beweise mehr anzubieten oder Erklärungen abzugeben.

6. Abschluss des Verfahrens

Nachdem die Adjudicatoren im schriftlichen Verfahren bzw. in der mündlichen Verhandlung umfassend von den Parteien über den zu Grunde liegenden Sachverhalt informiert worden sind und mit ihnen den Sach- und Streitstand erörtert haben, beginnt der eigentliche Prozess der Entscheidungsfindung des Adjudication-Boards.

1299 Vgl. die Chronologie einer mündlichen Verhandlung in Art. 19 Nr. 8 ICC DRB Rules.
1300 Vgl. Art. 19 Nr. 7 ICC DRB Rules.
1301 Vgl. Nr. 7 AAA DB Hearing Rules.

a) Entscheidung des Adjudication-Boards

Das Verfahren wird mit einer schriftlichen Entscheidung des Adjudication-Boards beendet.[1302] Ist ein Rechtsstreit Verfahrensgegenstand, entscheidet das Adjudication-Board nach dem von den Parteien vereinbarten materiellen Recht[1303] unter Ausschluss des jeweiligen Kollisionsrechts[1304], wobei die Bezeichnung des Rechts oder der Rechtsordnung eines bestimmten Staates genügt. Fehlt eine Rechtswahl oder ist sie ambivalent, so entscheidet das Adjudication-Board nach den Rechtsregeln, mit denen der Konflikt am engsten zusammenhängt. Regelmäßig wird dies das auf den Hauptvertrag anwendbare materielle Recht sein.[1305] In formaler Hinsicht ist die Entscheidung des Adjudication-Boards schriftlich zu erlassen, zu begründen[1306] und unter Angabe des Datums und Verfahrensortes von den Adjudicatoren zu unterzeichnen.[1307] Sämtliche Entscheidungen des Adjudication-Boards, einschließlich seiner Beratungen sind vertraulich und werden nicht veröffentlicht. Beschleunigend wirken Höchstfristen, innerhalb deren die Entscheidung des Boards ergehen muss.[1308] Sie sollten so bemessen sein, dass eine qualitativ hochwertige Entscheidung möglich ist, die innerhalb einer realistischen Zeit begründet werden kann. Die Entscheidung sollte daher spätestens innerhalb einer Frist von 28 Tagen[1309] erlassen werden. Diese Frist beginnt an dem Tag, der dem Tag der (letzten) mündlichen Verhandlung folgt.[1310] Ergeht die Entscheidung des Adjudication-Boards im schriftlichen Verfah-

---

1302 Ist ein Rechtsstreit Gegenstand der Entscheidung, so ist das Adjudication-Board bei seiner Entscheidung an die Anträge der Parteien und das von den Parteien vereinbarte materielle Recht gebunden. Vgl. dazu Nr. 20 und 21 CIC Procedure.
1303 Bei seiner Entscheidung berücksichtigt das Adjudication-Board auch die Bestimmungen des dem Konflikt zu Grunde liegenden Vertrages und die auf das Geschäft anzuwendenden Handelsbräuche. Vgl. sinngemäß für das Schiedsverfahren § 23.4 DIS SchiedsO.
1304 Ähnlich *Rau/Sherman/Peppet*, S. 946.
1305 Sofern die Parteien schriftlich nichts anderes vereinbaren, verzichten sie auf die Geltendmachung von punitive, exemplary oder vergleichbaren Schadensersatzansprüchen.
1306 Vgl. die in Art. 22 ICC DRB Rules aufgelisteten Aspekte der Entscheidungsbegründung.
1307 Das Adjudication-Board legt in seiner Entscheidung zugleich die Kosten des Verfahrens und die Kostentragungspflicht der Parteien fest. Sofern die Parteien das Adjudication-Board nicht gemeinsam schriftlich anders autorisiert haben, tragen die Parteien eines unternehmensexternen Konflikts die Kosten der Adjudication zu gleichen Teilen als Gesamtschuldner, wobei bereits geleistete Vorschüsse verrechnet und Überschüsse erstattet werden; zudem trägt jede Partei ihre eigenen Anwalts- und sonstigen außerprozessualen Kosten. Die Entscheidung wird den Parteien im Original oder in beglaubigter Abschrift übermittelt, allerdings nur wenn sie die ihnen auferlegten Verfahrenskosten vollständig bezahlt haben, vgl. Nr. 24 CIC Procedure.
1308 Die Frist beginnt mit Eingang des Antrags auf Überprüfung des Vergleichs beim *Dispute Review Board*. Die Frist ist unterschiedlich lang bemessen. Nach dem *Contract-ADR Plan* der Stadt New York beträgt sie 25 bis 30 Tage; siehe dazu *CPR (Ed.)*, 9 Alternatives 50, 50. Nach den *Toyota Reversal Arbitration Program Rules* müssen die Schiedsrichter eine schriftliche Entscheidung innerhalb einer Woche nach Abschluss der mündlichen Verhandlung treffen; siehe dazu *Ellis/Rivandra/Vidmar/Davis*, 11 Alternatives 44, 46.
1309 Section 108 (2)(c) of the Housing Grants, Construction and Regeneration Act 1996.
1310 Fällt der Fristbeginn auf einen staatlichen Feiertag oder einen arbeitsfreien Tag, so beginnt die Frist am nächsten Arbeitstag.

ren ohne mündliche Verhandlung, beginnt die Frist an dem Tag, der dem Tag des Zugangs des letzten Schriftsatzes bei dem (vorsitzenden) Adjudicator folgt. Aus Gründen der Flexibilität empfiehlt es sich, die Fristen durch eine gemeinsame Parteivereinbarung einmalig um die Hälfte der Dauer verlängern zu können.[1311]

Die Entscheidungen des Adjudication-Boards sind für die Parteien im Grundsatz rechtlich nicht bindend, sondern lediglich empfehlend: Die Parteien können die Empfehlung akzeptieren und entsprechend erfüllen, ohne jedoch dazu aus Rechtsgründen verpflichtet zu sein.[1312] Die Parteien können alternativ zu Beginn des Verfahrens schriftlich vereinbaren[1313] oder das Adjudication-Board gemeinsam schriftlich ermächtigen[1314], dass die Entscheidung den Inhalt eines materiell-rechtlichen Vergleichs der Parteien bildet. Alternativ können die Parteien schriftlich eine Frist vereinbaren, nach deren Ablauf die ursprünglich empfehlende Entscheidung des Adjudication-Boards zu einem Vergleich erwächst[1315], der die Parteien schuldrechtlich verpflichtet, die in der Entscheidung ausgesprochenen Leistungspflichten zu erfüllen.[1316]

Während diese Gestaltungsfreiheit der (rechtlichen) Bindungswirkung der Entscheidung des Adjudication Boards in unternehmensexternen Konflikten sinnvoll die unterschiedlichen Interessen der Parteien zu erfüllen vermag, erscheint es demgegenüber in unternehmensinternen Konflikten sinnvoll, dem Adjudication-Board die Kompetenz einzuräumen, Entscheidungen zu treffen, die nur unter dem Widerrufsvorbehalt des Mitarbeiters oder einer sonstigen Konfliktgegenpartei des Unternehmens stehen, aber das Unternehmen einseitig rechtlich binden.[1317] Dies untermauert nicht nur die Fairness der Adjudication und fördert damit die Bereitschaft der unternehmensinternen Gegenparteien des Unternehmens, das Adjudication-Verfahren in Anspruch zu nehmen, sondern schafft auch die Gewissheit, dass das Unternehmen im Falle seines Unterliegens die Entscheidung nicht anschließend vor einem (Schieds-)Gericht ausfechten wird.

1311 So auch Section 108 (2)(d) of the Housing Grants, Construction and Regeneration Act 1996. Sofern das Adjudication-Board schuldhaft nicht fristgerecht eine Entscheidung fällt, verlieren die Adjudicatoren ihren Anspruch gegen die Parteien auf Vergütung. Siehe Nr. 25 CIC Procedure.
1312 Vgl. Art. 4 Nr. 1 und 2 ICC DRB Rules.
1313 Siehe dazu Artt. 5 und 6 Nr. 1 und 2 ICC DRB Rules über Dispute Adjudication-Boards.
1314 Vgl. die in Art. 6 Nr. 3 ICC DRB Rules genannten Kriterien.
1315 Während der Dauer dieser Frist kann jede Partei den Ausschluss dieser Bindungswirkung gegenüber der anderen Partei erklären.
1316 Nach Art. 5 Nr. 2 ICC DRB Rules binden die Entscheidungen des Dispute Adjudication-Boards die Parteien unmittelbar.
1317 So auch *v. Hippel*, S. 198, 251 für die Ausgestaltung der Bindungswirkung der Ombudsmann-Entscheidung.

b) Einbeziehung von interessenorientierten Elementen in den Entscheidungsfindungsprozess des Adjudication-Boards

Der tatsächliche Modus der Entscheidungsfindung in der Adjudication ist in aller Regel nicht zwischen den Parteien und den Adjudicatoren vereinbart und damit den Parteien weithin unbekannt. Dieser Befund bildet den Ausgangspunkt für die Überlegung, ob und inwieweit sich der Prozess der Entscheidungsfindung des Adjudication-Boards in der Konfliktmanagementordnung des Unternehmens strukturieren und transparenter gestalten lässt.

Ist das Adjudication-Board mit drei Adjudicatoren besetzt, stellt sich die Frage, nach welchem Modus das Adjudication-Board seine Entscheidung trifft. Aus Praktikabilitätsgründen sollte das Erfordernis einer einstimmigen Entscheidung aller Adjudicatoren vermieden werden, weil dies die Gefahr begründet, dass Entscheidungen verzögert, wenn nicht gar unmöglich werden. Die meisten Verfahrensordnungen sehen daher eine Mehrheitsentscheidung oder eine Einzelentscheidung des Vorsitzenden des Adjudication-Boards vor. Vorzugswürdig erscheint eine Kombination beider Varianten dahingehend, dass nur für den Fall, dass Einstimmigkeit oder Stimmenmehrheit nicht zustande kommt oder ein Adjudicator die Mitwirkung an einer Entscheidung verweigert, der Vorsitzende allein entscheidet.[1318]

Zu überlegen ist, ob sich nicht ein Zwischenschritt vorschalten lässt, der diesen Modus durch einen strukturierten Verhandlungsprozess ergänzt. Insbesondere in Konflikten, in denen die Parteien jeweils einen partei- und konfliktnahen (Peer oder Executive) Adjudicator benannt haben, bietet es sich an, den Entscheidungsfindungsprozess zunächst auf diese beiden Adjudicatoren zu fokussieren. Ohne Beteiligung des vorsitzenden Adjudicators verhandeln sie zunächst direkt miteinander den Inhalt einer Konfliktentscheidung. Können sie sich nicht auf eine gemeinsame Entscheidung einigen, gibt der vorsitzende Adjudicator ihnen seine Einschätzung einer Entscheidung bekannt. Auf der Basis dieser Evaluation des Vorsitzenden setzen die beiden Adjudicatoren ihre direkten Verhandlungen fort. Nach ihrer Wahl können sie auch einen Mediator beauftragen, sie dabei zu unterstützen, eine Konfliktlösung zu vereinbaren. Können sie sich nicht gemeinsam auf eine Entscheidung verständigen, gilt die Enscheidung des vorsitzenden Adjudicators als Entscheidung des gesamten Adjudication-Boards.

Diese Struktur des Entscheidungsfindungsprozesses integriert konsensuale Elemente in die kontradiktorische Entscheidung des Adjudication-Boards. Zudem ermöglicht sie eine partei- und konfliktnahe Entscheidung, weil die von den Parteien benannten Adjudicatoren hauptverantwortlich für die Konfliktentscheidung sind. Der vorsitzende Adjudicator hat seinem Profil entsprechend primär die Rolle eines Expertengutachters. Wie bereits im Rahmen des Verhandlungsprozesses zwischen den Konfliktparteien erläutert, werden auch hier Elemente des Expertengutachtens in den Prozess der Entscheidungsfindung des Adjudication-Boards integriert.

1318 Vgl. Art. 23 ICC DRB Rules.

c) Beendigung des Verfahrens auf andere Weise und Überleitung in die gerichtliche Streitentscheidung

Jede Partei kann das Adjudication-Verfahren jederzeit ohne Angabe von Gründen durch schriftliche Anzeige gegenüber den Mitgliedern des Boards und der anderen Partei (sowie gegebenenfalls der Verfahrensadministration) beenden und in einem anschließenden (Schieds-) Gerichtsverfahren eine endgültige und rechtlich bindende Entscheidung durch Schiedsspruch oder Urteil erwirken.[1319] In diesen Fällen gilt die Anzeige gegenüber den Adjudicatoren als Kündigung des Adjudicator-Vertrages zwischen den Parteien und dem jeweiligen Adjudicator.[1320] Ebenso kann jeder Adjudicator den Vertrag mit den Parteien jederzeit schriftlich gegenüber den Parteien mit einer Frist von drei Wochen kündigen.[1321] Hiervon setzt er die anderen Adjudicatoren (und die Verfahrensadministration) schriftlich in Kenntnis.

D. Gerichtliche Konfliktbearbeitungsverfahren

Die Streitbeilegung vor privaten Schieds- und staatlichen Gerichten bildet die abschließende Verfahrensstufe, die aufgrund ihrer Funktion im komplementären Spektrum der Konfliktbehandlungsverfahren integraler Bestandteil der unternehmerischen Konfliktmanagementordnung ist (I.). In Anbetracht der zahlreichen nationalen und internationalen Schiedsordnungen, die sich in der Praxis bewährt haben, beschränkt sich das Design des schiedsrichterlichen Verfahrens nachfolgend auf ausgewählte Aspekte (II.). Abschließend wird aufgezeigt, wie sich auch Verfahren vor staatlichen Gerichten konfliktspezifisch von den Parteien im Wege des Verfahrensdesigns gestalten lassen (III.).

I. Funktion in der Konfliktmanagementordnung

Wenngleich sich die Verfahren in einem integrierten Konfliktmanagementsystem auf außergerichtliche Konsensverfahren konzentrieren, ist kein Konfliktbearbeitungsverfahren ein Allheilmittel – weder ein außergerichtliches, noch ein (schieds-) gerichtliches. Wie bereits ausgeführt, besteht bereits faktisch für die Parteien eine

---

1319 Für diesen Fall gilt zwischen den Parteien vereinbart, dass sie nicht zur Aufrechnung und (Schieds-)Widerklage berechtigt sind. Vgl. dazu Nr. 28 TeCSA Rules. In dieser Konstellation haften die Parteien eines unternehmensexternen Konflikts dem Adjudication-Board (und der Verfahrensadministration) gesamtschuldnerisch für die Kosten des Verfahrens exklusive ihrer anwaltlichen und sonstigen außerprozessualen Kosten, es sei denn die Parteien einigen sich in ihrem Vergleich auch über die Verteilung der Verfahrenskosten. Ähnlich, allerdings für das Schiedsverfahren, Art. 28.5 LCIA Rules und § 35.4 DIS SchiedsO.
1320 Vgl. dazu Art. 10 ICC DRB Rules.
1321 Vgl. Art. 10 Nr. 3 ICC DRB Rules.

Notwendigkeit, (schieds-)gerichtliche Verfahren in die Verfahrensordnung zu integrieren. Zum einen ist es Ausfluss des rechtstaatlichen Gebots effektiven Rechtsschutzes, dass der Weg zu den ordentlichen Gerichten nicht dauerhaft ausgeschlossen oder unverhältnismäßig verzögert und erschwert wird.[1322] Zum anderen können und sollten eine Vielzahl von Konflikten nicht über einen Ausgleich der Interessen beigelegt werden. Davon unberührt mag es im Einzelfall aus objektiven und subjektiven Gründen für mindestens eine Konfliktpartei interessengerechter sein, einen Rechtsstreit endgültig und rechtlich bindend durch eine (schieds-)gerichtliche Entscheidung zu erledigen. Gerichtliche Verfahren sind damit integraler Bestandteil der Verfahrensordnung des integrierten Konfliktmanagementsystems, fungieren allerdings nur als ultima ratio der Konfliktbeilegung – als so genannte Back-Up-Verfahren.[1323]

1. Endgültige und rechtlich bindende Konfliktentscheidung

Nach der Konfliktmanagementordnung des Unternehmens werden alle unternehmensexternen Konflikte, die nach der Beendigung eines der ADR-Verfahren (Mediation und Adjudication) entstehen, fortbestehen oder aus sonstigen Gründen ohne Erfolg von den Parteien bearbeitet worden sind, in einem privaten Schiedsgerichtsverfahren endgültig und rechtlich bindend entschieden.[1324] Kommt ein schiedsrichterliches Verfahren aus Rechts- oder sonstigen Gründen im Einzelfall nicht in Betracht, etwa in Konflikten des Unternehmens mit Mitarbeitern oder Verbrauchern[1325], steht den Parteien der Rechtsweg zu den staatlichen Gerichten offen.[1326]

1322 Nach dem geltenden US-amerikanischen Bundes- und Landesrecht ist es rechtlich zulässig, den Weg zu den ordentlichen Gerichten nicht nur vorübergehend, sondern dauerhaft auszuschließen, sofern das staatsgerichtliche durch ein auch obligatorisches schiedsrichterliches Verfahren („mandatory arbitration") substituiert ist, das den Mindestanforderungen des Grundsatzes eines fairen Verfahrens ("fair trial") genügt; siehe dazu ausführlich *Lipsky/Seeber/Fincher*, S. 198 ff.
1323 *Mazadoorian*, in: Fine/Plapinger (Eds.), S. 183, 186: „The objective [of the private ADR program] was to modify the utilization of courts from forums of first resort to forums of last resort [and] [...] to remove from the court system those cases that do not have to be there."
1324 Vgl. *Rau/Sherman/Peppet*, S. 937. Der Konflikt wird ebenfalls einem (schieds-)gerichtlichen Verfahren zur rechtlich bindenden Entscheidung vorgelegt, wenn eine Partei innerhalb von 30 Tagen ab Zugang der Entscheidung gegen sie Einspruch beim Adjudication-Board und der anderen Partei einlegt oder wenn das Adjudication-Board nicht innerhalb der genannten Frist eine Empfehlung bzw. Entscheidung trifft; siehe dazu Art. 4 Nr. 4 und 6 ICC DRB Rules.
1325 Eingehend zur rechtlichen Zulässigkeit und praktischen Eignung von Schiedsvereinbarungen mit Verbrauchern *Mäsch*, in: Bachmann/Breidenbach/Coester-Waltjen/Heß/Nelle/Wolf (Hrsg.), S. 529 ff.
1326 Vgl. § 15 CEDR Model Mediation Procedure.

2. Einstweiliger Rechtsschutz durch (Schieds-)Gerichte

Für die Praxis bedeutsam ist die Frage, ob ein privates Schieds- oder staatliches Gericht während einer Mediation oder Adjudication vorläufige und sichernde Maßnahmen treffen kann, etwa in Fällen, die den Schutz von Geschäftsgeheimnissen oder gewerblichen Schutzrechten einer Partei zum Gegenstand haben, von der die andere Partei durch das Verfahren Kenntnis erlangen könnte.[1327] Nach den meisten institutionellen Schiedsordnungen ist das Schiedsgericht neben den staatlichen Gerichten ermächtigt, auf Antrag einer Partei vorläufige Maßnahmen zu treffen.[1328] Da die Durchsetzung und Vollstreckung dieser vorläufigen Schiedssprüche durch das jeweils zuständige staatliche Gericht erfolgt, erscheint es pragmatisch, direkt einstweiligen Rechtsschutz vor den staatlichen Gerichten in Anspruch zu nehmen. Vor diesem Hintergrund ist es weder mit einer zwischen den Parteien abgeschlossenen Schiedsvereinbarung unvereinbar noch als Verzicht auf diese anzusehen, wenn in der unternehmerischen Konfliktmanagementordnung eine Regelung enthalten ist, nach der die Parteien zusätzlich die Anordnung vorläufiger Maßnahmen durch ein staatliches Gericht erwirken können.[1329]

II. Design der schiedsrichterlichen Verfahren

Das deutsche Schiedsverfahrensrecht der ZPO und die institutionellen Schiedsverfahrensordnungen regeln das Schiedsgerichtsverfahren größtenteils dispositiv und geben damit den Parteien großen Spielraum hinsichtlich des Verfahrensdesigns.[1330] Auch hier gilt: Entscheidend ist nicht allein, dass die Parteien auch das private Schiedsverfahren auf ihren Rechtsstreit maßschneidern können, sondern wie sie ihren Gestaltungsspielraum ausüben. In Anbetracht der vielzähligen Schiedsverfahrensordnungen ist es hier nicht möglich, sämtliche Detailfragen anzusprechen, geschweige denn abschließend zu beurteilen. Das Design des schiedsrichterlichen Verfahrens beschränkt sich insofern darauf, das Unternehmen dafür zu sensibilisieren,

---

1327 Auch Art. 15 Nr. 3 ICC DRB Rules regelt diesen Aspekt ausdrücklich.
1328 Vgl. Art. 26 Swiss Rules; Art. 25.1 (c) LCIA Rules; § 20.1 DIS SchiedsO. Daneben ist das Schiedsgericht auf Antrag einer Partei befugt, jedem Beklagten oder Widerbeklagten eine Sicherheitsleistung für den gesamten oder teilweisen Streitwert durch Hinterlegung oder auf jede andere Weise aufzuerlegen und die Erhaltung, Aufbewahrung oder eine Verfügung über Gegenstände anzuordnen, über die eine Partei die Kontrolle hat und die in Zusammenhang mit dem Konfliktgegenstand stehen; vgl. dazu Art. 25.1 (a) und (b) LCIA Rules.
1329 Vgl. Art. 26 Absatz 3 Swiss Rules; Art. 25.3 LCIA Rules; Art. 21 Absatz 3 AAA Rules; § 20.2 DIS SchiedsO.
1330 Auch *Böckstiegel*, in: Bachmann/Breidenbach/Coester-Waltjen/Heß/Nelle/Wolf (Hrsg.), S. 49, 54 betont diesen Gestaltungsspielraum: „Das dem Schiedsgericht einheitlich international gegebene breite Ermessen hinsichtlich der Verfahrensgestaltung wird in der Praxis der Schiedsgerichtsbarkeit von den Parteien und ihren Anwälten durch Einigungen über Verfahrensfragen und im übrigen durch die Schiedsgerichte [...]" ausgeübt.

dass es notwendig und auch sinnvoll ist, die schiedsrichterlichen Verfahren konfliktspezifisch sowie effizient zu gestalten.[1331] Anstelle eines vollumfänglichen Schiedsgerichtsverfahrens bietet es sich an, zunächst einzelne Konfliktthemen, soweit rechtlich möglich, schiedsgutachterlich feststellen zu lassen und die dann verbleibenden drittentscheidungsbedürftigen Themen in einem beschleunigten Schiedsverfahren einer endgültigen und rechtlich bindenden Streitentscheidung zuzuführen.

1. Vorgeschaltetes Schiedsgutachterverfahren

In Fällen, in denen die Parteien trotz Durchführung einer Mediation und/oder Adjudication keine endgültige und alle Konfliktthemen umfassende Beilegung ihres Konfliktes erzielen konnten, bietet es sich bei Sach- (und Rechts-)konflikten nicht an, ein formales, langandauerndes und infolgedessen personal- und kostenintensives Schiedsgerichtsverfahren durchzuführen, sondern die (verbleibenden) Konfliktthemen im Wege eines Schiedsgutachtens[1332] von einem neutralen Experten – Schiedsgutachter – entscheiden zu lassen. Das Schiedsgutachtenverfahren ist vor einem Schiedsgerichtsverfahren durchzuführen, weil es den Parteien weitestgehenden Entscheidungsspielraum überlässt. Denn der Schiedsgutachter entscheidet nicht den Konflikt insgesamt, sondern lediglich einzelne Tatsachen, Tatbestandsmerkmale oder vertragliche Leistungen des zugrundeliegenden Konflikts. Die Parteien können die Feststellungen des Schiedsgutachtens somit zur Grundlage weiterer interessenorientierter Verhandlungen machen.[1333]

Kraft Schiedsgutachtenvertrages, der anders als ein Schiedsvertrag ein materiellrechtlicher Vertrag zwischen den Parteien ist, stellt der Schiedsgutachter Tatsachen und Umstände fest, wobei auch die Begutachtung von (vertraglichen) Rechtsfragen mitumfasst sein kann.[1334] Es obliegt dabei den Parteien zu vereinbaren, ob und inwieweit die Feststellungen des Schiedsgutachters rechtlich bindend sind und eine Inhaltskontrolle auf offensichtliche Unrichtigkeit ausgeschlossen ist.[1335] Ferner ist es empfehlenswert eine Vereinbarung darüber zu treffen, dass die elementaren Schiedsverfahrensregelungen – wie die Unparteilichkeit und Unabhängigkeit der

---

1331 Weitere Hinweise und Anregungen für die effiziente Durchführung von Schiedsgerichtsverfahren geben z.B. *ICC*, Techniques for Controlling Time and Costs in Arbitration, 2007; *Karrer*, SchiedsVZ 2006, 113; *Demeyere*, SchiedsVZ 2007, 124.
1332 Eingehend zum Schiedsgutachten *Duve*, S. 414 ff.; *Stubbe*, SchiedsVZ 2006, 150 und zusammenfassend *Sachs*, in: Bachmann/Breidenbach/Coester-Waltjen/Heß/Nelle/Wolf (Hrsg.), S. 803, 806 ff.
1333 *Schoen*, S. 142.
1334 Vgl. die Beispiele aus der Rechtsprechung bei *Heinrichs* in Palandt, BGB § 317, Rdnr. 6. Siehe dazu auch *Pfeiffer*, in: Bachmann/Breidenbach/Coester-Waltjen/Heß/Nelle/Wolf (Hrsg.), S. 683, 687 und 689.
1335 Ausführlich zur rechtlichen Bindungswirkung *Stubbe*, SchiedsVZ 2006, 150, 152 ff. Nach *Gottwald* in MüKo BGB, § 319, Rdnr. 3 bedeutet allein die gebräuchliche Formulierung „endgültig und verbindlich" nicht den Ausschluss der Inhaltskontrolle nach § 319 BGB.

Schiedsrichter und die Gewährung rechtlichen Gehörs – auch für den Schiedsgutachter gelten.[1336]

Anders als ein privates Sachverständigengutachten und eine *Early Neutral Evaluation* bindet das Schiedsgutachten die Parteien und die staatlichen Gerichte.[1337] Sofern sich eine Partei auf den Schiedsgutachtervertrag im staatlichen Gerichtsverfahren beruft, ist das Gericht an die vom Schiedsgutachter festgestellten Tatsachen insoweit in seiner Entscheidung gebunden, als es diese Tatsachen nicht (ein weiteres Mal) feststellen darf.[1338]

2. Beschleunigtes Verfahren als Regel

Allein in den Fällen, in denen eine endgültige und rechtlich bindende Entscheidung eines Rechtsstreits aufgrund der Interessen der Parteien erforderlich ist, sollten sie ein privates Schiedsgerichtsverfahren durchführen. Die Beschleunigung des Schiedsgerichtsverfahrens können die Parteien durch die Vereinbarung sogenannter *fast track arbitration procedures* fördern.[1339] Dabei handelt es sich um spezielle institutionelle Schiedsregeln, welche die Dauer des Verfahrens zu beschleunigen suchen, indem der Verfahrensablauf durch eine Beschränkung der Beweismittel, eine Reduzierung der Anzahl der Schiedsrichter[1340] und der Verhandlungstage sowie die Verkürzung von Fristen verschlankt wird.[1341] Selbstredend werden derlei Verfahrensregelungen allein nicht dazu führen, dass das Schiedsgerichtsverfahren prompt durchgeführt wird und zum Abschluss gelangt. Erforderlich ist vielmehr, dass die Parteien und das Schiedsgericht willens sind, verfahrensbeschleunigend zusammenarbeiten, und

---

1336 *Schlosser* in Stein/Jonas, ZPO, vor § 1025, Rdnr. 31 beurteilt den Schiedsgutachter funktional als Schiedsrichter, wenn er – wie im Regelfall – „im Hinblick auf einen bereits entstandenen oder möglicherweise auftauchenden Rechtsstreit eingeschaltet wird". A.A. BGHZ 6, 335, 341, wonach mangels direkter oder analoger Anwendung der §§ 1025 ff. ZPO, sondern allein der §§ 317-319 BGB, der Schiedsgutachter nicht an die schiedsverfahrensrechtlichen Grundsätze gebunden ist.
1337 *Pfeiffer*, in: Bachmann/Breidenbach/Coester-Waltjen/Heß/Nelle/Wolf (Hrsg.), S. 683, 693 verweist darauf, „dass das Schiedsgutachten die Parteien anstelle einer gerichtlichen Auseinandersetzung binden soll."
1338 *Reichhold*, in Thomas/Putzo, ZPO, Vorbem § 1029 Rdnr. 5 m. w. N.
1339 Vgl. *Muller*, 15 J. of Intl.Arb. 5; kritisch *Bühring-Uhle/Kirchhoff/Scherer*, S. 87 f.
1340 Auch nach den internen Richtlinien des US-amerikanischen Unternehmens NCR ist das Schiedsgericht im Grundsatz nur mit einem Einzelschiedsrichter besetzt; vgl. dazu *Carver/Vondra*, Harv. B. Rev. 1994, 120, 125.
1341 Vgl. Commercial Arbitration and Mediation Center of the Americas, Arbitration Rules, Art. 39; WIPO Expedited Arbitration Rules; Arbitration Rules of the Stockholm Chamber of Commerce, Stockholm Rules for Expedited Arbitration; Artt. 22 ff. Oslo Rules; Art. 42 Swiss Rules. Siehe auch *Scherer*, SchiedsVZ 2005, 229 zu Art. 42 der Swiss Rules sowie *Redfern/Hunter*, Rdnr. 6-46 zu *streamlined procedures*.

„an einem Strang ziehen", das Schiedsgerichtsverfahren entsprechend den „Fast Track"-Verfahrensvereinbarungen durchzuführen.[1342]

Nach den institutionellen Schiedsordnungen sind die Regeln über das beschleunigte Verfahren die Ausnahme und bedürfen daher einer ausdrücklichen Parteivereinbarung.[1343] Für die Zwecke der Konfliktmanagementordnung des Unternehmens wird dieses Regel-Ausnahme-Prinzip umgekehrt: Die Anwendung der Regelungen über das beschleunigte Verfahren sind die Regel, die Bestimmungen über das normale Verfahren gelten nur ausnahmsweise, wenn dies zum Beispiel angesichts der Komplexität des Konflikts in tatsächlicher und rechtlicher Hinsicht, der Höhe des Streitwerts, des prognostizierten Arbeitsaufwands für die Durchführung des Verfahrens oder der grenzüberschreitenden Anknüpfung des Konflikts notwendig ist. Die ausnahmsweise Nicht-Durchführung eines beschleunigten Verfahrens ist, sofern das Unternehmen Partei des Schiedsverfahrens ist, der Konfliktmanagementabteilung gegenüber schriftlich zu begründen.

3. Integration der interessenbasierten Konfliktbearbeitung in das Schiedsgerichtsverfahren

Während des schiedsrichterlichen Verfahrens können die Parteien jederzeit vor Erlass des Schiedsspruchs eine vergleichsweise Einigung über die Beilegung des Konflikts vereinbaren.[1344] Dass eine Vielzahl von Schiedsgerichtsverfahren nicht durch einen endgültigen und rechtlich bindenden Schiedsspruch, sondern durch einen Vergleich der Parteien endet, entspricht nicht nur Beobachtungen in der Schiedsgerichtspraxis[1345] und empirischen Studien[1346]. Es ist vielmehr Ausdruck dafür, dass die Parteien offenkundig ein Interesse daran haben, ihren Rechtsstreit autonom und konsensual beizulegen, anstatt eine rechtlich bindende und endgültige Streitentscheidung durch die Schiedsrichter zu erwirken.[1347] Die Schiedsrichter sollten vor

---

[1342] *Redfern/Hunter*, Rdnr. 6-43: „Unfortunately, it soon became clear that no [„fast track" arbitration] system would work properly unless *all* the parties and the arbitral tribunal were ready to co-operate in achieving the accelerated timetables. [...] The insuperable hurdle, with a few notable exceptions, was that in most disputes one of the parties had a positive disincentice to co-operate with an accelerated procedure."
[1343] Vgl. Art. 42 (1) Swiss Rules.
[1344] In diesem Fall beschließt das Schiedsgericht die Einstellung des Schiedsverfahrens. Auf Antrag beider Parteien nimmt das Schiedsgericht ihre Einigung in Form eines Schiedsspruchs mit vereinbartem Wortlaut zu Protokoll. Vgl. dazu Art. 26.8 Satz 1 LCIA Rules; Art. 29 Absatz 1 Satz 1 AAA Rules; § 32.2 Satz 2 DIS SchiedsO. Nach Art. 16 Oslo Rules kann das Schiedsgericht den Antrag auf Erlass eines Schiedsspruchs mit vereinbartem Wortlaut verweigern.
[1345] *Horvath*, SchiedsVZ 2005, 292, 293 mit Verweis aus *Nicklisch*, RIW 1998, 169, 171.
[1346] *Bühring-Uhle/Scherer/Kirchhoff*, S. 111.
[1347] Hier zeigt sich im Besonderen, dass (Vergleichs-)Verhandlungen der Parteien im „Schatten des Rechts" stattfinden: Für den Fall, dass die Parteien im Schiedsverfahren keinen Vergleich

diesem Hintergrund während des Schiedsverfahrens eine autonome und interessenorientierte Konfliktbeilegung durch die Parteien fördern.[1348]

Die Art und Weise der Integration einer interessenbasierten Konfliktbearbeitung in das rechtsbasierte Schiedsgerichtsverfahren wird sehr unterschiedlich beurteilt. Dies gilt insbesondere für die viel diskutierte Frage, ob ein Schiedsrichter in Personalunion als Mediator in den Vergleichsverhandlungen der Parteien agieren darf.[1349] Wiederholt werden wirtschaftliche und praktische Erwägungen angestellt, die dafür sprechen, dass ein Schiedsrichter dazu befugt ist, im selben Verfahren als Mediator tätig zu werden. Betont werden die Kosten- und Zeitersparnis, die sich daraus ergeben, dass die Parteien keinen anderen Dritten als Mediator auswählen müssen.[1350] Diese Kosten- und Zeitersparnis lässt sich allerdings gleichermaßen realisieren, wenn die Parteien, wie bereits im Rahmen des Verfahrens vor dem Adjudication-Board ausgeführt, vorab einen Mediator auswählen, der nach der Aussetzung des Schiedsverfahrens tätig wird. Dass in diesem Fall der Mediator nicht mit dem Rechtsstreit vertraut ist, ist entgegen teilweise vertretener Ansicht[1351] einer schnellen Konfliktbearbeitung ebenfalls nicht abträglich, weil der Mediator nicht über den rechtlichen Streitgegenstand, sondern die (dahinter liegenden) materiellen Interessen der Parteien zu informieren ist.[1352] Die dafür erforderliche Zeit müsste auch ein Schiedsrichter-Mediator investieren, will er seine Rolle als Mediator gewissenhaft ausüben. Ein wesentliches Argument, das gegen einen Schiedsrichter-Mediator in Personalunion spricht, wird häufig übersehen: das Schiedsverfahren als rechtsbasiertes Streitentscheidungsverfahren und die Mediation als interessenbasiertes Konsensverfahren unterscheiden sich ihrer Funktion nach grundlegend.[1353] Die sinnvolle Differenzierung der beiden Verfahren wäre aufgehoben, wenn ein Schiedsrichter auch

---

erzielen können, haben sie gleichwohl die Gewissheit, eine Beilegung ihres Rechtsstreits durch einen endgültigen und vollstreckungsfähigen Schiedsspruch zu erzielen.

1348 *Redfern/Hunter*, Rdnr. 6-46 empfehlen den Parteien in Schiedsgerichtsverfahren über einen geringen Streitwert folgende Verfahrensvereinbarung: „the arbitrator should encourage the parties to seek a mediated solution".

1349 *Berger*, 19 Arb. Int'l 403; *Horvath*, SchiedsVZ 2005, 292, 298 ff.

1350 *Horvath*, SchiedsVZ 2005, 292, 299 mit Verweis auf *Oghigian*, 20 J. of Int'l Arb. 75.

1351 *Horvath*, SchiedsVZ 2005, 292, 299: „Denn ein neutraler Dritter, der bereits mit dem Rechtsstreit vertraut ist, wird in der Regel eher dazu in der Lage sein, eine rasche und für die Parteien befriedigende Lösung des Konflikts einzugehen."

1352 Siehe ferner *Bühring-Uhle/Scherer/Kirchhoff*, S. 249 f.: „When a mediation window is conducted by a specific mediator, the two processes can still be integrated to a high degree, and the efficiency of the entire procedure improved, if the two neutrals cooperate. This can be done by allowing the mediator to observe the arbitration, e.g. by reading the most important briefs and participating as a tacit observer in preliminary meetings or even the main (evidence) hearing. The mediator would get informed about the dispute and could stand by in case the parties decide to inject a mediation attempt."

1353 *Koch*, in: Bachmann/Breidenbach/Coester-Waltjen/Heß/Nelle/Wolf (Hrsg.), S. 399, 404: „Mit der Mediation sollen gerade die Interessen der Streitparteien ermittelt und zum Ausgleich gebracht werden, die sich nicht auf rechtliche Relevanz reduzieren lassen und daher auch bei freier schiedsrichterlicher Entscheidung regelmäßig unberücksichtigt bleiben." Siehe dazu auch *Onyema*, 12 Am. Rev. of Int'l Arb. 411, 412.

als Mediator agieren würde.[1354] An der personellen Vereinigung von Schiedsrichter und Mediator im Verfahren des Arb-Med zeigt sich, dass Hybridverfahren nicht per se eine adäquate Erweiterung des Verfahrensspektrums bedeuten, sondern dass es für das Verfahrensdesign entscheidend ist, die unterschiedlichen Funktionen der Grundverfahren zu beachten, anstatt sie zu verwässern.[1355] Für die Konfliktmanagementordnung des Unternehmens folgt daraus, dass ein Mediator nicht in Personalunion als Schiedsrichter und ein Schiedsrichter nicht in Personalunion als Mediator im selben Verfahren agieren darf und eine entsprechende Verfahrensregel als zwischen den Parteien vereinbart gilt.

Gleichwohl können die Schiedsrichter auf andere Art und Weise eine interessenbasierte Konfliktbearbeitung fördern. Sofern die Parteien sie dazu ermächtigt haben, können sie anregen, verfahrensbegleitend (Vergleichs-)Verhandlungen zu führen oder eine Mediation mit dem bereits zu Beginn des Schiedsverfahrens von den Parteien ausgewählten (stand-by) Mediator durchzuführen[1356]. Nur wenn die Parteien eine entsprechende Vereinbarung getroffen haben, dürfen die Schiedsrichter auf Antrag einer Partei eine vorläufige inhaltliche Evaluierung des Rechtsstreits mitteilen[1357] oder sogar einen konkreten Vergleichsvorschlag[1358] unterbreiten, welche den Parteien als Grundlage ihrer Verhandlungen dienen können.

III. Design des Gerichtsverfahrens

Selbst wenn das staatliche Gericht das gewählte oder zwingende Forum der Streitbeilegung ist, lässt sich der Ablauf des gerichtlichen Verfahrens prozessvertraglich gestalten. Vor Klageerhebung sollten die Parteien daher im Rahmen einer weiteren Verfahrenskonferenz Verhandlungen über einen Prozessvertrag führen und im Bedarfsfall einen Mediator hinzuziehen, der die zukünftigen Prozessparteien darin unterstützt, prozessvertragliche Abreden zu vereinbaren.[1359]

1354 Ähnlich *Dendorfer*, CILS Conference Paper 2004, 10.
1355 Eingehend zur Problematik, die Rolle des Schiedsrichters und des Mediators in Personalunion auszuüben, *Bühring-Uhle/Scherer/Kirchhoff*, S. 237 ff.
1356 Ausführlich zu dieser Variante *Bühring-Uhle/Scherer/Kirchhoff*, S. 248 ff. *Dendorfer/Lack*, SchiedsVZ 2007, 195, 204 erläutern, inwieweit Mediationstechniken hilfreich für Schiedsrichter sein können.
1357 *Bühring-Uhle*, S. 193.
1358 Der Vergleichsvorschlag ist zu begründen und zu protokollieren. Vgl. dazu *Raeschke-Kessler*, 6 VJ 2002, 254; *Raeschke-Kessler*, in: Plantey/Böckstiegel/Bredow (Hrsg.), S. 255, 262.
1359 Ferner bietet es sich an, den Weg der Co-Mediation zu wählen, bei der ein mit Prozessverträgen vertrauter Rechtsanwalt gemeinsam mit einem Mediator die Parteien unterstützt und berät.

1. Prozessvertrag als zivilprozessuales Gestaltungsinstrument

Der Prozessvertrag ermöglicht den Parteien, die Entwicklung und den Ablauf des Zivilprozesses einvernehmlich zu gestalten und zu beschleunigen. Ihrer Rechtsnatur nach beinhalten Prozessverträge solche Vereinbarungen, die nach dem übereinstimmenden Willen der Parteien Wirkungen auf das Prozessrechtsverhältnis zwischen den Parteien im Erkenntnisverfahren und der Zwangsvollstreckung entfalten.[1360] Prozessverträge haben insoweit grundsätzlich verfügende Wirkung, als sie eine bestimmte Prozesslage begründen oder aufheben und somit unmittelbar der erstrebte prozessuale Erfolg eintritt.[1361] Das Gericht muss die zwischen den Parteien wirksam abgeschlossenen und zulässigen verpflichtenden[1362] Prozessvereinbarungen hingegen nur auf Einrede einer Partei beachten.[1363] Nach der Rechtsprechung können sich die (zukünftigen) Prozessparteien zu jedem prozessualen Verhalten (prozess-) vertraglich verpflichten, das möglich ist und nicht gegen ein gesetzliches Verbot oder die guten Sitten verstößt.[1364] Typisches Beispiel einer prozessvertraglichen Vereinbarung ist der Prorogationsvertrag[1365], nach dem die Zuständigkeit eines Gerichts in den Grenzen des § 38 ZPO begründet wird. Weitere Beispiele sind Vereinbarungen über die Art der Sicherheitsleistung in § 108 Absatz 1 Satz 2 ZPO, die Abkürzung von Fristen in § 224 Absatz 1 ZPO und die Einigung auf einen bestimmten Sachverständigen in § 404 Absatz 4 ZPO. Auch die Schiedsvereinbarung in § 1029 ZPO und der Anwaltsvergleich in § 794 a ZPO sind als prozessvertragliche Vereinbarungen zu qualifizieren.

Während demnach Prozessverträge über die Klage-[1366] und Rechtsmittelrücknahme[1367] und deren Verzicht[1368] sowie über die Nichtdurchführung eines Urkundenprozesses, die Verwendung von Beweismitteln, die Beweislast und über den Verzicht auf Klagezulässigkeitsrügen grundsätzlich zulässig sind[1369], ist ein Pro-

---

1360 *Schilken*, ZPO, Rdnr. 167.
1361 *Rosenberg/Schwab/Gottwald*, § 66 II 1.; *Wagner*, S. 219 ff.
1362 Zur Unterscheidung zwischen verfügenden und verpflichtenden Prozessverträgen siehe *Schwab*, in: Prütting (Hrsg.), S. 503, 509 ff.; kritisch demgegenüber *Wagner*, S. 35 ff., 219 ff.
1363 *Teubner/Künzel*, MDR 1988, 720, 726.
1364 BGHZ 28, 45, 48 f.; 38, 254, 258; BGH, NJW 1982, 2072, 2073; 1986, 198.
1365 Vgl. dazu *Rosenberg/Schwab/Gottwald*, § 37 I; *Gottwald*, in: Henrich (Hrsg.), S. 89; *Pfeiffer*, in: Geimer (Hrsg.), S. 671; *Ehrike*, ZZP 111, 145; *Fischer*, MDR 2000, 682.
1366 Zur Zulässigkeit der außergerichtlichen Vereinbarung über die Klagerücknahme siehe *BGH*, NJW-RR 1987, 307.
1367 BGH, NJW-RR 1987, 307.
1368 Zum Klageverzicht: BGH, FamRZ 1982, 784; BAG, BB 1985, 1071; zum Rechtsmittelverzicht: BGHZ 109, 28; *LG Braunschweig*, MDR 2001, 1009. Nach BGHZ 28, 45, 48 ist der Vertrag über den Rechtsmittelverzicht kein prozessrechtlicher, sondern ein materiellrechtlicher Vertrag.
1369 Vgl. *Hartmann* in *Baumbach/Lauterbach/Albers/Hartmann*, ZPO, Grdz. § 128 Rdnr. 49 mit weiteren Beispielen.

zessvertrag indes unzulässig, wenn er in die Justizhoheit oder in gesetzlich geregelte Tätigkeit der Staatsorgane eingreift.[1370]

a) Parteivereinbarung über die Kostentragung

Da die Parteien prozessvertraglich die Kostentragung vereinbaren können, ist es sinnvoll zu untersuchen, welche Regelung die Durchführung alternativer Konfliktbearbeitungsverfahren fördert.[1371] An dieser Stelle ist zu berücksichtigen, dass aussergerichtliche Vergleichsangebote sowohl die erwarteten Kosten der (schieds-) gerichtlichen Prozessführung, als auch den antizipierten Ausgang des (Schieds-) Gerichtsverfahrens einkalkulieren.[1372] Je nach Risikoverhalten der Parteien prozessieren oder vergleichen sich die Parteien eher.[1373] Nach der im deutschen Zivilprozessrecht geltenden Grundregel, nach der die unterlegene Partei die gesamten Gerichtskosten, ihre eigenen außergerichtlichen und die erstattungsfähigen außergerichtlichen Kosten der obsiegenden Partei trägt[1374], ist unter risikoaversen Parteien ein außergerichtlicher Vergleich empirisch wahrscheinlicher als die Durchführung eines Gerichtsverfahrens, während unter risikoneutralen Parteien ein Gerichtsverfahren wahrscheinlicher ist als der Abschluss eines außergerichtlichen (Verhandlungs- oder ADR-) Vergleichs.[1375] Die Ursache dafür liegt in dem Verhältnis zwischen Streitwert und dem Wert des Prozesskostenrisikos. Bei einem Streitwert von 50.000 Euro beläuft sich das Prozesskostenrisiko in zwei Instanzen auf 16.958 Euro – die nach zwei Instanzen unterlegene Partei muss also zusätzlich zu den gegen sie ausgeurteilten 50.000 Euro weitere 16.958 Euro an Gerichtskosten, eigenen Anwaltskosten und den erstattungsfähigen Anwaltskosten der obsiegenden Partei zahlen. Daraus folgt, dass sich eine prozessvertragliche Vereinbarung empfiehlt, nach der jede Partei unabhängig vom Ausgang des Gerichtsverfahrens ihre eigenen Anwalts- und sonstigen außergerichtlichen Kosten trägt.

Sofern allerdings dem Gerichtsverfahren ein ADR-Verfahren vorausgegangen ist, sollte von einer derartigen Kostenvereinbarung abgesehen werden, damit das hohe gerichtliche Prozesskostenrisiko einen Anreiz für den Abschluss eines ADR-Vergleichs schafft. Ergänzend können die Parteien eine Vereinbarung über die Verlagerung der Kostentragungspflicht in Anlehnung an *Rule 68* der US-amerikanischen *Federal Rules of Civil Procedure* treffen. Nach dieser Regelung

---

1370 BGH, NJW 2001, 2551.
1371 Ausführlich zum Vergleich zwischen der American und English Rule aus ökonomischer Betrachtung siehe *Micelli*, S. 167 ff.
1372 Vgl. *Parisi*, in: Parisi (Ed.), S. xxii: „Settlements are a function both of litigation costs and the stakes of the dispute. Since settlement offers incorporate expected litigation costs, procedural measures intended to reduce litigation costs might actually increase the total costs of legal-dispute resolution by making trials relatively more attractive."
1373 *Micelli*, S. 169 f.
1374 Vgl. § 91 Absatz 1 Satz 1 ZPO.
1375 *Coursey/Stanley*, 8 Int'l Rev. L. & Eco. 161.

muss der Kläger, der ein außergerichtliches Vergleichsangebot des Beklagten abgelehnt hat, für den Fall, dass er im anschließenden Zivilprozess weniger zugesprochen bekommt als nach dem abgelehnten Vergleich, dem Beklagten dessen Gerichtskostenanteil erstatten.[1376] Diese Regelung fördert in den USA die außergerichtliche Vergleichsquote.[1377] Anstatt die Regelung auf den Kläger zu beschränken, bietet sich für den Fall, dass eine Partei einem außergerichtlichen Vergleich widerspricht oder die gerichtliche Überprüfung eines außergerichtlichen Vergleichs herbeiführt, folgende Aufteilung der Kosten des Rechtsstreits an: Bestätigt die gerichtliche Entscheidung den Inhalt des ADR-Vergleichs, trägt der Kläger die Kosten des Rechtsstreits in vollem Umfang oder zumindest zu den Teilen, zu denen die gerichtliche Entscheidung von dem außergerichtlichen Vergleich abweicht.[1378] Letzteres gilt auch, wenn der Kläger im streitigen Verfahren obsiegt. Er ist in diesen Fällen materiellrechtlich verpflichtet, dem Beklagten die Kosten des Rechtsstreits (anteiligig) zu erstatten bzw. ihn von dem prozessualen Kostenerstattungsanspruch zu befreien.[1379] Für den Fall, dass beispielsweise eine Partei im Anschluss an die Adjudication ein (schieds-)gerichtliches Verfahren zur endgültigen und rechtlich bindenden Entscheidung des Streitgegenstands einleitet und in dem Schiedsspruch bzw. Urteil weniger als in der Entscheidung des Adjudication-Boards zugesprochen bekommt, gilt zwischen den Parteien vereinbart, dass sie zumindest anteilig die von der anderen Partei zu tragenden Kosten des Rechtsstreits trägt.

b) Einbeziehung von gerichtsnahen ADR-Programmen in Gerichtsstandsvereinbarungen

Mittlerweile existieren in den Bezirken der ordentlichen Gerichtsbarkeit zahlreiche Projekte, welche die gerichtsnahe oder gerichtsangebundene Durchführung von Mediationen in bürgerlich-rechtlichen Streitigkeiten zum Gegenstand haben.[1380] Diese Gerichtsprojekte lassen sich in das Konfliktmanagementsystem dergestalt integrieren, als die Parteien in einer Gerichtsstandsvereinbarung als örtlich zuständiges Gericht ein solches wählen, an dem ein gerichtsnahes Mediationsprogramm institutionalisiert ist.

1376 Teilweise sogar auch die Rechtsanwaltskosten; siehe dazu ausführlich *Micelli*, S. 170 ff.
1377 Vgl. *Coursey/Stanley*, 8 Int'l Rev. L. & Eco. 161. Siehe Mankowski, ZKM 2004, 8, 9 ff. zu kostenrechtlichen Mediationsanreizen nach der ZPO.
1378 Eine vergleichbare Regelung beinhaltet die mehrstufige ADR Vereinbarung zwischen der belgischen Ion Beam Applications, S.A. und der amerikanischen C.T.I. PET Systems Inc.; siehe dazu *CPR (Ed.)*, 8 Alternatives 80, 81.
1379 Kostentragungsvereinbarungen sind grundsätzlich zulässig, vgl. nur Zöller, ZPO, vor § 91 Rdnr. 14. Siehe ferner *Althammer*, JZ 2006, 69, 73 ff. zu „mediationsfreundlichen" Kostensanktionen nach der ZPO.
1380 Eingehende Analyse von verschiedenen, abgeschlossenen Modellprojekten bei *Greger* und *Spindler*.

2. Prozessführungsbudgets

Auf eine kosteneffizientere Gestaltung der Prozessführung zielt die Budgetierung der Ressourcen für die Durchführung eines (Schieds-)Gerichtsverfahrens ab.[1381] Der Einsatz von Prozessführungsbudgets in deutschen Unternehmen zeichnet ein widersprüchliches Bild der Kostensensibilität. Während jedes zweite Unternehmen nur bedingt zufrieden bzw. unzufrieden mit den Kosten der Durchführung eines Zivilprozesses ist[1382], sieht jedes dritte Unternehmen keinen Bedarf, ihre Rechtsabteilung effizienter zu gestalten[1383]. Gleichwohl wenden sieben von zehn deutschen Unternehmen nach eigener Aussage Kostenbudgets in ihren Rechtsabteilungen an.[1384] Das legt die Vermutung nahe, dass die hohen Kosten eines Gerichtsverfahrens hingenommen und in den Budgets berücksichtigt werden, ohne kreativ nach kostenreduzierenden Wegen der Prozessführung zu suchen.

Anhand einer umfassenden Fallanalyse werden die für die Prozessführung erforderlichen Kosten des Unternehmens prognostiziert. Diese Kosten beinhalten die Ressourcen für die Rechtsabteilung des Unternehmens und die externen Rechtsanwälte. Ihre Kalkulation erlaubt es, den Verlauf der Prozessführung kostenmäßig transparent zu machen und die prognostizierten mit den tatsächlichen Kosten zu vergleichen. Prozessführungsbudgets sind folglich ein Instrument zur Bilanzierung der mit der gerichtlichen Streitbeilegung verbundenen Ausgaben.

1381 Eine ausführliche, rechtsvergleichende Darstellung findet sich bei *Schoen*, S. 202 ff.
1382 *Schoen*, S. 81.
1383 *Schoen*, S. 200.
1384 *Schoen*, S. 205.

Kapitel 7
Ausblick: Von der Theorie zur Praxis des Systemdesigns in Deutschland?

Zum Ende dieser Arbeit ändert sich die Perspektive der Betrachtung. Während bis hier hin das Systemdesign aus der Sicht eines einzelnen Unternehmens theoretisch hergeleitet, in der Landschaft der Konfliktbehandlung verortet sowie auf seine unternehmensindividuelle Realisierung hin analysiert worden ist, bildet nunmehr folgende Frage perspektivisch den Ausgangspunkt: Wird das Systemdesign den Weg von der Theorie in die Praxis deutscher Unternehmen finden? Das Potential des Systemdesigns als Konfliktmanagementansatz von Unternehmen in Deutschland ist abschließend kritisch zu prognostizieren.

„Eine Theorie, die nicht praktisch im Leben Anwendung finden kann, ist wertlose Gedankenakrobatik." Dieses Zitat von *Swami Vivekananda* bildet den – zugegebenerweise ehrgeizigen – Maßstab für den folgenden Ausblick dieser wissenschaftlichen Untersuchung. Wie diese Arbeit zu Beginn herausgearbeitet hat, ist das gegenwärtige Konfliktmanagement von Unternehmen aus theoretischer und praktischer Sicht dysfunktional. Es ist ganz überwiegend beschränkt auf rechtsbasierte Verfahren der Streitbeilegung vor staatlichen Gerichten und privaten Schiedsgerichten, obwohl Unternehmen interessenbasierte Verfahren, namentlich das Verhandeln und die Mediation präferieren. Jedenfalls im Hinblick auf die mangelhafte Funktionalität des derzeitigen Konfliktmanagements stimmen Theorie und Praxis überein.

Das in dieser Arbeit vorgestellte Konzept des Systemdesigns eignet sich, diesen Status quo schrittweise zu optimieren und unternehmensindividuell ein integriertes Konfliktmanagementsystem zu entwickeln. Das Systemdesign basiert theoretisch auf einer Logik, die im Rahmen dieser Untersuchung hergeleitet worden ist: Wenn Konflikte aufgrund ihrer Alltäglichkeit, Vielschichtigkeit und Wechselwirkungen ein hohes Maß an Komplexität aufweisen, dann müssen sie auch auf entsprechend vielfältige und komplexe Art und Weise bearbeitet werden. Und wenn Konflikte aus einer gemeinsamen Interaktion von Parteien resultieren, dann sollte auch das Konfliktmanagement eine gemeinsame Aktion dieser Parteien sein.

Die Logik des Systemdesigns beinhaltet darauf aufbauend zwei Grundannahmen. Erstens: ein Konflikt ist kein Entscheidungs-, sondern ein Gestaltungsgegenstand. Die Parteien selbst können Konflikte aktiv und ihren Interessen entsprechend gestalten. Dieser Aspekt der Systemdesigntheorie findet auch im Zivilprozess in der Dispositionsmaxime seine praktische Anwendung: Die Parteien können über den Streitgegenstand und insofern über den Gang und Inhalt des Gerichtsverfahrens verfügen. Wesentlicher für die Zukunft des Systemdesigns in Deutschland ist die zweite Grundannahme der Logik des Systemdesigns: Die Parteien erkennen ihren Gestaltungsspielraum im Konflikt und nehmen ihn kreativ und kooperativ wahr, indem sie das verfügbare Spektrum an rechts- und interessenbasierten Verfahren der Konfliktbearbeitung ausschöpfen sowie mit streitpräventiven Instrumenten und systemunterstützenden Maßnahmen und Strukturen verknüpfen. Nach dieser Logik des Systemdesigns begreifen die Parteien das Konfliktmanagement als System, dessen Module und Komponenten sie flexibel und konfliktspezifisch zur Gestaltung ihrer individuellen Konflikte einsetzen.

Das Systemdesign wird zukünftig nur dann in Deutschland von Unternehmen angewendet werden, wenn diese Logik des Systemdesigns nicht nur akzeptiert, sondern praktiziert wird. Anderenfalls verbleibt es auf der theoretischen Ebene der wissenschaftlichen „Gedankenakrobatik". Hier vergegenwärtigt sich die aktuelle Diskrepanz zwischen der Theorie und Praxis des Systemdesigns, die anhand folgender Überlegungen überwunden werden kann. Bislang praktizieren Unternehmen in Deutschland (noch) kein Systemdesign im vorbeschriebenen Sinne, wenngleich es erste, im Rahmen dieser Arbeit beschriebene Initiativen in deutschen Unternehmen gibt, ihr Konfliktmanagement zumindest zu systematisieren. Zwei Ursachen sind hierfür verantwortlich, die auch schon im Rahmen der Analyse von unternehmensinternen Barrieren gegen ein Systemdesignprojekt identifiziert worden sind: mangelnde Kenntnis und mangelnde Bereitschaft der Konfliktparteien. Die vorliegende Arbeit vermag einen Beitrag dazu leisten, über die Theorie des Systemdesigns zu informieren. Die Bereitschaft unter den Parteien zu fördern, Systemdesign auch zu praktizieren, kann indes nur gelingen, wenn zwei Voraussetzungen kumulativ vorliegen: Die Parteien müssen die Logik des Systemdesigns einerseits verstehen und andererseits befähigt sein, Systemdesign in ihrer Praxis zu betreiben.

Die praktische Herausforderung liegt darin, dass das Systemdesign, wie das Konfliktmanagement allgemein, eine gemeinsame Aktion der Konfliktparteien erfordert. Diesbezüglich genießt der Zivilprozess, das hat diese Untersuchung gezeigt, einen nicht zu unterschätzenden Wettbewerbsvorteil gegenüber den außergerichtlichen Verfahren: Mit Erhebung der Klage wird – unabhängig vom Willen des Konfliktgegners – ein Prozessrechtsverhältnis begründet. Die Partei kann die andere Partei umgangssprachlich „vor Gericht ziehen". Daraus folgen zwei Bedingungen, die für die Etablierung des Systemdesigns in der Konfliktmanagementpraxis von deutschen Unternehmen konstitutiv sind: eine konzertierte Aktion aller am Konfliktmanagement Beteiligten und die Gewährleistung von Rahmenbedingungen für einen fairen Wettbewerb der um die Bearbeitung von Konflikten konkurrierenden gerichtlichen und außergerichtlichen Verfahren.

Die in dieser Arbeit herausgearbeiteten Erkenntnisse über die Notwendigkeit einer gemeinsamen Initiative des Systemdesigns können auch hier nutzbar gemacht werden. Plädiert wird insofern für eine duale Vorgehensweise, die sich daran orientiert, dass ein Unternehmen sowohl Anbieter als auch Nachfrager eines integrierten Konfliktmanagementsystems ist. Demzufolge sind auch alle Anbieter und Nachfrager von Konfliktmanagement(dienst)leistungen einzubeziehen. Auf Anbieterseite sind dies neben den Gerichten als staatliche Streitentscheidungsinstitution die zahlreichen privaten Organisationen, welche die Durchführung von außergerichtlichen Konfliktbearbeitungsverfahren anbieten und administrieren. Hinzu kommen als Dienstleister in Rechtsstreitigkeiten die Rechtsanwälte, Rechtsschutzversicherungen und Prozessfinanzierer. Auf Nachfragerseite sind Unternehmen und Verbraucher als Konfliktparteien zu unterscheiden, wie die unterschiedlichen unternehmensinternen und -externen Konflikte von Unternehmen veranschaulicht haben. Und in den Unternehmen sind all die Funktionseinheiten und -träger zu berücksichtigen, die am Konfliktmanagement im weitesten Sinne beteiligt sind: Syndikusanwälte, Claim-Manager, Projektmanager, Einkäufer und andere operative Manager bis hin zur Leitung des Unternehmens.

Berücksichtigt man, dass all diese Beteiligten eigene und – entscheidender – voneinander divergierende Interessen im Hinblick auf das Managen von Konflikten haben, so gilt im Hinblick auf die Etablierung des Systemdesigns in Deutschland dasselbe, was für die Konfliktbearbeitung allgemein gilt: Erfolgsversprechend, wenn nicht gar notwendig ist es, ein Forum zu schaffen, in dem ein Ausgleich dieser widerstreitenden Interessen erzielt werden kann. Als solches bieten sich aus Unternehmenssicht zunächst die verschiedenen Unternehmensverbände an, weil sie ein übergeordnetes und damit neutrales Forum bieten und inhaltlich auf die Verfolgung der gemeinsamen Interessen der Verbandsmitglieder – der einzelnen Unternehmen – gerichtet sind. Zudem können die Unternehmen mit ihren Partnern eine gemeinsame Initiative starten und ihre Partnerschaft auch und gerade auf das Managen gemeinsamer Konflikte ausrichten. Auf diese Weise entsteht eine Nachfrage, welche die Anbieter von Konfliktmanagementdienstleistungen – Gerichte, private Institutionen, Rechtsanwälte etc. – im Wettbewerb zu erfüllen suchen.

Im Hinblick auf die Rahmenbedingungen des Wettbewerbs der gerichtlichen und außergerichtlichen Konfliktbearbeitungsverfahren – und ihrer Anbieter – ist es ferner erforderlich, dass kein marktbeherrschendes Verfahren seine Marktmacht zu lasten seiner Mitbewerber und seiner Nachfrager ausnutzt. Mit anderen Worten: rechtspolitisch dürfen und müssen Rahmenbedingungen geschaffen werden, welche die derzeitige Monopolstellung des Gerichtsverfahrens gegenüber außergerichtlichen Verfahren mit Drittbeteiligung, insbesondere der Mediation, beseitigt und damit die im Zivilprozess geltende Dispositionsmaxime der Parteien umfassend zur Geltung bringt. Änderungen der zivilprozessualen Kostentragungsregelungen haben sich diesbezüglich in den USA und England als äußerst wirksamer Hebel erwiesen, die Auswahl unter den gerichtlichen und außergerichtlichen Verfahren nicht den Richtern und Rechtsanwälten zu überantworten, sondern autonom den Parteien.

Schließlich bedarf es der Befähigung der Parteien, die Logik des Systemdesigns in ihrer Konfliktmanagementpraxis anzuwenden. Das in dieser Arbeit entwickelte Modell eines integrierten Konfliktmanagementsystems und eines Systemdesignprozesses hat hierfür eine erste Grundlage geschaffen, die im Idealfall einen Impuls für die weitere theoretische und praktische Diskussion liefern wird. Das Systemdesign hat ausblickend das Potential, sich als Ansatz zur Optimierung des Konfliktmanagements in Deutschland zu etablieren. Die damit verbundene „Gedankenakrobatik" ist für Unternehmen lohnenswert.

Literaturverzeichnis

Abramson, Harold I., Time to try Mediation of International Commercial Disputes, 4 ILSA Journal of International & Comparative Law 323, (1998)

Adams, Michael, Eine wohlfahrtstheoretische Analyse des Zivilprozesses und der Rechtsschutzversicherungen, Zeitschrift für Schweizerisches Recht 1983, 187

Adler, James N., Drafting ADR Programs: Management-Integrated Conflict Management Systems, in: Brand, Norman (Ed.), How ADR Works, Washington, D.C., 2002, S. 791

Albrecht, Britta, Mediation im Arbeitsrecht, Frankfurt am Main, 2001

Alexander, Nadja Marie, Wirtschaftsmediation in Deutschland – Möglichkeiten anhand internationaler, insbesondere australischer Erfahrungen, Tübingen, 1998

Althammer, Christoph, Mediation als prozessuale Last, Juristenzeitung 2006, 69

Altmann, Gerhard/Fiebiger, Heinrich/Müller, Rolf, Mediation – Konfliktmanagement für moderne Unternehmen, 3. Auflage, Weinheim, Basel, 2005

American Arbitration Association, Dispute Wise-Management™: Improving Economic and Non-Economic Outcomes in Managing Business Conflicts, New York, 2003

Anderson, Jonathan F. / Bingham, Lisa, Upstream Effects From Mediation of Workplace Disputes: Some Preliminary Evidence from the USPS, 48 Labor Law Journal 601 (1997)

Bachmann, Birgit /Breidenbach, Stephan /Coester-Waltjen, Dagmar /Heß, Burkhard /Nelle, Andreas /Wolf, Christian (Hrsg.), Grenzüberschreitungen. Beiträge zum Internationalen Verfahrensrecht und zur Schiedsgerichtsbarkeit. Festschrift für Peter Schlosser zum 70. Geburtstag, Tübingen, 2005

Batt, Rosemary /Colvin, Alexander J. S./Keefe, Jeffrey, Employee Voice, Human Resource Practices, and Quit Rates: Evidence from the Telecommunications Industry, 55 Industrial and Labor Relations Review 573 (2002)

Baumbach, Adolf /Lauterbach, Wolfgang/Albers, Jan/Hartmann, Peter, Zivilprozeßordnung mit Gerichtsverfassungsgesetz und anderen Nebengesetzen, 64. Auflage, München, 2006

Becker, Friedwart A./Horn, Claus-Henrik, Notwendige Regelungen eines deutschen Mediationsgesetzes, SchiedsVZ 2006, 270

Bedmann, William L., The Halliburton Experience, 6 ADR Currents 20 (2001/2002)

Bendersky, Corinne, Culture: The Missing Link in Dispute Systems Design, 14 Negotiation Journal 307 (1998)

Berger, Klaus Peter, Neuverhandlungs-, Revisions- und Sprechklauseln im internationalen Wirtschaftsvertragsrecht, Recht der internationalen Wirtschaft 2000, 1

ders., Integration of Mediation Elements into Arbitration, 19 Arbitration International 403 (2003)

ders., Rechtsprobleme von Eskalationsklauseln, in: Bachmann, Birgit /Breidenbach, Stephan/ Coester-Waltjen, Dagmar /Heß, Burkhard /Nelle, Andreas/Wolf, Christian (Hrsg.), Grenzüberschreitungen. Beiträge zum internationalen Verfahrensrecht und zur Schiedsgerichtsbarkeit. Festschrift für Peter Schlosser zum 70. Geburtstag, Tübingen, 2005, S. 19

Bingham, Lisa B./Nabatchi, Tina, Dispute System Design in Organizations, in: Pammer, William J. Jr./Killian, Jerri (Eds.), Handbook of Conflict Management, New York, Basel, 2003, S. 105

Birner, Marieta, Das Multi-Door Courthouse, Köln, 2003

Blankenburg, Erhard, Rechtshilfebedürfnis und Rechtsberatung – Theoretische Überlegungen zur rechtspolitischen Diskussion in der Bundesrepublik Deutschland, in: Blankenburg, Erhard/

Kaupen, Wolfgang (Hrsg.), Rechtsbedürfnis und Rechtshilfe. Empirische Ansätze im internationalen Vergleich, Opladen, 1978, S. 231

Blankenburg, Erhard, Droht die Überforderung der Rechtspflege?, Zeitschrift für Rechtspolitik 1992, 96

Blankenburg, Erhard/Gottwald, Walther/Strempel, Dieter (Hrsg.), Alternativen in der Ziviljustiz – Berichte, Analysen, Perspektiven, Köln, 1982

Blankenburg, Erhard/Kaupen, Wolfgang, Rechtsbedürfnis und Rechtshilfe, Jahrbuch der Rechtssoziologie und Rechtstheorie, Band 5, Opladen, 1978

Blankenburg, Erhard/Klausa, Ekkehard/Rottleuthner, Hubert, Vorwort der Herausgeber, in: Blankenburg, Erhard/Klausa, Ekkehard/Rottleuthner, Hubert (Hrsg.), Alternative Rechtsformen und Alternativen zum Recht, Opladen, 1980, S. 7

Blessing, Marc, Die LCIA Rules – aus der Sicht des Praktikers, Zeitschrift für Schiedsverfahren 2003, 198

Böckstiegel, Karl-Heinz, Schlichten statt Richten – Möglichkeiten und Wege außergerichtlicher Streitbeilegung, Deutsche Richter Zeitung 1996, 267

der., Die Internationalisierung der Schiedsgerichtsbarkeit, in: Bachmann, Birgit/Breidenbach, Stephan/Coester-Waltjen, Dagmar/Heß, Burkhard/Nelle, Andreas/Wolf, Christian (Hrsg.), Grenzüberschreitungen. Beiträge zum Internationalen Verfahrensrecht und zur Schiedsgerichtsbarkeit. Festschrift für Peter Schlosser zum 70. Geburtstag, Tübingen, 2005, S. 49

Bodine, Neil, Innovative ADR Provisions in Collective Bargaining Agreements, in: Brand, Norman (Ed.), How ADR Works, Washington, D.C., 2003, S. 877

Bosshard, Karl, Konflikt und Konfliktmessung im Unternehmen, München, 1988

Boulding, Kenneth E., Preface to a special issue, 4 Journal of Conflict Resolution 409 (1968)

Brand, Norman (Ed.), How ADR Works, Washington, D.C., 2003

Brazil, Wayne D./Kahn, Michael A./Newman, Jeffrey P./Gold, Judith Z., Early Neutral Evaluation: An Experimental Effort to Expedite Dispute Resolution, 69 Judicature 269 (1986)

Breidenbach, Stephan, Mediation – Struktur, Chancen und Risiken von Vermittlung im Konflikt, Köln, 1995

ders., Mediation – Komplementäre Konfliktbehandlung durch Vermittlung, in: Breidenbach, Stephan/Henssler, Martin (Hrsg.), Mediation für Juristen – Konfliktbehandlung ohne gerichtliche Entscheidung, Köln, 1997, S. 1

ders., Außergerichtliche Streiterledigung – Sinn und Zusammenspiel mit den Gerichtsverfahren, in: Gottwald, Peter (Hrsg.), Aktuelle Entwicklungen des europäischen und internationalen Zivilverfahrensrechts, Veröffentlichungen der Wissenschaftlichen Vereinigung für Internationales Verfahrensrecht e.V., Band 14, Bielefeld, 2002, S. 117

ders./Falk, Gerhard, Einführung in Mediation, in: Falk, Gerhard/Heintel, Peter/Krainz, Ewald E. (Hrsg.), Handbuch Mediation und Konfliktmanagement, Wiesbaden, 2005, S. 259

Brett, Jeanne M./Barsness, Zoe I./Goldberg, Stephen B., The Effectiveness of Mediation: An Independent Analysis of Cases Handled by Four Major Service Providers, 12 Negotiation Journal 259 (1996)

dies./Goldberg, Stephen B., Grievance mediation in the coal industry: A field experiment, 37 Industrial and Labor Relations Review 49 (1983)

Brieske, Rembert, Haftungs- und Honorarfragen in der Mediation, in: Henssler, Martin / Koch, Ludwig (Hrsg.), Mediation in der Anwaltspraxis, 2. Auflage, Bonn, 2004, S. 271

Bromann, Peter/Piwinger, Manfred, Gestaltung der Unternehmenskultur: Strategie und Kommunikation, Stuttgart, 1992

Brown, Douglas Max, Rush Hospital's Medical Malpractice Mediation Program: An ADR Success Story, 86 Illinois Bar Journal 432 (1998)

Budde, Andrea, Mediation in Wirtschaft und Arbeitswelt, in: Strempel, Dieter (Hrsg.), Mediation für die Praxis: Recht, Verfahren, Trends, Berlin, Freiburg, 1998, S. 99

dies., Betriebliche Konfliktbearbeitung, Konsens 1999, 31

dies., Mediation im Arbeitsrecht, in: Henssler, Martin/Koch, Ludwig (Hrsg.), Mediation in der Anwaltspraxis, Bonn, 2000, § 15

dies., Mediation und Arbeitsrecht, Berlin, 2003

Bühring-Uhle, Christian, Alternative Streitbeilegung in Handelssachen, in: Gottwald, Walther/Strempel, Dieter (Hrsg.), Streitschlichtung. Rechtsvergleichende Beiträge zur außergerichtlichen Streitbeilegung, Köln, 1995, S. 59

ders., Arbitration and Mediation in International Business – Designing Procedures for Effective Conflict Management, The Hague, 1996

ders. /Kirchhoff, Lars /Scherer, Gabriele, Arbitration and Mediation in International Business – Designing Procedures for Effective Conflict Management, 2nd Edition, The Hague, 2006

Burger, Warren, "Isn't there a better way?" 60 American Bar Association Journal 274 (1982)

Bush, Richard F. II, Designing Effective Conflict Management Systems, 27 Colorado Lawyer 63 (1998)

Bush, Robert A. Baruch, Defining Quality in Dispute Resolution: Taxonomies and Anti-Taxonomies of Quality Arguments, 66 Denver University Law Review 335 (1989)

Carr, Frank, How to Design a Dispute Resolution Program, 12 Alternatives to the High Cost of Litigation 36 (1994)

Carter, Stephanie, The Importance of Party Buy-In in Designing Organizational Conflict Management Systems, 17 Mediation Quarterly 61 (1999)

Carver, Todd B./Vondra, Albert A., Alternative Dispute Resolution: Why It Doesn't Work and Why It Does, Harvard Business Review 1994, 120

Cavenagh, Thomas D., Business Dispute Resolution, Cincinnati, 1999

Chaykin, Arthur, Establishing a Corporate ADR Program by Understanding Conflict Avoidance and Resistance to Change, Presentation Materials for The Conference Board's Program entitled "Institutionalizing ADR – Techniques for Mainstreaming ADR in Your Organization", May 24-25, 1994 (unveröffentlicht)

Chinkin, Christina/Sadurska, Romana, The Anatomy Of International Dispute Resolution, 7 Ohio State Journal on Dispute Resolution 39 (1991)

Costantino, Cathy A./Merchant, Christina Sickles, Designing Conflict Management Systems – A Guide to Creating Productive and Healthy Organizations, San Francisco, 1996

Costello, Edward J. Jr., Controlling Conflict: ADR for Business, Chicago, 1996

Coursey, Don L./Stanley, Linda R., Pretrial bargaining behavior within the shadow of the law: Theory and experimental evidence, 8 International Review of Law and Economics 161 (1988)

CPR (Ed.), Corporate Dispute Management, New York, 1982

ders., Cyclotron Plan Prompts 5-Step ADR Clause: Features Minitrial, CPR Panel, Cost Shifting, 8 Alternatives to the High Cost of Litigation 80 (1990)

ders., Home Insurance Pushes ADR Plan, 9 Alternatives to the High Cost of Litigation 33 (1991) *ders.,* Aided By A Private ADR Provider, Deere & Co. Mediates PL Cases – And Resolves Nearly 75%, 9 Alternatives to the High Cost of Litigation 35 (1991)

ders, NYC Sets Contract-ADR Plan, Scheme Is Multistep, Binding, 9 Alternatives to the High Cost of Litigation 50 (1991)

ders., A Methodology for Designing ADR Procedures, 9 Alternatives to the High Cost of Litigation 161 (1991)

ders., Motorola Tries Moving ADR To The Next Stage, 10 Alternatives to the High Cost of Litigation 29 (1992)

ders., CPR Legal Program Midyear Meeting, 11 Alternatives to the High Cost of Litigation 58 (1993)

ders., Drafting Dispute Resolution Clauses, New York, 1994

ders., Proceedings, 15 Alternatives to the High Cost of Litigation 59 (1997)

ders., Briefs: Survey # 1: ADR Use Is Rising, 15 Alternatives to the High Cost of Litigation 85 (1997)

ders., ADR in Industries and Practice Areas, New York, 1998

ders., How Companies Manage Employment Disputes: A Compendium of Leading Corporate Employment Programs, New York, 2002

Cronin-Harris, Catherine, ADR and Beyond: Mainstreaming: Systematizing Corporate Use of ADR, 59 Albany Law Review 847 (1996)

dies., Building ADR into the Corporate Law Department: ADR Systems Design, New York, 1997

Culler, Kathleen M., ADR – The Travelers Experience, in: Fine, Erika S./Plapinger, Elizabeth S. (Eds.), Containing Legal Costs: ADR Strategies for Corporations, Law Firms, and Government: innovative strategies for case management, early settlement, and dispute resolution, New York, 1988, S. 189

Dahrendorf, Ralf, Pfade aus Utopia: Arbeiten zur Theorie und Methode der Soziologie, 2. Auflage, München, Zürich, 1986

Dauer, Edward A., Preface, in: CPR (Ed.), Corporate Dispute Management, New York, 1982, S. I

ders., An R&D Agenda for Preventive Law, in: Fine, Erika S./Plapinger, Elizabeth S. (Eds.), Containing Legal Costs: ADR Strategies for Corporations, Law Firms, and Government, New York, 1988, S. 153

ders., Manual of Dispute Resolution. ADR Law and Practice, Deerfield, New York, Rochester, 1996

De Bono, Edward, Conflicts: A better way to resolve them, London, 1985

De Dreu, Carsten/Van de Vliert, Evert, Using Conflict in Organizations, London, 1997

Demeyere, Luc, Draft Schedule for International Commercial Arbitration: Checklist, Planning, Follow-Up, Assessment, SchiedsVZ 2007, 124

Dendorfer, Renate, Konfliktprävention und Konfliktbewältigung durch unternehmensinterne Mediation – KonfliktManagementSystem, FA Spezial – Fachanwalt Arbeitsrechts 9/2000, S. 12

dies., Ja gerne – Ein Slogan wird zur Unternehmensphilosophie: Konfliktmanagement im Unternehmen Maritim, Zeitschrift für Konfliktmanagement 2001, 167

dies./Ponschab, Rainer, Mediation und Konfliktmanagement in der Arbeitswelt, in: Moll, Wilhelm (Hrsg.), Münchener Anwaltshandbuch Arbeitsrecht, 1. Auflage, München 2005; Teil Q § 77

dies./Lack, Jeremy, The Interaction Between Arbitration and Mediation: Vision vs. Reality, SchiedsVZ 2007, 195

Dieter, Anne/Montada, Leo (Hrsg.), Gerechtigkeit im Konfliktmanagement und in der Mediation, Frankfurt am Main, 2000

Dimde, Moritz, Rechtsschutzzugang und Prozessfinanzierung im Zivilprozess: eine ökonomische Analyse des Rechts, Berlin, 2003

Dress, Tobi P., International Commercial Mediation and Conciliation, 10 Loyola Los Angeles International & Comparative Law Journal 569 (1988)

Dunlop, John T./Zack, Arnold M., Mediation and Arbitration of Employment Disputes, San Francisco, 1997

Duve, Christian, Mediation und Prozeß im Vergleich – Eine Darstellung am Beispiel des Special Master in den USA, Köln, 1999

ders., Eignungskriterien für die Mediation, in: Henssler, Martin/Koch, Ludwig (Hrsg.), Mediation in der Anwaltspraxis, 2. Auflage, Bonn, 2004, § 5

ders./Eidenmüller, Horst/Hacke, Andreas, Mediation in der Wirtschaft, Köln, 2003

ders./Ponschab, Rainer, Wann empfehlen sich Mediation, Schlichtung oder Schiedsverfahren in wirtschaftsrechtlichen Streitigkeiten?, Konsens 1999, 263

ders./Prause, Matthias, Mediation und Vertraulichkeit – Der Vorentwurf einer europäischen Mediationsrichtlinie, Journal of International Dispute Resolution 2004, 126

Eckhart, Christiaan, Konfliktmanagement. Herausforderung für Projektmanager, Marburg, 2003

Edwards, Harry T., Alternative Dispute Resolution: Panacea or Anathema?, 99 Harvard Law Review 668 (1986)

Effron, Jack, Alternatives to Litigation: Factors in Choosing, 52 Modern Law Review 480 (1989)

Ehrike, Ulrich, Gerichtsstandsvereinbarungen in Allgemeinen Geschäftsbedingungen im kaufmännischen Geschäftsverkehr, Zeitschrift für Zivilprozeß 111 (1998), 145

Ehrmann, John R./Stinsor, Barbara L., Joint Fact-Finding and the Use of Technical Experts, in: Susskind, Lawrence/McKearnan, Sarah/Thomas-Larmer, Jennifer (Eds.), The Consensus Building Handbook, 1999, S. 375

Eidenmüller, Horst, Unternehmenssanierung zwischen Markt und Gesetz: Mechanismen der Unternehmensreorganisation und Kooperationspflichten im Reorganisationsrecht, Köln, 1999

ders., Prozeßrisikoanalyse, Zeitschrift für Zivilprozeß 113 (2000), 5

ders., Vertrags- und Verfahrensrecht der Wirtschaftsmediation, Köln, 2001

ders., Hybride ADR-Verfahren bei internationalen Wirtschaftskonflikten, Recht der internationalen Wirtschaft 2002, 1

ders., Verhandlungsmanagement durch Mediation, in: Henssler, Martin/Koch, Ludwig (Hrsg.), Mediation in der Anwaltspraxis, 2. Auflage, Bonn, 2004, § 2

Eiholzer, Heiner, Die Streitbeilegungsabrede: ein Beitrag zu alternativen Formen der Streitbeilegung, namentlich zur Mediation, Freiburg (Schweiz), 1998

Elcano, Mary S./Hallberlin, Cynthia J., Marketing an Employment ADR Program, 6 ADR Currents 6 (2001/2002)

Ellis, Rene Stemple/Ravindra, Geetha/Vidmar, Neil/Davis, Thomas, Toyota's Arbitration Board: A Conflict Resolution Model For Intra-Corporate Disputes, 11 Alternatives to the High Cost of Litigation 44 (1993)

Elzer, Oliver/Hawickhorst, Beate/Holldorf, Lennart/Hoßfeld, Katharina/Grabow, Michael/Saak, Gisela/Wiese, Ilona, Bericht der Arbeitsgruppe Mediation bei den Berliner Gerichten, Berlin, 2005 (unveröffentlicht, im Internet abrufbar unter http://www.kammergericht.de/Inhalt%

20Startseite/Bericht%20der%20Projektgruppe%20Mediation%20_Endfassung%20vom%2026. pdf)

Falk, Gerhard/Heintel, Peter /Krainz, Ewald E. (Hrsg.), Handbuch Mediation und Konfliktmanagement, Wiesbaden, 2005

Falke, Josef/Gessner, Volkmar, Konfliktnähe als Maßstab für gerichtliche und außergerichtliche Streitbehandlung, in: Blankenburg, Erhard/Gottwald, Walther/Strempel, Dieter (Hrsg.), Alternativen in der Ziviljustiz. Berichte, Analysen, Perspektiven, Köln, 1982, S. 289

Felstiner, William L. F./Abel, Richard/Sarat, Austin, The Emergence and Transformation of Disputes. Naming, Blaming, Claiming, 15 Law & Society Review 631 (1981)

Filley, Alan C./House, Robert J./Kerr, Steven, Managerial Process and Organizational Behavior, 2nd Edition, Glenview, 1976

Fisher, Roger /Ury, William L./Patton, Bruce, Getting to Yes, 2nd Edition, New York, 1991

Francken, Johannes Peter, Das Arbeitsgericht als Multi-Door Courthouse, NJW 2006, 1103.

Frechen, Fabian /Kochheim, Martin L., Fremdfinanzierung von Prozessen gegen Erfolgsbeteiligung, Neue Juristische Wochenschrift 2004, 1213

Freese, Erich (Hrsg.), Handwörterbuch der Organisation, 3. Auflage, Stuttgart, 1992

French, Wendell L./Bell jr., Cecil H., Organisationsentwicklung. Sozialwissenschaftliche Strategien zur Organisationsentwicklung, Bern, Stuttgart, Wien, 1994

Frey, Walter, Implementierung von Veränderungen im Geschäftsprozessmanagement: Schlüsselfaktoren für erfolgreiche Implementierung kundenorientierter Geschäftsprozesse, Zürich, 1997

Friedrich, Fabian Michael, Die Konsensvereinbarung im Zivilrecht. Ein Beitrag zu Verhandlungs-, Schlichtungs- und Mediationsvereinbarungen für ein alternatives konsensuales Streitbeilegungsverfahren, Baden-Baden, 2003

ders., Schlichtungs- und Mediationsklauseln in Allgemeinen Geschäftsbedingungen, SchiedsVZ 2007, 31

Fuller, Lon L., Mediation – Its Forms and Functions, 44 Southern California Law Review 305 (1971)

ders., The Forms and Limits of Adjudication, 92 Harvard Law Review 353 (1978)

Galanter, Marc S., Why The "Haves" Come Out Ahead: Speculations On The Limits Of Legal Chance, 9 Law & Society Review 95 (1974)

ders., Reading the Landscape of Disputes: What We Know and Don't Know (and Think We Know) About Our Allegedly Contentious and Litigious Society, 31 University of California Los Angeles Law Review 4 (1983)

ders., Worlds of Deals: Using Negotiation to Teach about Legal Processes, 34 Journal of Legal Education 268 (1984)

ders., The Day after the Litigation Explosion, 46 Maryland Law Review 3 (1986)

ders., Compared to What? Assessing the Quality of Dispute Processing, 66 Denver University Law Review xi (1989)

ders./Lande, John, Private Courts and Public Authority, 12 Studies in Law, Politics, and Society 398 (1992)

ders./Cahill, Mia, "Most Cases Settle": Judicial Promotion and Regulation of Settlements, 46 Stanford Law Review 1339 (1994)

Galbraith, Jay R./Kazanjian, Robert K., Strategy implementation: structure, systems, and process, 2nd Edition, St. Paul, 1986

Gans, Walter G., Verankerung von Mediation im Unternehmen, Zeitschrift für Konfliktmanagement 2001, 66

ders. /Stryker, David, ADR: The Siemens' Experience, 51 Dispute Resolution Journal 40 (1996)

Gaul, Hans Friedhelm, Zur Frage nach dem Zweck des Zivilprozesses, Archiv für civilistische Praxis 1968, 27

ders., Der Zweck des Zivilprozesses – ein anhaltend aktuelles Thema, in: Yildirim, Karim M. (Hrsg.), Zivilprozessrecht im Lichte der Maximen, Istanbul, 2001, S. 67

Geimer, Reinhold, Internationales Zivilprozeßrecht, 5. Auflage, Köln, 2005

Gibbs, David H., Ten Steps to Measuring the Effectiveness of ADR, 22 Alternatives to the High Cost of Litigation 17 (2004)

Gilbert, Dirk Ulrich, Konfliktmanagement in international tätigen Unternehmen: ein diskursethischer Ansatz zur Regelung von Konflikten im interkulturellen Management, Sternenfels, 1998

Gilles, Peter (Hrsg.), Effiziente Rechtsverfolgung: deutsche Landesberichte zur VIII. Weltkonferenz für Prozeßrecht in Utrecht 1987, Heidelberg, 1987

Glasl, Friedrich, Konfliktmanagement – Ein Handbuch für Führungskräfte, Beraterinnen und Berater, 8. Auflage, Bern, Stuttgart, 2004

Gläßer, Ulla/Kirchhoff, Lars, Lehrmodul 2: Interessenermittlung – Spannungsfeld zwischen Emotion und Präzision, Zeitschrift für Konfliktmanagement 2005, 130

Gleason, Sandra E. (Ed.), Workplace Dispute Resolution, Ann Arbor, 1997

Goldberg, Stephen B., The Mediation of Grievances Under a Collective Bargaining Contract: An Alternative to Arbitration, 77 Northwestern University Law Review 270 (1982)

ders./Brett, Jeanne M., The Mediation of Grievances in the Coal Industry: A Field Experiment, 37 Industrial and Labor Relations Review 49 (1983)

ders./Brett, Jeanne M./Ury, William L., In Practice: Designing an Effective Dispute Resolution System, 4 Negotiation Journal 413 (1988)

ders./Brett, Jeanne M./Ury, William L., Designing An Effective Dispute Resolution System, in: Wilkinson, John H. (Ed.), Donovan Leisure Newton & Irvine ADR Practice Book, New York, 1990, with Cummulative Supplements up to 1998, S. 38

ders./Sander, Frank E. A./Rogers, Nancy, H./Cole, Sarah R., Dispute Resolution. Negotiation, Mediation, and Other Processes, 4th Edition, Boston, Toronto, London, 2003

Goll, Ulrich, Rechtsmittelreform – Umbau oder Abbau des Rechtsstaats, BRAK-Mitteilungen 2000, 4

Gottwald, Peter, Der Schiedsvergleich und der Schiedsspruch mit vereinbartem Inhalt, in: Breidenbach, Stephan/Coester-Waltjen, Dagmar/Heß, Burkhard/Nelle, Andreas/Wolf, Christian (Hrsg.), Konsensuale Streitbeilegung, Akademisches Symposium zu Ehren von Peter F. Schlosser aus Anlass seines 65. Geburtstages, Bielefeld 2001, S. 31

ders., Mediation und gerichtlicher Vergleich: Unterschiede und Gemeinsamkeiten, in: Lüke, Gerhard (Hrsg.), Festschrift für Akira Ishikawa, Berlin, 2001, S. 137

Gottwald, Walther, Streitbeilegung ohne Urteil. Vermittelnde Konfliktregelung alltäglicher Streitigkeiten in den Vereinigten Staaten aus rechtsvergleichender Sicht, Tübingen, 1981

ders., Grenzen internationaler Gerichtsstandsvereinbarungen, in: Henrich, Dieter (Hrsg.), Festschrift für Karl Firsching, München, 1985, S. 89

ders. /Strempel, Dieter (Hrsg.), Streitschlichtung. Rechtsvergleichende Beiträge zur außergerichtlichen Streitbeilegung, Köln, 1995

ders. /Strempel, Dieter/Beckedorff, Rainer F./Linke, Udo (Hrsg.), Außergerichtliche Konfliktregelung für Rechtsanwälte und Notare (AKR-Handbuch), Neuwied, Kriftel, Berlin, 1997, Loseblattsammlung: Stand: April 2000

Green, Eric D., The CPR Legal, Program Mini-Trial Handbook, in: CPR (Ed.), Corporate Dispute Management, New York, 1982, S. MH-5

ders., Corporate Alternative Dispute Resolution, 1 Ohio State Journal on Dispute Resolution 203 (1986)

Greger, Reinhard, Abschlussbericht zur Evaluation des Modellversuchs Güterichter, Erlangen, 2007 (Online-Publikation abrufbar unter www.justiz.bayern.de/imperia/md/content/stmj_ internet/ministerium/modellversuch_gueterichter_juli2007.pdf)

Grochla, Erwin, Grundlagen der organisatorischen Gestaltung, Stuttgart, 1982

Gude, Hans Harald Otto, Der Ombudsmann der privaten Banken in Deutschland, Großbritannien und der Schweiz, Bonn, Univ. Diss., 1998

Guidry, Gregg/Huffman, Gerald J. Jr., Legal and Practical Aspects of Alternative Dispute Resolution in Non-Union Companies, 6 Labor Lawyer 1 (1990)

Hacke, Andreas, Der ADR-Vertrag: Vertragsrecht und vertragliche Gestaltung der Mediation und anderer alternativer Konfliktlösungsverfahren, Heidelberg, 2001

Häfele, Walter, Systemische Organisationsentwicklung, Frankfurt am Main, 1990

Haft, Fritjof, Verhandeln und Mediation, 2. Auflage, München, 1999

ders./Schlieffen, Katharina Gräfin von (Hrsg.), Handbuch Mediation, München, 2002

Hager, Günter, Konflikt und Konsens: Überlegungen zu Sinn, Erscheinung und Ordnung der alternativen Streitschlichtung, Tübingen, 2001

Hallberlin, Cynthia J., Transforming Workplace Culture Through Mediation: Lessons Learned From Swimming Upstream, 18 Hofstra Labour & Employment Law Journal 375 (2001)

Hammer, Michael/Champy, James, Business reengineering: die Radikalkur für das Unternehmen, 2. Auflage, München, 1999

Hardenberg, Candida Gräfin von, Muster Mediations- und Schiedsklausel für Verträge, Journal of International Dispute Resolution 2004, 25

Harbst, Ragnar, Adjudication – „Rough Justice" in 28 Tagen?, SchiedsVZ 2003, 68

ders./Mahnken, Volker, Adjudication und Dispute Review Boards nach den neuen ICC Regeln, SchiedsVZ 2005, 34

Hay, Peter, Zivilprozeß, seine Reform und außergerichtliche Streitbeilegung in den USA, in: Röhl, Wilhelm/Scheer, Matthias K. (Hrsg.), Außergerichtliche Streitbeilegung – Effektive Konfliktlösung im Zivil-, Wirtschafts- und Strafrecht, Veröffentlichung der Deutsch-Japanischen Juristenvereinigung, Band 3, Münster, 1992, S. 17

Hegenbarth, Rainer, Sichtbegrenzungen, Forschungsdefizite und Zielkonflikte in der Diskussion über Alternativen zur Justiz, in: Blankenburg, Erhard/Klausa, Ekkehard/Rottleuthner, Hubert (Hrsg.), Alternative Rechtsformen und Alternativen zum Recht, Jahrbuch für Rechtssoziologie und Rechtstheorie, Band 6, Opladen, 1980, S. 48

Henry, James F./Liebermann, Jethro K., The Manager's Guide to Resolving Legal Disputes – Better Results without Litigation, Cambridge, 1985 *dies.,* Lessons from the Alternative Dispute Resolution Movement, 53 University of Chicago Law Review 424 (1986)

Henssler, Martin/Koch, Ludwig (Hrsg.), Mediation in der Anwaltspraxis, 2. Auflage, Bonn, 2004

Heß, Burkhard/Sharma, Daniel, Rechtsgrundlagen der Mediation, in: Haft, Fritjof/Schlieffen, Katharina Gräfin von (Hrsg.), Handbuch Mediation, München, 2002, § 26

Heussen, Benno, Einführung, in: Heussen, Benno (Hrsg.), Handbuch Vertragsverhandlung und Vertragsmanagement, 2. Auflage, Köln, 2002, S. 1

Hippel, Thomas von, Der Ombudsmann im Bank- und Versicherungswesen, Tübingen, 2000

Hoffmann, Ben, Win-Win Competitiveness Made in Canada: How to be Competitive Using the Consensus Approach, North York, 1993

Hoffmann-Riem, Wolfgang, Konfliktbewältigung in einer angebotsorientierten Rechtsschutzordnung, Zeitschrift für Rechtspolitik 1997, 190

ders. (Hrsg.), Reform der Justizverwaltung, Baden-Baden, 1998

ders., Modernisierung von Recht und Justiz: eine Herausforderung des Gewährleistungsstaates, Frankfurt am Main, 2001

Horvath, Günther J., Schiedsgerichtsbarkeit und Mediation – ein glückliches Paar?, Zeitschrift für Schiedsverfahren 2005, 292

International Chamber of Commerce, ADR-Regeln und Leitfaden für ICC ADR, Paris, 2005

dies., Techniques for Controlling Time and Costs in Arbitration, Paris, 2007 (ICC Publication No.843)

Jennings, Sharon A., Court-Annexed Arbitration and Settlement Pressure: A Push Towards Efficient Dispute Resolution or "Second Class" Justice?, 6 Ohio State Journal on Dispute Resolution 313 (1991)

Jones, William J., There's the Glory for You! Using Decision Analysis in Litigation, in: Fine, Erika S./Plapinger, Elizabeth S. (Eds.), Containing Legal Costs: ADR Strategies for Corporations, Law Firms, and Government: innovative strategies for case management, early settlement, and dispute resolution, New York, 1988, S. 73

Jost, Peter-Jürgen, Strategisches Konfliktmanagement in Organisationen: eine spieltheoretische Einführung, 2. Auflage, Wiesbaden, 1999

Jung, Martin/Steding, Ralf, Mediation am Bau – Konfliktfelder baulicher Streitigkeiten als Chance für alternative Streitbeilegung, Betriebs-Berater 2001, Beilage 2, 9

Karrer, Pierre A., Naives Sparen birgt Gefahren – Kostenfragen aus Sicht der Parteien und des Schiedsgerichts, SchiedsVZ 2006, 113.

Kaskell, Peter H., Center for Public Ressources and Non-Adjudicative Dispute Resolution of Business Disputes, in: Böckstiegel, Karl-Heinz (Hrsg.), Schiedsgerichtsbarkeit im deutschamerikanischen Wirtschaftsverkehr, Schriftenreihe des Deutschen Instituts für Schiedsgerichtsbarkeit, Band 5, Köln, Berlin, Bonn, München, 1985, S. 105

Kaune, Axel, Moderne Organisationsentwicklung – ein Konzept zur mitarbeiterorientierten Gestaltung von Veränderungsprozessen, in: Kaune, Axel (Hrsg.), Change Management mit Organisationsentwicklung. Veränderungen erfolgreich durchsetzen, Berlin, 2004, S. 12

Kelly, Joan B., Dispute Systems Design: A Family Case Study, 5 Negotiation Journal 373 (1989)

Kenagy, Robert T., Whirlpool's Search for Efficient and Effective Dispute Resolution, 59 Albany Law Review 895 (1996)

Kendall, John, Expert Determination, 3rd Edition, London, 2001

Keplinger, Wolfgang, Merkmale erfolgreichen Projektmanagements, Graz, 1991

Kerntke, Wilfried, Mediation als Organisationsentwicklung: mit Konflikten arbeiten – ein Leitfaden für Führungskräfte, Bern, 2004

Kirschbaum, Volker, Unternehmenserfolg durch Zeitwettbewerb: Strategie, Implementation und Erfolgsfaktoren, München, 1995

Klowait, Jürgen/Hill, Michael, Corporate Pledge – Königsweg zur Implementierung von Mediation in der Wirtschaft?, SchiedsVZ 2007, 83

Koch, Harald, Mediation im internationalen Streit, in: Bachmann, Birgit/Breidenbach, Stephan/Coester-Waltjen, Dagmar/Heß, Burkhard/Nelle, Andreas/Wolf, Christian (Hrsg.), Grenzüberschreitungen. Beiträge zum Internationalen Verfahrensrecht und zur Schiedsgerichtsbarkeit. Festschrift für Peter Schlosser zum 70. Geburtstag, Tübingen, 2005, S. 399

Kolb, Deborah M., Existing Procedures Shape Alternatives: The Case of Grievance Mediation, Journal of Dispute Resolution 59 (1989)

dies./Silbey, Susan, Enhancing the Capacity of Organizations to Deal with Disputes, 6 Negotiation Journal 297 (1990)

dies./Putnam, Linda L., The Multiple Faces of Conflict in Organizations, 13 Journal of Occupational Behavior 311 (1991)

dies./Putnam, Linda L., Introduction. The Dialectics of Disputing, in: Kolb, Deborah M./Bartunek, Jean M. (Eds.), Hidden Conflict in Organizations. Uncovering Behind-the-Scenes Disputes, Newbury Park, London, New Delhi, 1992, S. 1

Kolks, Uwe, Strategieimplementierung – Ein anwendungsorientiertes Konzept, Wiesbaden, 1990

Koremenos, Barbara/Lipson, Charles/Snidal, Duncan, The Rational Design of International Institutions, 55 International Organization 761 (2001)

Kovach, Kimberlee K., Mediation: Principles and Practice, 2nd Edition, St. Paul, 2004

Krieg, Walter, Management- und Unternehmensentwicklung: Bausteine eines integrierten Ansatzes, Bern, 1985

Kritzer, Herbert M., Adjudication to Settlement: Shading in the Gray, 70 American Judicature Society's Journal 161 (1986)

Krüger, Wilfried, Grundlagen, Probleme und Instrumente der Konflikthandhabung in der Unternehmung, Berlin, 1972

Krumsiek, Rolf, „Kosten der Justiz", Zeitschrift für Rechtspolitik 1995, 173

Krystek, Ulrich/Fiege, Stefanie, Risikomanagement, in: Alisch, Kathrin/Arentzen, Ute/Winter, Eggert (Schriftltg.), Gabler Wirtschaftslexikon, Band 3, 16. Auflage, Wiesbaden, 2004, S. 2558

Kyrer, Alfred, Wirtschaftslexikon, 4. Auflage, München, Wien, 2001

Lachmann, Jens-Peter, Schiedsgerichtsbarkeit aus der Sicht der Wirtschaft, Anwaltsblatt 1999, 241

ders./Lachmann, Andreas, Schiedsvereinbarung im Praxistest, Betriebs-Berater 2000, 1633

ders., Handbuch für die Schiedsgerichtspraxis, 2. Auflage, Köln, 2001

Lechler, Thomas, Erfolgsfaktoren des Projektmanagements, Frankfurt am Main, 1997

Lehrburger, Lillian S./Van Cleave, Margaret, Appropriate Dispute Resolution In Boulder Community Hospital: An Approach To Self-Healing, 26 Colorado Lawyer 43 (1997)

Leiss, Myrto, Zur Effizienz außergerichtlicher Verfahren im Wirtschaftsrecht, München, 2005

Lembcke, Moritz, Dispute Adjudication – Vorbild für die Konfliktbewältigung in Deutschland, NZBau 2007, 273

Lembke, Mark/Schröder, Gert, Internes Management von Arbeitsplatzkonflikten auf Grundlage einer Betriebsvereinbarung nach § 86 BetrVG, Journal of International Dispute Resolution 2004, 29

Leonhard, Marc, Internationaler Industrieanlagenvertrag: Konfliktvermeidung und Konflikterledigung, Betriebs-Berater 1999, Beilage 9, 13

Levin, A. Leo/Wheeler, Russel R., The Pound Conference: Perspectives on Justice in the Future, St. Paul, 1979

Lewis, Melanie, Conflict Management System for Coca-Cola Enterprises, Präsentation bei der Resolving Conflict Conference in Baltimore, Maryland, USA, 24. Mai 2001 (unveröffentlicht)

Lipsky, David B./Seeber, Ronald L., The Appropriate Resolution of Corporate Disputes, A Report on the Growing Use of ADR by U.S. Corporations, Ithaca, 1998

ders./Seeber, Ronald L./Fincher, Richard D., Emerging Systems for Managing Workplace Conflict: Lessons from American Corporations for Managers and Dispute Resolution Professionals, San Francisco, 2003

Lubet, Steven, Some Early Observations on an Experiment with Mandatory Mediation, 4 Journal on Dispute Resolution 235 (1989)

Lüke, Gerhard/Wax, Peter, (Hrsg.), Münchener Kommentar zur Zivilprozessordnung mit Gerichtsverfassungsgesetz und Nebengesetzen, München, Band 1, 2. Auflage, 2000, Band 2, 3. Auflage, 2007, Band 3, 2. Auflage, 2001, Aktualisierungsband, 2. Auflage, 2002

Lynch, Jennifer F., Beyond ADR: A Systems Approach to Conflict Management, 17 Negotiation Journal 203 (2001)

dies., Are Your Organization's Conflict Management Practices an Integrated Conflict Management System?, Online-Publikation unter http://mediate.com/articles/ systemsedit3.cfm

MacNaughton, Ann L., Creating Value and Avoiding Disputes Through Conflict Management Strategies, in: Silkenat, James R./Aresty, Jeffrey M. (Eds.), ABA guide to international business negotiations: a comparison of cross-cultural issues and successful approaches, Chicago, 2000, S. 113

Madauss, Bernd J., Handbuch Projektmanagement, 6. Auflage, Stuttgart, 2000

Mähler, Gisela/Mähler, Hans-Georg, Gerechtigkeit in der Mediation, in: Dieter, Anne (Hrsg.), Gerechtigkeit im Konfliktmanagement und in der Mediation, Frankfurt am Main, 2000, S. 15

Malik, Fredmund, Management-Systeme, Bern, 1981

Mankowski, Peter, Gibt es Kostenanreize zur Mediation bereits unter geltendem Recht?, Zeitschrift für Konfliktmanagement 2004, 8

Manring, Nancy J., Dispute Systems Design and the U.S. Forest Service, 9 Negotiation Journal 13 (1993)

Mäsch, Gerald, Schiedsvereinbarungen mit Verbrauchern, in: Bachmann, Birgit/Breidenbach, Stephan/Coester-Waltjen, Dagmar/Heß, Burkhard/Nelle, Andreas/Wolf, Christian (Hrsg.), Grenzüberschreitungen. Beiträge zum Internationalen Verfahrensrecht und zur Schiedsgerichtsbarkeit. Festschrift für Peter Schlosser zum 70. Geburtstag, Tübingen, 2005, S. 529

Matschke, Wolfgang, Anwaltliche Konfliktbeilegung, Anwaltsblatt 1993, 259

Mazadoorian, Harry N., ADR at CIGNA, in: Fine, Erika S./Plapinger, Elizabeth S. (Eds.), Containing Legal Costs: ADR Strategies for Corporations, Law Firms, and Government: innovative strategies for case management, early settlement, and dispute resolution, New York, 1988, S. 183

ders., Establishing and Implementing a Corporate ADR Program, in: Wilkinson, John (Ed.), Donovan Leisure Newton & Irvine ADR Practice Book, New York, 1990, with Supplements up to 1998, S. 205

ders., Institutionalizing ADR: Few Risks, Many Benefits – Some Guidelines for System Design, 12 Alternatives to the High Cost of Litigation 45 (1994)

ders., Designing Corporate ADR Systems, 222 New York Law Journal S3 (1999)

McEwen, Craig, Managing Corporate Disputing: Overcoming Barriers to the Effective Use of Mediation for Reducing the Cost and Time of Litigation, 14 Ohio State Journal on Dispute Resolution 1 (1998)

McKinney, Matthew, Designing a Dispute Resolution System for Water Policy and Management, 8 Negotiation Journal 153 (1992)

McLaughlin, Joseph T., ADR and Beyond: A View from the Front Lines, 59 Albany Law Review 971 (1996)

Micelli, Thomas J., Economics of the Law, New York, Oxford, 1997

Mnookin, Robert H./Kornhauser, Lewis, Bargaining in the Shadow of the Law: The Case of Divorce, 88 Yale Law Journal 950 (1979)

Morawietz, Matthias, Prozessrisikoanalyse in der Wirtschaftsmediation, Journal of International Dispute Resolution 2004, 133

Muller, Eva, Fast-Track Arbitration – Meeting the Demands of the Next Millenium, 15 Journal of International Arbitration 5 (1998)

Müller, Rolf /Altmann, Gerhard /Fiebiger, Heinrich, Konfliktmanagement, in: Alisch, Kathrin/ Arentzen, Ute /Winter, Eggert (Schriftltg.), Gabler Wirtschaftslexikon, Band 4, 16. Auflage, Wiesbaden, 2004, S. 229

Murray, John S., Designing a Disputing System for Central City and Its Schools, 5 Negotiation Journal 365 (1989)

Nabatchi, Tina/Bingham, Lisa B., Transformative Mediation in the USPS REDRESS&TM Program: Observations of ADR Specialists, 18 Hofstra Labor & Employment Law Journal 399 (2001)

Nelle, Andreas, Mediation bei Neuverhandlungen im Privatrecht, in: Breidenbach, Stephan/ Henssler, Martin (Hrsg.), Mediation für Juristen – Konfliktbehandlung ohne gerichtliche Entscheidung, Köln, 1997, S. 195

Nerlich, Jörg, Außergerichtliche Streitbeilegung mittels Anwaltsvergleichs, Monatsschrift des Deutschen Rechts 1997, 416

Neuenhahn, Hans-Uwe, Erarbeitung der Prozessrisikoanalyse und deren Einsatz in der Mediation, Zeitschrift für Konfliktmanagement 2002, 245

ders./Neuenhahn, Stefan, Erweiterung der anwaltlichen Dienstleistung durch systematisches Konfliktmanagement, NJW 2007, 1851

Neuvians, Nicola /Hammes, Michael, Die Sachverständigen-Mediation – Ein effektiver Lösungsansatz für Sach- und Verteilungsfragen, Journal of International Dispute Resolution 2004, 181

Nicklisch, Fritz, Schiedsgerichtsverfahren mit integrierter Schlichtung, Recht der Internationalen Wirtschaft 1998, 169

O'Connor, David The Design of Self-Supporting Dispute Resolution Programs, 8 Negotiation Journal 85 (1992)

Oghigian, Haig, The Mediation/Arbitration Hybrid, 20 Journal of International Arbitration 75 (2003)

Onyema, Emilia, The Use of Med-Arb in International Commercial Dispute Resolution, 12 American Review of International Arbitration 411 (2001)

Ortloff, Karsten-Michael, Mediation außerhalb und innerhalb des Verwaltungsprozesses, Neue Zeitschrift für Verwaltungsrecht 2004, 385

Palandt, Otto (Begr.), Bürgerliches Gesetzbuch, 66. Auflage, München, 2007

Palmer, William J. Jr./Killian, Jerri (Eds.), Handbook of Conflict Management, New York, Basel, 2003

Panse, Winfried/Stegmann, Wolfgang, Kostenfaktor Angst, 3. Auflage, Landsberg/Lech, 1998

Parisi, Francesco (Ed.), The collected economic essays of Richard A. Posner, Cheltenham, 2000

Pawlowski, Hans-Martin, Die Aufgabe des Zivilprozesses, Zeitschrift für Zivilprozeß 80 (1967) 345

Pfeiffer, Thomas, Gerichtsstandsklauseln und EG-Klauselrichtlinie, in: Geimer, Reinhold (Hrsg.), Wege zur Globalisierung des Rechts: Festschrift für Rolf A. Schütze, München, 1999, S. 671

Philipps, Douglas J., The Price Tag of Turnover, 65 Personell Journal 58 (1990)

Pinnell, Steve, Partnering and the Management of Construction Disputes, 54 Dispute Resolution Journal 17 (1999)

Ponschab, Rainer/Dendorfer, Renate, ConflictManagementDesign® im Unternehmen, in: Haft, Fritjof/Schlieffen, Katharina Gräfin von (Hrsg.), Handbuch Mediation, München, 2002, § 39

Posner, Richard A., Economic Analysis of Law, 6th Edition, Boston, 2002

PricewaterhouseCoopers Deutsche Revision AG, Commercial Dispute Resolution. Konfliktbearbeitungsverfahren im Vergleich. In Zusammenarbeit mit der Europa-Universität Viadrina Frankfurt (Oder), Frankfurt am Main, 2005

Prütting, Hanns, Schlichten statt Richten, Juristenzeitung 1985, 261

ders., Mediation und gerichtliches Verfahren – ein nur scheinbar überraschender Vergleich, Betriebs-Berater 1999, Beilage 9, 7

ders., Streitschlichtung und Mediation im Arbeitsrecht, in: Isenhardt, Udo/Preis, Ulrich (Hrsg.), Arbeitsrecht und Sozialpartnerschaft: Festschrift für Peter Hanau, Köln, 1999, S. 743

ders., Vertraulichkeit in der Schiedsgerichtsbarkeit und in der Mediation, in: Briner, Robert (Hrsg.), Recht der internationalen Wirtschaft und Streiterledigung im 21. Jahrhundert: liber amicorum Karl-Heinz Böckstiegel anlässlich seines Ausscheidens als Direktor des Instituts für Luft- und Weltraumrecht und des von ihm gegründeten Lehrstuhls für Internationales Wirtschaftsrecht, Köln, 2001, S. 629

Pühl, Harald (Hrsg.), Mediation in Organisationen. Neue Wege des Konfliktmanagements: Grundlagen und Praxis, 2. Auflage, Berlin, 2004

Rack, Robert W. Jr., Settle or Withdraw: Collaborative Lawyering Provides Incentive To Avoid Costly Litigation, Dispute Resolution Magazine 1998, 8

Raeschke-Kessler, Hilmar, Der Vergleich im Schiedsverfahren, in: Plantey, Alain /Böckstiegel, Karl-Heinz/Bredow, Ernst (Hrsg.), Festschrift für Ottoarndt Glossner zum 70. Geburtstag, Heidelberg 1994, S. 255

ders., Making Arbitration more efficient: Settlement Initiatives by the Arbitral Tribunal, 6 Vindobona Journal of International Commercial Law and Arbitration 2002, 254

Rahim, Afzalur M, Managing conflict in organizations, 2nd Edition, Westport, 1992

Rapp, Wilhelm, Die Justiz auf dem Weg zu einer inneren Reform, in: Hoffmann-Riem, Wolfgang (Hrsg.), Reform der Justizverwaltung, Baden-Baden, 1998, S. 141

Rau, Alan Scott/Sherman, Edward F./Peppet, Scott R., Processes of Dispute Resolution: The Role of Lawyers, 3rd Edition, New York, 2002

Raven, Robert, Private Judging: A Challenge to Public Justice, 74 American Bar Association Journal 8 (1988)

Rebmann, Kurt/Krüger, Wolfgang (Hrsg.), Münchener Kommentar zum Bürgerlichen Gesetzbuch, Band 2, 5. Auflage, München, 2007

Redfern, Alan/Hunter, Martin, Law and Practice of International Commercial Arbitration, 4th Edition, London, 2004

Redmond, John, Adjudication in Construction Contracts, Oxford, 2001

Regnet, Erika, Konflikte in Organisationen: Formen, Funktion und Bewältigung, Göttingen, Stuttgart, 1992

Rehn, Götz E., Modelle der Organisationsentwicklung, Bern, Stuttgart, 1979

Reif, Linda C., Conciliation as a Mechanism for the Resolution of International Economic and Business Disputes, 14 Fordham International Law Journal 578 (1991)

Reilly, M. Thérèse/MacKenzie, Deborah L., ADR in the corporate environment: a practical guide for designing alternative dispute resolution systems, North York, 1999

Reuben, Richard C., Banking on ADR, California Lawyer 17 (September 1992)

ders., Democracy and Dispute Resolution: Systems Design and the New Workplace, 10 Harvard Negotiation Law Review 11 (2005)

Riehl, Jürgen, Rechtsschutzversicherungen, in: Gottwald, Walther/Strempel, Dieter/Beckedorff, Rainer F./Linke, Udo (Hrsg.), Außergerichtliche Konfliktregelung für Rechtsanwälte und Notare, Loseblattsammlung: Stand: 2000, Neuwied, Kriftel, Berlin, 1997, Kapitel 2.1.5

Riemenschneider, Frank, Implementierung integrierter Managementsysteme: Erfolgsfaktoren für die Unternehmenspraxis, Wiesbaden, 2001

Riskin, Leonard L., Understanding Mediator Orientations, Strategies and Techniques: A Grid for the Perplexed, 1 Harvard Negotiation Law Review 7 (1996)

Risse, Jörg, Die Rolle des Rechts in der Wirtschaftsmediation, Betriebs-Berater 1999, Beilage 9, 1

ders., Wirtschaftsmediation, München, 2003

Ritter, Ernst-Hasso, Justiz – verspätete Gewalt in der Wettbewerbsgesellschaft, Neue Juristische Wochenschrift 2001, 3440

Robinson, Peter/Pearlstein, Arthur/Mayer, Bernard, DyADS: Encouraging "Dynamic Adaptive Dispute Systems" in the Organized Workplace, 10 Harvard Negotiation Law Review 339 (2005)

Röhl, Klaus F., Gründe und Ursprünge aktueller Geschäftsüberlastung der Gerichte aus soziologischer Sicht, in: Gilles, Peter (Hrsg.), Effiziente Rechtsverfolgung, Heidelberg 1987, S. 33

Röhl, Wilhelm/Scheer, Matthias K. (Hrsg.), Außergerichtliche Streitbeilegung – Effektive Konfliktlösung im Zivil-, Wirtschafts- und Strafrecht, Veröffentlichung der Deutsch-Japanischen Juristenvereinigung, Band 3, Münster, 1992

Römer, Wolfgang, Der Ombudsmann für private Versicherungen, Neue Juristische Wochenschrift 2005, 1251

Rosenberg, Leo/Schwab, Karl Heinz/Gottwald, Walther, Zivilprozessrecht, 16. Auflage, München, 2004

Rosenberg, Maurice, Resolving Disputes Differently: Adieu to Adversary Justice?, 21 Creighton Law Review 801 (1988)

Rosnay, Joel de, Das Makroskop – Neues Weltverständnis durch Biologie, Ökologie und Kybernetik, Stuttgart, 1977

Rowe, Mary P., Disputes and Conflicts Inside Organizations: A Systems Approach, 5 Negotiation Journal 149 (1989)

dies., The Post-Tailhook Navy Designs an Integrated Dispute Resolution System, 9 Negotiation Journal 203 (1993)

dies., Dispute Resolution in the Non-union Environment: An Evolution Toward Integrated Systems for Conflict Management?, in: Gleason, Sandra E. (Ed.), Workplace Dispute Resolution: directions for the 21st century, East Lansing, 1997, S. 79

dies., What Is It Like to Be an Organizational Ombudsman?, 1 Perspectives on Work 60 (1998)

Sachs, Klaus, Die rechtliche Abgrenzung des Schiedsgutachtens vom Schiedsverfahren, in: Bachmann, Birgit/Breidenbach, Stephan/Coester-Waltjen, Dagmar/Heß, Burkhard/Nelle, Andreas/Wolf, Christian (Hrsg.), Grenzüberschreitungen. Beiträge zum Internationalen Verfahrensrecht und zur Schiedsgerichtsbarkeit. Festschrift für Peter Schlosser zum 70. Geburtstag, Tübingen, 2005, S. 805

Sander, Frank E. A., Varieties of Dispute Processing, 70 Federal Rules Decisions 79 (1976)

ders./Goldberg, Stephen B., Fitting the Forum to the Fuss: A User-Friendly Guide to Selecting and ADR Procedure, 10 Negotiation Journal 49 (1994)

ders., Konflikt als Regelungsform: Gibt es eine für den jeweiligen Konflikt adäquate Konfliktregelung, in: Gottwald, Walther/Strempel, Dieter/Beckedorff, Rainer F./Linke, Udo (Hrsg.), Außergerichtliche Konfliktregelung für Rechtsanwälte und Notare, Loseblattsammlung: Stand 2000, Neuwied, Kriftel, Berlin, 1997, Kapitel 4.5

Sands, John, Alternative to what?: Primary conflict management – The new face of Alternative Dispute Resolution, 10 St. John's Journal of Legal Commentary 603 (1995)

Schack, Haimo, Internationales Zivilverfahrensrecht, 4. Auflage, München, 2006

Scherer, Matthias, Acceleration of Arbitration Proceedings – The Swiss Way: The Expedited Procedure under the Swiss Rules of International Arbitration

Schermers, Henry G., The International Extension of Procedural Law, in: Sumampouw, Mathilde (Ed.), Law and Reality: Essays on National and International Procedural Law in Honour of Cornelis Carel Albert Voskuil, Dordrecht, 1992, S. 279

Schilken, Eberhard, Zivilprozessrecht, 5. Auflage, Köln, Berlin, Bonn, München, 2006

Schmidt, Siegfried J., Unternehmenskultur: die Grundlage für den wirtschaftlichen Erfolg von Unternehmen, Weilerswist, 2004

Schmidt-Diemitz, Rolf, Internationale Schiedsgerichtsbarkeit – eine empirische Untersuchung, Der Betrieb 1999, 369

Schneider, Jochen, Mediation im Wirtschaftsrecht, in: Breidenbach, Stephan/Henssler, Martin (Hrsg.), Mediation für Juristen – Konfliktbehandlung ohne gerichtliche Entscheidung, Köln, 1997, S. 171

Schoen, Torsten, Konfliktmanagementsysteme für Wirtschaftsunternehmen, Köln, 2003

ders., Streitprävention als Bestandteil des unternehmerischen Konfliktmanagements, Zeitschrift für Konfliktmanagement 2004, 19

Schreyögg, Georg, Organisation: Grundlagen moderner Organisationsgestaltung, 4. Auflage, Wiesbaden, 2003

Schubert, Michael, Mediation im Arbeitsrecht und in der Betriebsarbeit?, Arbeitsrecht im Betrieb 2000, 524

Schütze, Rolf A., Internationalprivat- und -prozessrechtliche Probleme des notariell für vollstreckbar erklärten Anwaltsvergleichs, Deutsche Zeitschrift für Wirtschafts- und Insolvenzrecht 1993, 133

Schwackenberg, Wolfgang, Einführung einer obligatorischen Streitschlichtung, Anwaltsblatt 1997, 524

Schwaninger, Markus, Managementsysteme, Frankfurt am Main, 1994

Schwartz, Steven L., A Cultural Change – The Business and Legal Communities Look to ADR, 51 Dispute Resolution Journal 34 (1996)

Schwarz, Gerhard, Konfliktmanagement – Konflikte erkennen, analysieren, lösen, 6. Auflage, Wiesbaden, 2003

Sciamanda, John, Preventive Law in the Corporation, in: Fine, Erika S./Plapinger, Elizabeth S. (Eds.), Containing Legal Costs: ADR Strategies for Corporations, Law Firms, and Government: innovative strategies for case management, early settlement, and dispute resolution, New York, 1988, S. 161

Seghezzi, Hans D., Integriertes Management, Tagungsbeitrag auf dem Executive Forum an der Hochschule St. Gallen, 12./13.02.1998

Shariff, Khalil Z., Designing Institutions to Manage Conflict: Principles for the Problem Solving Organization, 8 Harvard Negotiation Law Review 133 (2003)

Shavell, Steven, Alternative Dispute Resolution: An Economic Analysis, 24 Journal of Legal Studies 1 (1995)

Shaw, Margaret L., Designing and Implementing In-House Dispute Resolution Programs, American Law Institute – American Bar Association Continuing Legal Education Course of Study 447 (April 22, 1999)

Sherman, Edward F., A Process Model and Agenda for Civil Justice Reforms in the States, 46 Stanford Law Review 1553 (1994)

Sherman, Mark, Is There a Mediator in the House? Using In-House Neutrals, 50 Dispute Resolution Journal 48 (1995)

Sick, Ulrich, Die hohe Schule der Mediation – Ein Fall aus der Praxis, Journal of International Dispute Resolution 2004, 185

Siedel, George J., Intersection of Business and Legal Dispute Resolution: Decision Analytic Modeling of Litigation Investment Decisions, Journal of Dispute Resolution 107 (1988)

Silkenat, James R./Aresty, Jeffrey M. (Eds.), ABA guide to international business negotiations: a comparison of cross-cultural issues and successful approaches, Chicago, 2000

Simon, Howard A./Sochynsky, Yaroslav, In-House Mediation of Employment Disputes: ADR for the 1990's, 21 Employee Relations Law Journal 29 (1995)

Simons, Tony, Practitioners of a New Profession? A Discussion Summary of the First Dispute Systems Design Conference, 5 Negotiation Journal 401 (1989)

Slaikeu, Karl. A./Hasson, Ralph H., Not Necessarily Mediation: The Use of Convening Clauses in Dispute Systems Design, 8 Negotiation Journal 331 (1992)

dies., Controlling the Cost of Conflict – How to Design a System for Your Organization, San Francisco, 1998

SPIDR (Ed.), Designing Integrated Conflict Management Systems: Guidelines for Practitioners and Decision Makers in Organizations, Ithaca, 2001

Spindler, Gerald, Gerichtsnahe Mediation in Niedersachsen, Göttingen, 2006

Staehle, Wolfgang H., Management: Eine verhaltenswissenschaftliche Einführung, 3. Auflage, München, 1987

Statistisches Bundesamt, Geschäftsentwicklung bei Gerichten und Staatsanwaltschaften seit 1998 (Stand: 23.01.2004), Wiesbaden, 2004

Stedman, Barbara Epstein, A Multi-Option System Helps Get to the Bottom of „Big Dig" Conflicts, 15 Negotiation Journal 5 (1999)

Stein, Friedrich/Jonas, Martin (Begr.), Zivilprozeßordnung, Band 9, 22. Auflage, Tübingen, 2002

Stipanowich, Thomas J., The Multi-Door Contract and Other Possibilities, 13 Ohio State Journal on Dispute Resolution 303 (1998)

Stock, Johannes, Der Geschäftsanfall der Zivilgerichte und die Filterwirkung außergerichtlicher Konfliktbearbeitung, in: Gottwald, Walther/Strempel, Dieter (Hrsg.), Streitschlichtung. Rechtsvergleichende Beiträge zur außergerichtlichen Streitbeilegung, Köln, 1995, S. 113

Strempel, Dieter (Hrsg.), Mediation für die Praxis: Recht, Verfahren, Trends, Berlin, Freiburg, 1998

Stubbe, Christian, Was ist Wirtschaftsmediation? – eine unterschätzte Konfliktquelle –, Zeitschrift für Konfliktmanagement 2003, 32

ders., Schiedsgutachten als modernes ADR-Instrument, SchiedsVZ 2006, 150

Stückemann, Wolfgang, Chance für die Anwaltschaft – Wirtschaftsmediation in der Arbeitswelt, FA-Spezial zu FA – Fachanwalt Arbeitsrecht 9/2000, S. 5

Stürner, Rolf, Gründe und Ursachen des Problems der Ineffizienz von Gerichtsverfahren – ein historischer Überblick, in: Gilles, Peter (Hrsg.), Effiziente Rechtsverfolgung, Heidelberg, 1987, S. 1

Susskind, Lawrence/McKearnan, Sarah/Thomas-Larmer, Jennifer (Eds.), The Consensus Building Handbook: A Comprehensive Guide to Reaching Agreement, Thousand Oaks, 1999

Talbot, Peter, Should an Arbitrator or Adjudicator Act as a Mediator in the Same Dispute, 67 Arbitration 221 (2001)

Teubner, Klaus D., Mediation als Mittel der Personalentwicklung, in: Fachhochschule Hamburg, Forschungsprojekt Mediation im Betrieb (Hrsg.), Konflikte im Arbeitsleben, Mediation – ein Konzept zur Konfliktvermittlung in Unternehmen, Betrieben, Verwaltungen, Behörden, Organisationen und Verbänden. Dokumentation der Vortragsreihe im Wintersemester 1998/99, 2. Auflage, Hamburg, 1999, S. 79

The Corporate Counsel Section of the N.Y. State Bar Association, Legal Development: Report on Cost-Effective Management of Corporate Litigation, 59 Albany Law Review 263 (1995)

Thom, Norbert, Organisationsentwicklung, in: Freese, Erich (Hrsg.), Handwörterbuch der Organisation, 3. Auflage, Stuttgart 1992, Sp. 1477

Thomas, Heinz /Putzo, Hans, Zivilprozessordnung mit Gerichtsverfassungsgesetz, den Einführungsgesetzen und europarechtlichen Vorschriften, 27. Auflage, München, 2006

Thomas, Rian, Conflict Management Systems: A Methodology for Adressing the Cost of Conflict in the Workplace, Online-Publikation unter http://mediate.com/articles/thomasr.cfm

Triebel, Volker/Hölzle, Gerrit, Schuldrechtsreform und Unternehmenskaufverträge, Betriebs-Berater 2002, 521

Ulrich, H./Krieg, W., Das St. Galler Management-Modell, 3. Auflage, Bern, Stuttgart 1974

Ury, William L./Brett, Jeanne M./Goldberg, Stephen B., Getting Disputes Resolved – Designing Systems to Cut the Costs of Conflict, San Francisco, 1988

dies., Dispute Systems Design: An Introduction, 5 Negotiation Journal 357 (1989)

Victor, Marc B., The Proper Use of Decision Analysis to Assist Litigation Strategy, 40 The Business Lawyer 617 (1985)

Wagner, Gerhard, Prozeßverträge: Privatautonomie im Verfahrensrecht, Tübingen, 1998

ders., Country Report Germany, in: Weigand, Frank-Bernd (Ed.), Practitioner's Handbook on International Arbitration, München 2002, S. 685

Wagner, Klaus-R., Alternative Streitvermeidung: Notarielle Beurkundung, Betreuung und Schlichtung, Betriebs-Berater 1997, 53

Wagner, Volkmar, Mediationsklauseln in Allgemeinen Geschäftsbedingungen, Betriebs-Berater 2001, Beilage 2, 30

Walter, Gerhard, Dogmatik der unterschiedlichen Verfahren zur Streitbeilegung, Zeitschrift für Zivilprozeß 103 (1990), 141

Wasilewski, Rainer, Streitverhütung durch Rechtsanwälte. Empirische Untersuchung von Umfang, Struktur und Bedingungen außergerichtlicher Beilegung zivilrechtlicher Streitigkeiten durch Rechtsanwälte, Köln, Essen, 1990

Watson, Carol/Hoffmann, Richard L., Managers as Negotiators: A Test of Power versus Gender as Predictions of Feelings, Behavior, and Outcomes, 7 Leadership Quarterly 63 (1996)

Weinstein, Jack B., Some Benefits and Risks of Privatization of Justice Through ADR, 11 Ohio State Journal on Dispute Resolution 241 (1996)

Weise, Richard H., The ADR Program at Motorola, 5 Negotiation Journal 381 (1989)

Wermke, Matthias/Klosa, Annette/Kunkel-Razum, Kathrin/Scholze-Stubenrecht, Werner (Hrsg.), Duden. Die deutsche Rechtschreibung, Band 1, 22. Auflage, Mannheim, Leipzig, Wien, Zürich, 2001

Westphalen, Friedrich von, Vae victis – der Schrecken der Schiedsgerichtsbarkeit, Zeitschrift für Wirtschafts- und Insolvenzrecht 1987, 1159

Whitworth, Bryan J./Lea, Clyde W./Victor, Marc B./Glidden, Craig B., Evaluating Legal Risks and Costs with Decision Tree Analysis, in: Haig, Robert L. (Ed.), Successful Partnering between Inside and Outside Counsel, St. Paul, 2000, Chapter 12

Wilkinson, John (Ed.), Donovan Leisure Newton & Irvine ADR Practice Book, New York, 1990, with supplements up to 1998

Zinsser, John W., Employment Dispute Resolution, Systems: Experience Grows But Some Questions Persist, 12 Negotiation Journal 151 (1996)

Zöller, Richard (Begr.), Zivilprozeßordnung, 26. Auflage, Köln, 2006